汽车底盘的结构与检修

主　编　林文武　尹宏观　杨志全
主　审　吴安云
副主编　张志强　马建华　鞠　刚　樊　静
编　委　张子瑜　程洪良　向梦竹　张　妍

中国原子能出版社
China Atomic Energy Press

图书在版编目（CIP）数据

汽车底盘的结构与检修 / 林文武，尹宏观，杨志全主编. -- 北京：中国原子能出版社，2020.7（2021.9 重印）
ISBN 978-7-5221-0651-9

Ⅰ. ①汽… Ⅱ. ①林… ②尹… ③杨… Ⅲ. ①汽车-底盘-结构②汽车-底盘-车辆修理 Ⅳ. ①U463.103 ②U472.41

中国版本图书馆 CIP 数据核字（2020）第 113275 号

汽车底盘的结构与检修

出版发行 中国原子能出版社（北京市海淀区阜成路 43 号 100048）
责任编辑 王 青 刘 佳
印　　刷 三河市明华印务有限公司
经　　销 全国新华书店
开　　本 787mm×1092mm 1/16
字　　数 400 千字
印　　张 16.75
版　　次 2020 年 7 月第 1 版 2021 年 9 月第 2 次印刷
书　　号 ISBN 978-7-5221-0651-9
定　　价 88.00 元

目录 contents

项目一　汽车底盘概述

任务一　汽车底盘的作用

汽车底盘的作用是支承、安装汽车发动机及其各部件、总成，形成汽车的整体造型，并接受发动机的动力，使汽车产生运动，保证正常行驶。

汽车底盘由传动系、行驶系、转向系和制动系四部分组成。

一、传动系统

传动系统

汽车的传动系统是指发动机与驱动轮之间的动力传递装置，是由离合器、万向转动装置、以及驱动桥等零部件组成。传动系统的主要作用是能在车辆行驶的各种条件下，保障车辆所必需的牵引力、车速、以及车速之间的协调变化。

二、行驶系统

行驶系统

汽车的行驶系统是由车架、车轮、以及悬挂等部件组成。一般车辆操控性就是由汽车的行驶系统决定的。主要作用是通过车轮与路面之间的附着作用，使传动系传来的力矩变为汽车行驶的驱动力矩。并且支承汽车总质量，能起到缓和冲击，减小振动，保证汽车的行驶稳定性的作用。

三、转向系统

汽车的转向系统主要是用来改变或保持汽车行驶或倒退方向的一系列装置。比如说转向操纵机构、转向器、转向传动机构等，这些都是转向系统的一部分。它的主要作用是能按照驾驶员的意愿来控制车辆的行驶方向，对车辆的行驶安全至关重要。

四、制动系统

汽车的制动系统能保证汽车安全行驶，提高汽车的平均行驶车速，以提高运输生产率，在各种汽车上都设有专用制动机构。是汽车上能够产生制动力的一系列专门装置。主要功能作用是使行驶中的汽车可以减速、停车，并且下坡时能保持稳定速度。

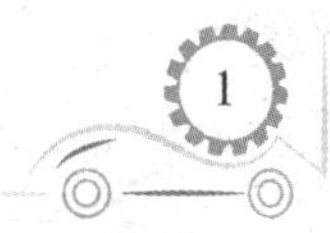

任务二 汽车的布置形式

汽车布置形式是指发动机、驱动桥和车身（或驾驶室）的相互关系和布置特点。汽车的使用性能除取决于整车和各总成的有关参数以外，其布置形式对使用性能也有重要影响。

一、发动机前置前轮驱动

发动机前置前轮驱动（Front Engine Front Drive，FF），这是绝大多数乘用车上比较常见的布置形式。

发动机前置前轮驱动中发动机可采用纵向布置或横向布置，但多数采用便于与设计紧凑的变速驱动桥相连的横向布置。

1. 发动机前置前轮驱动优点

（1）省略了传动轴装置，减轻了车重，结构比较紧凑；

（2）有效地利用了发动机舱的空间，驾驶室内空间更为宽敞，并有利于降低地板高度，提高乘坐舒适性；

（3）发动机靠近驱动轮，动力传递效率高，燃油经济性好；

（4）发动机等总成前置，增加前轴的负荷，提高了轿车高速行驶时的操纵稳定性和制动时的方向稳定性；

（5）简化了后悬架系统；

（6）在积雪或易滑路面上行驶时，靠前轮牵拉车身，有利于保证方向稳定性；

（7）汽车散热器布置在汽车前部，散热条件好，发动机可得到足够的冷却；

（8）行李箱布置在汽车后部，所以有足够大的行李箱空间。

2. 发动机前置前轮驱动缺点

（1）启动、加速或爬坡时，前轮负荷减少，导致牵引力下降；

（2）前桥既是转向桥，又是驱动桥，结构及工艺复杂，制造成本高、维修保养困难。

（3）前桥负荷较后轴重，并且前轮又是转向轮，故前轮工作条件恶劣，轮胎寿命短。

（4）前轮驱动并转向需要等速万向节，其机构和制造工艺较为复杂。

（5）一旦发生正面碰撞事故，因其发动机及其附件损失较大，维修费用高。

二、发动机前置后轮驱动

发动机前置后轮驱动（Front Engine Rear Drive，FR），这是一种最传统的汽车布置形式，在国内外大多数货车、部分乘用车（尤其是高级乘用车轿车）和部分客车中得到广泛应用。

1. 发动机前置后轮驱动优点

（1）在良好的路面上启动、加速或爬坡时，驱动轮的负荷增大（即驱动轮的附着压

力增大)，其牵引性能比前置前驱形式优越；

(2) 轴荷分配比较均匀，因而具有良好的操纵稳定性和行驶平顺性，并有利于延长轮胎的使用寿命；

(3) 发动机、离合器和变速器等总成临近驾驶室，简化了操纵机构的布置；

(4) 转向轮是从动轮，转向机构结构简单、便于维修。

2. 发动机前置后轮驱动缺点

(1) 由于采用传动轴装置，不仅增加了车重，同时降低了动力传动系的传动效率，影响了燃油经济性；

(2) 纵置发动机、变速箱和传动轴等总成的布置，使驾驶室空间减小，影响乘坐舒适性；同时，后排地板中央有突起；

(3) 在雪地或易滑路面上启动加速时，后轮推动车身，易发生甩尾现象。

三、发动机中置后轮驱动

发动机中置后轮驱动（Middle Engine Rear Drive，MR)，发动机置于座椅之后、后轴之前，大多数高性能跑车和超级跑车都采用这种型式。

1. 发动机中置后轮驱动优点

(1) 可获得最佳的轴荷分配，操纵稳定性和行驶平顺性较好。

(2) 发动机临近驱动桥，无需传动轴，从而减轻车重，具有较高的传动效率。

(3) 重量集中，车身平摆方向的惯性力矩小，转弯时，转向盘操作灵敏，运动性好。

2. 发动机中置后轮驱动缺点

(1) 发动机的布置占据了车厢和行李箱的一部分空间，通常，车厢内只能安放 2 个座椅。

(2) 对发动机的隔音和绝热效果差，乘坐舒适性有所降低。

四、发动机后置后轮驱动

发动机后置后轮驱动（Rear Engine Rear Drive，RR)，目前在大、中型客车和部分超级跑车中得到应用。

由于后置后驱车的重量大多集中于后方，又是后轮驱动，所以起步、加速性能在所有驱动形式中是最好的，因此超级跑车一般都采用后置后驱的方式。后置后驱的转弯性能比前置后驱及前置前驱更加敏锐，但由于后轴承受较大负荷，因此后轮的抓地力达到极限时，会有打滑甩尾现象，且不容易控制。后置后驱的另一特点是车头较轻，所以开始进入转弯时较容易造成转向过度现象。

五、发动机前置四轮驱动

发动机前置四轮驱动（Front Engine All - Wheel - Drive，F - AWD)，多用于高性能轿车或者 SUV。布局在乘用车中的优点就是操控性高，而用在越野车上则是通过性更强。

六、发动机中置四轮驱动

发动机中置四轮驱动（Middle Engine All－Wheel－Drive，M－AWD），高性能跑车和超级跑车多采用这种型式。相比发动机中置后轮驱动，发动机中置四轮驱动的操控性以及过弯极限要更强。

七、发动机后置四轮驱动

发动机后置四轮驱动（Rear Engine All－Wheel－Drive，R－AWD），采用车型较少。

任务三　汽车底盘的组成

汽车底盘由传动系统、行驶系统、转向系统和制动系统4大系统组成，其功用为接收发动机的动力，使汽车运动并保证汽车能够按照驾驶员的操纵而正常行驶，图1－1所示为汽车底盘的结构。

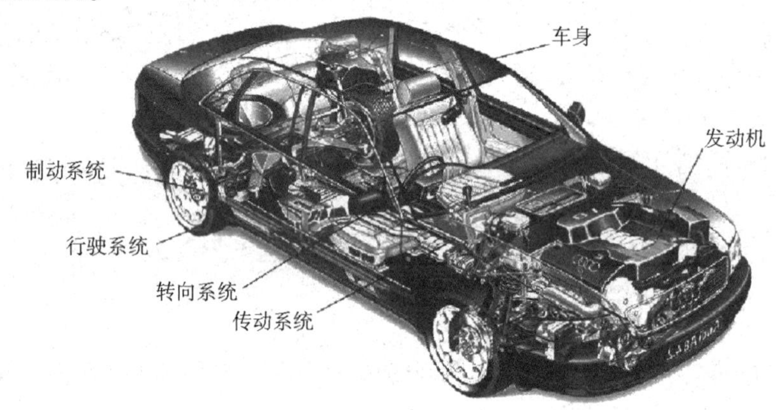

图1－1　汽车底盘的结构示意

一、传动系统

汽车传动系统的基本功用是将发动机的转矩传递给驱动轮，同时还必须适应行驶条件的需要，改变转矩的大小。

以普通的机械式传动系统为例，发动机发出的动力依次经过离合器、变速器和由万向节与传动轴组成的万向传动装置，以及安装在驱动桥中的主减速器、差速器和半轴，最后传到驱动轮，如图1－2所示。现在汽车中采用自动变速器的越来越多，其底盘包括自动变速器、万向传动装置、驱动桥等，即自动变速器取代了离合器和手动变速器。

传动系统各总成的基本功用如下。

（1）离合器。按需要接通或者切断发动机与传动系统之间的动力传递。

（2）变速器。实现车辆的变速，改变转矩大小及输出轴旋转方向，也可以切断动力。

（3）万向传动装置。将变速器输出的动力传给主减速器，并且适应两者之间距离和轴线夹角的变化。

（4）主减速器。减速增矩，改变动力传递方向。

（5）差速器。将主减速器传来的动力分配给左右两半轴，并且允许左右两半轴以不同角速度旋转，实现左右车轮的差速。

（6）半轴。将差速器传来的动力传给驱动轮。

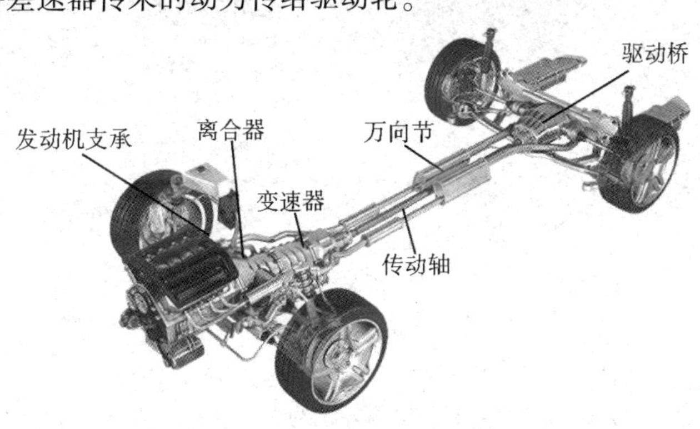

图 1－2　机械式传动系统的结构示意

二、行驶系统

汽车的行驶系统是用来把汽车各个总成和部件连接成为一个合理的整体的机构的总称，其作用是支撑全车的质量，承受车辆运动时车轮与道路之间的冲突所产生的各种力和力矩，减缓路面对车辆的冲击和振动力，保证汽车的平稳行驶。行驶装置主要由车架、车桥、车轮、钢板弹簧、减振器等机件组成。

行驶系统的结构形式因行驶条件和车型的不同而有所差异。绝大多数的汽车采用轮式行驶系统。此外，还有履带式、水路两用式等。

轮式行驶系统一般由车架、车桥、车轮和悬架等组成，如图 1－3（a）所示。车轮安装在车桥上，车桥通过悬架与车架相连接。车架是全车的装配基础，它把汽车连成一个整体。

汽车行驶系统的受力情况如图 1－3（b）所示，在垂直方向上，汽车的总重力 G_a 通过前后车轮传到地面，引起地面垂直反力 F_{z1} 和 F_{z2}；在水平方向上，当后轮（驱动轮）受到驱动转矩 M_k 作用时，通过车轮与路面的附着作用产生向前的纵向反力——牵引力 F_t。牵引力除了用以克服驱动轮的滚动阻力外，其余大部分经过驱动桥壳和悬架传到车架，其中一部分用于克服空气阻力和上坡阻力，另一部分由车架经前悬架传到从动桥，作用在从动轮中心，使从动轮克服滚动阻力向前滚动，于是整个汽车便向前运动。

由于牵引力 F_t 是作用在轮缘上的，此力对驱动轮中心形成一个反力矩 $F_t r_k$，并力图使驱动桥壳前端向上抬起。这将导致万向传动装置中万向节卡死不能工作，甚至损坏。同时，牵引反力矩经后悬架传给车架，使车架连同整车前部都有向上抬起的趋势，由此导致了前轮上的垂直载荷减少而后轮上的垂直载荷增加。

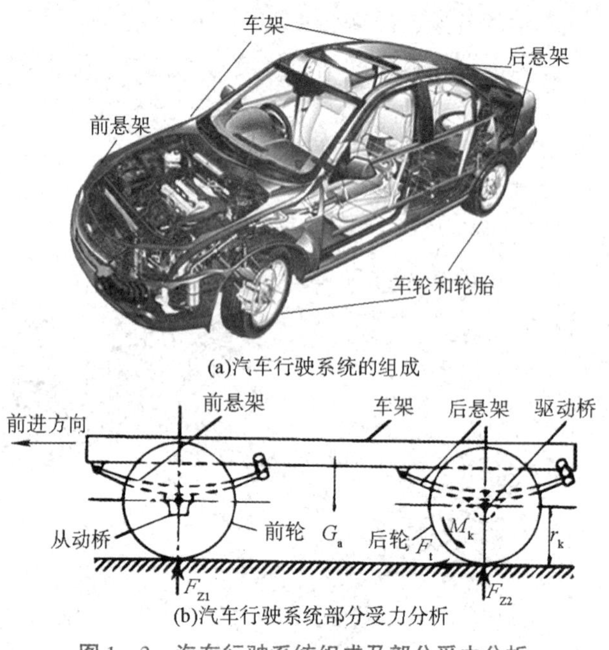

图 1－3　汽车行驶系统组成及部分受力分析

同理，汽车制动时，制动力与驱动力方向相反，其作用结果恰好反之。

汽车在弯道上或横向坡道上行驶时，车轮与路面之间将产生侧向力，此力也是由行驶系统承受和传递的。

综上所述，路面作用于车轮上的所有外力都必须通过行驶系统的零部件传给车架，使汽车行驶、制动或转向。同时，这些力和力矩又使车架和车桥等基础件产生变形、裂纹、连接件松动及各总成相对位置改变。此外，这些力还会使配合副之间产生冲击和振动，出现噪声、密封件掉落等。

三、转向系统

汽车在行驶过程中，需要经常改变行驶轨迹。就轮式汽车而言，驾驶员通过专设的动力传递机构，驱动转向轮相对于汽车纵轴线偏转一定的角度，以实现汽车行驶方向的改变。另外，汽车在直线行驶时，由于受到路面侧向力的作用，自动偏离正常的行驶方向。驾驶员同样利用这套机构使转向车轮向反方向偏转，使汽车恢复其正常的行驶方向。用来改变或恢复汽车行驶方向的传动机构，称为汽车转向系统。汽车转向系统的功用是在不同的行驶条件和速度下，控制汽车的转向轮偏角，改变汽车行驶方向，使汽车能按驾驶员的意愿进行行驶。

汽车转向系统通常分为机械转向系统和动力转向系统两大类。

如图 1－4 所示，机械转向系统主要由转向操纵机构、转向器和转向传动机构三大部分组成。

四、制动系统

汽车制动系统的功用是，按照需要使汽车减速或在最短距离内停车；下坡行驶时限制

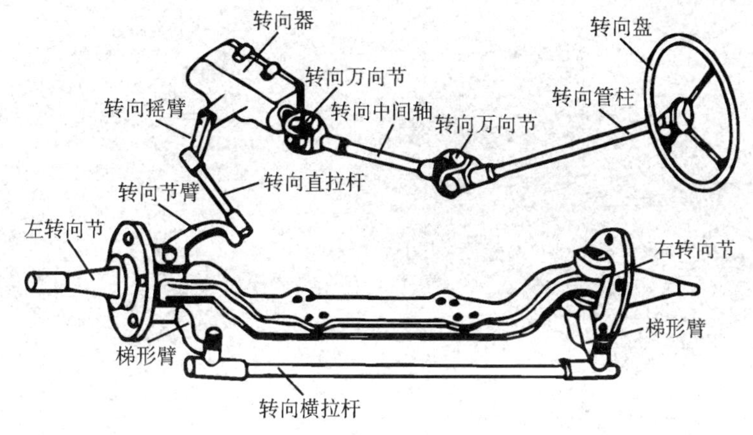

图1－4　机械转向系统结构示意

车速；使汽车可靠地停放在原地，保持不动。为达到汽车制动系统的功用，汽车上一般设有行车制动、驻车制动、应急制动、安全制动和辅助制动等独立的制动系统。汽车制动系统按制动传动介质的不同，分为液压制动系统、气压制动系统和气－液制动系统。大部分小型汽车都采用液压式制动系统，而载货汽车和大客车则常采用气压制动系统。

汽车上设置的制动系统，通常由以下4个部分组成。

（1）供能装置：包括供给、调节制动所需能量及改善传能介质状态的各种部件，如气压制动系统中的空气压缩机。

（2）控制装置：包括产生制动动作和控制制动效果的各种部件，如制动踏板等。

（3）传动装置：其作用是指驾驶员或其他动力源的作用力传到制动器，同时控制制动器的工作，从而获得所需的制动力矩，包括将制动能量传输到制动器的各个部件，如制动主缸、制动轮缸等。

（4）制动器：指产生阻碍车辆运动或运动趋势的力的部件。

较为完善的制动系统还包括制动力调节装置及报警装置、压力保护装置等。

所谓制动系统，是指汽车上对制动器施加制动力而设置的专门装置，其结构如图1－5所示。图示为液压制动的行车制动装置，它主要由旋转部分、固定部分和张开机构组成。旋转部分为制动鼓，它固定在轮毂上和车轮一起转动。固定部分主要包括制动蹄和制动底板等。

行车制动装置由车轮制动器和液压传动机构两部分组成。车轮制动器的旋转部分是制动鼓，它固定于轮毂上，与车轮一起旋转。固定部分是制动蹄和制动底板等。制动蹄上铆有摩擦片，其下端套在支承销上，上端用复位弹簧拉紧压靠在制动轮缸内的活塞上。支承销和制动轮缸都固定在制动底板上，制动底板用螺钉与转向节凸缘或桥壳凸缘固定在一起。制动蹄靠制动轮缸使其张开。

不制动时，制动鼓的内圆柱面与摩擦片之间保留一定间隙，制动鼓可以随车轮一起旋转。

制动时（见图1－5（b）），驾驶员踩下制动踏板，推杆推动制动主缸内的活塞前移，迫使制动液经管路进入制动轮缸，推动轮缸内活塞向外移动，使制动蹄克服复位弹簧的拉

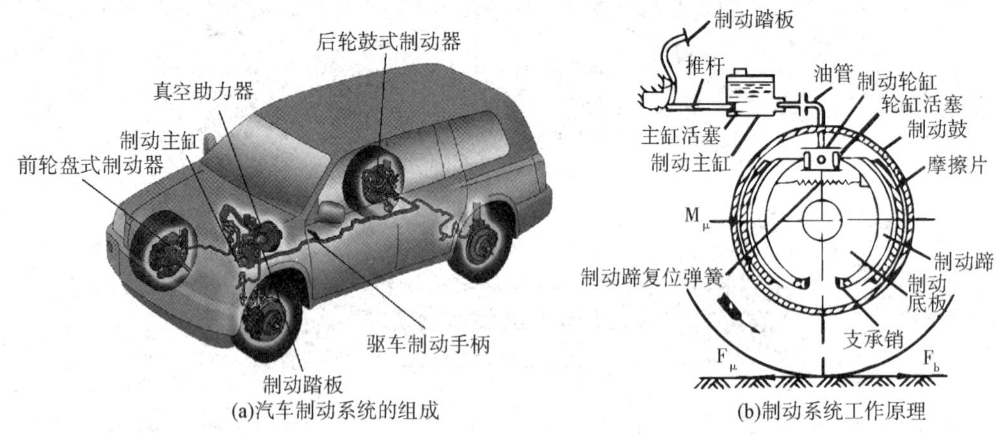

(a)汽车制动系统的组成　(b)制动系统工作原理

图 1－5　汽车制动系统的组成和制动系统工作原理

力绕支承销转动而张开，消除了制动蹄与制动鼓之间的间隙后紧压在制动鼓上。此时，不旋转的制动蹄摩擦片对旋转的制动鼓就产生一个摩擦力矩，其方向与车轮的旋转方向相反。制动鼓将此力矩传到车轮后，由于车轮与路面的附着作用，车轮即对路面作用一个向前的周缘力 F_{μ} 与此相反，路面会给车轮一个向后的反作用力，这个力就是车轮受到的制动力 F_{b}。各车轮制动力的总和就是汽车受到的总制动力。制动力迫使整个汽车产生一定的减速度，直至停车。

放松制动踏板，在回位弹簧的作用下，制动蹄与制动鼓的间隙又得以恢复，从而解除制动。

任务四　汽车底盘技术的发展

作为一项复杂的专业技术，汽车底盘控制技术是通过利用不同控制系统实现对同一个控制目标的共同或单独控制，像离散型路面上汽车的行车稳定性就是通过 WS、ABS、ESP 以及 AFS 技术实现控制的；利用一个控制系统实现对多种变量的同时控制，TCS 技术作为各种典型可有效实现对轮胎滑转率及角加速度的有效控制；利用一套控制设备实现多种功能控制，比如底盘控制系统利用车轮的轮速传感器实现对速度的有效控制。

一、汽车底盘控制技术现状分析

汽车底盘技术的发展是伴随着汽车行业的进步不断发展的，对底盘控制技术的分析可从制动控制系统、悬挂控制系统及转向控制系统三方面入手。

当前汽车底盘控制技术中制动控制系统主要以 ABS（防抱死制动系统）、ESP（汽车动力学电子稳定控制系统）为主。ABS 系统中主要控制滑动率，滑动率保持着 30% 的时候，汽车制动力系数与地质制动力保持最大，偏离 30% 这个数值之后，汽车制动力系数、地质制动力的变化将会非常不稳定，因此对于汽车运行性能的负面影响也较大，所以必须

应用ABS系统严格控制滑动率，轮速传感器、电子控制单元作为控制系统的关键部件，加强研究与应用对于确保滑动率有重要意义。ESP系统通过控制车轮纵向力大小及匹配情况来实现对汽车横摆运动的控制，以保证汽车操纵的灵敏性、灵活性与方向稳定性，不过比起ABS系统ESP系统需要用到更多的传感器，以便在汽车运行中通过传感数据采集完成对汽车实际运行状况的精准控制。

汽车底盘控制技术中悬挂控制系统目前主要以ADC与ARC系统为主。ADC系统利用车轮垂直加速传感器、电子控制单元与阻尼器比例阀实现控制功能，通过对悬挂阻尼器最佳阻尼系数的计算完成对比例阀的协调，从而获得汽车运行中所需要的震动性能，保证汽车运行时的平稳性、舒适性与安全性。ARC系统通过控制稳定杆左右及垂直方向上的相对位移来完成对车身倾侧方面的平衡控制，将倾侧角控制到接近于零，从而提升汽车运行舒适性，另外还可通过控制前后主动稳定杆来调节倾侧力矩的分配，改善汽车机动性与安全性。

汽车底盘控制技术中转向控制系统目前应用最为广泛的是EPS（主动前轮电动助力转向系统）、RWS（后轮转向系统）等系统。EPS系统可显著减轻汽车行驶过程中路面对转向盘的冲击，促使转向盘自动回正，这种功能的实现是利用转向转角传感器、力矩传感器等实现，应用优势显著。RWS系统主要由执行机、传感器、电子控制单元等构成，根据执行机构运行情况还可分为整体式与分离式情况，目前应用较为普遍的是整体式机构，未来研究重点着重放在提升执行性能上，以便进一步提升汽车整体性能。

二、汽车底盘控制技术发展方向探讨

汽车底盘控制技术中的悬挂系统、制动系统、转向系统是相互关联合作的，控制系统整体运行效果越好，汽车整体性能就更为优越。从当前汽车底盘控制系统构成就可以看出其未来技术的发展应用趋势，汽车未来发展中底盘的电子控制系统将会积极尝试与信息技术、网络技术等有机结合实现多层面的精准控制。就目前而言，相关研究已经取得了一定进步。全方位底盘控制（GCC）作为目前技术研究的一大主要方向，主要是通过设置更加多元、更高层面的底盘控制单元来实现对整体系统的有效控制，汽车运行中该系统对驾驶员的习惯、驾驶意识等进行识别，在监督底盘控制子系统运行情况的同时完成控制单元运作的全面协调，以此来保证汽车运行的安全性，提升控制系统运作灵敏性，实现对底盘分工系统的高精控制，进一步提升汽车在安全、行驶方面的诸多性能。ESP二代系统的研发作为另一主要方向，是通过三个系统的高度有机结合来构建更高的控制层，从而促使汽车在运行安全性、舒适性、稳定性方面得到进一步延伸，利用网络化连接技术改进系统运行性能。就目前来看，两种系统技术的研究都有一定难度，但是通过持续研究探索更多的技术难题势必会被解决，从而促使汽车底盘控制技术的发展与应用更进一步。

思考题

一、填空题

1. 汽车底盘可以分为__________系统、__________系统、__________系统和__________系统四大系统。

2. 底盘的作用是支承、安装汽车发动机及其他各部件、总成，形成汽车的整体造型，并接受发动机的动力，是汽车__________，保证正常行驶。

3. 全时四轮驱动汽车__________两轮驱动或四轮驱动的选择开关，全时都在四轮驱动。

二、名词解释

1. 轴距

2. 轮距

三、简答题

1. 驻车制动系统的作用是什么？

2. 汽车底盘技术的发展趋势是怎样的？

项目二 离合器的结构与检修

任务一 离合器的认知

一、离合器的作用

离合器的作用

离合器是传动机构的重要组成部分，在发动机与变速器之间，保持车辆的平稳运行，减少交通事故的发生，便于驾驶员对车辆进行换挡，降低冲击。变速器主要用于改变速度，倒车，使齿轮不契合，改变传动方向，以达到变速的目的，具体的功用如下。

(1) 保证平稳起步。起步时，离合器逐渐接合（驾驶人逐渐松开离合器踏板），使发动机与传动系统逐渐接合，保证汽车平稳起步。

(2) 便于换挡。暂时切断发动机与传动系统的联系，减轻或消除换挡冲击，便于变速器的换挡。

(3) 限制所传递的转矩，防止传动系统过载。在汽车紧急制动时，载荷过大时离合器自动打滑，从而达到保护发动机的作用。

(4) 便于起动。起动时踏下离合器踏板，发动机与传动系统的动力传递被切断，这样可减小起动转矩。

二、离合器的基本组成

离合器是机械传动中的常用部件，可将传动系统随时分离或接合。对其基本要求有：接合平稳，分离迅速而彻底；调节和修理方便；外廓尺寸小；质量小；耐磨性好和有足够的散热能力；操作方便省力，常用的分为牙嵌式与摩擦式两类。离合器的基本组成有飞轮，压盘，离合器片，分离轴承，分离拔叉，离合接线及离合踏板。

1. 飞轮

飞轮与发动机曲轴相连，用于传送和储存发动机能力，同时飞轮上有起动齿圈用来起动发动机。

2. 压盘

压盘总成是用螺栓固定在飞轮上，主要作用是分离发动机动力，易于驾驶员换挡，如果压盘损坏就不能顺利进行换挡操作。

3. 离合器片

离合器片在飞轮与压盘中间，通过内部花键与变速箱输入轴相连，通过磨损力把发动机的动力传递到变速箱。

4. 分离轴承

分离轴承踩下离合踏板会把分离轴承压向压盘，压盘通过杠杆作用与离合片分离，汽车可以自由挂挡。

5. 分离拔叉

分离拔叉安装在变速箱拔叉轴上，主要用来固定分离轴承，分离拔叉在变速箱壳体上可以前后移动。

6. 离合接线

离合接线是把汽车离合器与驾驶员联系在一起的配件，有些汽车通过液压来传递动力。

7. 离合踏板

驾驶人员可以通过踩踏板或松踏板来完成变换挡位，也是整个离合系统中驾驶员最直观的一个配件。

三、离合器的类型

1. 按从动盘的数目分

按从动盘的数目可以分为单片式、双片式和多片式离合器，目前应用最为广泛的是单片式离合器，双片式离合器用于中、重型载货汽车。如图 2－1 所示，双片摩擦式离合器的主要特点是由 2 个从动盘和与之接触的 2 个压盘来承载。

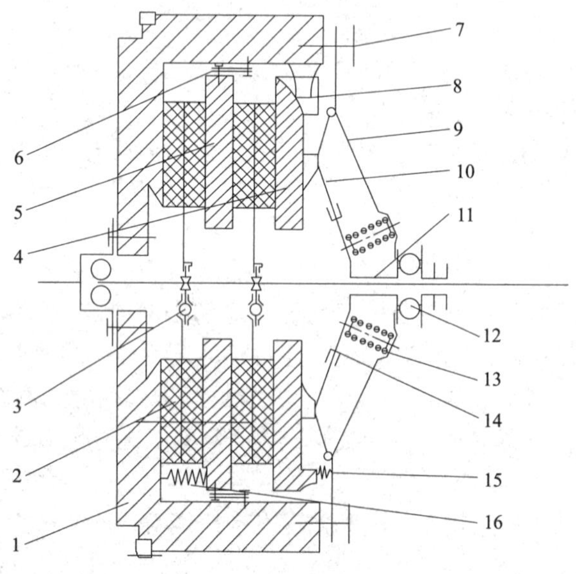

1—飞轮；2—从动盘；3—扭转减振器；4—压盘；5—中间压盘；6—传动片；7—固定螺钉；8—传力片；9—离合器盖；10—压紧杠杆；11—分离套筒；12—分离轴承；13—压紧弹簧；14—传力盘；15—分离弹簧；16—回位弹簧

图 2－1　双片摩擦式离合器结构示意

2. 按操纵机构分

按操纵机构可分为机械式、液压式和气压式离合器等。常见的有机械式和液压式离合器。

3. 按离合器的结构分

按离合器的结构（压紧弹簧形式）可分为膜片弹簧式、中央弹簧式和周布弹簧式离合器，常见的是膜片弹簧式离合器。中央弹簧式离合器和周布弹簧式离合器目前应用得比较少。如图 2－2 所示，中央弹簧式离合器是采用一个或两个位于离合器中央的压紧弹簧的离合器。如图 2－3 所示，周布弹簧式离合器是通过压盘四周均匀排列的螺旋弹簧将压盘、从动部分和飞轮压紧在一起。

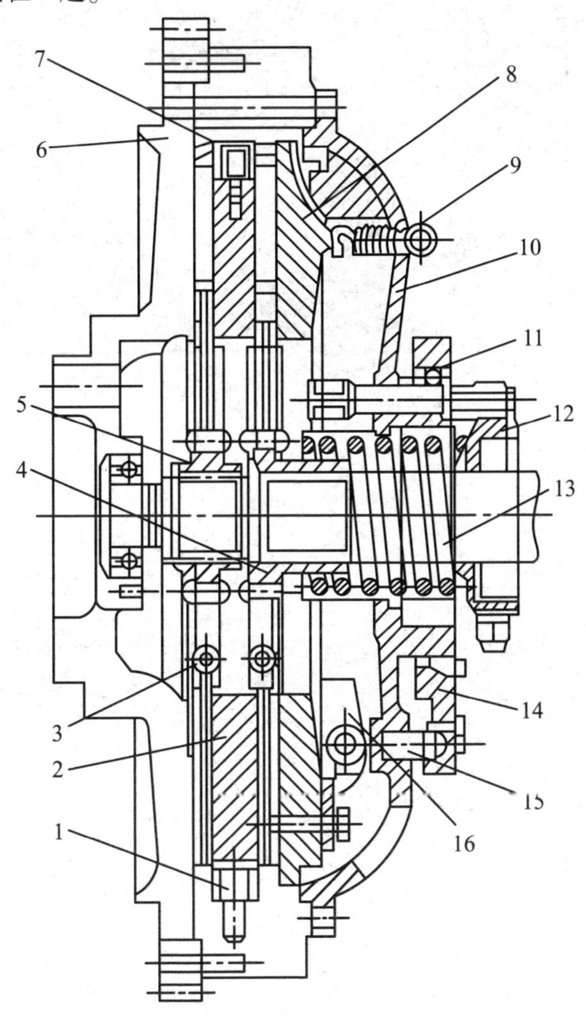

1—传动销；2—中间主动盘；3—扭转减振器；4，5—从动盘；6—飞轮；7—分离摆杆；8—压盘；9—分离弹簧；10—离合器盖；11—调整环；12—分离套筒；13—压紧弹簧；14—平衡盘；15—支承销；16—压紧杠杆

图 2－2　中央弹簧式离合器

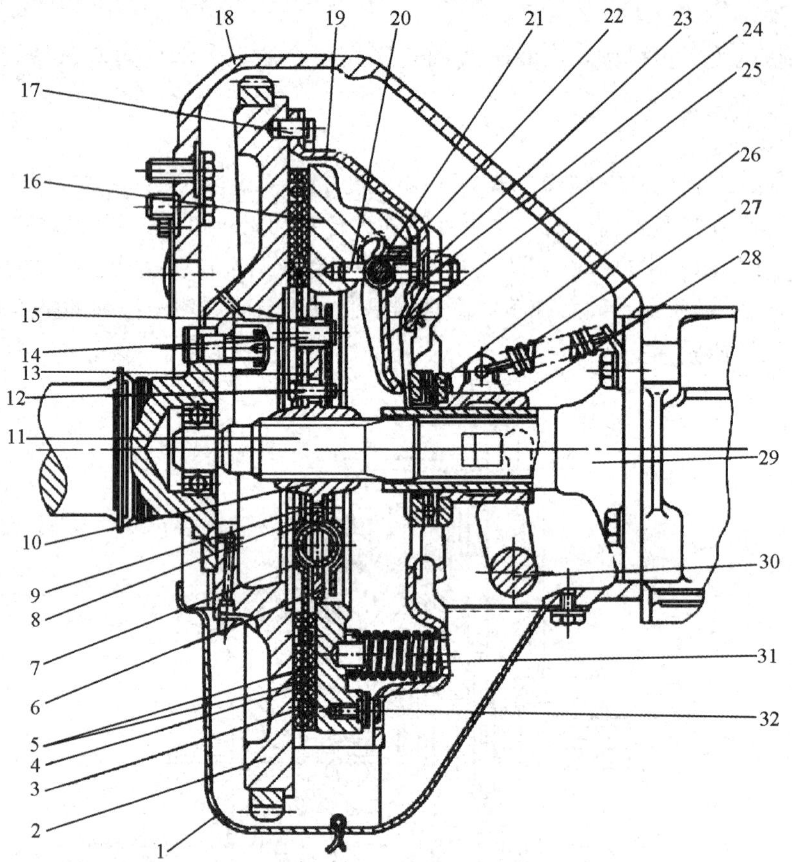

1—离合器底盖；2—发动机飞轮；3—摩擦片铆钉；4—从动盘本体；5—摩擦片；6—减振器盘；7—减振器弹簧；8—减振器阻尼片；9—阻尼片铆钉；10—从动盘；11—变速器输入轴；12—阻尼弹簧铆钉；13—减振器阻尼弹簧；14—从动盘铆钉；15—从动盘铆钉隔套；16—压盘；17—离合器盖定位销；18—飞轮壳；19—离合器盖；20—分离杠杆；21—摆动支片；22—浮动销；23—分离杠杆调整螺母；24—分离杠杆弹簧；25—分离杠杆；26—分离轴承；27—分离套筒回位弹簧；28—分离套筒；29—变速器第一轴轴承盖；30—分离叉；31—压紧弹簧；32—传动片铆钉

图 2－3　周布弹簧式离合器

四、离合器的工作原理

膜片弹簧式离合器具有结构简单、操纵轻便、能自动调整压紧力等优点，目前汽车普遍采用这种离合器。

1. 膜片弹簧式离合器的工作原理

此类离合器的工作原理如图 2－4 所示，离合器从飞轮处获得动力，通过摩擦力传递给变速器输入轴，曲轴内导向轴承对变速器输入轴起支撑作用，而不是连接作用。动力传递路线有两条，其中一条传递路线是曲轴→飞轮→从动盘前面（从动盘前衬片）→变速器输入轴；另外一条传递路线是曲轴→飞轮→离合器盖（通过与飞轮连接的螺栓传递）→压盘→从动盘后面（从动盘后衬片）→变速器输入轴。踩下离合器踏板时，操纵机构将施加在离合器踏板的力转化为推动分离轴承的力，分离轴承压下膜片弹簧（膜片弹簧这时起杠

杆的作用)，这时压盘向图 2－4 中所示的右向移动，因此从动盘没有被压紧在飞轮和压盘上，不能传递摩擦力。当汽车起步，特别是上坡起步时，需要离合器“半联动”，这时离合器介于接合和分离之间（滑磨），只传递发动机的部分动力，可防止发动机起步熄火或起步冲击。

离合器由主动部分、从动部分、压紧装置、分离机构和操纵机构 5 部分组成。

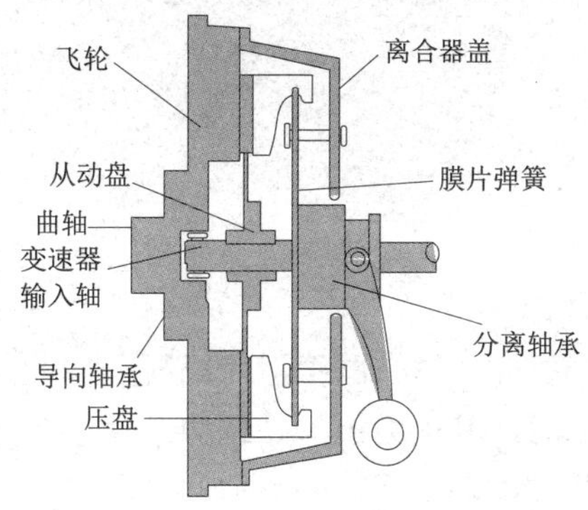

图 2－4　膜片弹簧式离合器工作原理

(1) 主动部分

主动部分包括飞轮、离合器盖和压盘。为保证飞轮和离合器之间能传递较大的动力，飞轮与离合器从动盘结合的一侧加工成光滑的平面，飞轮上还要加工定位孔和螺栓孔，以便于离合器定位和安装。

如图 2－5 所示，离合器盖和压盘实际上是一个总成，离合器盖和压盘是用 3 组或4 组均匀分布的传动钢片来传递转矩的。传动钢片两端分别连接离合器盖和压盘，工作时，传动钢片既可以传递转矩，又可以使压盘相对离合器盖做轴向移动。

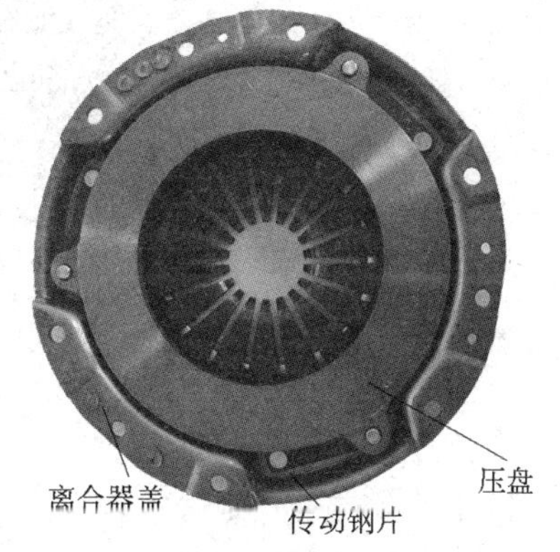

图 2－5　离合器压盘总成

离合器盖由低碳钢冲压制成，为了散去在离合器分离和接合的过程中由大量动能转换而来的热能，离合器盖的侧面制有通风口，可加强通风。

压盘要承受很大的机械载荷，常用高强度铸铁制成。压盘与从动盘接触的平面要平整。飞轮和压盘都是具有相当质量的高速旋转零件，因此对其动平衡要求很高。

(2) 从动部分

从动盘属于离合器的从动部分，如图 2－6 所示。从动盘也称为离合器片，它的基本结构由两片摩擦片、钢片、花键毂、减振弹簧、减振器盘等组成。摩擦片一般由石棉合成物制成，有较大的摩擦因数、良好的耐磨性和耐热性。摩擦片和钢片之间采用粘接或铆接，为使离合器接合平稳，钢片一般制成波形（也称为波形片）。花键毂与变速器输入轴配合，从动盘可以在输入轴上滑动。

从动盘一般都带有扭转减振器，如图 2－7 所示。从动盘和花键毂通过减振弹簧弹性

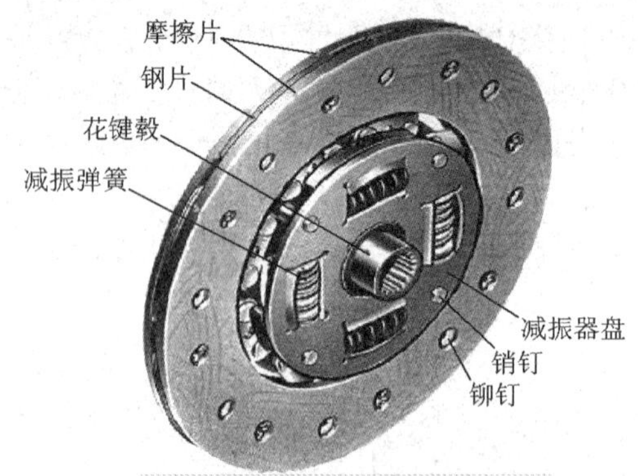

图 2－6　从动盘

地连接在一起，构成减振缓冲机构。扭转减振器可以缓和传动系统的扭转振动，提高离合器接合的柔和性。离合器工作时，其动力传递路线为前后摩擦片及铆钉→钢片→减振阻尼片→减振器盘→减振弹簧→从动盘花键毂。

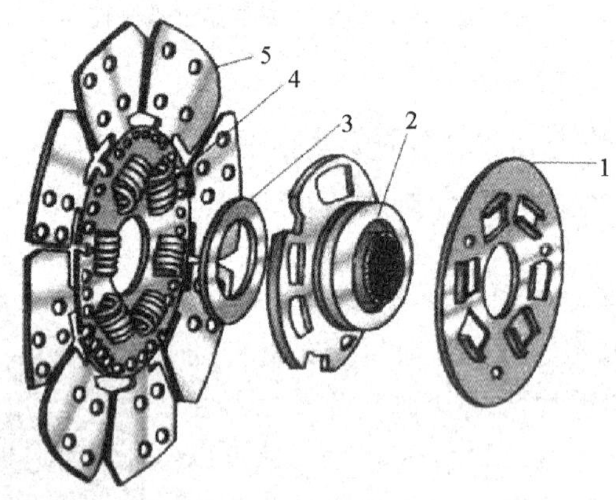

1—减振器盘；2—从动盘花键毂；3—减振阻尼片；4—减振弹簧；5—钢片

图 2－7　从动盘扭转减振器

（3）压紧装置和分离装置

膜片弹簧式离合器的压紧机构主要指膜片弹簧，膜片弹簧与主动部分一起旋转，它一端连接离合器盖，另一端连接压盘。如图 2－8 所示，安装前压盘总成前膜片弹簧处于自由状态；安装后膜片弹簧受力将压盘压向飞轮，从而将处于飞轮和压盘间的从动盘压紧；在踏下离合器踏板后，膜片弹簧起杠杆作用，在分离轴承压力作用下将压盘往后拉，这时离合器分离。

如图 2－9 所示，膜片弹簧式离合器的分离机构主要由分离叉、分离轴承和分离轴承座组成。踏下离合器踏板时，离合器操纵机构将力传递到分离叉，分离叉起杠杆作用，这个“杠杆”的支点即分离叉支撑点，分离叉推动分离轴承座使分离轴承压向膜片弹簧，并使离合器分离。分离轴承固定环起连接分离轴承座和分离叉的作用。

（4）操纵机构

离合器的操纵机构主要有机械式和液压式。机械式又分为拉杆式和拉索式，拉杆式主

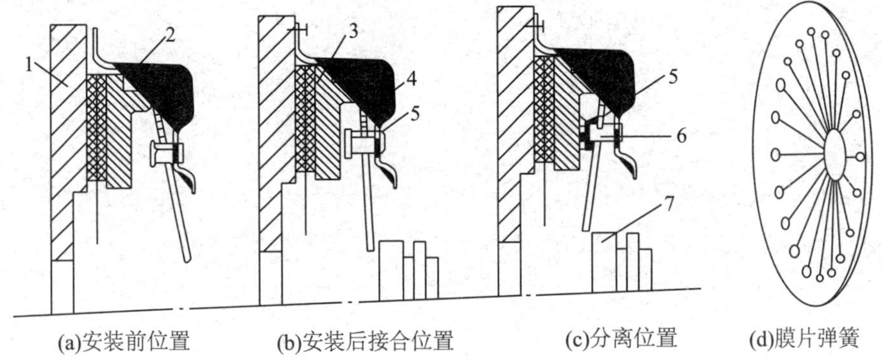

1—飞轮；2—离合器盖；3—压盘；4—膜片弹簧；5—支撑环；6—铆钉；7—分离轴承

图 2-8　膜片弹簧式离合器工作原理示意图

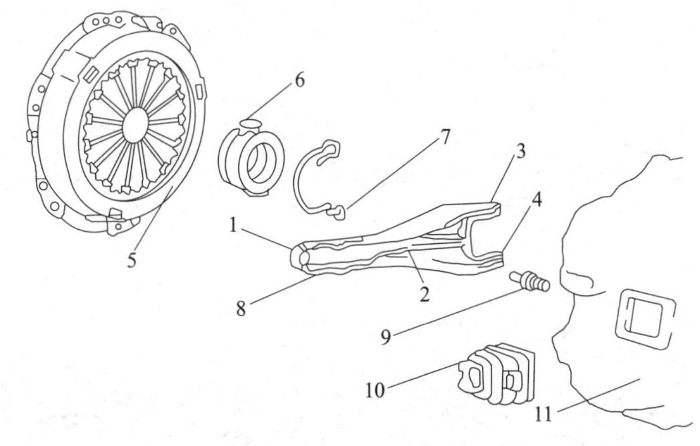

1—分离叉与离合器分泵接触点；2—分离叉与支撑机构接触点；3，4—分离叉与分离轴承固定环接触点；
5—压盘总成；6—离合器分离轴承及轴承座；7—分离轴承固定环；8—分离叉；
9—分离叉支撑销；10—分离叉防尘套；11—变速器

图 2-9　离合器分离机构

要用于客车和载货车，拉索式多用于轿车；液压式应用最为广泛，普遍应用于客车、载货车及轿车。

为减小作用于离合器踏板上的力，在离合器踏板处采用了助力弹簧。其工作原理是在刚刚踩下离合器踏板时，助力弹簧被拉长，因为这时离合器踏板所需力度较小，所以不会给驾驶人增加负担。当踏板踩下一定程度时，被拉长的助力弹簧因为中心线位置发生变化，开始回位，这样便起到助力的作用。

①液压式。如图 2-10 所示，液压式操纵机构一般是由离合器踏板、储油罐、离合器总泵（也称为主缸）、离合器分泵（也称为工作缸）、液压管路等组成。

离合器总泵的结构如图 2-11 所示，其主要由离合器缸筒、活塞、推杆和储油罐等组成。在总泵缸筒上有 3 个油孔，分别是补偿孔、进油孔和出油口。在活塞两端都有密封圈，在活塞顶部有单向阀。单向阀由活塞顶部的多个小孔、回位弹簧、胶碗、活塞垫片组成。

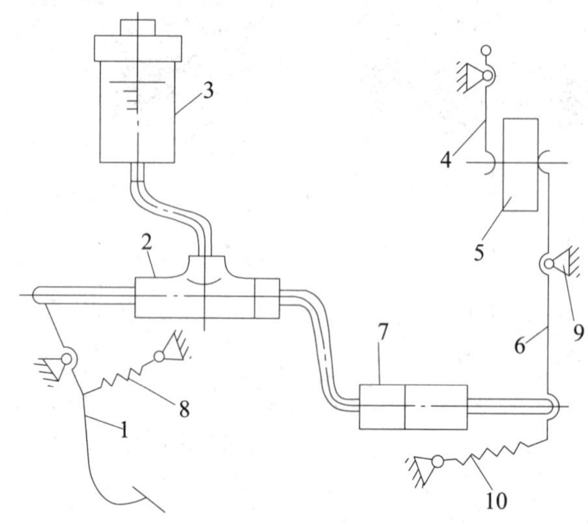

1—离合器踏板；2—离合器总泵；3—储油罐；4—膜片弹簧；5—分离轴承；6—分离叉；
7—离合器分泵；8—助力弹簧；9—分离叉支撑；10—回位弹簧

图 2－10　液压式操纵机构

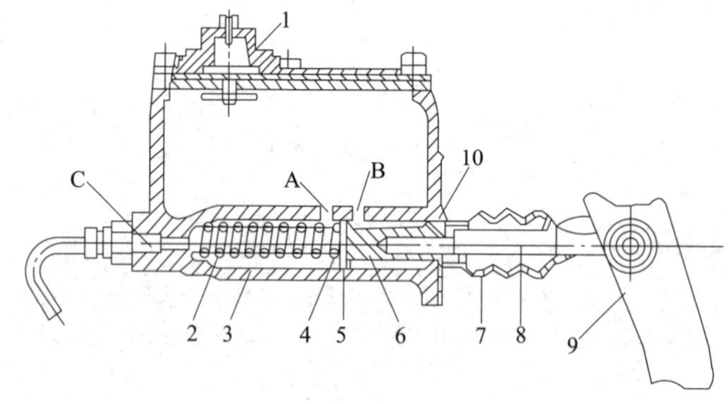

1—储油罐盖；2—回位弹簧；3—总泵缸筒；4—胶碗；5—活塞垫片；6—活塞；
7—防尘套；8—推杆；9—离合器踏板；10—密封圈；A—补偿孔；B—进油孔；C—出油口

图 2－11　离合器总泵结构

未踩下离合器踏板时，活塞上的胶碗位于补偿孔和进油孔之间。踩下踏板时，活塞向前移动，越过补偿孔后，总泵内压力增大，液压油被压出出油口，进入油管后再进入离合器分泵。分泵的缸径略大于总泵，因此液压系统有增力作用。

当松开离合器踏板时，回位弹簧推动活塞迅速回位，油液流动较慢从而在腔内形成真空，这时由于压差的作用，油液流过单向阀补偿真空。当原先已由总泵压到分泵去的油液重新流到总泵时，过多的油从补偿孔流回储油罐。

如图 2－12 所示，离合器分泵由活塞、缸体等组成，其工作原理和普通的液压缸一样，但为了方便排放空气，一般分泵上都有放气螺钉。

如图 2－13 所示，奥迪 A6 离合器液压控制系统由液压容器、驱动软管、回流软管、离合器踏板、主动缸、工作缸、排气阀等组成。

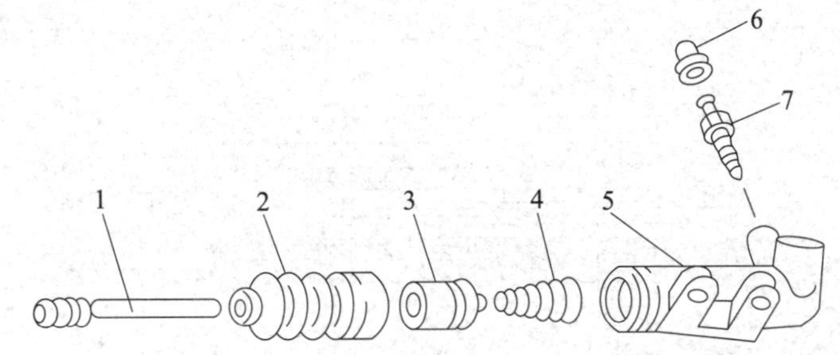

1—分泵推杆；2—防尘套；3—活塞；4—弹簧；5—缸体；6—防尘帽；7—放气螺钉

图 2－12　离合器分泵

②机械式。离合器拉杆式操纵机构主要应用在大型汽车上，关节点多，不容易布置。拉绳式容易布置，这里主要介绍拉绳式操纵机构的原理。普通拉绳式操纵机构需要调整，但有些离合器的拉绳带有自动调整机构，不再需要调整。

东风雪铁龙毕加索轿车离合器的拉绳结构如图 2－14 所示。当踩下离合器踏板时，伸缩管与踏板分离，在弹簧作用下，伸缩管向右移动。当滚珠移动到踏板软管的内斜面时，将踏板软管与离合器软轴管锁止，这样就使全套装置成为一根普通的离合器软轴在工作。

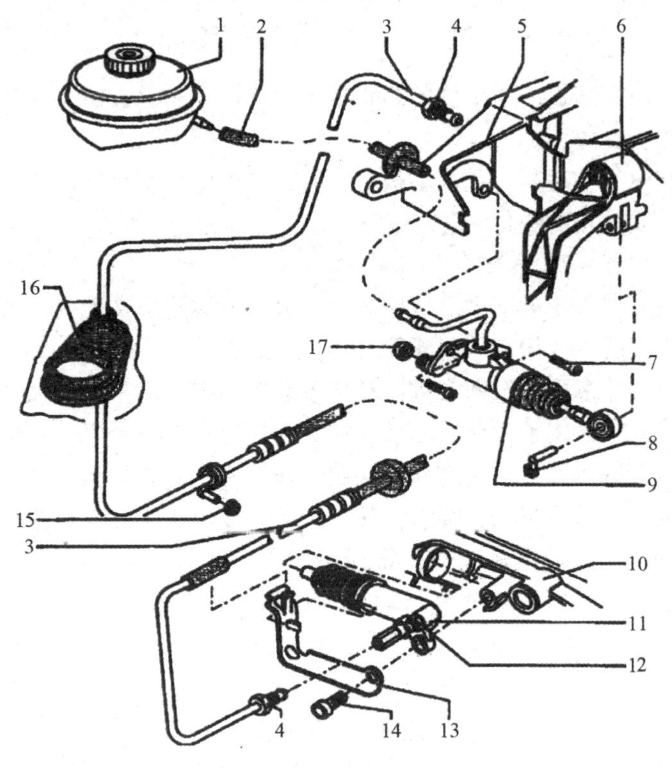

1—液体容器；2—回流软管；3—驱动软管；4—接管螺母（15 N · m）；5—支架；6—离合器踏板；7—内六角螺栓（20 N · m）；8—销；9—主动缸；10—变速器；11—工作缸；12—排气阀；13—固定支架；14—内六角螺栓（25 N · m）；15—六角螺母（25 N · m）；16，17—密封圈

图 2－13　奥迪 A6 离合器液压系统

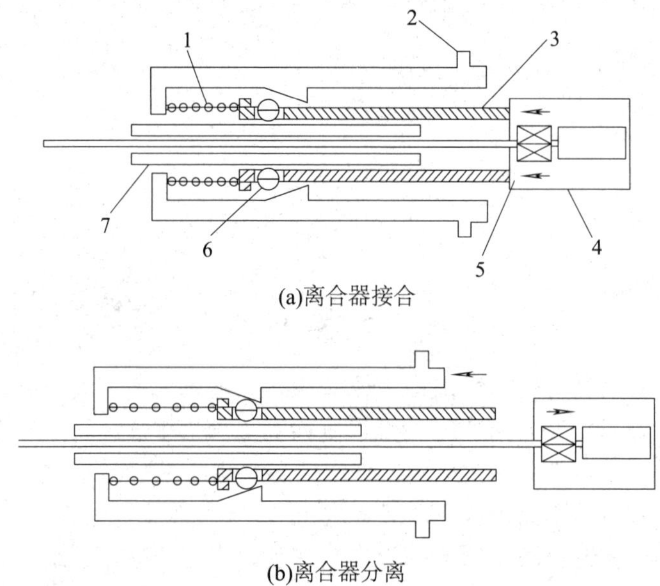

(a)离合器接合

(b)离合器分离

1—弹簧；2—踏板软管；3—伸缩管；4—踏板支座；5—离合器软轴限位块；6—滚珠；7—离合器软轴管

图 2－14　离合器拉绳结构

踏板恢复原位时，踏板支座抵住伸缩管推动滚珠向左运动，解除了滚珠的锁止。软管随离合器盘的磨损会变短。

为了使补偿装置正常运行，要求踏板静止时，伸缩管被踏板支座压缩，滚珠可自由移动，离合器软轴管实现长度变化。

2. 其他形式离合器的工作原理

周布弹簧式离合器采用若干个沿摩擦盘圆周分布的螺旋弹簧作为压紧弹簧，没有了膜片弹簧式离合器中的膜片，但有不起弹簧作用的分离杠杆。

中央弹簧式离合器多用于重型汽车，其压紧装置只有一个张力较强的压紧弹簧布置于离合器的中央。另外它采用了 2 个从动盘，在 2 个从动盘之间有中间压盘。

北京切诺基离合器的分泵和分离轴承采用特殊结构，使分泵和分离轴承组合在一起。

捷达轿车的离合器如图 2－15 所示，其 2 条动力传递路线分别为曲轴→离合器盖→压盘→从动盘（前面）→变速器输入轴；曲轴→离合器盖→飞轮→从动盘（后面）→变速器输入轴。离合器分离推杆位于变速器输入轴内部。分离轴承和分离臂都位于变速器内部。离合器的操纵机构如图 2－16 所示，它使用拉绳式操纵方式，具有自动调整机构。

3. 自动离合器

自动离合器由控制单元（ECU）控制，无须用脚控制离合器，简化了驾驶人的操纵动作，加快了换挡速度，节省了燃油，深受人们的欢迎。自动离合器的基本结构及工作流程如图 2－17 所示。

（1）起动发动机

空挡和在挡都可以起动。在挡起动时，必须踩制动踏板后方可起动。起动后注意观察 ACM 显示窗口显示是否正常，如有异常应停止操作，及时检修。

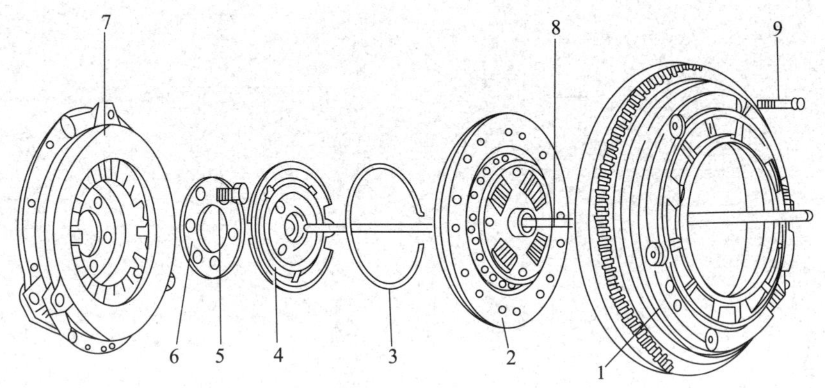

1—飞轮；2—从动盘；3—卡环；4—离合器分离盘；5，9—螺栓；
6—中间板；7—压盘；8—分离推杆

图 2－15　捷达轿车离合器

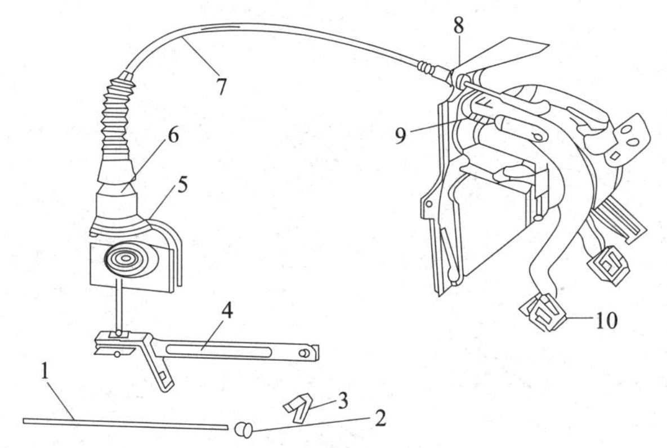

1—分离推杆；2—分离轴承；3—分离臂；4—操纵臂；5，8—固定点；
6—自动调整机构；7—拉绳；9—助力弹簧；10—离合器踏板

图 2－16　捷达轿车离合器的操纵机构

注意：汽车在挡停在坡路时，起动前挡位可能无法退出，须踩制动踏板，将点火开关置于“ON”位，即可顺利换挡。

（2）汽车起步

换入一挡、二挡或倒挡，释放驻车制动及制动踏板后，电控自动离合器进入起步爬行状态，踩加速踏板即可加速行驶。

注意：换入三挡或更高挡位起步时，电控自动离合器可能进入误操作保护状态，当前挡位闪烁显示并且蜂鸣器警告提示，此时应及时换入合适的挡位。

（3）行驶换挡

汽车向前行驶过程中，收起加速踏板后直接换挡，即可换入所需挡位，换挡时不必踩制动踏板。

在汽车向前行驶过程中，如果换挡不当，可能使电控自动离合器进入误操作保护状态。当前挡位闪烁显示并且蜂鸣器警告提示，此时应及时换入合适的挡位。

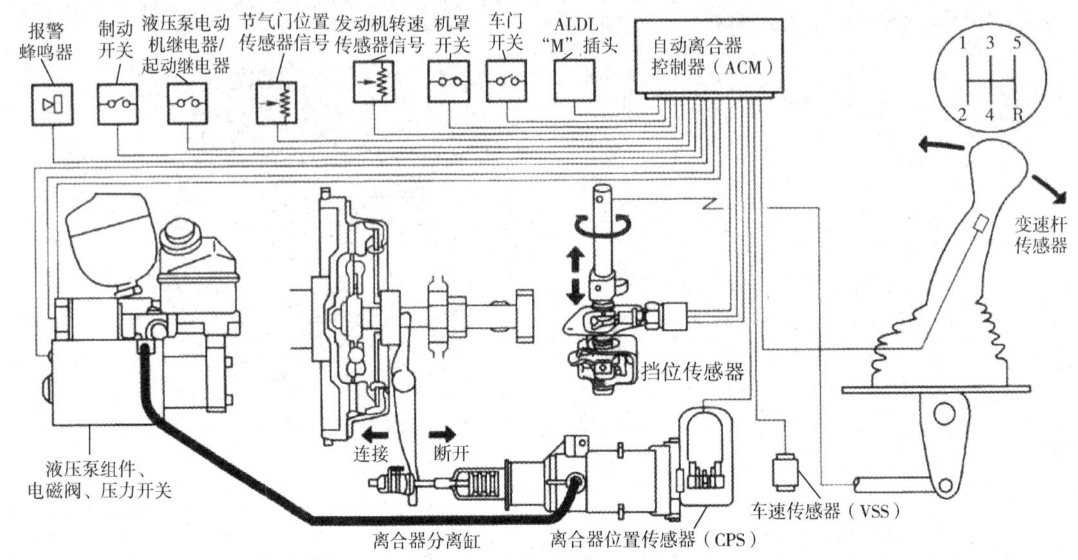

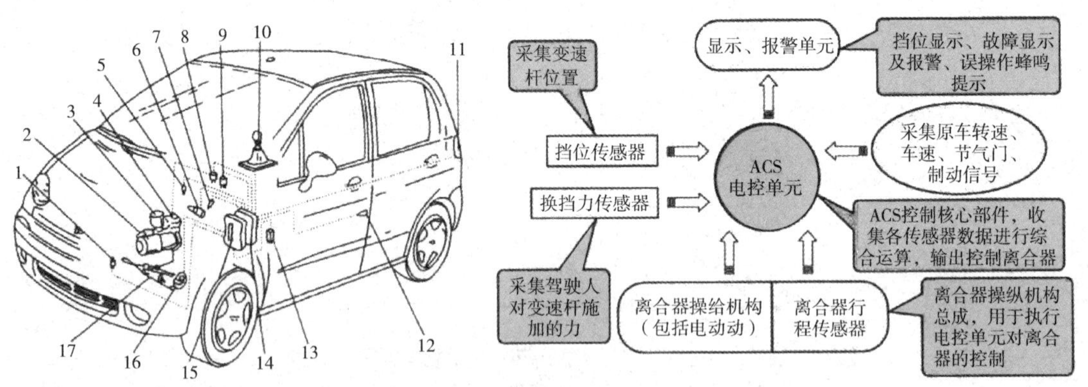

1—机罩开关（NC 开关）；2—液压泵组件；3—储气筒；4—储油箱；5—车速传感器（VSS）；6—挡位传感器（GPS）；7—制动开关（NG 开关）；8—液压泵电动机继电器；9—起动继电器；10—变速杆传感器；11—倒车灯；12—车门开关（ND 开关）；13—报警蜂鸣器；14—自动离合器控制器（ACM）；15—发动机控制器（ECM）；16—离合器位置传感器（CPS）；17—离合器分离缸

图 2－17　自动离合器的基本结构及工作流程

在汽车向前行驶过程中，应注意换入倒挡的安全性，确认汽车完全停稳后方可换入倒挡。

在汽车减速过程中，车速过低时电控自动离合器会处于熄火保护状态，此时应及时换入较低挡位，若停车等候时间较长，应换入空挡。

（4）驻车

停车后可换入一挡、二挡或倒挡。在坡路驻车时，如需解除驻车应当打开点火开关（不需要起动），直接换到空挡即可解除驻车。

注意：不要在空挡时未拉起驻车制动就离开汽车。

自动离合器只是操纵部分改为了“自动”，其他部分没有变动。自动离合器操纵机构

分为两种：机械电动机式自动离合器和液压式自动离合器。两种自动离合器的电控系统都是由传感器、电控单元（ECU）和执行器组成的，电控系统的原理相似，即 ECU 根据传感器的信号来控制执行器的动作。

液压式自动离合器将踏板操纵离合器液压缸活塞，改为由开关装置控制电动液压泵操纵离合器液压缸活塞。变速器 ECU 与发动机 ECU 根据加速踏板、变速器挡位、变速器输入/输出轴转速、发动机转速、节气门开度等传感器信号，计算出离合器最佳的接合时间与速度。自动离合器的执行机构由电动油泵、电磁阀和离合器液压缸组成。当 ECU 发出指令驱动电动油泵时，电动油泵产生的高压油液通过电磁阀输送到离合器液压缸。通过 ECU 控制电磁阀的电流量来控制油液流量和油液的通道变换，实现离合器液压缸活塞的移动，从而完成汽车起动、换挡时的离合器动作。

机械电动机式自动离合器由电控单元（ECU）、线束和插接件、传感器、离合器操纵机构、拉杆机构等部分组成。离合器操纵机构安装在变速器壳体上部，主要由电动机、螺旋传动装置、助力弹簧、拉索连杆、壳体、位移传感器、温度传感器等零部件组成。传感器包括制动传感器、节气门位置传感器、发动机转速传感器、车速传感器、制动灯开关和安装在变速器壳体与选换挡轴连接处的挡位传感器。驾驶人拨动变速杆时，电控单元控制电动机驱动螺母转动，螺母驱动螺杆在助力弹簧的助推下，利用拉索连杆拉动实现离合器分离。换挡后只需踏下加速踏板，电控单元（ECU）依据新的挡位信号和节气门开度信号，发出离合器接合指令，电动机反向转动实现离合器接合。

任务二　离合器主要零部件的结构与检修

一、飞轮

（1）飞轮的起动齿圈应良好，有断齿或齿端耗损严重时，应更换齿圈或飞轮组件。齿圈和飞轮是过盈配合，组装时应加热齿圈。

（2）飞轮的表面应无划伤、撞伤痕迹，严重烧灼等。如轻度的不平或烧蚀，可进行光磨修复。如磨损沟槽深度大于0.5 mm，则应修整或更换。

（3）飞轮及压盘有动平衡要求，装配原因或配件质量原因的不平衡会造成曲轴疲劳、飞轮壳产生纵向裂纹等。

二、压盘总成的检修

（1）压盘平面的检修和飞轮平面的检修方法相同，压盘厚度小于（总极限值不超过2 mm）规定时，应更换。

（2）如图 2－18 所示，膜片弹簧厚度允许磨损至一半（极限值深度为0.6 mm，宽度为5.0 mm），如果膜片弹簧因承受长期负荷而弯曲、折断、有高度差等，则需要更换。

（3）用钢直尺和塞尺测量压盘的平面度，如图 2－19 所示，压盘和平面尺间最大间隙

超过0. 5 mm时，应更换离合器压盘总成。

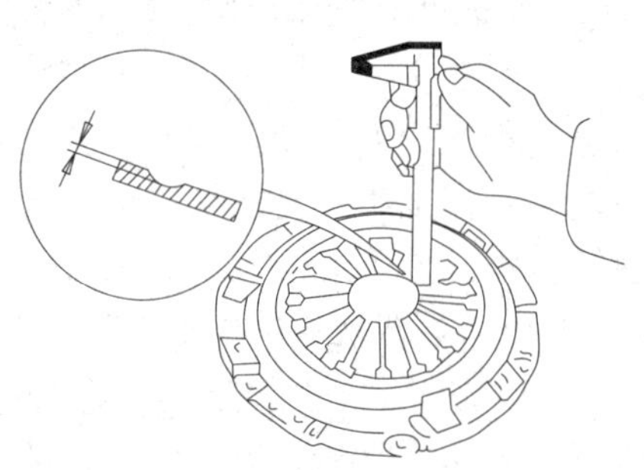

图 2－18 膜片弹簧的检查

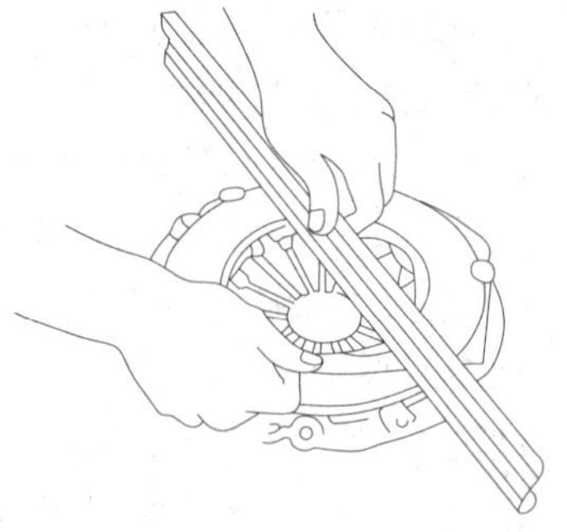

图 2－19 压盘平面度的检查

三、从动盘的检修

（1）检查铆钉有无松动，如有松动应对其进行更换。用游标卡尺测量离合器表面至铆钉的距离，如图 2－20 所示，如果测量值小于极限值，则应更换离合器从动盘，其极限值一般为0. 3 mm。摩擦片的磨损极限为0. 5 mm。

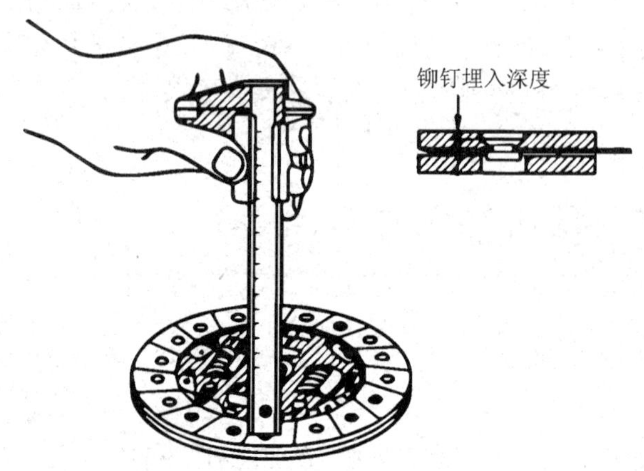

图 2－20 离合器压盘铆钉的检查

（2）检查减振弹簧是否磨损、松动、折断或弹力减弱。检查弹簧是否松动时，可拿起从动盘晃动，如弹簧响声明显，说明减振弹簧松动，须更换从动盘。

（3）检查轮毂花键和变速器输入轴上的花键是否配合适当，且未严重磨损。

（4）离合器从动盘部件的金属部分应干燥、清洁，没有烧伤的痕迹，各表面之间的拱形弹簧应无断裂。

（5）摩擦片有轻微烧蚀、硬化，可用锉刀或粗砂布光磨。

（6）从动盘钢片翘曲可用“目测法”检查，也可用百分表检查其最外周边缘处圆跳动量，极限值为0. 80 mm。

四、分离轴承的检修

分离轴承不能用汽油或其他清洁剂清洗，检查轴承是否卡住、损坏、发出噪声或回转不规则。检查时用手压紧轴承内圈转动轴承，如卡滞或有“沙沙”声，则需要更换分离轴承。

分离轴承与分离叉接触点如有磨损，可用堆焊修复。

五、变速器输入轴导向轴承的检修

变速器输入轴导向轴承通常是永久性润滑，不需要经常清洁或加注润滑脂。检修时用手向转动方向施加压力后看转动是否灵活。若阻滞、松旷、卡住，则需要更换。如图 2－21（a）所示，更换时要使用专用工具。导向轴承的安装深度为 0～0.4 mm，如图 2－21（b）所示。

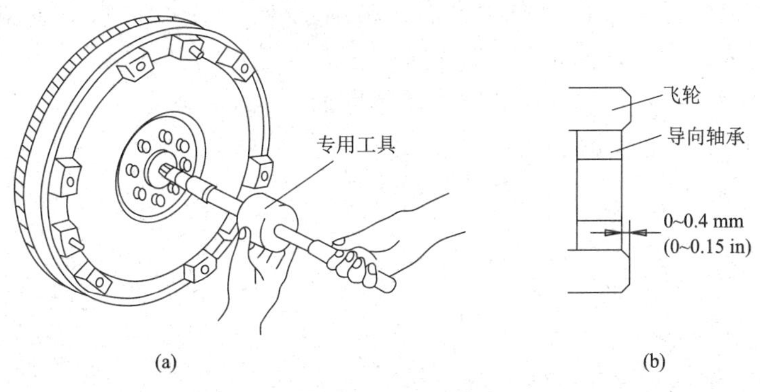

图 2－21　拆下变速器导向轴承

六、离合器踏板轴和衬套的检查

检查离合器踏板轴和衬套有无磨损、踏板有无弯曲或扭曲、复位弹簧有无损伤或劣化及踏板衬垫有无损坏。

七、离合器的失效形式

（1）离合器的磨损主要在离合器从动盘与飞轮和压盘之间存在滑动时发生，其中离合器从动盘的磨损是最大的。

（2）随着离合器的磨损，离合器自由行程也越来越小。

（3）压盘总成（含压盘和离合器盖等）上的膜片弹簧和分离轴承逐渐磨损会出现凹槽。

（4）分离轴承使用时间过长，会出现缺油而“沙沙”响或卡滞。

（5）离合器分泵的密封圈磨损后，会出现漏油情况。

（6）拉绳式离合器操纵部分的拉绳使用时间过长，会出现使用不灵活，离合器踏板沉重的现象。

（7）液压油使用时间过长容易变黑、变质，内部容易出现空气。

八、离合器的维护

离合器的维护应重点检查离合器踏板的自由行程，如不当则需调整，方法如下。

（1）在离合器接合时，分离轴承前端与分离杠杆内端之间有一定的轴向间隙，这一间隙称为分离轴承自由行程。这一行程反映到离合器脚踏板上就是离合器踏板的自由行程。

（2）当从动盘摩擦衬片因磨损而变薄时，离合器压盘前移，分离杠杆内端将后移。自由行程在使用的过程中是逐步变小的，如果没有自由行程，分离杠杆内端将不能后移，相应地也就限制了离合器压盘前移，从而不能有效地压紧从动盘摩擦衬片，造成离合器打滑，传递转矩下降。

（3）离合器自由行程太大会使踩下离合器踏板后，离合器分离不彻底。

（4）机械式离合器操纵机构调整自由行程主要是调整拉杆或拉绳的长度，例如，很多拉绳式离合器操纵机构调整自由行程的部位在分离拨叉操纵臂与拉绳连接处。液压式离合器操纵机构调整自由行程的部位在离合器总泵推杆处（见图 2－22）或离合器分泵推杆处。调整自由行程时可以感觉脚踏板的力度。离合器踏板的总行程等于自由行程与有效行程之和，自由行程与有效行程所需要的力是不同的。

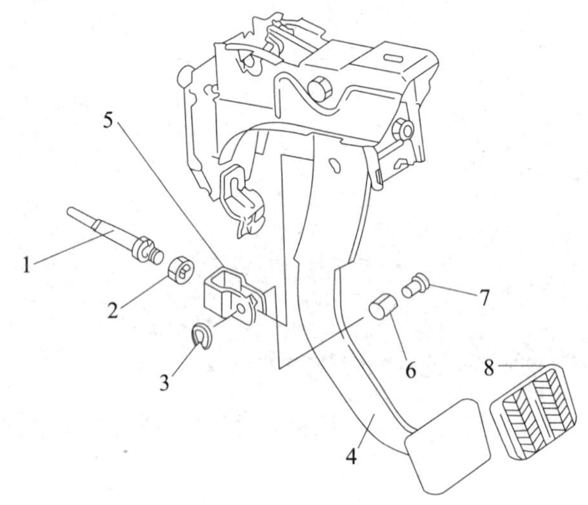

1—推杆；2—调整螺母；3—卡簧；4—离合器踏板；5—V 形夹；6—衬套；7—销；8—踏板胶垫

图 2－22　离合器自由行程调整位置

（5）有些拉绳式操纵机构离合器带有自动调整机构，不需要调整自由行程，有的液压式操纵机构离合器分泵内有弹簧，如图 2－23 所示，可以进行自动调整。

（6）检查离合器踏板的自由行程如图 2－24 所示。离合器踏板高度一般为 180 ~ 200 mm，离合器踏板的自由行程一般为 6 ~ 15 mm，离合器踩下时踏板与搁脚板之间的距离一般为35 mm以上。

（7）若离合器踏板的自由行程不符合规定，则可能是液压系统内有空气，离合器本身故障或需要调整离合器踏板调整螺钉（见图 2－25）。

如果离合器采用液压操纵系统，则在维护时要检查制动液的油位和液压操纵系统有无泄漏。如果油位太低或有泄漏，则排除故障后要排除液压操纵系统中的空气，方法如下。

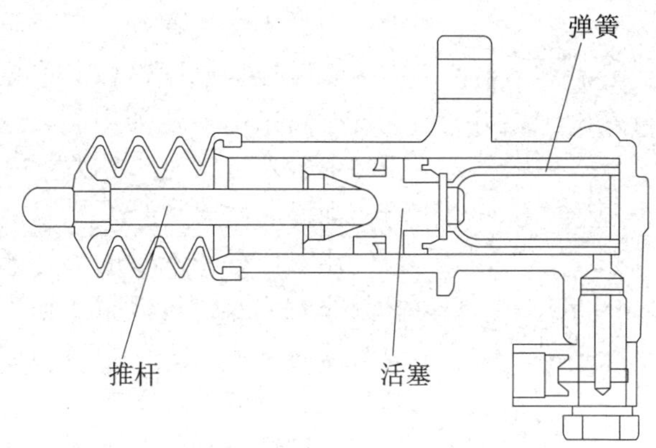

图 2－23　可自动调整自由行程的离合器分泵

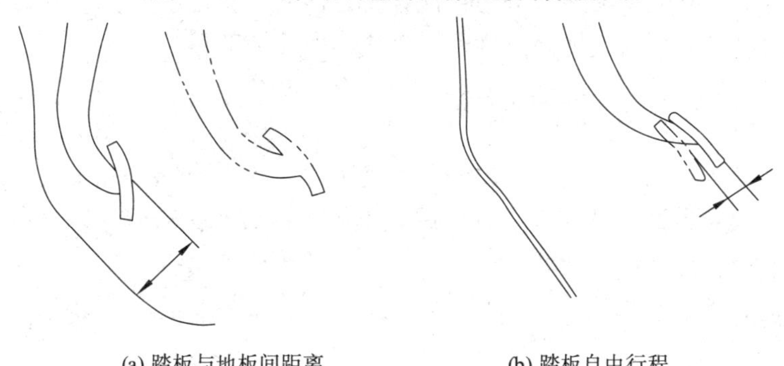

图 2－24　商会器踏板自由行程的检查

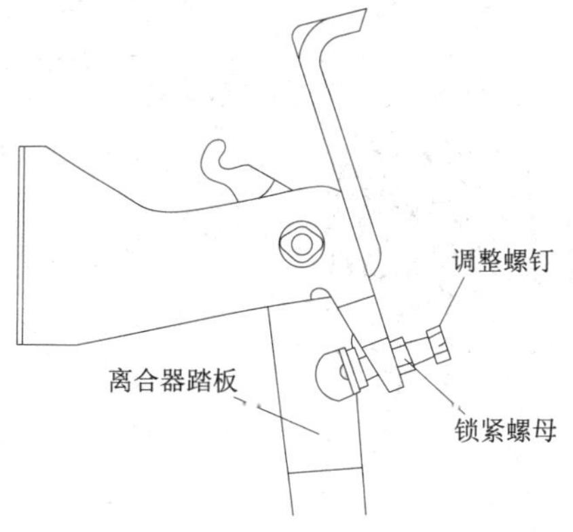

图 2－25　离合器踏板调整螺钉

排放离合器中的空气一般要两人合作进行，向储油罐加注离合器油到规定位置。很多离合器与制动器共用储油罐，储油罐上有“max”和“min”两个标记，离合器油位应在两标记之间。若油位低于“min”，应加入新制动液直到“max”。必须使用规定的油，尽量避免混用不同牌号的油。注意不要让离合器油溅到漆面上，如果溅上则应立即擦掉并清洗干净。如图 2－26 所示，将一根塑料软管一头套在分泵放气螺栓上，另一头连接到一个透明的容器内，慢慢地往复踩下离合器踏板。如果往复踩下离合器踏板的速度过快，则气缸里的空气不能放尽，每次放松离合器踏板时都要回到最高位置。一人踩住离合器踏板，

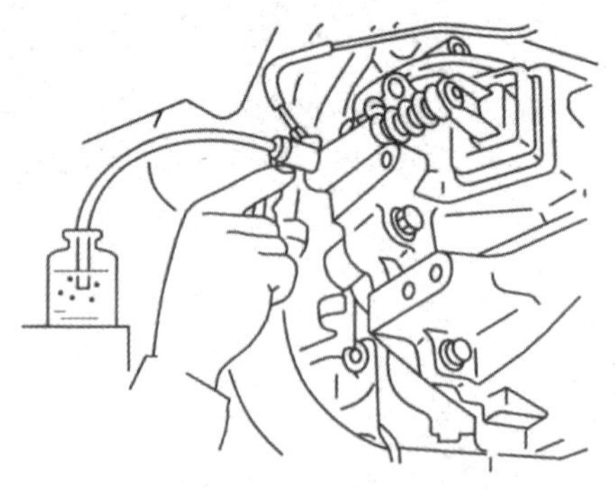
图 2－26　排放离合器空气

另一人拧松放气螺栓，让液压油流入透明的容器内，然后拧紧放气螺栓，重复多次操作步骤，直到排放出来的液压油中不含空气。排放出来的液压油中融入了空气，要放置 30 min 以上才能使用，将储油罐油位加至正常。

注意：有些汽车的离合器分泵更换后，排放空气非常困难，可以采用如下方法：当一人踩下离合器时，另一人取下分泵回位弹簧，用撬棒或其他工具使离合器分离，其他步骤与上面相同。

二级维护时应检查离合器分离轴承复位弹簧的弹力；踏板过重，给踏板轴加润滑脂；检查离合器有无打滑、发抖、分离不彻底、接合不平稳等故障发生，如有则应拆检离合器和完成相关作业项目。

九、离合器的拆装注意事项

（1）维修离合器组件时，不允许用砂磨或干刷子及压缩空气清洗，以免产生粉屑（应用蘸水布）。离合器摩擦片含有石棉纤维，如果维修时产生粉屑，粉屑中的石棉纤维将悬浮于空气中，吸入含有石棉纤维的空气会对身体造成严重伤害。

（2）拆装离合器盖时可用专用工具固定飞轮，并要做好标记，安装时要分次拧紧，如图 2－27 所示。

（3）将专用工具（见图 2－28）或变速器的输入轴插入中央花键毂和变速器输入轴的导向轴承，以防止离合器盘掉下。安装时也要使用专用工具或变速器的输入轴对齐从动盘和变速器轴的导向轴承。

（4）安装新从动盘前，要将新从动盘套在变速器输入轴上，检查花键配合是否合适。

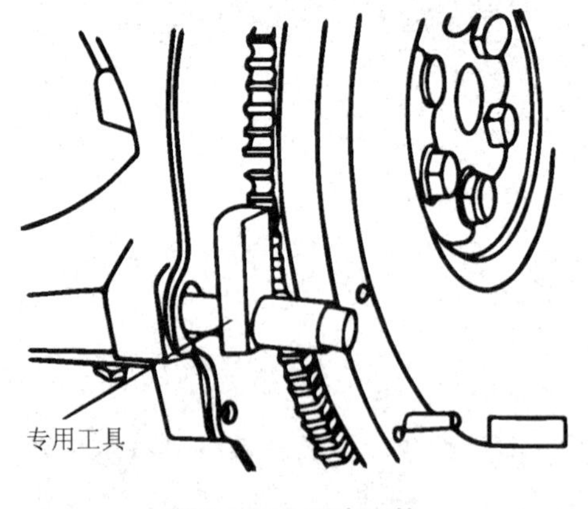

图 2－27　固定飞轮

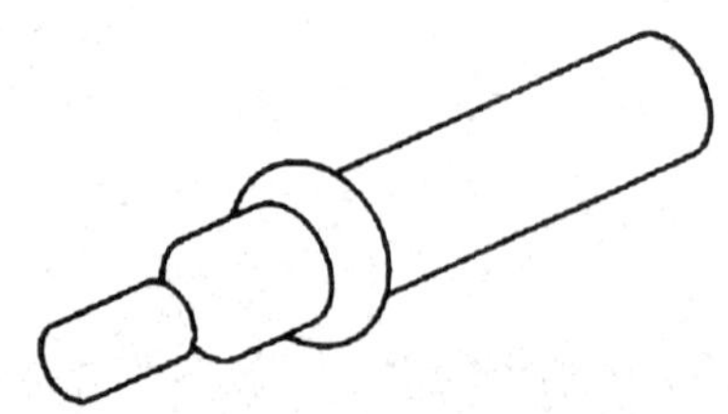
图 2－28　专用工具

（5）对角方向逐渐拧松离合器盖的固定螺栓；安装时对角方向逐渐拧紧。

（6）安装从动盘时应将扭转减振器朝后，在花键毂涂上少量润滑脂。

（7）安装离合器盖部件时，若离合器表面和压板上有润滑油或润滑脂，则应用干净的抹布将其擦净。

（8）对准离合器盖部件上的定位销与飞轮上的定位销，然后交替逐渐拧紧各螺栓。检查发动机的后主轴承油封和变速器的前油封是否漏油。如发现漏油，应修理。

（9）分离轴承和变速器导向轴承不需要额外加润滑油，如果额外加油可能会造成离合器从动盘上有油污，进而导致离合器打滑。

（10）装配时，在离合器从动盘花键毂、分离轴承前沿、分离轴承内座、分离叉及推杆接触点涂抹润滑脂。

（11）离合器管路的拆装。注意离合器管路的拆装方法，如图 2－29 所示，使用双扳手，否则容易拧坏油管。

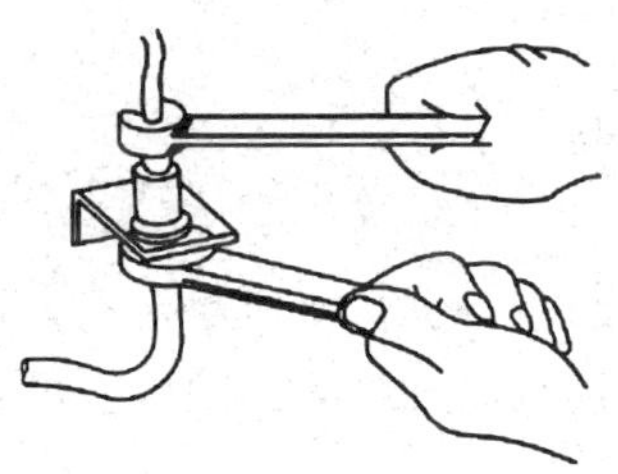

图 2－29　离合器管路的检修

（12）有的螺栓拧紧时有特别要求，要按规定操作。例如，捷达轿车的离合器在拧紧压盘与曲轴固定螺栓时要求：按对角线拧紧，拧紧力矩为30 N · m，拧紧后继续转 90°，拧紧后涂上规定品牌的防松胶。

十、离合器常见故障的分析与诊断

离合器的工作环境、工作条件相当恶劣，并与驾驶人的操作技术有莫大的关系，离合器工作质量关系到汽车的行驶性能、动力性能、操作性能、安全性能和可靠性能。离合器的常见故障及故障现象主要有以下几种情况。

1. 离合器打滑

（1）故障现象

①起步或重载上坡时动力不足。

②行驶中发动机加速无力。严重打滑时，离合器摩擦片处冒烟，有焦臭味，甚至烧坏摩擦片。

（2）故障原因

①离合器踏板自由行程过小或没有。

②摩擦片表面性质发生变化，如油污、烧蚀、硬化、破裂、铆钉外露等。

③离合器压紧弹簧弹力减弱或折断，使压紧力不足造成打滑。

④压盘磨损过薄使压簧伸长过多。

⑤主、从动盘翘曲不平使接触不良。

（3）故障诊断方法

①起动车辆，拉紧驻车制动，挂上低挡，使车辆正常起步，若车身不动且发动机不熄火则说明离合器打滑。

②不起动车辆，挂上低挡，拉紧驻车制动器，在不踩离合器踏板的情况下用手柄摇动

发动机，如能摇动，说明离合器打滑。

2. 离合器分离不彻底

(1) 故障现象

①起动车辆，挂低挡，松开驻车制动器，不松开离合器时，车辆就行驶或熄火。

②发动机怠速时，踩下离合器踏板，挂挡感到困难，并伴有变速器齿轮撞击声。

(2) 故障原因

①踏板自由行程过大，导致分离时压盘行程不足。

②分离杠杆高度不一致。

③主、从动盘翘曲不平。

④压盘弹簧弹力不一致或折断。

(3) 故障诊断方法

在汽车未起动时两人配合判断，一人将变速器挂入一挡，踩下离合器踏板，另一人用手柄摇动发动机。若摇不动或车辆有前移趋势，则证明离合器分离不彻底。

3. 离合器抖动

(1) 故障现象

汽车挂挡起步时，离合器断续冲击，整个车身抖动。

(2) 故障原因

①分离杠杆高度不一致。

②压紧弹簧弹力分布不均或个别折断，摩擦片铆钉松动。

③主、从动盘翘曲变形。

④从动盘毂花键严重磨损。

(3) 故障诊断方法

让发动机低速运转，挂上低挡慢慢起步，此时若汽车发生连续冲击即为离合器抖动。

4. 离合器发响

(1) 故障现象

离合器分离和接合时有异响。

(2) 故障原因

①分离轴承缺油发响。

②分离轴承损坏发响。

③双盘离合器中压盘与传动销配合间隙过大。

④从动盘毂键齿与一轴键齿配合间隙过大。

⑤从动盘毂铆钉松动。

(3) 故障诊断方法

将变速杆置于空挡位置，使发动机怠速运转，踩下或放松离合器踏板（分离或接合），在汽车不移动的情况下响声比较明显。

5. 离合器踏板感觉发软，且离合器工作失效

(1) 故障现象

踏下离合器踏板时感觉发软，像脚踩气球一样，而且离合器不分离。

（2）故障原因

①液压操纵式离合器储油罐缺油。

②从操纵主缸到工作缸的油管或接头有漏油处，或工作缸上的放气螺钉松动漏油。

（3）故障诊断

打开汽车发动机舱盖查看离合器储油罐的油量，如果缺油，则顺着油管重点查找是否泄漏，找出油量变少的原因。如果没有明显泄漏就查看分离轴承与分离杠杆的间隙是否过大，造成工作缸活塞、胶碗的位移量大，所需油增多。如果不缺油，主要原因是液压操纵主缸的活塞与缸筒磨损，使其配合间隙过大，活塞运动“走形”；主缸胶碗破损、变形，使密封性能降低，造成被压缩的油又流回到胶碗、活塞的后面，造成实际供油量不足。

6. 离合器踏板沉重

（1）故障现象

对装有气压助力器或油气助力器操纵机构的离合器，若踏下离合器踏板感觉明显沉重，要用大力，则表明助力系统工作不良。

（2）故障原因

①气压不足或管路系统漏气，使气压不足，助力作用差。

②气压作用缸活塞密封圈磨损，或排气阀密封不严，降低了助力作用。

③随动控制阀失效，使助力器工作不良。

（3）故障诊断

检查油气助力器缸体及随动控制阀阀体工作面的磨损情况，看是否有锈蚀；检查活塞在缸筒内的活动情况，应灵活、无卡滞，活塞磨损严重应换新件，橡胶密封圈如有磨损应更换；检查弹簧有无锈蚀、损坏；检查阀组零件的接触面有无损伤或其他缺陷。另外，从动盘过厚也会增大弹簧的压紧力。

任务三　离合器操纵机构的结构与检修

离合器操纵机构是驾驶员借以使离合器分离，而后又使之柔和接合的一套机构。它起始于离合器踏板，终于飞轮壳内的分离轴承。离合器操纵机构的结构型式应根据对操纵机构的要求、车型、整车结构、生产条件等因素确定。按照分离离合器所用传动装置的型式区分有机械式、液压式和助力器式。

一、操纵机构的作用

离合器操纵机构是驾驶员借以使离合器分离，而后又使之柔和接合的一套机构。它的作用是帮助驾驶者节省体力。

离合器操纵机构的结构型式应根据对操纵机构的要求、车型、整车结构、生产条件等因素确定。按照分离离合器所用传动装置的型式区分有机械式、液压式和助力器式。液压式操纵机构是通过液压主缸将驾驶员施于踏板上的力放大，以操纵离合器传动装置，其特点是摩擦阻力小、质量小、布置方便、接合柔和、不受车身外形影响。常见于中、高级轿车和轻型客车中使用。

机械式操纵机构，以驾驶员的体力作为唯一的操纵能源，它有杆系和绳索传动两种型式。前者的特点是关节点多，摩擦损失大，工作时会受车架或车身变形的影响，且不能采用吊式踏板，载货汽车常用此类机构。后者的特点是可消除杆系的缺点，适用吊式踏板，但操纵拉索寿命较短，拉伸刚度较小，常用于中、轻型轿车，微型汽车等。

二、操纵机构的类型

1. 机械式操纵机构

以驾驶员的体力作为唯一的操纵能源，它有杆系和绳索传动两种型式。前者的特点是关节点多，摩擦损失大，工作时会受车架或车身变形的影响，且不能采用吊式踏板，载货汽车常用此类机构。后者的特点是可消除杆系的缺点，适用吊式踏板，但操纵拉索寿命较短，拉伸刚度较小，常用于中、轻型轿车，微型汽车等。上述两种装置的共同特点是结构简单、成本低、故障少，缺点是机械效率低。

2. 液压式操纵机构

是通过液压主缸将驾驶员施于踏板上的力放大，以操纵离合器传动装置，其特点是摩擦阻力小、质量小、布置方便、接合柔和、不受车身外形影响。常见于中、高级轿车和轻型客车中使用。

3. 气压助力液压操纵机构

在中、重型汽车上，为了既减少踏板力，又不致因传动装置的传动比过大而加大踏板行程，一般采用气压助力液压操纵机构。利用发动机带动的空气压缩机作为主要的操纵能源，驾驶员的肌体作为辅助的和后备的操纵能源。驾驶员能随时感知并控制离合器分离和接合程度（依靠气压助力装置的输出压力必须与踏板力和踏板行程成一定的递增函数关系）。当气压助力系统失效时，保证仍能人力操纵离合器。

三、离合器的自由行程

刚开始踩离合器时，踩了一点没有作用，再往下踩才开始有作用时，这一点没作用的就是离合器的自由行程。

离合器踏板的自由行程指的是离合器膜片弹簧内端和分离轴承间的空隙。离合器踏板从开始踩踏至开始作用在离合器上形成切开动力传递间，在踩踏离合器踏板途中有一部分是空载，没有做功的，这些就是离合器踏板的自由行程。假如踏板没有自由行程，即在放松离合器踏板处于结合状态时，分离轴承仍与膜片弹簧内端保持接触，这样，将会加速分离轴承损坏。

自由行程的原因：由于离合器很容易损坏的元件是离合器的分离轴承，设置一个离合器自由行程目的就是为了防止或减少没必要的离合器分离轴承的损坏。

汽车离合器位于发动机和变速箱之间的飞轮壳内，用螺钉将离合器总成固定在飞轮的后平面上，离合器的输出轴就是变速箱的输入轴。

四、液压式操纵机构的检修

检查总泵内侧有无生锈或磨损及伤痕；总泵外侧有无漏油痕迹；活塞有无磨损或变形；离合器的接头是否堵塞；胶碗是否老化或磨损；回位弹簧是否折断。

装配前将缸筒清洁干净，活塞、密封圈、胶碗等零件抹上离合器油。

离合器分泵的检修方法和总泵的检修方法类似。

五、拉绳式操纵机构的检修

拆下拉绳与分离叉，检查拉绳是否卡滞，如有卡滞需要加润滑油进行润滑后再检查，如仍卡滞，则需要更换拉绳。

思考题

一、填空题

1. 离合器由__________、__________、__________、__________和__________5部分组成。

2. 离合器从动盘也称为离合器片，它的基本结构由__________、__________、__________、减振器盘等组成。

3. 离合器的操纵部分主要有__________和__________。

4. 离合器拉杆式操纵机构主要应用在__________汽车上。

5. 离合器摩擦片含有__________，如果维修时产生粉屑，粉屑中的石棉纤维将悬浮于空气中，人吸入含有石棉纤维的空气时会对身体造成严重伤害。

二、名词解释

1. 前置前驱

2. 前置四驱

3. 双离合变速器

三、简答题

1. 离合器的具体功用有哪些？

2. 怎样排除离合器液压操纵系统内的空气？

项目三 手动变速器的结构与检修

任务一 手动变速器的认知

一、变速器的功用与类型

1. 变速器的功用

变速器的功用

变速器也称为变速箱或波箱，它是汽车传动系统中最主要的部件之一。发动机的转矩变化范围小，不能满足驱动力和车速在相当大范围内变化的使用要求，因此传动系统中设置了变速器来解决这一问题。变速器具有以下功用。

（1）改变传动比

改变传动比的同时也改变转矩，传动比和转矩被改变，可使发动机尽量工作在功率较高而耗油率较低的工况下，满足不同行驶条件对驱动力和行驶速度的要求。

（2）实现倒车行驶

发动机曲轴一般只能顺时针旋转，不能反向旋转。变速器实现倒车行驶，用来满足汽车倒退行驶的需要。

（3）实现空挡

空挡位置可在发动机怠速及起动时，中断发动机的动力传输，并满足汽车暂时停车和滑行的需要。

（4）驱动其他机构

如自卸车的液压泵，轿车变速器一般没有这个功能。

变速器除要实现以上功能外，还要传动平稳可靠，效率高，操纵简单，维护方便。

2. 变速器的类型

变速器的类型

变速器按操纵方式不同可分为手动变速器和自动变速器。手动变速器指通过拨动变速杆改变变速器内的齿轮啮合状态，改变传动比，从而达到变速目的的一种变速器。自动变速器在前进挡换挡时是自动进行的，不需要操纵离合器。

变速器按传动比的级数可以分为有级式、无级式和综合式变速器。

有级式变速器一般指手动变速器，简称 MT，它具有若干个定值传动比。大多数汽车具有 3 ~ 5 个前进挡和 1 个倒挡（变速器挡数即指其前进挡挡位数）。

无级变速器简称 CVT，其传动比在一定的数值范围内可连续变化，换挡平稳，但是传动比变化范围较窄。

大多数自动变速器是综合式变速器，简称 AT，一般由液力变矩器和行星齿轮式变速器组成。

二、手动变速器的结构和工作原理

手动变速器也称为定轴式变速器，由变速器壳体、轴、齿轮、轴承等组成。手动变速器的工作原理就是齿轮传动的工作原理。一对齿数不同的齿轮啮合时，如果是大齿轮带动小齿轮，那么转矩减小，转速升高。如果是小齿轮带动大齿轮，那么转矩增大，转速下降。

1. 变速原理

如图 3－1（a）所示，发动机的转矩经过离合器传给变速器输入轴，经过两对齿轮传动，由变速器输出轴输出。其动力传递路线为输入轴 1→齿轮 2（主动）→齿轮 8（从动）→中间轴 7→齿轮 9（主动）→齿轮 5（从动）→接合套 4→花键毂（齿座）3→输出轴 6。

在传动过程中，传动比指输入轴转速和输出轴转速的比值，如果是一对齿轮，传动时传动比为主动齿轮转速和从动齿轮转速的比值。多级齿轮传动的总传动比等于各级传动比的乘积。

一般轿车的手动变速器有 5 个前进挡，可在大范围内改变转速。常见的 5 挡变速器的传动比是：一挡为 3.287∶1；二挡为 2.043∶1；三挡为 1.394∶1；四挡为 1.00∶1（直接挡），五挡为 0.853∶1（超速挡），倒挡的传动比一般略大于一挡。

超速挡主要用于在良好路面上轻载或空车行驶。使用超速挡可提高汽车的燃油经济性，但如果发动机功率不高，会影响汽车的动力性。因此一般重型载货车最高挡位是直接挡，没有超速挡。

2. 换挡原理

如图 3－1（b）所示，当由人施加到变速杆上的力传递到接合套时，接合套向左移动。这时，变速器处于空挡，如果再将接合套向左推动，则发动机动力传递不经过中间轴，这样变速器为直接挡传动。

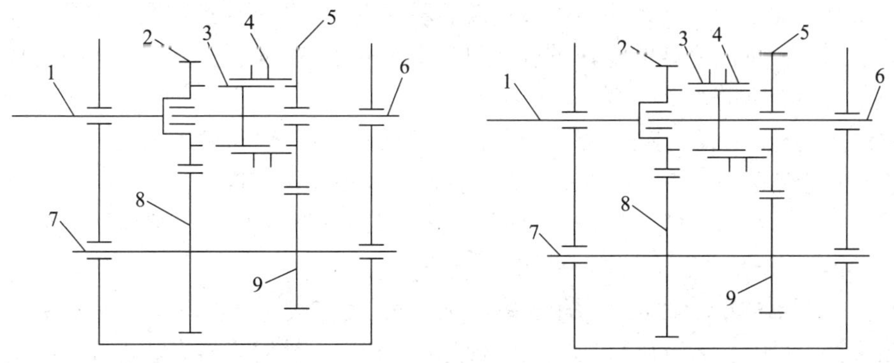

(a)变速原理　　(b) 换挡原理

1—变速器输入轴；2，5，8，9—齿轮；3—花键毂；4—接合套；6—变速器输出轴；7—变速器中间轴

图 3－1　变速器传动示意

3. 变向原理

在三轴式变速器中，前进挡使用两对齿轮来传递动力，第一对齿轮的从动齿轮和第二对齿轮的主动齿轮安装于同一个轴（中间轴）上，以同一速度旋转。相啮合的一对齿轮的旋向是相反的，经过两对齿轮后，输入轴和输出轴的转向不会改变。在变速器倒挡中，增加了一个齿轮或一对同轴转速相同的齿轮用于改变转动方向。

在两轴式变速器中，前进挡时，动力由输入轴直接传给输出轴，只经过一对齿轮传动，两轴转动方向相反。倒挡时，动力由第一轴传给倒挡轴上的齿轮，再由倒挡轴的齿轮传给第二轴，经过两对齿轮传动，第一轴与第二轴转动方向相同。倒挡轴上的齿轮不改变传动的力矩和方向，称为惰轮。

变速器包括传动机构和操纵机构两大部分。三轴式变速器主要用于客车、载货车和部分发动机前置后轮驱动的轿车。传动机构主要由输入轴、中间轴、输出轴、壳体、齿轮及同步器等组成。

任务二　二轴式变速器的结构与检修

二轴式手动变速器主要应用于发动机前置、前轮驱动的轿车。它没有中间轴，输入轴和输出轴平行，旋转方向相反。一般将主减速器和差速器也集成在变速器内。在传动线路中只有一对齿轮啮合，机械效率高，噪声小。两轴式变速器的优点是结构简单、紧凑、容易布置；其缺点是没有直接挡，因此高速挡的效率比三轴式变速器低。前置发动机有纵向布置和横向布置两种，与其配用的变速器也有两种结构形式。

大众 MQ250 五速手动变速器挡位操纵清晰、换挡行程较短，这款变速器被广泛应用在一汽大众、上海大众及进口大众的多款车型上。例如，上海大众斯柯达明锐 1.8TSI 手动挡轿车就搭载这款变速器。

大众 MQ250 变速器装载于发动机横置前驱的大众 A 级车，该变速器的转矩容量 250 N·m，重 40.2 kg，是大众 MQ 系列变速器中最早诞生的一个品种。这款变速器的壳体由镁合金或铝合金制成，由带后盖的变速器壳体和离合器壳体两部分组成。外换挡机构为拉索式，内换挡机构为转动式。

MQ250 变速器是二轴式变速器，如图 3－2 所示。输入轴和输出轴的所有齿轮均为常啮合斜齿轮，传动平稳。带一个附加倒挡轴。所有换挡齿轮都通过高强度的滚针轴承和轴配合。共有 3 个同步器，即一挡和二挡同步器（该同步器接合套与倒挡从动齿轮制成一体），三挡和四挡同步器，五挡同步器。

MQ250 变速器的倒挡轴是一根带花键的轴，其上有 2 个齿轮。一个为斜齿轮，与一挡主动齿轮连接；另一个为直齿轮，与输出轴上的一挡和二挡同步器齿套连接。

一挡的动力传递路线：输入轴→输入轴上的一挡和倒挡主动齿轮→输出轴上的一挡从动齿轮→输出轴上一挡从动齿轮的接合齿圈→一挡和二挡同步器的接合套→一挡和二挡同步器的花键毂→输出轴。

二挡、三挡及四挡的动力传动路线可参照一挡。

五挡的动力传递路线为：输入轴→五挡同步器的花键毂→五挡同步器的接合套→五挡主动齿轮的接合齿圈→五挡主动齿轮→五挡从动齿轮→输出轴。

倒挡的动力传递路线为：输入轴→一挡和倒挡主动齿轮→倒挡轴上斜齿轮→倒挡轴（倒挡轴上有花键）→倒挡轴上直齿轮→一挡和二挡同步器接合套（带有倒挡齿）→一挡和二挡同步器花键毂→输出轴。

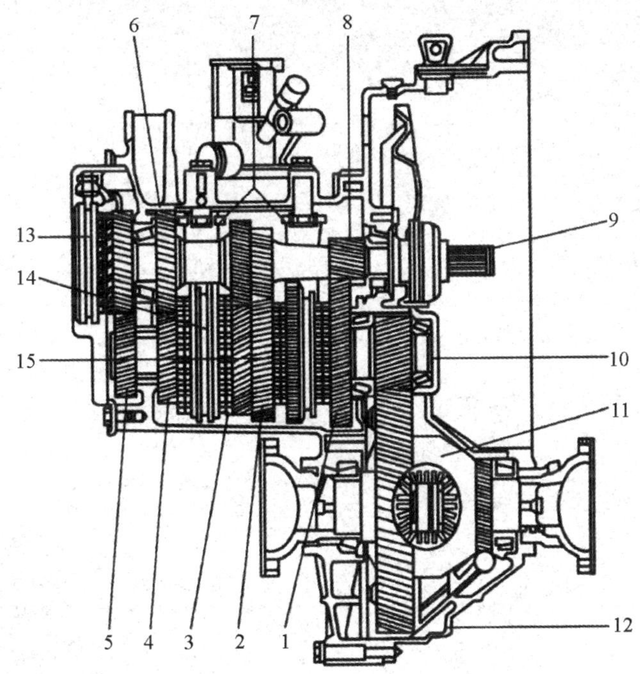

1—一挡从动齿轮；2—二挡从动齿轮；3—三挡从动齿轮；4—四挡从动齿轮；5—五挡从动齿轮；6—变速器壳体；7—换挡操纵机构；8—一挡和倒挡主动齿轮；9—输入轴；10—输出轴；11—差速器总成；12—离合器壳体；13—五挡同步器；14—三挡和四挡同步器；15—倒挡从动齿轮

图 3－2　大众 MQ250 变速器

任务三　典型的三轴式五挡变速器

一、构造

典型的三轴式五挡变速器的传递路线如图 3－3 所示。典型的三轴式五挡变速器用螺栓固定在离合器壳上，基本结构如图 3－4 所示，输入轴轴承盖的外凸面与离合器壳相应的孔配合，可以保证输入轴和曲轴的轴线重合。

变速器输入轴也称为第一轴、一轴、主动轴等，其前端与发动机曲轴中心孔通过导向

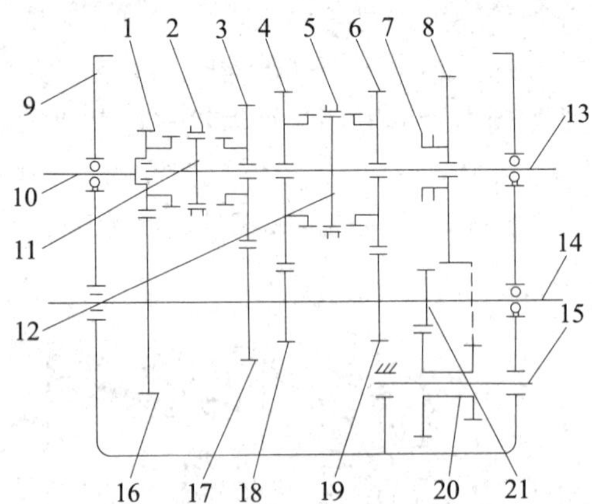

1—常啮合主动齿轮；2—四挡和五挡同步器接合套；3—四挡从动齿轮；4—三挡从动齿轮；5—二挡和三挡同步器接合套；6—二挡从动齿轮；7—游动齿轮上接合套；8—滑动齿轮（一挡、倒挡从动齿轮）；9—壳体；10—输入轴；11—四挡和五挡同步器齿座；12—三挡和四挡同步器齿座；13—输出轴；14—中间轴；15—倒挡轴；16—常啮合从动齿轮；17—四挡主动齿轮；18—三挡主动齿轮；19—二挡主动齿轮；20—倒挡中间齿轮；21—一挡、倒挡主动齿轮

图 3－3　三轴式五挡变速器结构简图

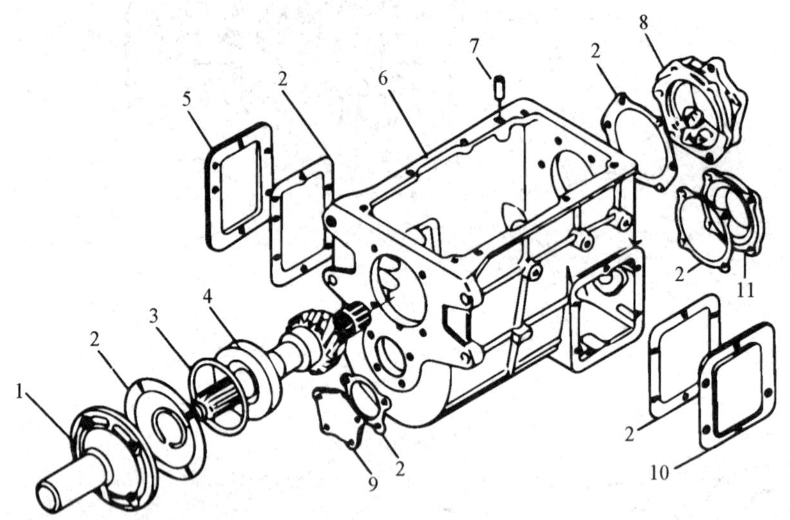

1—输入轴轴承盖；2—衬垫；3—钢丝挡圈；4—输入轴后轴承；5—检查孔盖；6—外壳；7—定位销；8—输出轴后轴承盖；9—中间轴前轴承盖；10—倒挡检查孔盖；11—中间轴后轴承盖

图 3－4　三轴式五挡变速器输入轴和壳体部分

轴承相连，曲轴中心孔和导向轴承对输入轴起支撑作用。输入轴花键部分与离合器从动盘配合，用于传递动力。输入轴中间部分与轴承配合，被支撑于变速器壳体上。输入轴后端与常啮合齿轮铸成一体，常啮合齿轮是空心的，其空心部分称为中心孔，用于安装滚针轴承来支撑输出轴。

输出轴前端用滚针轴承支撑，后端用滚子轴承支撑在变速器壳体上。如图 3－5 所示，

输出轴上的铣有多处花键，分别用于连接同步器的四挡和五挡花键毂（齿座），二挡和三挡花键毂齿轮，滑动齿轮和凸缘。输出轴后端通过凸缘与万向传动装置相连，用于动力输出。输出轴与凸缘通过花键连接，用锁紧螺母锁紧。

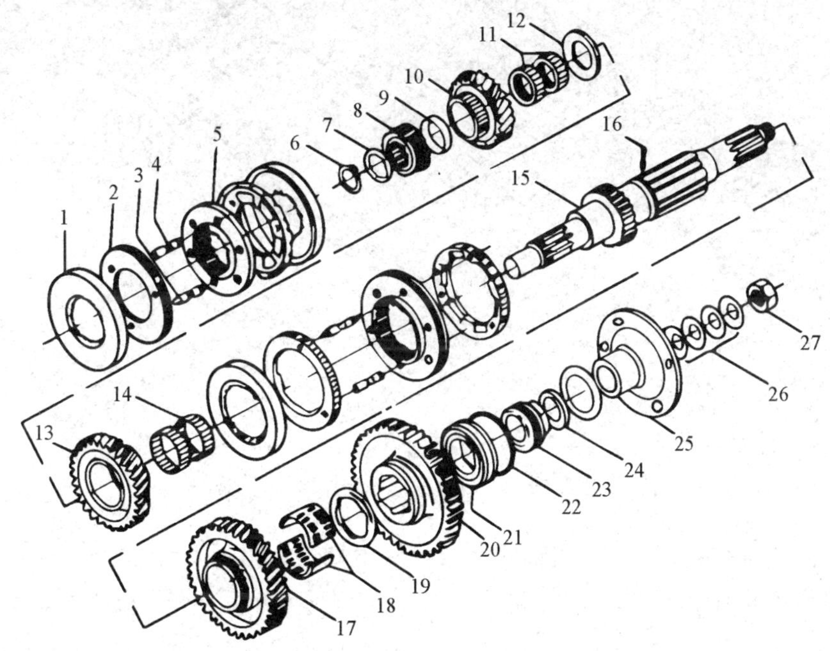

1—同步器锥环；2—同步器锥盘；3—同步器锁销；4—同步器定位销；5—接合套；6—卡环；7，12，19，26—垫片；8—花键毂；9—衬环；10—四挡从动齿轮；11，14，18—轴承；13—三挡从动齿轮；15—输出轴；16—定位销；17—二挡从动齿轮；20—滑动齿轮；21—支撑轴承；22—钢丝挡圈；23—里程表主动转子；24—油封；25—凸缘；27—锁紧螺母

图 3－5　三轴式五挡变速器输出轴结构示意

如图 3－6 所示，中间轴的两端由轴承支撑在变速器壳体上，中间轴位于变速器底部，工作时能搅动齿轮油飞溅润滑各运转部件。

倒挡轴是不能转动的，在壳体的外端有一锁片，可以在轴向和径向限制倒挡轴运动。倒挡轴上有两个滚针轴承和一个轴承隔套，用来支撑倒挡齿轮。倒挡轴上滚针轴承和输出轴前端滚针轴承的规格是相同的。

变速器齿轮用优质钢经严格的热处理工艺加工而成，齿轮的齿面硬度很高，而齿轮的轮毂要比齿面硬度低并有相当高的韧性。

变速器内多使用斜齿轮，因为斜齿轮接触面大，噪声小。但是斜齿轮工作时会产生轴向力，如果安装不牢固，会使斜齿轮滑动。在变速器内采用直齿轮的是滑动齿轮（一挡、倒挡从动齿轮）和与其啮合的齿轮，滑动齿轮在滑动接合时容易出现撞击，故容易损坏。

齿轮与轴的连接情况分为以下几种：①通过轴承连接，在这种连接方式中，齿轮与轴之间不直接传递动力，例如，倒挡中间齿轮，输出轴上二挡从动齿轮、三挡从动齿轮、四挡从动齿轮；②通过花键连接，例如，滑动齿轮，这种连接齿轮和轴之间可以传递动力；③输入轴上的常啮合主动齿轮和中间轴上的倒挡主动齿轮，轴和齿轮是一体式，当齿轮损

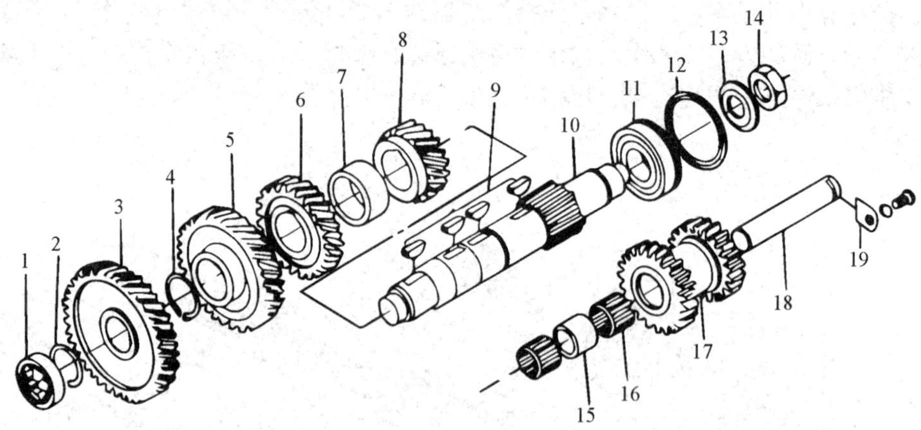

1—中间轴前轴承；2—齿轮挡圈；3—中间轴常啮合齿轮；4—挡圈；5—四挡齿轮；6—三挡齿轮；7—隔套；8—二挡齿轮；9—半圆键；10—中间轴；11—中间轴后轴承；12—中间轴后轴承外缘挡圈；13—锁片；14—锁紧螺母；15—轴承隔套；16—轴承；17—倒挡齿轮；18—倒挡齿轮轴；19—倒挡齿轮轴锁片

图 3－6　三轴式五挡变速器中间轴及倒挡轴部分

坏后，需要将轴一起更换；④中间轴的常啮合从动齿轮、四挡主动齿轮、三挡主动齿轮、二挡齿轮和中间轴是过盈配合（即轴的外径比孔的内径大）并用半圆键连接，轴和齿轮之间能传递动力。

齿轮的结构有以下几种：一种是齿轮与轴做成一体，滑动齿轮与接合套做成一体，二挡从动齿轮与锥盘做成一体；另一种是普通齿轮；还有一种是与同步器接合的齿轮带有接合齿，倒挡轴上的两个齿轮连在一起。

倒挡轴上的 2 个倒挡中间齿轮的大小及齿数非常接近，安装时要注意方向，若装错了则没有倒挡。安装时可按以下任一方法来辨别：①根据齿轮上的齿数来分清齿轮大小，根据倒挡的传动比大于一挡的传动比推算出齿数较少齿轮和滑动齿轮啮合；②根据齿轮啮合关系来辨别方向。滑动齿轮和一挡、倒挡主动齿轮啮合，倒挡中间轮中的一个也与一挡、倒挡主动齿轮啮合，因此倒挡中间齿轮中的一个齿轮的外形和滑动齿轮相同，安装倒挡轴使其与一挡、倒挡主动齿轮啮合，然后旋转倒挡中间齿轮，如果明显感觉与一挡、倒挡主动齿轮有间隙就是装错了。

旋转轴与壳体之间都是使用轴承来支撑的。支撑同一轴，一端使用滚针轴承，另一端使用滚子轴承。滚针轴承与轴不是过盈配合，不能限制轴的轴向移动。滚子轴承与轴采用过盈配合，可以限制轴的轴向移动。配合使用两种轴承来支撑轴，既可以限制轴的轴向移动，又能减小热膨胀带来的不利影响。

在支撑轴承外面都有轴承盖。在输入轴和输出轴的轴承盖内有橡胶油封，在靠近该轴承盖的壳体上有回油孔，能防止润滑油从输入轴与轴承盖之间的间隙流入离合器，进而影响离合器的性能。为防止油温升高、气压增大造成润滑油渗漏，在变速器盖上有通气塞。

在变速器一侧有加油口，该加油口既可用来加油，也可用来检查齿轮油的数量。通常齿轮油的平面高度应保持与加油口的下沿平齐。在变速器壳体下面有放油螺塞用于放油，

有些变速器壳体内有磁铁或放油螺塞带有磁性，可以吸附一些铁屑，防止铁屑飞溅损坏齿轮。

二、各挡传动情况

空挡时的动力传递路线：输入轴→常啮合主动齿轮→常啮合从动齿轮→中间轴→中间轴上各齿轮（空转不传递动力）→倒挡中间齿轮（空转不传递动力）。

一挡时的动力传递路线：输入轴→常啮合主动齿轮→常啮合从动齿轮→中间轴→一挡、倒挡主动齿轮→滑动齿轮→输出轴。

二挡时的动力传递路线：输入轴→常啮合主动齿轮→常啮合从动齿轮→中间轴→二挡主动齿轮→二挡从动齿轮→二挡从动齿轮上的接合齿→二挡和三挡同步器接合套→二挡和三挡同步器花键毂→输出轴。

三挡和四挡的动力传递路线可参照二挡。

五挡（直接挡）的动力传递路线比较简单：输入轴→常啮合主动齿轮上接合齿→四挡和五挡同步器接合套→四挡和五挡同步器花键毂→输出轴。

倒挡（也称为 R 位）的动力传递路线：输入轴→常啮合主动齿轮→常啮合从动齿轮→中间轴→一挡和倒挡主动齿轮→倒挡中间齿轮中的大齿轮→倒挡中间齿轮中的小齿轮→滑动齿轮→输出轴。

滑行时，各挡位的动力传递路线相反，即驱动力从输出轴输入，经过各挡位齿轮和轴后传递给发动机，利用发动机的制动作用来降低车速。停车时也可挂入倒挡或一挡，利用发动机的制动作用来辅助驻车制动器驻车。

有些变速器在前壳体和后壳体中间装有支撑板，作为变速器各齿轮轴的第三个支承，提高了支承刚度，同时方便修理和安装。

任务四　变速器的操纵机构

变速器操纵机构能使驾驶人根据路面情况准确地将变速器挂上或者摘下所需要的某个挡位，以保证汽车安全行驶。对于不同的变速器，其挡位排列不同，因此在仪表板上或者变速杆上应该有变速器挡位排列图。操纵机构由外操纵部分和内操纵部分组成，内操纵部分中的每一根拨叉轴最多实现 2 个挡位，挡位越多，换挡操纵机构越复杂。

一、操纵机构的类型

按操纵机构的构造，可将变速器操纵部分分为杆式、绳索式和气动式等；按操纵杆距离变速器远近的不同，可将变速器操纵部分分为直接操纵式操纵机构和远距离操纵式操纵机构。传动系统布置方式不同，变速器的布置也不同。通常发动机纵置、前置前驱的汽车和发动机前置后驱的汽车使用直接操纵式，发动机横置、前置前驱或发动机后置后驱的汽车多使用远距离操纵式。

1. 直接操纵式操纵机构

直接操纵式操纵机构将汽车的变速器布置在驾驶人座位附近，变速杆直接安装在变速器盖上，由驾驶室底板伸出，驾驶人可直接操纵，如图 3－7 所示。它的特点是结构紧凑、简单，操纵方便。

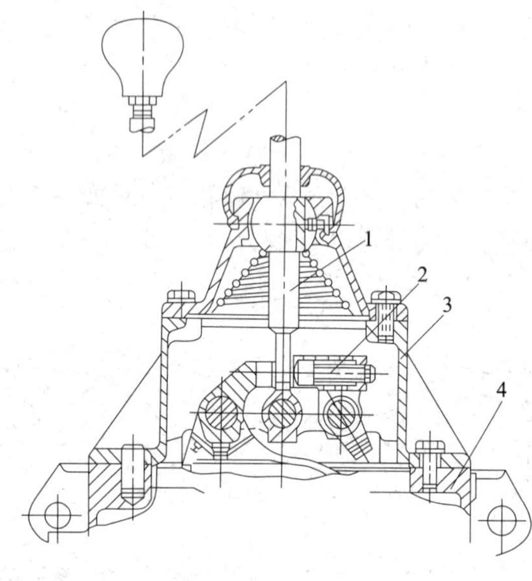

1—操纵杆；2—倒挡锁；3—变速器上盖；4—变速器壳体

图 3－7　直接操纵式操纵机构

这种操纵机构的外操纵部分（变速杆）与远距离操纵式操纵机构相差较大，装于变速器上盖或侧盖内。而内操纵部分很多地方是相同的，如图 3－8 所示，都是由拨块、拨叉、拨叉轴及安全装置等组成。

变速杆相当于一个以球节为中心的杠杆，变速杆的球节有定位销钉，因此变速杆只能前后、左右摆动，不能转动。变速杆下端位于安装于拨叉轴的拨块的中心槽内，在空挡位置时，其与变速器拨叉轴上的拨块的中心槽对齐。变速杆左右运动时，其下端也是左右运动（方向相反）。变速杆下端位于一个拨块中时，驾驶人前后推动变速杆，变速杆通过操纵拨块、拨叉轴、拨叉便可操纵同步器中的接合套，这时就可以挂入某个挡位了。

图 3－7 中的倒挡锁和图 3－8 中拨叉的自锁凹槽都是安全装置，在下文会进行详细介绍。

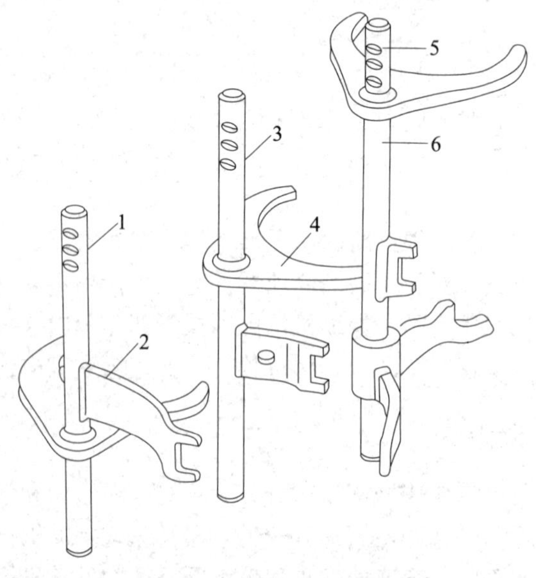

1，3，6—拨叉轴；2—拨块；4—拨叉；5—自锁凹槽

图 3－8　内操纵部分

2. 远距离操纵式操纵机构

当驾驶人座位离变速器较远或变速杆布置在转向盘下方（某些轿车）的转向管柱上时，通常在变速杆与换挡拨叉之间加装辅助杠杆或者传动机构，组成远距离操纵机构。远距离操纵式操纵机构分为拉索式（见图3-9）和杆式（见图3-10）。

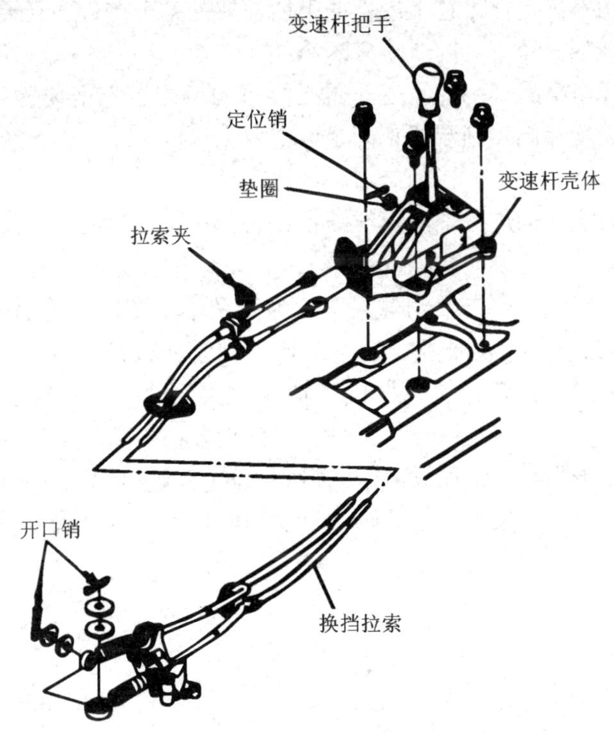

图3-9　拉索式远距离操纵式操纵机构

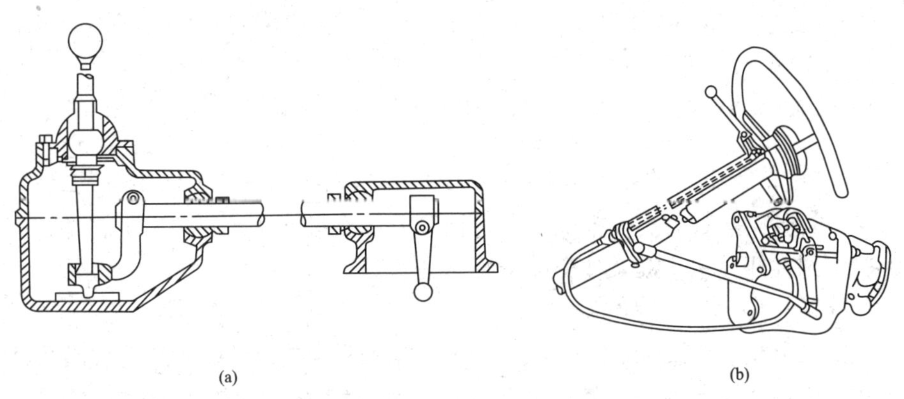

图3-10　杆式远距离操纵式操纵机构

远距离操纵应该具有足够的刚性，而且连接件之间的间隙要小，否则换挡手感不明显。如图3-10（b）所示，将变速杆安装在转向柱上的操纵方式具有占据驾驶室空间小，乘坐方便等优点，但是不好操纵，目前应用较少。

远距离操纵式操纵机构的换挡手柄通常有两条拉杆或拉索连接到变速器，一条拉杆或

拉索相当于直接操纵式变速器左右移动（通常这条拉杆称为选速杆），另一条拉杆或拉索相当于直接操纵式变速杆前后移动（通常这条拉杆称为变速杆）。

二、锁止装置

变速器操纵机构不仅要保证挂上或者摘下所需要的某个挡位，还要防止变速器自动换挡和自动脱挡；保证变速器不会同时换入两个挡，以免发动机熄火或机件损坏；防止误换倒挡，否则会发生安全事故。为此，变速器操纵机构设置了安全装置（锁止装置），分别用自锁装置、互锁装置和倒挡锁装置来满足以上要求。

1. 自锁装置

自锁装置就是对拨叉轴进行轴向定位锁止，防止拨叉轴自动产生轴向移动，进而造成自动挂挡或自动从某一挡位跳回空挡（脱挡）。

多数变速器的自锁装置由自锁钢球、自锁弹簧及位于变速器盖的或壳体的座孔组成，如图 3－11 和图 3－12 所示。每根拨叉轴的表面沿轴向分布有 3 个相同深度的凹槽，当驾驶人克服自锁弹簧的弹力，将任何一根拨叉轴连同拨叉轴向移动到空挡或某一工作挡位时，必有一个凹槽正好对准自锁钢球。于是，自锁钢球在自锁弹簧压力作用下嵌入该凹槽内，拨叉轴轴向位置被固定，从而拨叉连同滑动齿轮（或接合套）也被固定在空挡或某一工作挡位上。一般情况下，拨叉及拨叉轴的自动轴向移动不能克服自锁弹簧的弹力，因此挂入某挡后不会自行脱出或变速器不会自行挂入某个挡。

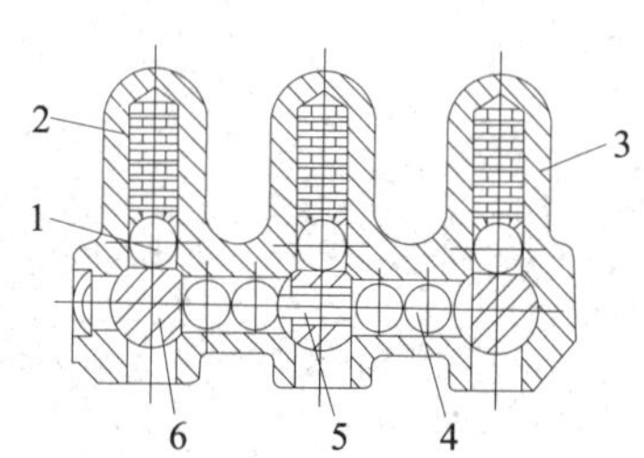

1—自锁钢球；2—弹簧；3—变速器上盖；
4—互锁钢球；5—互锁销；6—拨叉轴

图 3－11　装于上盖的自锁和互锁装置

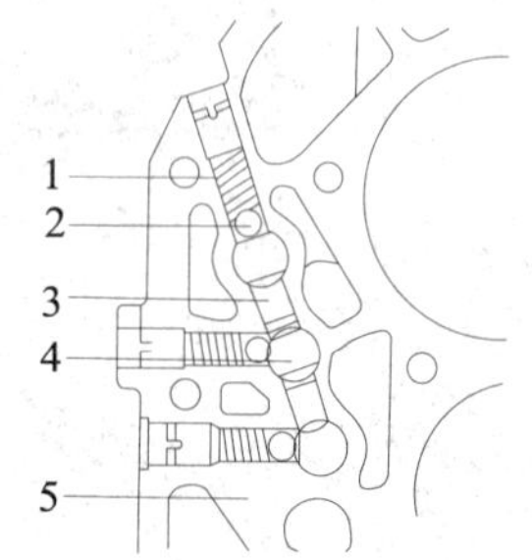

1—弹簧；2—自锁钢球；3—互锁销；
4—拨叉轴；5—变速器壳体

图 3－12　装于壳体的自锁和互锁装置

换挡时，驾驶人再次对拨叉轴施加一定轴向力，克服自锁弹簧的压力将钢球从拨叉轴的凹槽中挤出到推回孔中，拨叉轴和拨叉可以轴向移动。

2. 互锁装置

互锁装置是阻止两个拨叉轴同时移动，进而挂入两个挡位的装置。互锁装置主要由互锁钢球、互锁销及变速器盖或壳体座孔组成。互锁销装在中间拨叉轴的孔中或变速器壳体，在空挡位置时，两边的拨叉轴在对着钢球处有深度相当于钢球半径的凹槽，中间拨叉轴则左右均开有凹槽，凹槽中开有装锁销的孔。这样可以保证变速器只有在空挡位置时，驾驶人才可以移动任一个拨叉轴挂挡。若某一拨叉轴被移动而挂挡时，另两个拨叉轴便被互锁装置固定在空挡位置而不可能再轴向移动。

互锁机构还有转动钳口式和其他形式，例如，捷达轿车的手动变速器的互锁是利用拨

叉和支架联合控制的。

3. 倒挡锁装置

倒挡锁装置的作用是驾驶人挂倒挡时，必须对变速杆施加较大的力，才可换上倒挡，起提醒作用，以防误挂倒挡。变速器上多采用弹簧锁销式倒挡锁，弹簧锁销式倒挡锁一般由倒挡锁销和倒挡锁弹簧组成。倒挡锁销的杆部装有倒挡锁弹簧，其右端的螺母可调整弹簧的预紧力和倒挡锁销的长度。驾驶人要挂倒挡时，必须用较大的力使变速杆的下端压缩倒挡弹簧，将倒挡锁销推向右方后，才能使变速杆下端进入倒挡拨块的凹槽内，以拨动一挡和倒挡拨叉轴，进而推入倒挡。

三、气动换挡装置

现代重型货车大都采用多挡位气动换挡控制，如东风天龙、陕汽重卡、斯太尔、法士特等都采用双 H 气动换挡操纵装置，其基本结构如图 3－13 所示。

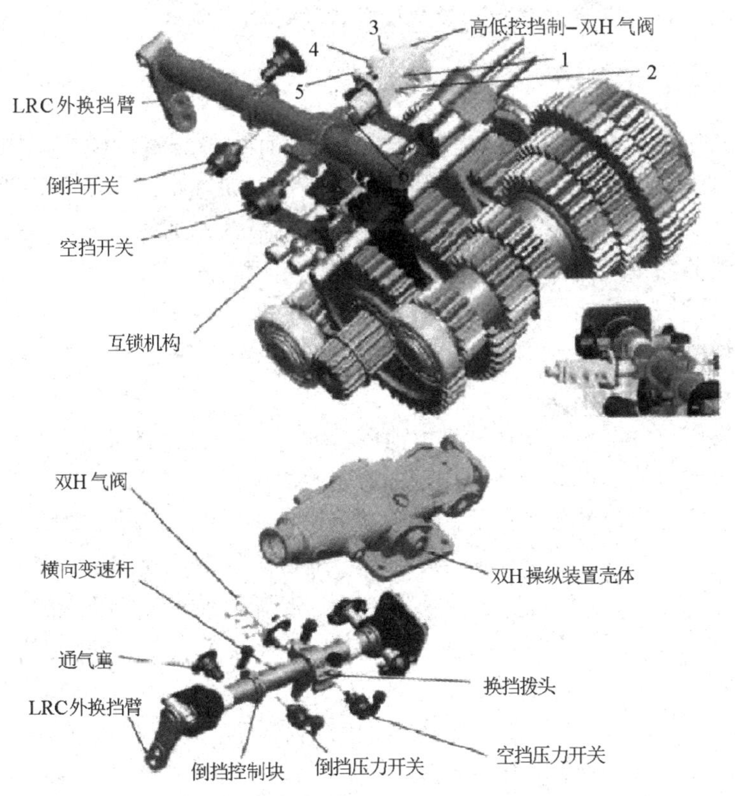

1—高挡气管；2—低挡气管；3，5—排气口；4—总气管；6—触头

图 3－13　双 H 气动换挡操纵装置的基本结构

通过操纵外换挡臂使横向变速杆做横向移动或转动，进行选挡和摘挂挡。换挡拨头上有一部分扇形斜面，当横向变速杆向高挡区移动时，双 H 气阀的球面滑柱能顺利回缩，接通高挡气路，闭合低挡气路。此操纵装置有 2 个空挡位置（高、低空挡）。当驾驶人在由低挡区向高挡区换挡时，换挡拨头压下触头，此时总气管与高挡气管连通，驱动气缸活塞向高挡区移动。与此同时低挡气管和排气口接通，以排除低挡气管的高压气，从而实现由

低挡到高挡的转换；反之，由高挡到低挡转换，触头松开，此时总气管与低挡气管连通驱动气缸活塞向低挡移动，同时高挡气管和排气口接通，以排除高挡气管的高气压。

任务五　手动变速器的拆装与检修

一、变速器的失效形式

变速器使用时，齿轮的齿面会产生磨损和疲劳剥落等现象；锁销式同步器的锥环或锁环式同步器的锁环的摩擦面会产生磨损；各种轴承的滚子、保持架、内圈及外圈会产生磨损；齿轮油会变质；操纵机构的拨叉会与同步器中的接合套产生磨损等。因此，必须对变速器进行正确的保养，也要根据变速器的技术状况变化来检修。

二、变速器的维护

一级维护操作包括检查换挡控制杆是否灵活，有无不正常的噪声。例如：操作不灵活，用底盘防水润滑脂润滑控制杆支座和轴衬套；检查通气塞是否堵塞，如有堵塞，要清洗通气塞；检查变速器的油位及有无漏油现象，根据需要添加齿轮油。

检查变速器的油位时先确保汽车放平，拉好驻车制动并用三角木顶好车轮；卸下变速器加油螺栓，通过加油螺栓孔能检查油位；如果卸下加油螺塞时，油从油位孔流出或油位已达油位孔，说明油已加注到位；如果发现油量不足应用规定油加注，让油位升至油位孔；按规定力矩拧紧加油螺栓。

二级维护操作包括：检查变速器有无泄漏、异响、松脱、裂纹等现象；检查、润滑变速器换挡操纵机构，使其操纵灵活；检查变速器紧固情况，对于国产中型载货车要重点检查变速器输出轴凸缘螺母的紧固情况，其力矩不得小于 196 N · m；检查变速器密封状况，更换变速器油；确定是否需要拆检变速器，如需要拆检，则要清洗变速器及齿轮，检查齿轮、轴及变速操纵机构与飞轮壳螺栓的紧固情况，装复变速器盖，加注规定的齿轮油至规定高度。

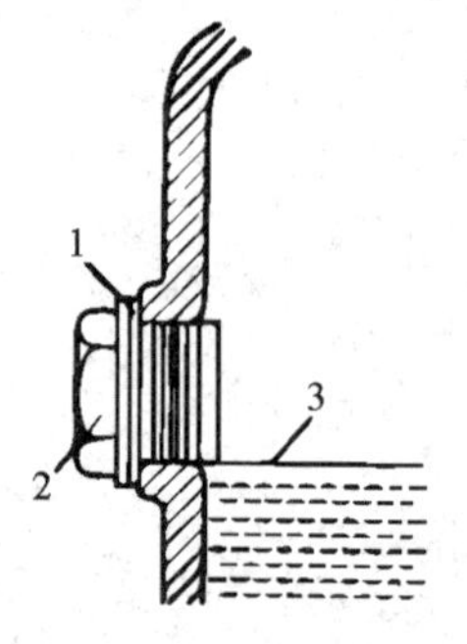

图 3 – 14　变速器油位孔

更换变速器油时应将汽车放平，卸下加油螺塞和放油螺塞，开始放油；等待一段时间，将油放完后，更换平面垫圈，按规定力矩拧紧放油螺塞；用规定油加注，让油位升至油位孔，如图 3 – 14 所示；更换平面垫圈，按规定力矩拧紧加油螺塞。

调整远距离操纵式操纵机构时，将操纵机构和变速器连接处分开。再将变速器用手挂入空挡，将换挡手柄放在中间位置，再将操纵机构和变速器连接起来。

三、变速器的拆装注意事项

（1）变速器接合面应彻底清洁，并涂上密封剂，密封剂应涂抹均匀。涂抹量过少会产生泄漏，涂抹量过多会造成密封胶溢出堵塞油道或造成相互啮合的齿轮卡滞，纸垫不能重复利用，安装倒车开关也要涂密封剂。

（2）所有O形密封环、轴密封圈在维修拆装时必须更换，不能使用旧的。装入密封圈前，要在外径上涂少许润滑油。用专用工具安装油封。

（3）组装时，用齿轮油润滑所有内部零件。

（4）拆卸换挡拨叉弹簧销要使用专用工具，如图3－15所示。安装开口弹簧销时开口顺着受力方向，如图3－16所示。

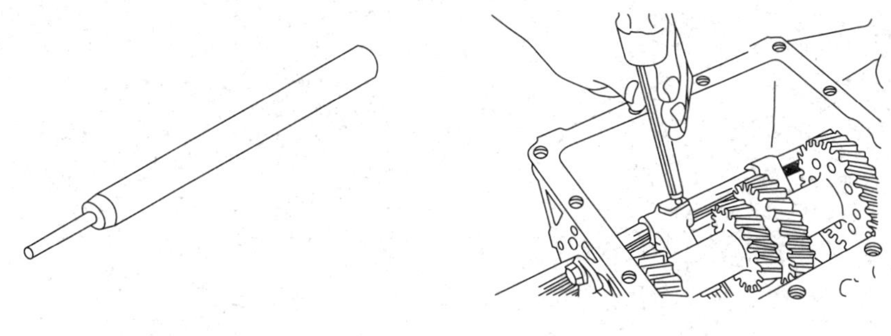

(a)弹簧销拆装专用工具　　(b)弹簧销拆装方法

图3－15　拆装弹簧销工具及方法

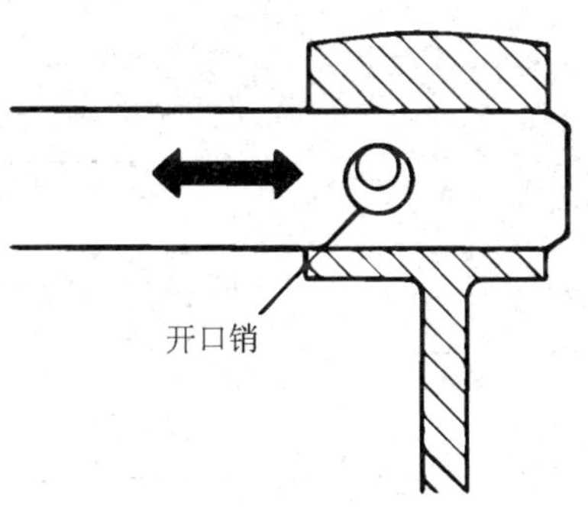

图3－16　安装开口弹簧销的方向

（5）拆装轴承要使用专用工具，其拆卸方法如图3－17所示。更换轴承应选用原车规定使用的轴承，安装时在轴与轴承之间涂一层润滑油。安装时也要使用专用工具，如图3－18所示。切忌直接用锤子将轴承敲进变速器壳体，这样可能造成壳体损坏。

（6）装配时要注意齿轮和齿轮之间的间隙，以保证润滑并防止热胀，此间隙（称为齿隙）通常只有百分之几毫米。

（7）安装变速器的拨叉轴时，通常需要用专用工具（导向轴），如图3－19所示。

（8）安装手动变速器总成时，在输入、输出轴的花键上涂少量的润滑脂，注意发动机和变速器之间空心定位销的正确位置。

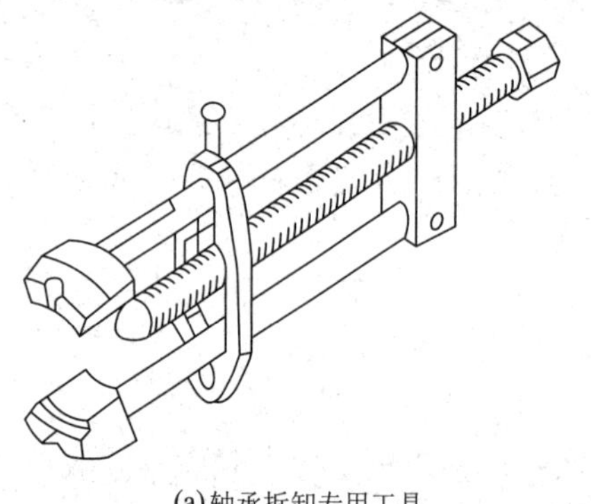

(a)轴承拆卸专用工具

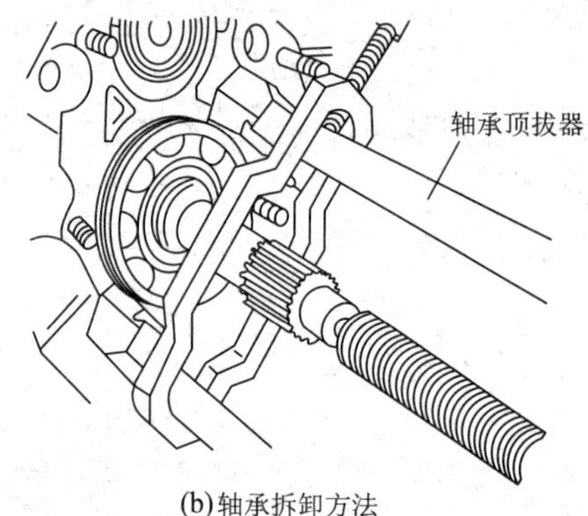

(b)轴承拆卸方法

图 3-17　拆卸轴承的工具及方法

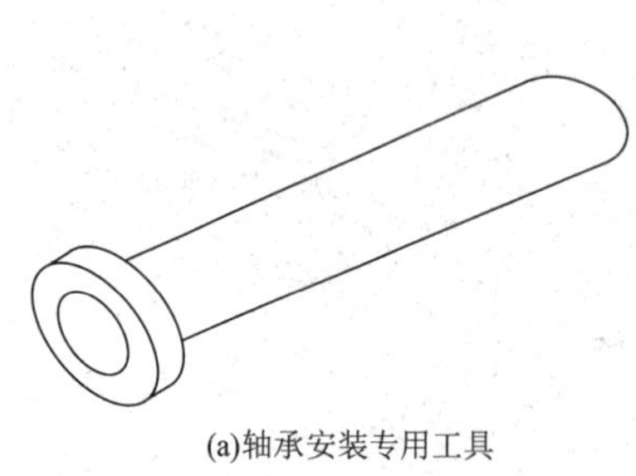

(a)轴承安装专用工具

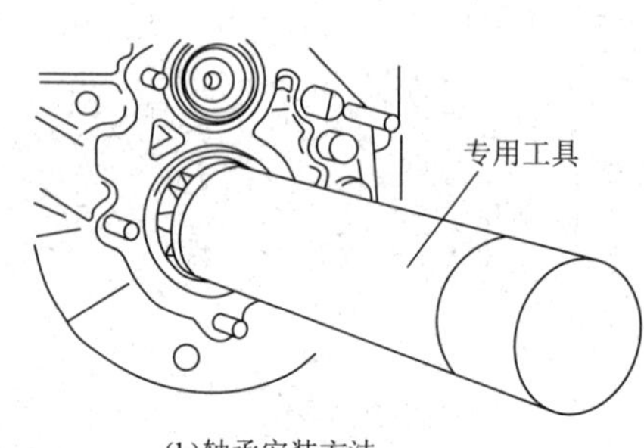

(b)轴承安装方法

图 3-18　安装轴承的工具及方法

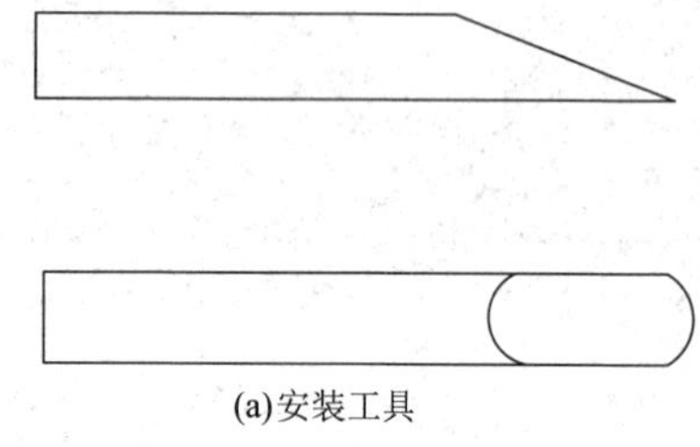

(a)安装工具

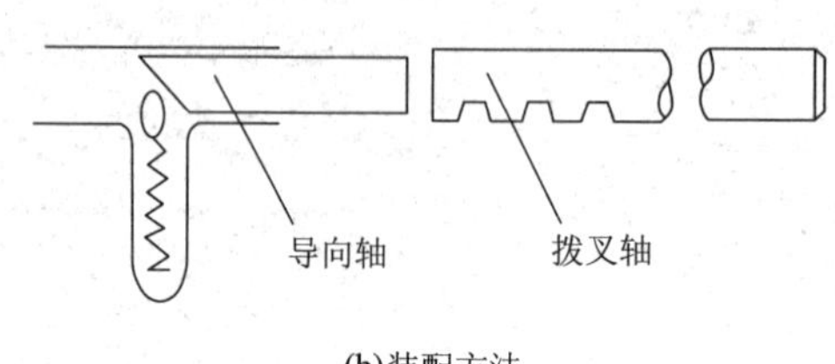

(b)装配方法

图 3-19　安装变速器拨叉轴的工具及方法

（9）选择合适的垫片和卡环，保证轴承、齿毂正确的轴向间隙，如图 3-20 所示。

（10）同步器花键毂、接合套通常是有方向的，拆装时要注意。例如，东风变速器的花键毂上有倒角，安装时倒角方向先装入输出轴；同步器的接合套上有油孔，装配时根据同步器顺时针旋转迫使油流入接合套的原理来推断装配方向。捷达轿车变速器三挡和四挡同步器花键毂倒角（黑色箭头标记）朝向三挡齿轮，如图 3-21 所示，白色箭头所示倒角朝向四挡齿轮标识。

花键毂的拆卸方法是将齿轮支撑在钢板上，然后将主动轴从同步器毂中压出来，如图 3-22 所示。如果使用顶拔器将花键毂拉出，则会造成花键毂损坏。与轴采用过盈配合的齿轮和轴承也可以采用这种拆装方法。

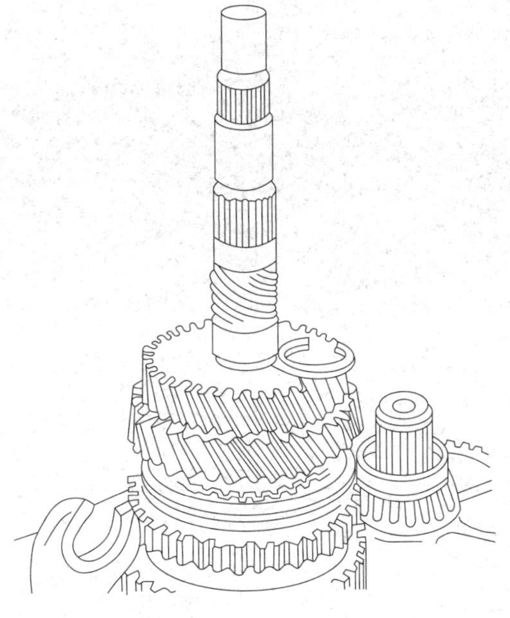

图 3－20　选择卡环

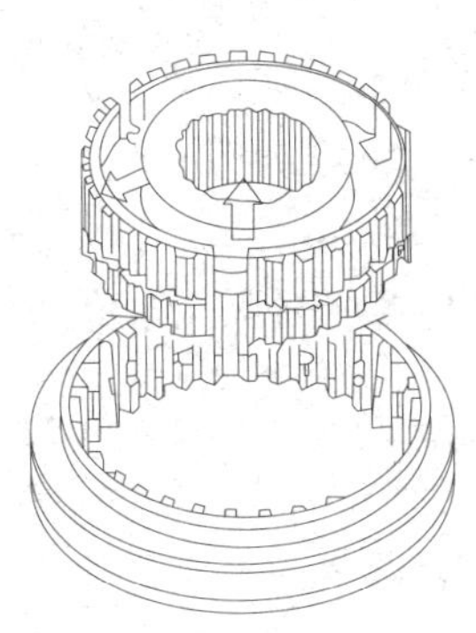

图 3－21　花键毂安装方向

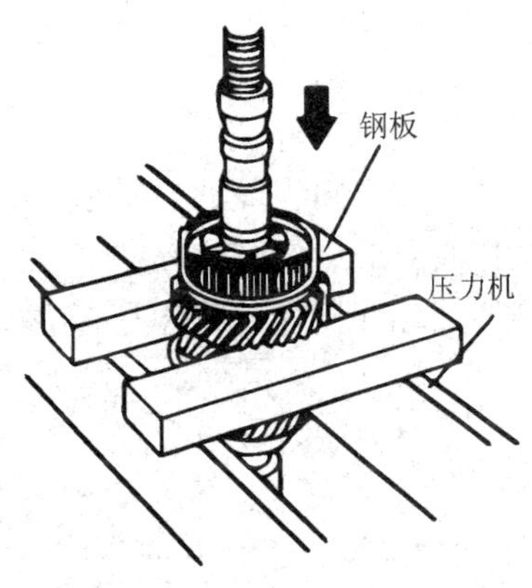

图 3－22　花键毂的拆卸方法

（11）不同变速器的结构不同，拆装流程、拆装方法及拆装时所采用的工具也不同，要先熟悉再拆装，昌然下手可能会造成变速器损坏。例如，如图 3－23 所示，捷达轿车的手动变速器的拨叉转接管拆装时需要采用专用工具。

（12）安装锁环式同步器时，钢丝弹簧的弯曲末端必须钩住滑块。

（13）安装变速器盖时，各齿轮和拨叉均应处于空挡位置。

四、变速器主要部件的检修

变速器主要部件的检修

1. 同步器的检查

（1）如图 3－24 所示，将同步环压在各自齿轮的锥面上，检查间隙 α 的值，正常值为 1.0～2.0 mm，极限值为0.5 mm。如果间隙 α 超过极限值，则应更换同步器环或齿轮。

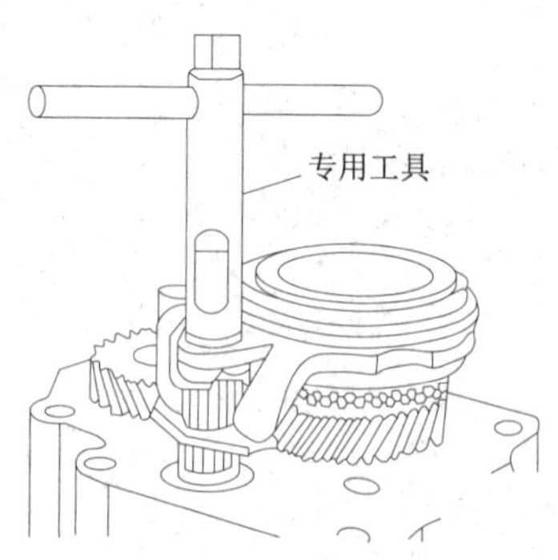

图 3－23　捷达拨叉转接管的拆装

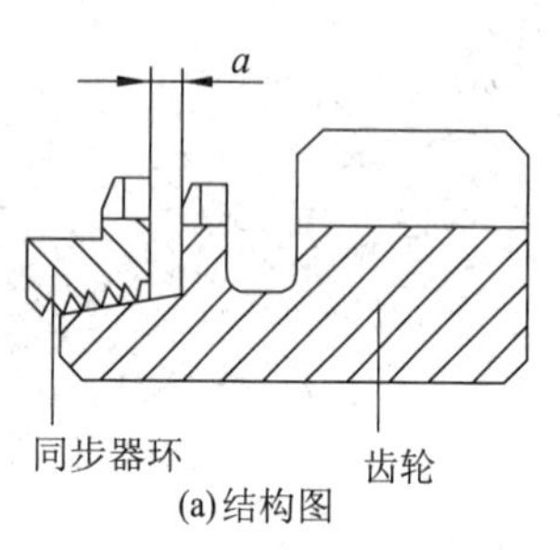

(a)结构图

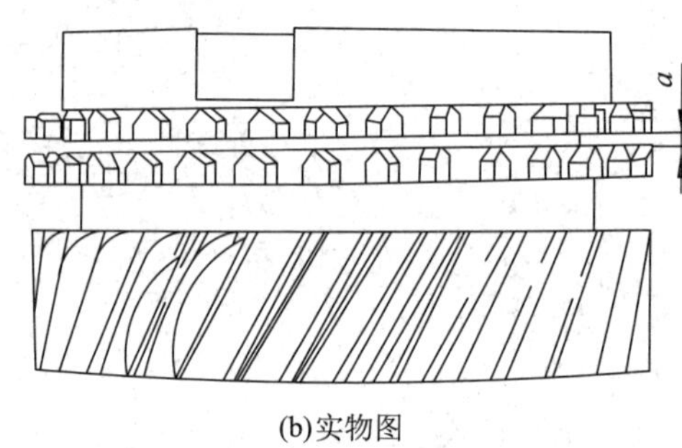

(b)实物图

图 3－24　同步环与齿轮间隙的检查

利用平面尺，或将同步环放在平滑的表面上进行检查，如果不平，则说明同步环已经扭曲，应更换同步环。

检查同步器锁环和接合套的齿是否磨损，磨损后的齿会出现圆化，如图 3－25 所示。

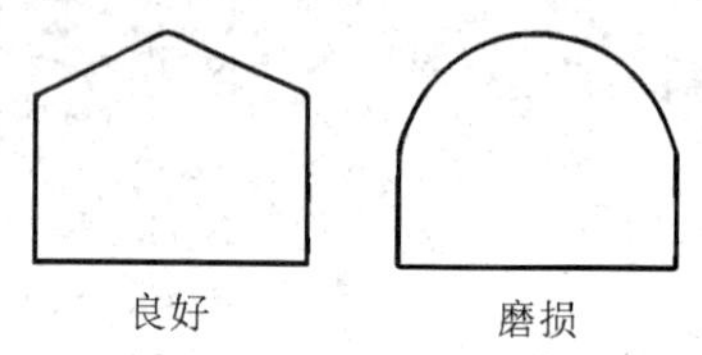

图 3－25　检查锁环齿

给齿轮与同步环接合的锥面涂上齿轮油，将同步环装上。以一定的力矩压紧同步环旋转，确信同步环不打滑，否则需要更换同步环。

（2）用塞尺测量拨叉与接合套齿轮之间的间隙，如果间隙超过极限值，说明拨叉与接合套或齿轮其中 1 个或 2 个需要更换。这就应该分别检查拨叉、接合套或齿轮的宽度，不符合标准的应该更换。

例如，本田雅阁倒挡轴拨叉与倒挡齿轮间隙的检测如图 3－26 所示，倒挡齿轮与拨叉的标准间隙为 0.20～0.59 mm，极限值为1.20 mm，拨叉宽度为 13.4～13.7 mm。如图 3－27所示，换挡拨叉和接合套的标准间隙为 0.35～0.65 mm，极限值为1.0 mm，拨叉与接合套接触点宽度为 7.4～7.6 mm。

（3）检查同步器花键毂和接合套的花键是否出现圆角，若出现圆角则说明磨损。如果

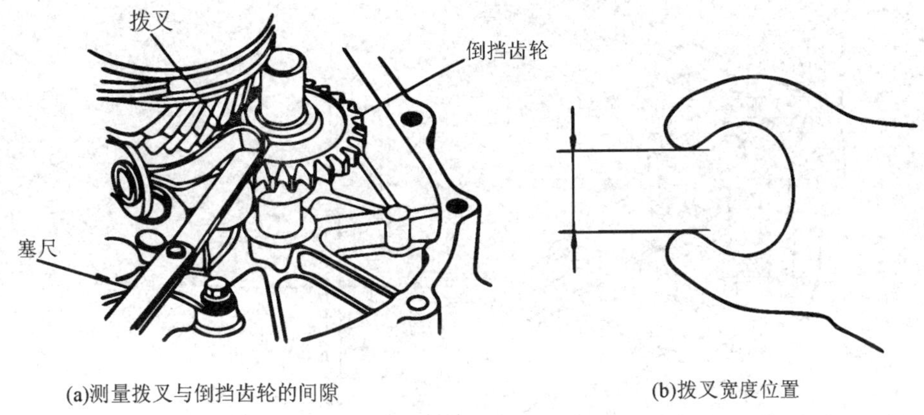

图 3－26　倒挡轴拨叉与倒挡齿轮间隙

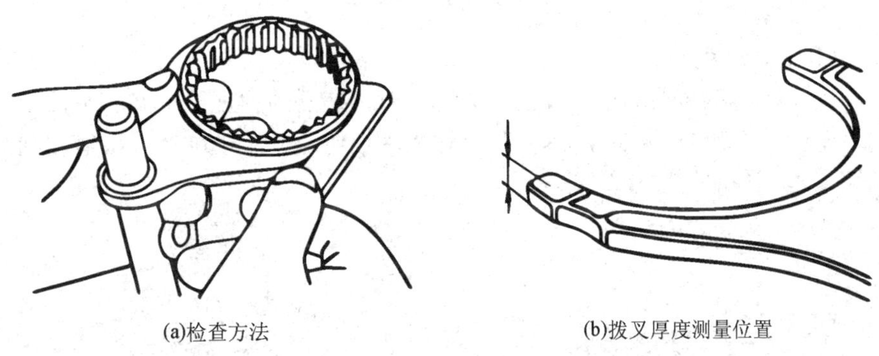

图 3－27　检查换挡拨叉与接合套间隙

需要更换，则务必成套更换同步器的花键毂和接合套。更换新的同步器花键毂和接合套时，将花键毂安装在接合套内检查其活动是否自如，如图 3－28 所示。

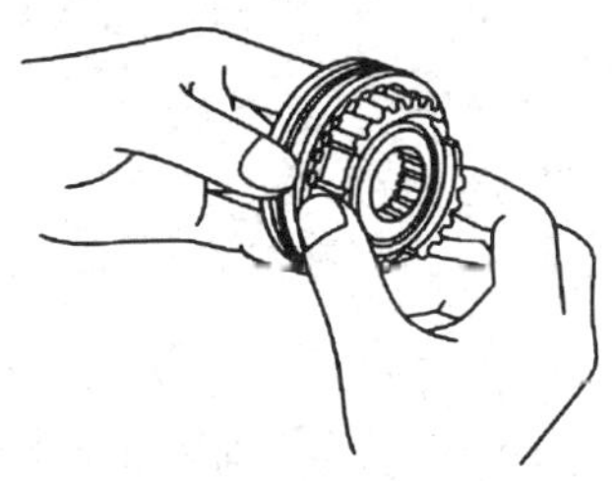

图 3－28　检查花键毂和接合套活动是否自如

2. 远距离操纵方式中变速杆和选挡操纵杆之间间隙的测量

在直接操纵方式中，变速杆下端与拨块之间测量的方法类似，即可采用塞尺来测量。如果间隙不符合标准，可用堆焊法进行维修或进行更换。如图 3－29 所示，本田雅阁手动变速器变速杆和选挡操纵杆之间的间隙标准值为 0. 05 ~0. 25 mm，极限值为0. 50 mm，变速杆凹槽的宽度为 15. 00 ~15. 10 mm。

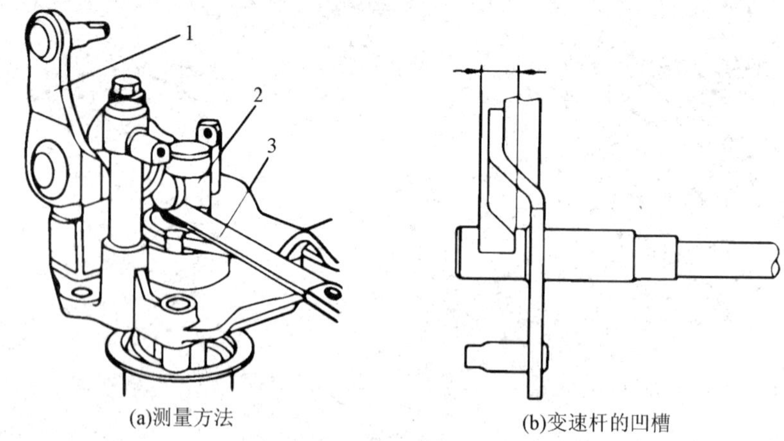

1—变速杆；2—选挡操纵杆；3—塞尺

图 3－29　选挡操纵杆与变速杆间隙的测量

3. 变速器轴的检修

根据不同变速器不同轴的结构及工作原理，对变速器的轴进行检修。本田雅阁手动变速器的输入轴的检查如图 3－30 所示。如果输入轴任何部分小于维修极限值，则需要换上一个新的输入轴，各部位尺寸值见表 3－1。

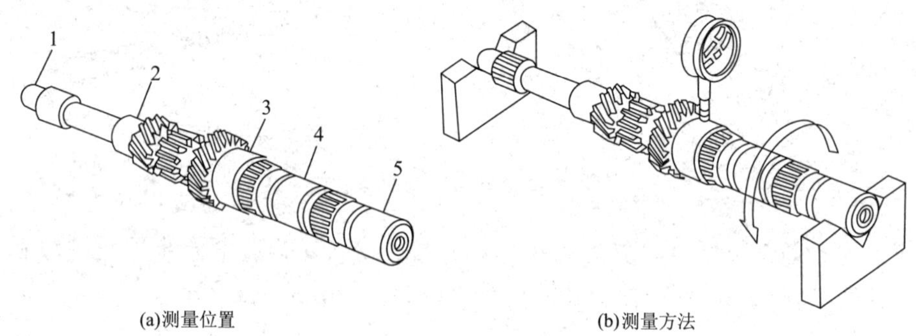

1—衬套表面；2—用于安装支撑轴承（离合器壳体侧）；3—用于安装滚针轴承；
4—用于安装定距环；5—用于安装支撑轴承（变速器壳体侧）

图 3－30　输入轴的检查

将输入轴的两端用“V”形架支撑起来，转动 2 圈，检测轴的径向圆跳动情况。径向圆跳动标准值为0.02 mm，如果超过0.05 mm，则需要更换新的轴。

表 3－1　输入轴各部位尺寸

部　位	标准尺寸/mm	极限尺寸/mm
1	27.987 ~ 28.000	27.940
2	31.984 ~ 32.000	31.930
3	38.984 ~ 39.000	38.930
4	27.977 ~ 27.990	27.940
5	20.800 ~ 20.850	20.750

4. 齿轮的检查

如图 3－31 所示，检查齿轮轴向受力面是否有磨损，检查锥面有没有磨损，检查齿有没有损坏，检查齿的锥面有没有磨损和疲劳剥落。

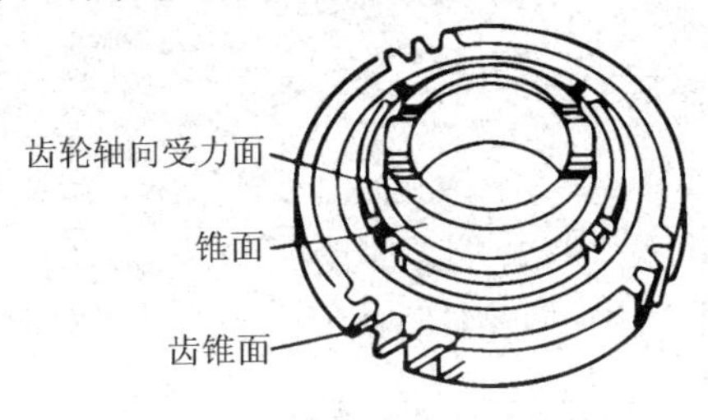

图 3－31　齿轮的检查

5. 变速器壳体的检修

（1）检查变速器壳体是否产生裂纹，重点检查各螺栓孔及轴承座孔等受力部位。如果产生裂纹，一般都需要更换。

（2）检查变速器上螺栓孔内的螺纹情况，螺纹损坏超过 2 牙，可以采用攻螺纹法或焊补并重新钻孔后攻螺纹的方法进行维修。

（3）检查变速器壳体是否变形。变速器壳体变形后往往会使其与上盖或侧盖相连平面的平面度发生改变，因此可通过测量与上盖或侧盖相连平面的平面度来判定壳体是否变形。

（4）变速器的轴承座孔一般不会出现磨损，但是如果轴承卡死可能会造成座孔磨损，检查时要注意。

6. 检查变速器盖

检查变速器盖是否产生裂纹，与变速器接合平面的平面度公差不能超过 0.10 ~ 0.15 mm，拨叉轴装于轴承孔内不能松动。

7. 清洁轴承

将轴承清洗干净后，轴承应转动灵活自如，无卡滞或“沙沙”声，轴承的内圈、外圈、滚子及滚道无麻点、剥落。将轴承安装后，内圈与轴、外圈与壳体之间应无明显松动。

五、变速器的磨合试验

大修后的手动变速器一般都要经过磨合试验。变速器的零件在制造加工和装配过程中都会形成误差值。磨合的主要目的是在规定转速和负荷下，使工作面逐渐加载，从而改善零件的接触状况，改善轴承、齿轮等运动配合副的运动接触表面的状况。磨合还能发现修理工作中的隐患，减小返工率。

在变速器的磨合过程中，应对无负荷和有负荷条件下各种传递情况进行磨合试验。磨合前，应按规定加注清洁的润滑油。无负荷磨合指用发动机或电动机带动输入轴转速为 1000 ~ 2000 r/min，各挡磨合时间要在 1 h 以上。有负荷磨合指最大磨合为最大传递转矩的 30%。在磨合中要将油温控制在 15 ~ 65 ℃。磨合后要认真清洗，装配后要加注正确牌号的齿轮润滑油。

思考题

一、填空题

1. 有级式变速器一般指手动变速器，简称__________，具有若干个定值传动比，大多数汽车具有 3 ~5 个前进挡和一个倒挡（所谓变速器挡数即指其前进挡位数）。

2. 变速器包括__________和__________两大部分。

3. 二轴式手动变速器主要应用于__________的轿车。

4. 手动变速器的换挡装置有__________、__________和__________ 3 种结构形式。

5. __________式同步器多用于轿车和轻型轿车，__________式同步器多用于中、重型汽车上。

6. 锁销式同步器的结构由 2 个__________、2 个__________、__________、接合套、定位销等组成。

二、名词解释

1. 变速器

2. 变速器轴

三、简答题

1. 说出典型三轴式五挡变速器直接挡和倒挡的动力传动路线。

2. 锁环式同步器由哪几个部件构成？各部件的作用是什么？

3. 变速器操纵部分的锁止机构有哪些？各有什么作用？

4. 对变速器做二级维护，有哪些作业项目？

项目四 万向传动装置的结构与检修

任务一 万向传动装置的认知

一、万向传动装置的功用及组成

万象传动装置

以发动机前置后驱汽车为例，发动机和变速器安装在车身或车架上，驱动桥通过悬架与车身或车架相连。变速器输出轴中心线与驱动桥输入轴中心线难以重合布置，在行驶过程中由于路面不平、行驶车速发生变化等导致弹性悬架系统产生振动，这都会引起二轴相对位置经常发生变化。因此，变速器输出轴与驱动桥输入轴不可能刚性连接，又因变速器与驱动桥之间的距离较远，必须采用由万向节、传动轴及支承传动轴的中间支承组成的万向传动装置来连接，这种装置可实现轴线不重合的两轴之间的传动。

万向传动装置可实现在汽车轴间的夹角，且位置相对变化的 2 个转轴之间传递动力。它由万向节、传动轴组成，在变速器和驱动桥距离较远时还要加装中间支承。

二、万向传动装置的安装位置及应用

万向传动装置的具体应用有以下几种。

（1）变速器（或分动器）与驱动桥之间。在变速器与驱动桥距离较远时，将传动轴分成两段，并加有中间支承，应用多个万向节。其可消除变速器与驱动桥在负荷变化及汽车在不平路面行驶时的跳动和其他不利影响。

（2）变速器与分动器之间。在变速器与分动器分开安装的场合，虽然它们都是被支撑在车架上，但二者之间存在制造安装误差和车架变形引起的不利影响，因此采用万向传动装置。

（3）转向驱动桥。在转向驱动桥中，需要该桥既能满足车轮转向又能不间断传递驱动力，多数转向驱动桥配合采用独立悬架。因此在半轴靠近车轮处及半轴靠近主减速器处，需要采用万向传动装置来满足左右半轴的跳动条件。

（4）断开式驱动桥。断开式驱动桥的主减速器壳在车架上是固定的，如图 4－1 所示，为了满足驱动轮独立上下跳动的需要，桥壳是上下摆动的，半轴是分段的，须用万向节。

（5）转向操纵机构。某些汽车的转向盘轴线和转向器输入轴的轴线不能重合，装有万

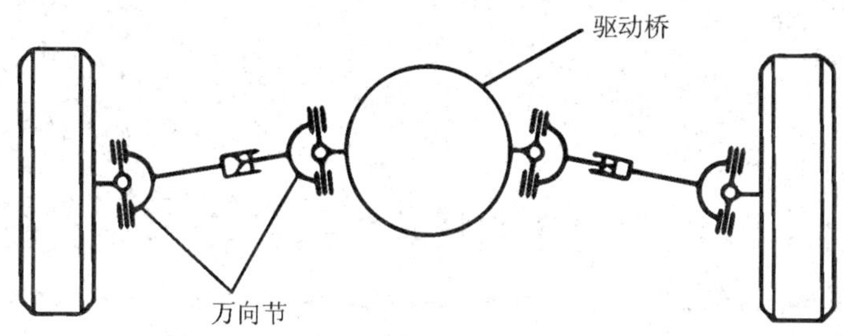

图 4－1　断开式驱动桥

向传动装置有利于转向机构的总体布置。

任务二　万向传动装置的主要零部件的检修

一、万向节的结构

按扭转方向上是否存在明显的弹性变形，可将万向节分为刚性万向节和挠性（或柔性）万向节。刚性万向节传动刚性零件，靠刚性的铰链连接，并传递动力。刚性万向节可以保证在轴间夹角变化时可靠地传动，并有较高的传动效率，因此在现代轿车采用后轮驱动时经常应用。刚性万向节按其速度特性又可分为不等速万向节（十字轴）、准等速万向节（双联式、三销轴式）和等速万向节（球叉式、球笼式）。使用广泛的有十字轴式万向节、球叉式万向节和球笼式万向节。用于驱动桥或转向驱动桥和车轮之间传递动力的万向节，根据其安装位置，将安装位置靠近车轮的万向节称为外万向节，将安装位置远离车轮的万向节称为内万向节。

挠性万向节传动弹性零件，靠弹性零件的变形来消除部件之间的相对运动引起的不利影响，具有缓冲和减振作用。常用在两轴交角较小且只有微量相对运动位移的场合。

1. 十字轴式万向节

十字轴式万向节的结构如图 4－2 所示，它由十字轴、万向节叉、滚针和套筒等组成。它允许在相邻夹角为 15°～20°的两轴间传递动力。2 个万向节叉上的孔分别通过滚针和套筒组成的滚针轴承活套在十字轴的两对轴颈上。当主动轴转动时，从动轴既可随之转动，又可绕十字轴中心在任意方向摆动。

为了防止轴承在离心力的作用下由万向节叉内脱出，必须对轴承进行定位，其定位方式有以下几种：盖板式、内挡圈定位方式和外挡圈固定方式（见图 4－3）。

为使润滑方便，如图 4－4 所示，十字轴万向节上有注油嘴，需要定期补充润滑脂。在十字轴内有互相贯通的油道，润滑脂能够通过油道到达滚针轴承。滚针轴承内端有油封是为了防止润滑脂从轴承内端溢出。安全阀在内腔油压高时释放润滑脂，目前使用的橡胶油封密封性能好又有弹性，因此现在使用的十字轴式万向节几乎没有安全阀。

单个万向节在输入轴和输出轴夹角不为 0 时，其两轴的瞬间角速度不相等。当输入轴

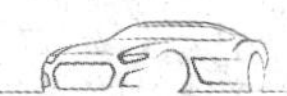

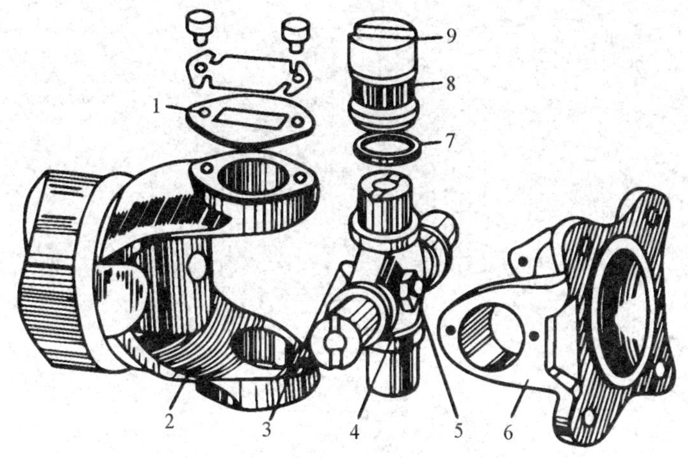

1—轴承盖；2，6—万向节叉；3—注油嘴；4—十字轴；5—安全阀；7—油封；8—滚针；9—套筒

图 4－2　十字轴式万向节

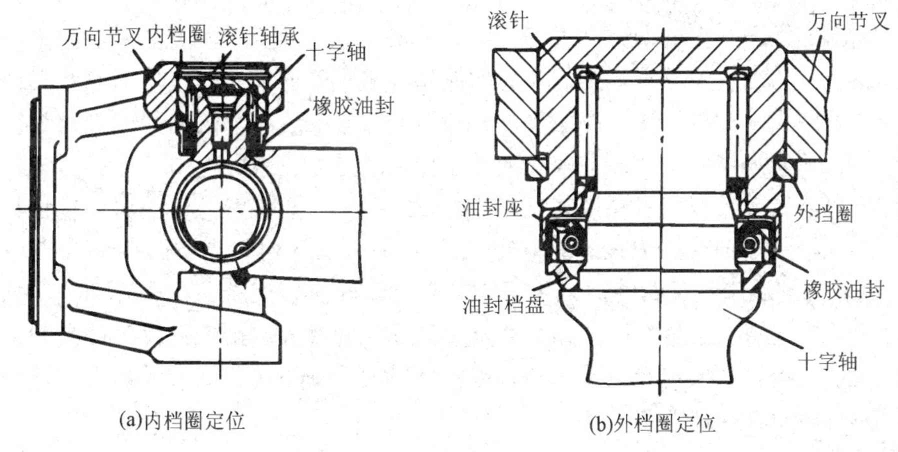

图 4－3　内、外挡圈定位方式的十字轴万向节

匀速转动时，输出轴的转速周期性地变化，我们称之为十字轴刚性万向节的不等速性。当然不等速是指转动一圈内的角速度不匀速，但是输出轴的角速度不等于输入轴的角速度，并呈周期性变化，这会引起传动轴的扭转振动，并因此产生交变载荷，影响传动轴的寿命。另外，交角越大，两轴之间的不等速性越强烈，这会使与其相连的各零件承受因加速或减速所产生的附加载荷。

单个十字轴万向节传动会产生不等速的不利影响，为了克服不等速现象，十字轴应该成对使用。第一万向节两轴夹角与第二万向节两轴夹角相等；第一万向节从动叉与第二万向节两轴从动叉在同一个平面。

十字轴万向节主要应用在发动机前置后驱车辆的变速器和驱动桥之间。

2. 等角速万向节

等角速万向节从结构上保证万向节在工作过程中，其传力点始终处于两轴交角的平分面上，因此传力点到两轴的距离相等。在传力点处两齿轮的圆周速度相等，因此两个齿轮

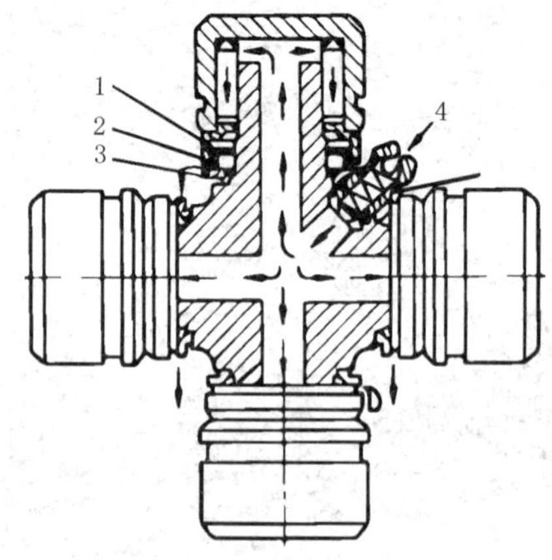

1—油封座；2—油封；3—油封挡盘；4—注油嘴

图 4－4　十字轴万向节的润滑

旋转的角速度也相等。

目前汽车上广泛采用的等角速度万向节有球叉式万向节和球笼式万向节。

（1）球笼式万向节。球笼式等角速度万向节按主、从动叉在传递转矩的过程中是否产生轴向位移，分为固定型球笼式万向节和伸缩型球笼式万向节。固定型球笼式万向节和伸缩型球笼式万向节常配合使用，伸缩型球笼式万向节常安装在靠近变速驱动桥处，因此常称为内球笼；固定型球笼式万向节常安装在靠近驱动轮处，因此称为外球笼。

固定型球笼式等角速度万向节构造如图 4－5 所示，星形套内花键与主动轴相连，外表面由 6 条凹槽形成钢球的内滚道，球形壳的内表面也有相应 6 条凹槽形成钢球的外滚道。6 个钢球分别装于各条凹槽中，并用保持架（即球笼）保持在一个平面内。球笼万向节的 6 个钢球需要有一定的配合公差，并与星形套一起成为一组配合件，球毂与外壳体为选配件，不能互换，如果需要更换，则必须整体更换。球笼式万向节的动力传递路线为主动轴→星形套→钢球→球形壳。

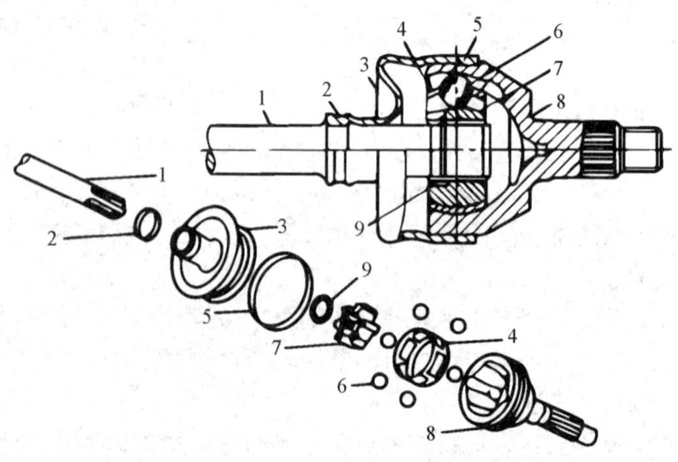

1—主动轴；2，5—钢带箍；3—外罩；4—保持架（球笼）；6—钢球；
7—星形套（内滚道）；8—球形壳（外滚道）；9—卡环

图 4－5　固定型球笼式万向节

固定型球笼式等角速度万向节允许两轴间的夹角较大（45°～50°），适合用在转向驱动桥的车轮侧。

伸缩型球笼式万向节和固定型球笼式万向节的结构区别在于它使用直槽滚道，使万向节具有伸缩性。伸缩型球笼式万向节允许两轴间的夹角较大（20°～25°），在传递动力的过程中，可以沿轴向移动且滚动阻力小，适合用在转向驱动桥的主减速器侧。

球笼式万向节在工作时，无论传动方向如何，6 个钢球全部参加动力传递。球笼式万向节在传递动力时不管在任何角度，钢球的中心和两轴（主动轴和球形壳的轴）的交点的连线均位于两轴的平行线上，因此能够保证等角速传递动力。球笼式万向节与球叉式相比，既改善了受力状况又减轻了磨损，承载能力强，结构紧凑，拆卸方便，制造精度高，应用日益广泛。

（2）球叉式万向节。球叉式万向节的构造如图 4－6 所示。球叉式万向节由主动叉、从动叉、4 个传力钢球、一个中心钢球等组成。它的主、从动叉分别与内、外半轴制成一体，叉内各有 4 条曲面凹槽，装合后形成两条相交的环形槽，作为曲面凹槽的滚道，4 个传力钢球装于槽中。

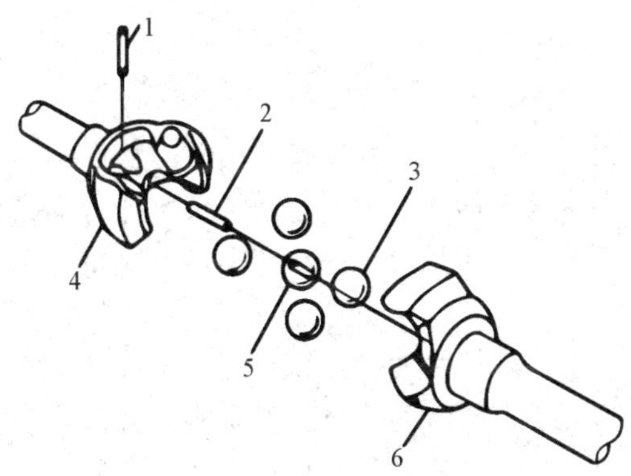

1—锁止销；2—定位销；3—传力钢球；4—从动叉；5—中心钢球；6—主动叉

图 4－6　球叉式万向节

中心钢球装在两叉中心凹槽内，以确定中心。在中心钢球上有一个凹面，凹面的中央有一个深孔，这个深孔用来安装定位销，定位销被锁销锁定，限制了轴向移动。

球叉式万向节结构简单，允许轴间最大交角为 32°～33°。但工作时只有 2 个传力钢球传力，而另 2 个钢球则在反转时传力，因此钢球与滚道之间接触压力大，钢球与凹槽的磨损快，使用寿命短。采用压力装配的球叉式等角速万向节拆卸不便，因此球叉式万向节通常用于中小型越野汽车转向驱动桥。

3. 准等速万向节

准等速万向节有双联式和三枢轴式万向节。目前双联式万向节的应用较少，而三枢轴式万向节的应用极为广泛。

三枢轴式万向节也称为筒形万向节。三枢轴式万向节和伸缩型球笼式万向节一样具有伸缩性，适合作为内万向节。三枢轴式万向节的结构如图 4－7 所示，由滚轮、三相星形管道、铰链式吊钩（即滚轮壳体）等组成。三相星形管道内端有花键和半轴连接，3 个滚轮通过滚针套在三相星形管道的枢轴上形成滚针轴承。铰链式吊钩上有滚轮的滚道，该滚道为直槽型，3 个滚轮可沿滚道做轴向移动以补偿车轮跳动时距离的变化。

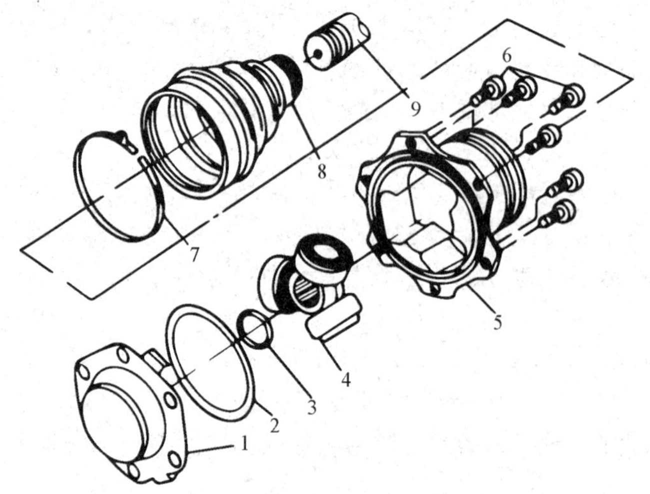

1—顶盖；2—密封环；3—安全环；4—带滚轮的三相星形管道；5—铰链式吊钩；
6—螺栓；7—钢带箍；8—防尘护套；9—半轴

图 4－7 三枢轴式万向节

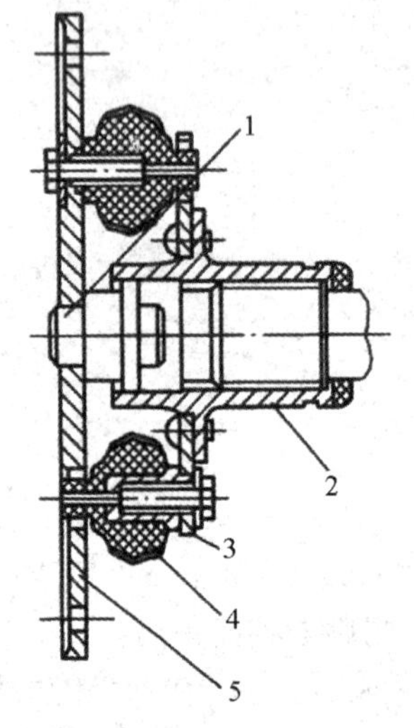

1—中心轴；2—花键毂；3—连接圆盘；
4—弹性连接件；5—大圆盘

图 4－8 柔性万向节

三枢轴式万向节结构简单，允许在有较大交角的两轴之间传递动力，采用此万向节的转向驱动桥可使汽车获得较小的转弯半径，提高了汽车的机动性。

4. 柔性万向节

柔性（也称为挠性）万向节虽然有结构简单，无需润滑的优点，但是应用并不广泛，因为它只能在轴向微量移动，而且在轴间夹角不大（3°～5°）的两轴间传递动力。一般只适用于变速器和分动器之间，因为变速器和分动器都安装在车架上。使用柔性万向节可消除车架轻微变形或安装时的误差。

如图 4－8 所示，柔性万向节由中心轴、花键毂、连接圆盘、弹性连接件和大圆盘组成。它靠弹性元件的变形来保证相交两轴间传动时不发生机械干涉。

二、传动轴的结构

大部分客车、货车使用发动机前置后轮驱动，在这种传动系统中，变速器和驱动桥之间一般采用十字轴式万向节、空心传动轴和中间支撑来传递动力。

传动轴主要由万向节滑动叉、花键轴及传动轴管等组成，如图 4－9 所示，万向节滑动叉的内花键套在花键轴的外花键上，二者之间可做轴向移动，以适应变速器与驱动桥之间的距离变化。

传动轴是高速运转的元件，因此在传动轴两端的连接件装好以后要进行平衡试验，在

质量轻的一侧补焊平衡片，使其平衡量不超过规定值。

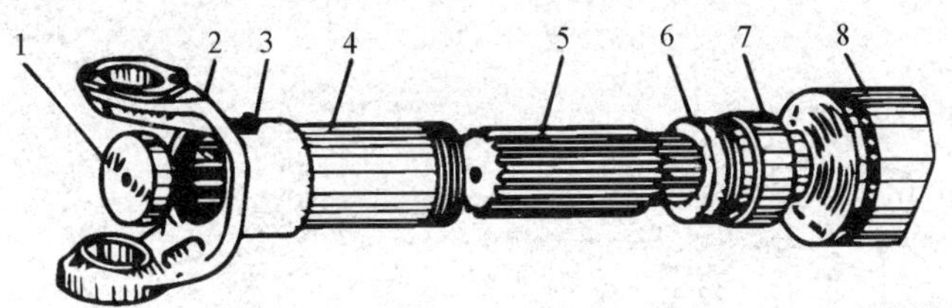

1—盖；2—万向节叉；3—注油嘴；4—万向节滑动叉；5—花键轴；6—油封；7—油封盖；8—传动轴管

图4－9　传动轴

为了减轻汽车重量，传动轴经常做成空心的，为了保证其有足够的强度，传动轴通常使用优质钢、碳钢等材料。

使用球笼式万向节的万向传动装置中的传动轴一般是实心的，也可以称其为半轴（属于驱动桥）。发动机前置纵置、前驱车辆的左右两边的传动轴的长度通常是相等的；发动机前置横置、前驱车辆左右两侧的传动轴的长度通常是不相等的。传动轴上有花键用于和万向节传递动力，有的在防尘护套小端的安装部位有凹槽，用于给防尘护套定位。

传统形式的传动轴采用分段式，并装有中间支撑来防止传动轴的过度振动。这种布局重量大，而且中间支撑的轴承会将振动传输到车身。马自达 RX－8 手动变速器，采用碳纤维强化树脂材料传动轴和直线型布局，这样能有效降低振动和噪声。

传动轴直线型布局指每个万向节接头的两侧均设置为相同的角度，如图 4－10 所示，无论是从侧面看还是从上面看，变速器、传动轴和差速器的排列都形成一条直线。这样可减轻一个万向传动装置接头的两侧被设置为不同的角度所引起的发动机转矩波动产生的噪声。

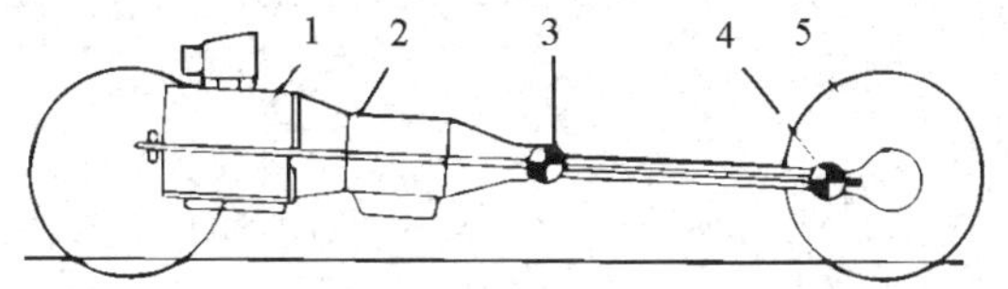

1—发动机；2—变速器；3，4—万向节；5—驱动桥

图4－10　传动轴直线型布局

传动轴的表面包裹适量的碳纤维，这优化了传动轴的频率特征，使汽车在高速行驶时也能使振动最小化；这种复合材料传动轴的重量比钢传动轴的重量轻很多。但是容易受到损坏，擦刮和碰撞均有可能导致其损坏。

三、中间支承的结构

为了降低传动轴的动平衡要求，减少传动轴过长引起的振动和安装的方便，在变速器和驱动桥距离较远的发动机前置后驱汽车上，将传动轴分成两节或三节，中间用中间支承支承在汽车车架的横梁上。发动机前置前驱的轿车一般不需要使用中间装置。

传动轴的中间支承有蜂窝支承、双列圆锥滚子式中间支承和摆动支承等形式。如图 4－11 所示，摆动式中间支承由橡胶衬套、摆臂、轴承和油封等组成，中间支承使用橡胶件和车架相连，橡胶件能适应少量的位置变化，可以减小中间支承传给车架的噪声和振动。

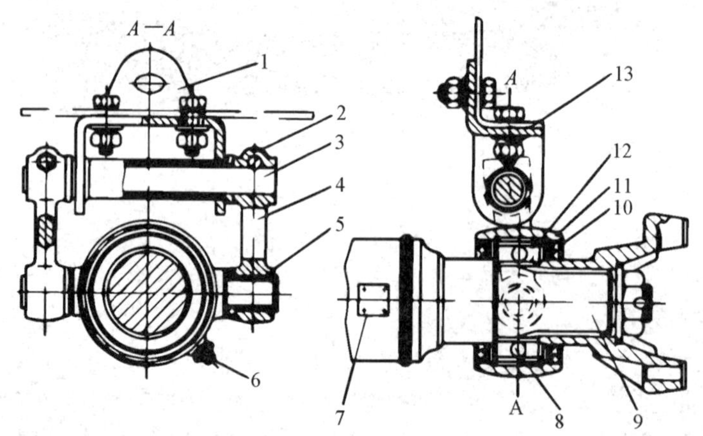

1—支架；2，5—橡胶衬套；3—支承轴；4—摆臂；6—注油嘴；7—平衡片；
8—轴承；9—中间传动轴；10—油封；11—支承座；12—弹性挡周；13—车架横梁

图 4－12　中间支承

四、万向传动装置的检修

1. 万向传动装置的失效形式

汽车在使用过程中，万向传动装置会出现各种损耗。万向传动装置工作在道路状况差、汽车负载大等不利工况下时损耗会更为严重。使用十字轴式万向节的万向传动装置会出现中间支承橡胶损坏、轴承异响、油封漏油，万向节滚针轴承损坏，花键磨损等。使用球笼式万向节的万向传动装置会出现防尘护套损坏、漏油，钢球、滚道磨损后转弯时发响等。

2. 万向传动装置的维护

在一级维护时，要给十字轴式刚性万向节加注润滑脂，润滑脂必须从 4 个轴承油封中流出来；检查各连接螺栓是否松动，如有松动应按规定力矩拧紧。

二级维护时检查传动轴有无异响、松脱、裂纹、油封处泄漏等现象；扭转伸缩节如有松旷感觉，则为传动轴与伸缩节花键磨损；检查十字轴及轴承，如二者有明显的间隙感觉，则为二者同时损坏，应及时更换新品；检查柔性万向节的橡胶部分有无裂纹和松动。

维护球笼式万向节的轿车时，检查万向节的防尘套有无损坏；要拆下万向节进行清洗，检查和加注润滑脂。

3. 万向传动装置拆装注意事项

（1）使用十字轴式万向节的万向传动装置的拆装

①分解十字轴和传动轴时，如图 4－13 所示，要标记记号，以便重新组装时恢复原位。如果没有按记号安装，传动轴两端的万向节叉不处于同一平面，万向节会表现出不等速性，角速度会忽快忽慢。

②分解十字轴式万向节的方法如下：拆卸滚针轴承的限位装置（盖板、内挡圈或外挡圈）；一手把传动轴的一端抬起，另一手拿锤子轻敲凸缘根部。振动法的原理是利用敲击时滚筒的运动惯性取出滚筒。用同样的方法拆除 3 个滚筒和滚针。

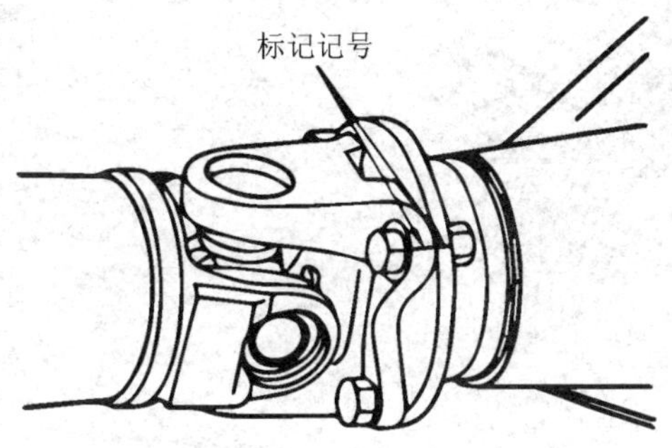

图 4－13　标记传动轴记号

③十字轴上注油嘴应朝向传动轴并在同一直线上，安装中间支承应使注油嘴朝下，方便保养时加注润滑脂。

④前传动轴后端的锁紧螺母要按规定力矩拧紧，使用大小合适的开口销。安装不符合规定的开口销或不使用开口销可能引发严重事故。

⑤不得改变轴管上的平衡块的质量与位置。

(2) 使用球笼式和球叉式万向节的万向传动装置的拆装

①必须使车辆 4 轮着地，才能拆卸外万向节上轮毂锁紧螺母（或锁紧螺栓）。安装时要 2 个维修工人配合，1 人起动汽车在车内踩住制动踏板，1 人将锁紧螺母锁紧（要注意锁紧螺母拧紧的力矩较大），这时轮胎也应该着地。

②拆下整个万向节和驱动轴时，有些车辆要求从变速驱动桥放出齿轮油。

③外万向节的拆卸要注意：在万向节上用电笔或者磨石做位置记号，注意不能用冲子冲出标记，如图 4－14 箭头所示，以保证正确地重新组装。如果没有做标记并在安装过程中没有按照原先的安装位置，那么以后在行驶过程中将会产生很大的噪声。如图 4－15 所示，将铜冲头或黄铜冲头对准万向节的星形套，用锤子敲打铜冲头或黄铜冲头，如果直接用锤子敲打球形壳或钢球保持架可能会造成球笼损坏。在夹紧紧固卡圈前，略微翘起万向节保护衬套，使保护衬套内外的气压相同，如果像图 4－16 所示情况就是内部有真空。防尘套两卡箍应错开 180°。如图 4－17 所示，要注意隔离环和膜片弹簧的安装位置及方向，膜片弹簧的凹面朝向隔离环的大端。

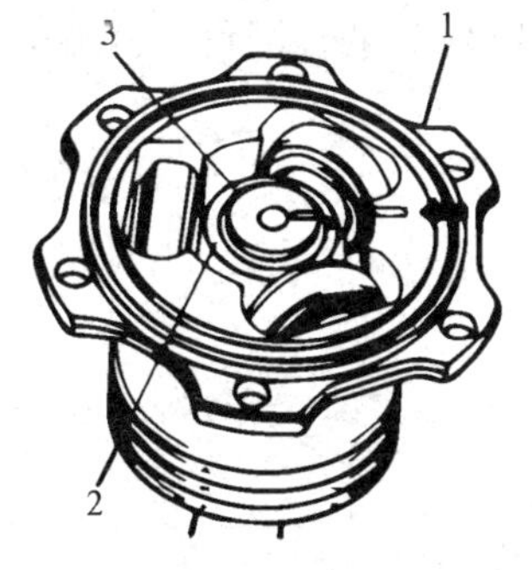

1—铰链式吊钩；2—三相星形管套；3—半轴

图 4－14　万向节做记号

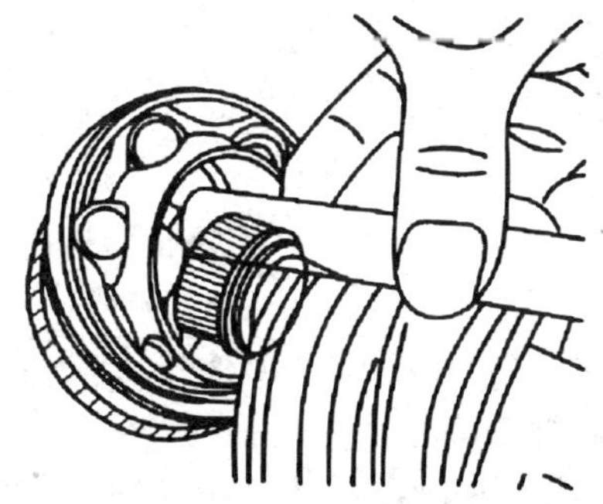

图 4－15　铜冲头对准星形套

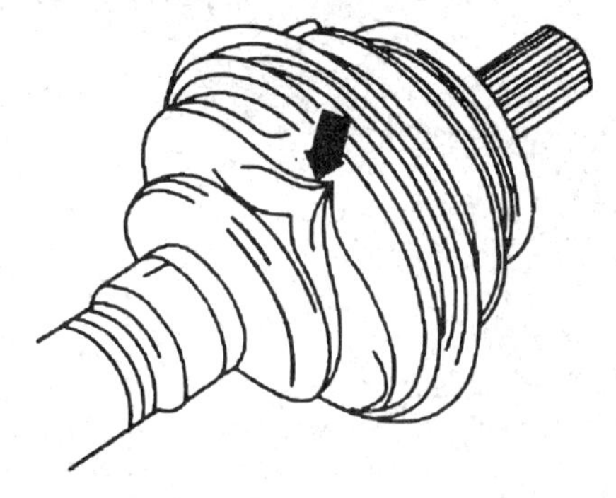

图 4－16　万向节内有真空

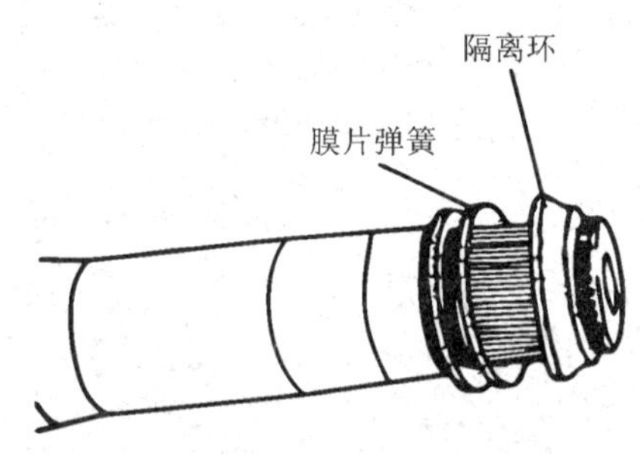

图 4－17　膜片弹簧和隔离环安装方向

④在更换万向节保护套管后需要重新润滑万向节，用优质润滑脂填塞等角速度万向节和橡皮罩，不能用普通润滑脂替代。将规定使用的整瓶润滑脂分为 2 个部分，一部分加入万向节，一部分加入防尘护套。例如，奥迪 A4 外万向节的润滑脂总量是 90 g，万向节加入 50 g，波纹管加入 40 g。

⑤球笼式万向节的分解步骤如下：做好位置标记；如图 4－18（a）所示，旋转保持架和星形壳，逐个取下钢球；如图 4－18（b）所示，旋转保持架直至 2 个方孔靠在万向节球形壳上；抬起带有星形套的保持架，如图 4－18（c）所示，将星形套的扇形齿轮翻转至保持架右角窗口下，从保持架中倾倒出轴承毂。

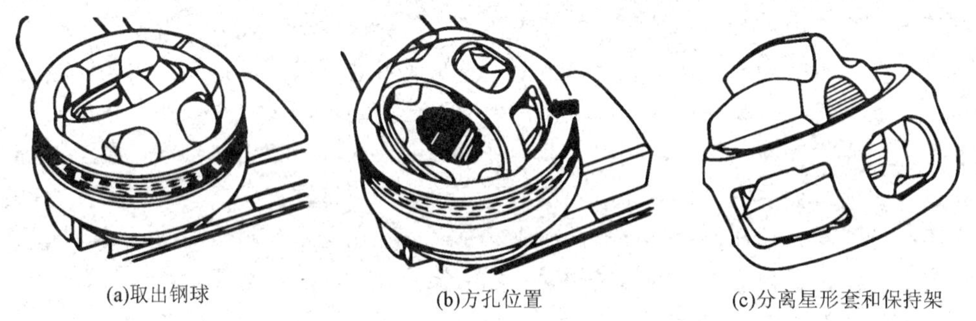
(a)取出钢球　(b)方孔位置　(c)分离星形套和保持架

图 4－18　分解球笼式万向节

安装时将带有轴承毂的保持架装入万向节头，星形套带有倒角的一端朝球形壳大直径端，按拆卸相反的步骤操作即可。

⑥球叉式万向节的安装方法如下：将定位销装入从动叉；放入中心钢球；陆续放入 4 个钢球中的 3 个；将中心钢球的凹面对准尚未放入钢球的凹槽；装入第 4 个钢球；装入锁销。

⑦每一次拆卸后需更换外球笼锁紧螺柱、钢带箍、开环、密封环、顶盖及轮毂锁紧螺栓或锁紧螺母。

⑧安装锁紧螺母要使用规定力矩，要注意该力矩比较大。

4. 万向传动装置的检修

(1) 带十字轴刚性万向节的万向传动装置的检修

①十字轴式万向节的检修。在传动轴万向节叉上转动万向节。如有任何限制、微小冲

撞、擦伤，则更换万向节；检查十字轴刚性万向节轴颈的剥蚀。剥蚀是在轴颈里由滚针磨出沟槽的过程。如产生了沟槽，应更换万向节；检查十字轴万向节轴承滚针、十字轴颈和轴承盖内是否磨损严重或失效，若磨损严重或失效应及时更换。

②传动轴的检修。检查传动轴的状况和平直度。用直规检查平直度，应无弯曲或轴向跳动，如有，更换传动轴；检查传动轴的平衡块有无脱落，如有，可采用黏接或焊接等维修方法进行维修或更换；检查传动轴有无裂纹、凹陷，凹陷深度不大于2 mm，面积不大于4 mm^2，沿轴线100 mm不超过两处，否则要更换传动轴；使用专用仪器或支起驱动轮进行目测（目测准确度不高），检查传动轴是否平衡，若不平衡应检查装配标记是否对正，轴两端万向节叉是否装在同一平面内；检查传动轴花键和滑动叉花键、凸缘叉和所配合花键的侧隙，应不大于0.30 mm，装配后应活动自如。

③中间支承的检修。中间支承常见的损坏是橡胶老化和轴承磨损。检查时，重点检查中间支撑轴承、缓冲橡胶垫等是否损坏，紧固螺栓是否松动，若有松动或损坏，应予以紧固、检修或更换。

（2）带球笼式和球叉式万向节的万向传动装置的检修

①护套有无裂纹或漏油，如有可进行更换。

②对于不重复使用的元件，无须检查，直接更换即可，如卡环、钢带箍、膜片弹簧等。

③球笼式万向节的球形壳、星形套、钢球、保持架，如有损坏要更换整个万向节。

④万向节间隙明显很大时，万向节必须更换。

五、万向传动装置常见故障的分析与诊断

1. 传动轴松旷发响

（1）故障现象

汽车起步时车身发抖。当汽车行驶中脱挡、改变车速，特别是松开加速踏板时，明显地听到有“咯啦、咯啦”的撞击声。

（2）故障原因

①各部螺栓、螺母松动或脱落。

②十字轴滚针严重磨损或断碎。

③传动轴上的键齿与滑动叉键齿磨损、松旷。

④变速器与驱动桥主动轴上的连接凸缘的花键磨损间隙过大。

（3）故障诊断方法

①检查各部连接螺栓是否松动，如有松动应按规定力矩拧紧。

②转动伸缩节，如有松旷感觉，则为传动轴与伸缩节花键磨损。

③检查十字轴及轴承，如二者有明显的间隙感觉则为二者同时损坏，应及时更换新品。

2. 传动轴弯曲发响

（1）故障现象

汽车在行驶中，车下有周期性响声，速度越快响声越大，严重时车身发抖，转向盘有

振手感觉。

（2）故障原因

①传动轴弯曲。

②传动轴平衡块脱落。

③中间轴承磨损、松旷或轴承紧固螺栓松动。

（3）故障诊断方法

起动汽车，起步行驶，慢慢加速，听听声音，看看是否有抖动现象。

3. 装配不当发响

（1）故障现象

汽车行驶中，有周期性响声，车速提高响声增大，且伴有车身发抖现象。

（2）故障原因

主要是在检修或维护装配时不当造成的，因此现代汽车的修理一定要掌握正确的拆装和调试方法，这是从事汽车维修最关键的。

（3）故障诊断方法

将后桥架起，挂高速挡，查看传动轴摆振情况，若减速时更明显，则不是弯曲就是不等速摆振。

思考题

一、填空题

1. 万向传动装置可实现在汽车上轴间交角且位置相对变化的 2 个转轴之间传递动力。它由__________、__________组成，在变速器和驱动桥距离较远时还要加装__________。

2. 十字轴式万向节由__________、__________、__________和套筒等组成。

3. 目前汽车上广泛采用的等速万向节有__________和__________。

4. 球叉式万向节由__________、__________、4 个传动钢球和 1 个中心钢球等组成。

二、名词解释

1. 万向节

2. 传动轴

三、简答题

1. 简述传动系统安装万向传动装置的原因。

2. 万向传动装置具体应用在哪些地方？

项目五 驱动桥的结构与检修

任务一 驱动桥的认知

一、驱动桥的功用和组成

驱动桥的认识

汽车驱动桥是传动系统的重要组成部分，一般位于传动系的末端。它主要由主减速器、差速器、半轴、桥壳等组成。驱动桥的功用主要有4点。

1. 减速增扭，改变力矩的传递方向

汽车在行驶时要通过变速器来改变传动比，输出合适的转矩和转速。但是当变速器在最高挡位时，输出的转速较高，因此需要将动力经主减速器处理，以降低转速，增大转矩。其次，发动机输出的动力要经过90°转向才能传给车轮，因此主减速器具有改变转矩传递方向的作用。

2. 满足左右车轮的差速要求，并合理分配转矩

汽车在不平路面行驶或转弯时，外侧车轮转速快，内侧车轮转速慢。为了满足这一要求，差速器通过行星齿轮的自转带动半轴齿轮，从而实现差速作用。同时，差速器还能合理的分配转矩以提高汽车通过性。

3. 传递转矩

驱动桥是一个动力传递机构，其中半轴的作用就是将差速器输出的转矩传到驱动车轮。

4. 承载整车重量及传力

驱动桥中的桥壳具有很强的刚度和强度，其承受着路面与车架之间的铅垂力，也要承受驱动力和制动力等纵向力以及车辆转弯时产生的横向力。

二、驱动桥的类型

驱动桥按结构形式一般可分为整体式和断开式两种，整体式驱动桥也称为非断开式驱动桥。整体式驱动桥主要应用于客、载货车，断开式驱动桥多用于轿车。

1. 整体式驱动桥

整体式驱动桥的结构如图5－1所示。整体式驱动桥的桥壳由中间的主减速器壳和两

边与它刚性连接的半轴套管组成，两侧车轮安装在此刚性桥壳上。整个驱动桥通过弹性悬架与车架连接，左右半轴始终在一条直线上，左右两侧车轮不能独立跳动，半轴与车轮不可能在横向平面内做相对运动。

整体式驱动桥采用非独立悬架，当一侧车轮通过地面的不平物升高或下降时，整个车身都会随之发生倾斜，车身波动大。

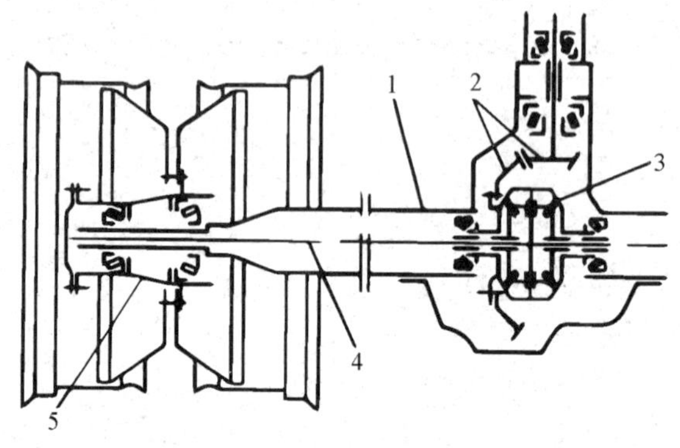

1—桥壳；2—主减速器；3—差速器；4—半轴；5—轮毂

图 5－1　整体式驱动桥

2. 断开式驱动桥

断开式驱动桥的结构如图 5－2 所示。断开式驱动桥的桥壳制成通过铰链连接的几段，主减速器壳固定在车架上，两侧车轮通过独立悬架与车架连接。差速器与车轮之间的半轴被分成几个分段，各段之间用万向节连接。

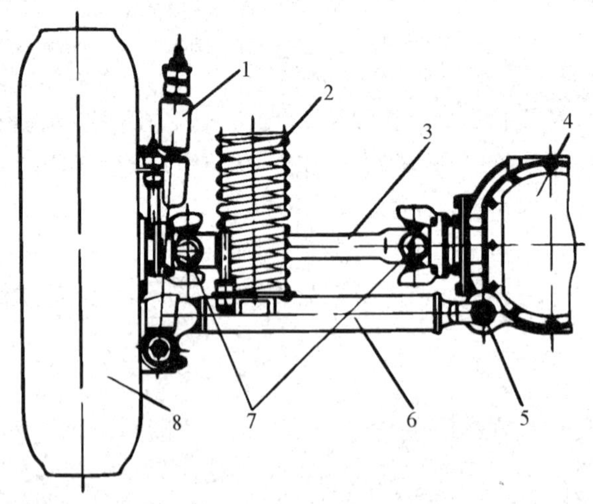

1—减振器；2—减振弹簧；3—半轴；4—主减速器及差速器；5—摆臂轴；6—摆臂；7—万向节；8—车轮

图 5－2　断开式驱动桥

断开式驱动桥采用独立悬架，两侧的车轮和半轴可以彼此独立地相对于车架上下跳动，这样车身不会随车轮跳动而跳动，可以提高车辆的平顺性和舒适性。

任务二　主减速器的功用、结构和工作原理

一、主减速器的功用

主减速器的作用

主减速器安装在驱动桥桥壳内，其功用是将万向传动装置或变速器传来的发动机动力通过降速的方法来增矩，保证即使变速器处于最高挡位时，汽车也有足够的驱动力以克服行驶阻力；主减速器将增矩后的动力传递给差速器。采用纵置发动机的汽车，其主减速器还用来改变转矩的方向。

将主减速器布置在动力向驱动轮分流之前的位置，有利于减小其前面的传动部件（如离合器、变速器、传动轴等）所传递的转矩，从而减小这些部件的尺寸和质量。为了避免汽车的离地间隙太小和地板高度太高，应尽量减小驱动桥的高度，即尽量减少主动齿轮的齿数。

二、主减速器的结构和工作原理

主减速器按参加减速传动的齿轮副数目分为单级式主减速器和双级式主减速器；按主减速器传动比挡数分为单速式和双速式主减速器两种，双速式主减速器有 2 个传动比，其挡位可供驾驶人选择；按减速齿轮副结构形式分为圆柱齿轮、锥齿轮和准双曲面齿轮主减速器。

1. 单级主减速器的结构和工作原理

发动机前置后驱车辆的单级主减速器接受万向传动装置传递过来的力，减速增矩并改变力的传递方向后再传给差速器，主减速器通常采用锥齿轮。而发动机前置前驱车辆的主减速器通常采用圆柱齿轮，不需要改变转矩的方向，它往往与手动变速器或自动变速器安装在一起，称为手动驱动桥或自动驱动桥。

（1）发动机前置后驱的单级主减速器。单级主减速器只有一对齿轮副传动，零件少，体积小，结构紧凑，重量轻，传动效率高。但主传动比 i_0（其值等丁从动齿轮齿数 Z_2 与主动齿轮齿数 Z_1 的比值，或主动齿轮的转速 n_1 和从动齿轮的转速 n_2 的比值）受限，一般不能大于 7。轿车和轻型载货车、小型客车上一般使用单级主减速器，因为主传动比不大于 7 足够满足轿车和轻型载货车、小型客车的需求。例如，标致 307 轿车的主减速器主、从齿轮齿数分为 13 和 61，主传动比 i_0 约为 4.7。

如图 5－3 和图 5－4 所示，单级主减速器主要由主动锥齿轮、从动锥齿轮和支承轴承组成。万向传动装置将动力传递给主动齿轮轴上带有防尘罩的凸缘，凸缘通过内花键和主动齿轮轴上铣出的花键连接，在凸缘外端有锁紧螺母对凸缘进行锁紧。

为保证主减速器的主动锥齿轮具有足够的支承刚度，做成一体的主动锥齿轮和主动齿轮轴前端支承在 2 个圆锥滚子轴承上，后端支承在一个圆柱滚子轴承上，这种锥齿轮前后都有支撑的方式称为跨置式支撑。有的单级主减速器主动锥齿轮采用悬臂式支撑，即只有

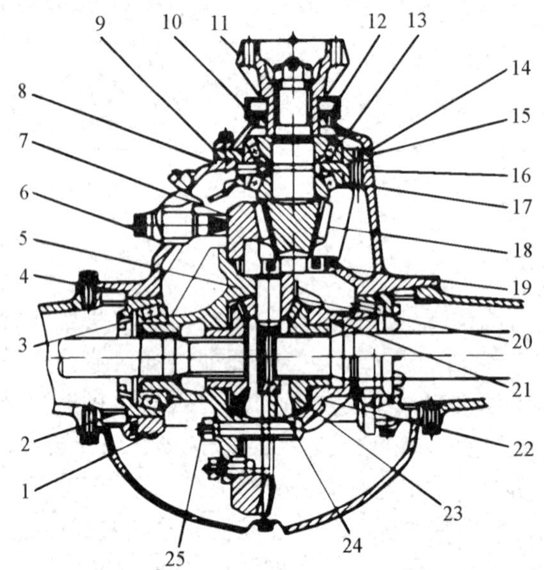

1—差速器轴承盖；2—轴承调整螺母；3，17—圆锥滚子轴承；4—主减速器壳体；
5—差速器壳；6—支承螺栓；7—从动锥齿轮；8—进油道；9—调整垫片；10—防尘罩；
11—凸缘；12—油封；13—滚子轴承；14—调整垫片；15—轴承座；16—回油道；
18—主动锥齿轮；19—圆柱滚子轴承；20—行星轮球面垫片；21—行星轮；
22—半轴齿轮推力垫片；23—半轴齿轮；24—行星轮轴；25—螺栓

图 5－3　单级主减速器结构

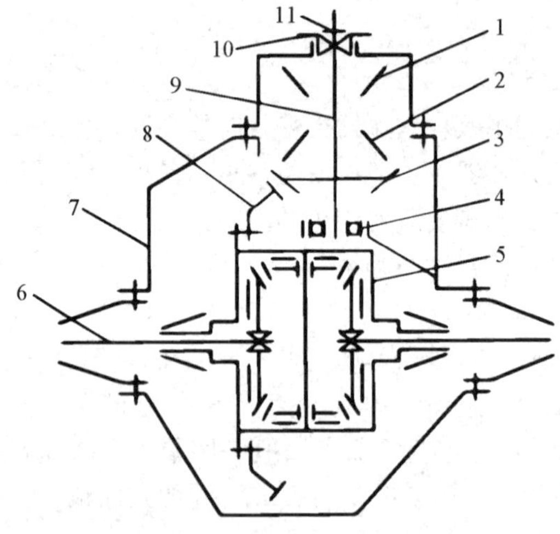

1，2—圆锥轴承；3—主减速器主动齿轮；4—圆柱轴承；5—差速器；6—半轴；7—桥壳；
8—主减速器从动齿轮；9—主减速器主动齿轮轴；10—凸缘；11—锁紧螺母

图 5－4　单级主减速器简图

前方支撑，后方没有支撑。

主减速器的从动锥齿轮通过螺栓安装在差速器壳体上，从动锥齿轮也称为冠状齿轮、盘齿或盆齿，差速器壳体两端各通过一个圆锥滚子轴承支撑，该轴承内圈与差速器壳体紧

密配合，外圈轴向有轴承调整螺母限位，径向有轴承盖将其压紧。

跨置式支承主动锥齿轮的两个圆锥滚子轴承距离较近，悬臂式支承主动锥齿轮的两个圆锥滚子轴承距离较远。靠近主动齿轮的圆锥滚子轴承称为内轴承，靠近凸缘的圆锥滚子轴承称为外轴承。内轴承的内圈紧套在主动齿轮轴上，外轴承的内圈松套在主动齿轮轴上，内、外轴承的外圈都装在主减速器壳体的轴承座圈中，两者之间采用过盈配合。

汽车行驶时，较大的推力施加到主动齿轮上，而且主动齿轮上的推力随着汽车前进或者后退而变化，这使主动齿轮沿轴向移动。要控制该主动齿轮移动，需要在装配主减速器时确保圆锥滚子轴承有一定的装配预紧度，即在消除轴承滚子与内外圈间隙的基础上，通过锁紧螺母再给予轴承一定的压紧力，以提高轴的支撑刚度，保证齿轮正常啮合，该预紧力也可以防止新轴承磨损引起的间隙。但预紧度不能过紧，否则会降低传动效率，且加速轴承磨损。

在主动齿轮轴内外轴承之间装有一个隔套和一组厚度不同的垫片，其位置如图 5－5 所示，这组厚度不同的垫片用来调整轴承的预紧度。

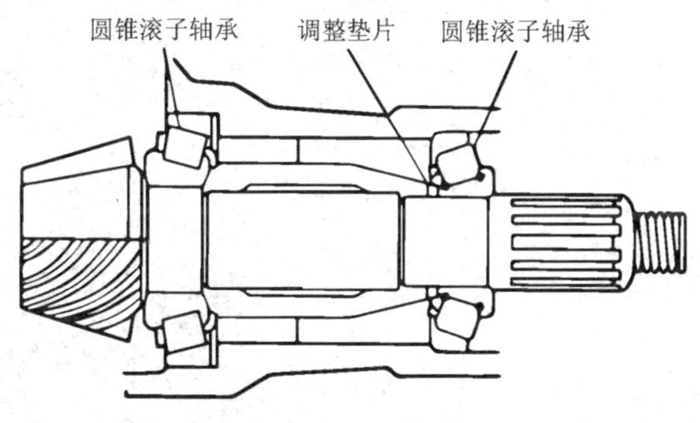

图 5－5 调整垫片位置

支承主动锥齿轮的轴承和很多主减速器部件都采用飞溅润滑，主减速器从动齿轮将润滑油甩到主减速器需要润滑的部位，又可以通过回油道回流到底部。在主动锥齿轮轴前端有挡油圈和油封防止漏油。主减速器上设有加油孔、放油孔，为防止温度升高时壳体内气压过高冲开油封漏油，在桥壳的上方设有通气孔。

为了限制从动锥齿轮变形，在主动齿轮和从动齿轮啮合处的背面装有支承螺栓。负荷较小的主减速器都取消了此设置。

从动锥齿轮支承轴承的预紧度，通过差速器两端的圆锥滚子轴承外的调整螺母来实现。主减速器的主动和从动锥齿轮之间必须有正确的相对位置，才能使两齿轮啮合时能承受较大的力矩，冲击的噪声也较小，而且轮齿沿长度方向磨损较均匀。

有的主减速器采用可压缩隔套来调整主动齿轮轴的预紧度，其安装位置同隔套相同。如图 5－6 所示，可压缩隔套是一个阶梯状钢管。在装配时随着主动齿轮螺母的紧固，该阶梯状的零件逐渐收缩或变形。这样就可以在螺母的紧固转矩范围内通过可压缩隔套的变形来实现预紧力。当螺母过紧时，预紧力过大，会使可压缩隔套永久变形，必须使用新的隔套再次调整预紧力。注意在每次解体差速器时都必须使用新的可压缩隔套。

目前，汽车上广泛使用准双曲面齿轮主减速器。准双曲面齿轮的轮齿弯曲程度和接触

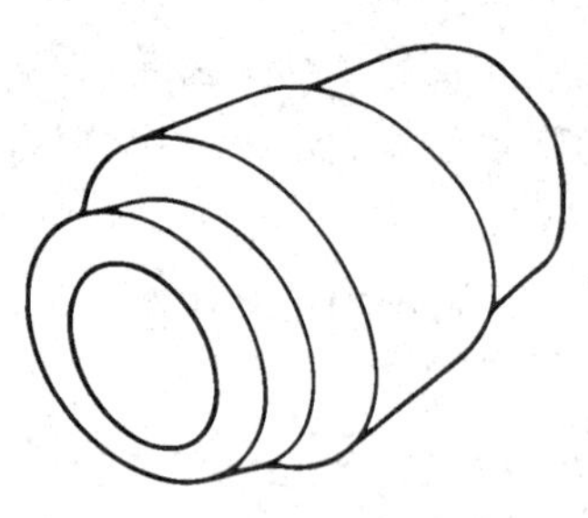
图 5－6　可压缩隔套

强度高，增大了齿轮的啮合面积，提高了承载能力，工作平稳好，而且主动齿轮的轴线相对从动齿轮轴线偏移，可使汽车车身和重心高度降低，在后排座椅区域提供更多的空间，有利于提高汽车行驶稳定性。可以通过轴线偏移增大离地间隙，或在离地间隙不变的情况下，减小车辆的重心高度。

准双曲面齿轮的主减速器也有很大的不足，齿面间有相对滑动，齿面间的压力大，容易破坏油膜，影响齿轮的寿命，制造难度大。

（2）发动机前置前驱的单级主减速器。主减速器由一对大小啮合的斜齿轮构成。如图 5－7 所示，小齿轮及主动齿轮与变速器输出轴制成一体，大齿轮及从动齿轮由铆钉与差速器的外壳连在一起。如图 5－8 所示，主减速器和变速器中间没有万向传动装置，因此变速器的输出轴就是主减速器的主动轴，主减速器和差速器都是安装在手动变速桥或自动变速桥壳体内。

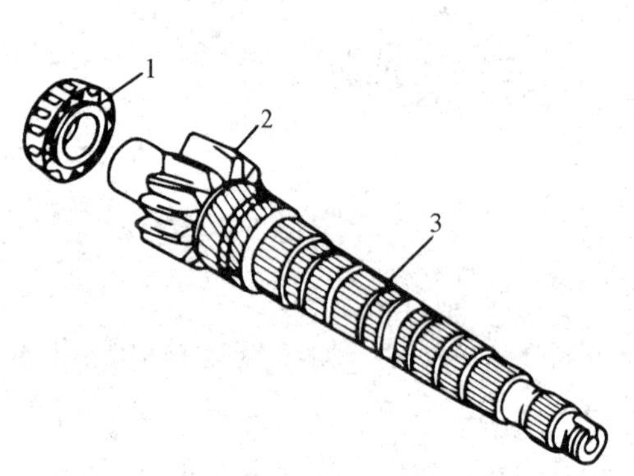

1—轴承；2—主动齿轮；3—输出轴
图 5－7　发动机前置前驱单级主减速器

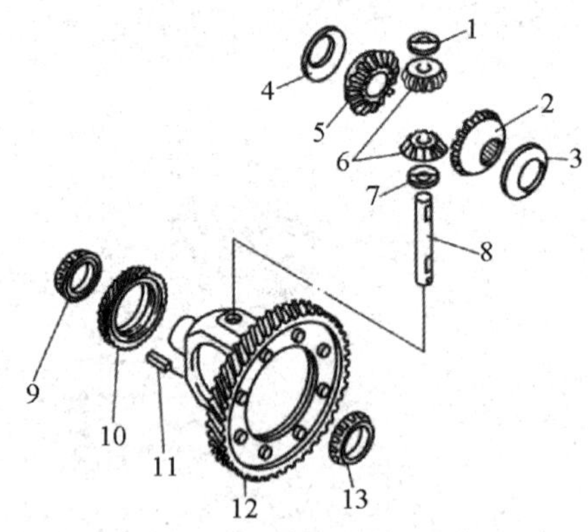

1，7—行星止推垫片；2，5—半轴齿轮；
3，4—半轴齿轮止推垫片；6—行星轮；
8—行星轴；9，13—轴承；10—里程表传动齿轮；
11—定位销；12—主减速器从动齿轮
图 5－8　主减速器和差速器结构

发动机前置前驱的单级主减速器的差速器壳体上通常安装里程表传动齿轮，为汽车仪表板的车速和里程表提供信号。

（3）贯通式主减速器。多轴的越野汽车或重载汽车，使用贯通式双驱动桥，可使汽车的通过性提高、简化结构、布置方便。如图 5－9 所示，贯通式主减速器指 2 个驱动桥的传动轴是串联的。贯通式主减速器的传动路线经过凸缘及贯通轴后，一条动力由贯通轴传递给其他的驱动桥，另一条动力经过主动斜齿圆柱齿轮、从动斜齿圆柱齿轮、主动准双曲面齿轮、从动准双曲面齿轮及差速器到前驱动桥。

2. 双级主减速器的结构和工作原理

双级主减速器由两级齿轮传动，在实现较大传动比的前提下，提高离地间隙。主传动

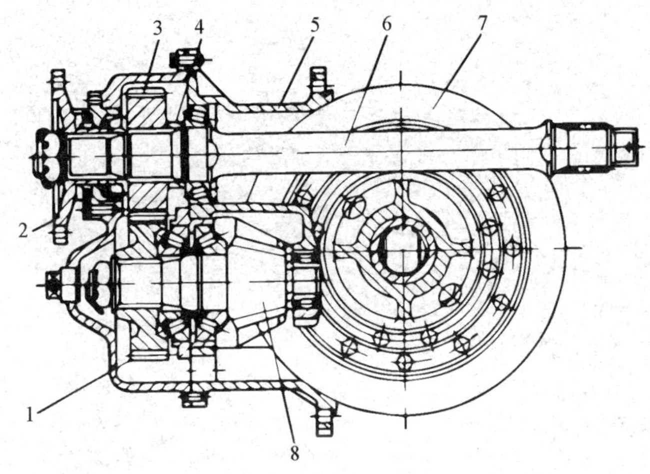

1—从动斜齿圆柱齿轮；2—凸缘；3—主动斜齿圆柱齿轮；4—隔套；5—主减速器壳体；6—贯通轴；7—从动准双曲面齿轮；8—主动准双曲面齿轮

图 5－9 贯通式主减速器

比 i_0 等于两级齿轮传动比的乘积。

如图 5－10 所示，发动机前置后驱的客、载货车双级主减速器的两级传动齿轮中，通常第一级采用锥齿轮副减速，第二级采用圆柱齿轮副传动。这样既能保证较大的传动比，又能保证足够的离地间隙。

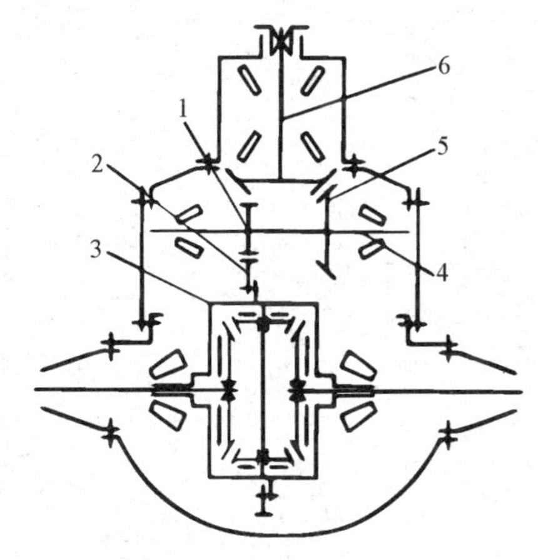

1—主动圆柱齿轮；2—从动圆柱齿轮；3—差速器；4—中间轴；5—从动锥齿轮；6—主动锥齿轮

图 5－10 双级主减速器

发动机前置前驱的轿车也可以采用双级主减速器，如图 5－11 所示，该双级主减速器和自动变速器安装在一起，将次级齿轮和输出齿轮安装在输出齿轮轴上，使驱动桥小型化。

有些载荷大的汽车需要较大的传动比和足够高的离地间隙。需要较大的传动比就要使主减速器的体积庞大，主减速器体积大就会导致离地间隙偏小。为了解决此矛盾，将双级主减速器的第二级放在驱动车轮侧，称之为轮边减速器。轮边减速器一般采用行星轮减速器，左右驱动轮各有一个。

轮边减速器的结构如图 5－12 所示，在驱动轮上有一组行星轮结构，该机构中的内齿圈被固定，太阳轮输入，行星架输出。主减速器将动力减速增矩后传给差速器，差速器将动力分配到左右两边的半轴、太阳轮、行星轮及行星架、驱动轮。

为了提高汽车的动力性和经济性，有些重型车辆或越野车辆采用具有 2 个传动比的主减速器，即双速主减速器。在良好路面上采用单级传动、小传动比的挡位行驶。在不良路面或载荷较大时，通过气动或者电液操纵方式操纵装置换到双级传动、大传动比挡位。

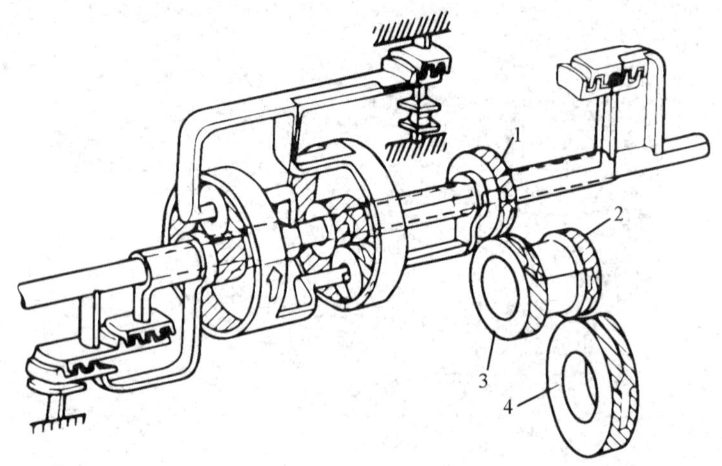

1—初级齿轮；2—输出齿轮；3—次级齿轮；4—从动齿轮

图 5－11　与自动变速器一起装配的双级主减速器

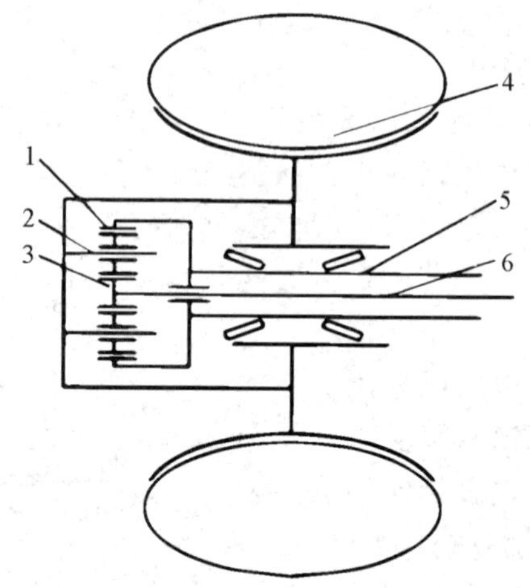

1—内齿圈；2—行星架；3—太阳轮；4—驱动轮；5—桥壳；6—半轴

图 5－12　轮边减速器

任务三　差速器的功用、结构和工作原理

一、差速器的功用和类型

汽车转弯行驶时，两侧车轮中心在同一时间内移过的曲线距离显然是不同的，即外侧车轮移过的距离大于内侧车轮。转向轮和支持桥上的车轮的轴不连在一起，因此不会造成影响。若两侧驱动轮固定在同一根刚性转轴上，两轮角速度相等，则此时内外驱动轮会边

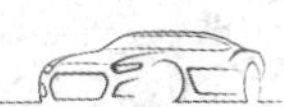

滚动边滑动。车轮滑动会加速轮胎磨损，严重时会爆胎，还会导致转向和制动性能的恶化。因此，为了使两侧驱动轮可用不同角速度旋转以保证其纯滚动状态，必须将两侧驱动轮的驱动轴断开，分成左、右半轴，而由主减速器从动齿轮通过一个差速齿轮系统——差速器，分别驱动两侧半轴和驱动轮。

差速器按照工作特性，可以分为普通齿轮式差速器和防滑限速式差速器；按用途可以分为轮间差速器和轴间差速器；按齿轮的形状可以分为锥齿轮差速器和圆柱齿轮差速器。

二、普通差速器的结构和工作原理

1. 结构和工作原理

普通差速器结构简单、差速性好，目前应用最为广泛。它由差速器壳体、2 个或 4 个行星轮、行星轮轴、2 个半轴齿轮等组成，如图 5 - 13 和图 5 - 14 所示。整体框架结构的差速器壳体用螺栓或铆钉连接主减速器从动齿轮，两端通过轴承支撑在驱动桥壳体上，差速器壳体中心的 2 个大孔用于安装行星轮和半轴齿轮。壳体内部用肋板加强以增加其刚度，这种加强是必需的，因为如果主减速器壳受力变形，主动齿轮和从动齿轮之间的轮齿接触将失调，这会导致差速器壳体受力较大。

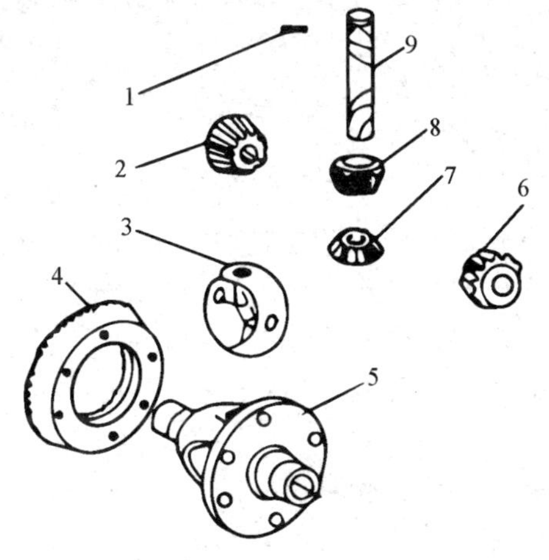

1—锁销；2，6—半轴齿轮；3—复合式推力垫片；
4—主减速器从动齿轮；5—差速器壳；
7，8—行星轮；9—行星轮轴

图 5 - 13　差速器结构

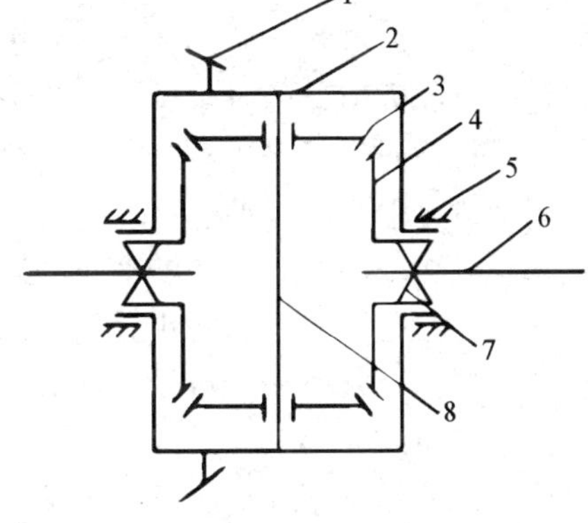

1—主减速器从动齿轮；2—差速器壳体；
3—行星轮；4—半轴齿轮；5—壳体；
6—半轴；7—半轴齿轮及半轴花键；
8—行星轮轴

图 5 - 14　差速器原理

行星轮浮套在行星轮轴轴颈上，行星轮轴安装于壳体的座孔中，被锁销锁定不能转动和窜动。半轴齿轮也称为太阳轮，其内端有花键用于连接半轴或半轴法兰，半轴齿轮的轴颈分别支撑在差速器壳相应的左右座孔中。有些减速器在两个半轴齿轮之间有 2 个螺纹套，螺纹套用来紧固半轴齿轮。

行星轮背面和差速器内表面通常做成球面，以保证行星轮的对中性，齿轮球面和壳体之间各装一个推力垫片，用于减轻摩擦，还可调整齿轮的啮合间隙。有的将多个推力垫片组合在一起称为复合式垫片。

行星轮有以下几种运转情况：绕半轴齿轮公转不自转；绕半轴齿轮公转也自转；特殊

情况下，主减速器不工作，在外力作用下输入给驱动轮，行星轮会出现只自转的情况。

当主减速器从动齿轮转动时，差速器壳也转动。当汽车在平直道路上行驶时，地面对2个驱动轮的阻力相等。因此，行星轮绕半轴齿轮公转不自转，它与差速器壳作为一个单元一起转动。半轴齿轮也与差速器壳转动速度相同，半轴齿轮通过花键将动力传递给驱动轮，汽车直线向前行驶。这时驱动桥动力传递路线为：主减速器主动齿轮→从动齿轮及差速器壳体→行星轮轴→2个行星轮→左右半轴齿轮→左右半轴或法兰。

大型客车及载货车负荷较重，采用的差速器壳体是分开式的，差速器壳的剖分面通过行星轮轴各轴颈中心线。4个行星轮安装于十字形行星轮轴（简称十字轴）上，十字轴的轴颈嵌在左右差速器壳端面半圆槽所形成的孔中。

当汽车转向时，外轮遇到的道路阻力比内轮更小，因此外轮比内轮转动更快。这时差速器壳和行星轮作为一个单元转动，行星轮绕半轴齿轮公转也绕行星轮轴自转。外侧车轮半轴上的半轴齿轮比内侧车轮半轴上的半轴齿轮转动得更快。这样外侧车轮就比内侧车轮转动得更快。

在汽车通过障碍物或不平路面，引起车轮以不同速度转动时，其原理相同。

2. 普通差速器的工作特性

车辆在直线行驶时，差速器两边的半轴齿轮的转速是相等的，两侧半轴齿轮转速与差速器壳体转速相等。在转弯时，行星轮开始自转，因为行星轮的中心到行星轮和2个半轴齿轮的啮合点距离是相等的。此距离即为力臂，因此内半轴齿轮转速减小的数值等于外侧半轴齿轮增加的数值，两侧半轴转速之和等于两倍壳体转速。

在直线行驶时，行星轮相当于一个等臂杠杆，均衡地拨动2半轴齿轮转动，因此差速器将转矩平均分配给2半轴；在转弯时，行星轮自转对2个半轴齿轮附加作用了大小相等而方向相反的2个圆周力，使转动快的半轴齿轮上的转矩减小，并使转动慢的半轴齿轮上的转矩增加。但是该转矩非常小，差速器转矩基本上仍以同样大小分配给左右驱动轮。因此无论差速器是否差速，行星轮差速器都具有转矩等量分配的特性。

3. 普通差速器的缺点

行星轮差速器转矩等量分配的特性对汽车在良好路面行驶是有利的，但是容易出现打滑的现象。当一侧车轮处于泥污或冰雪路面，另一侧车轮处于良好路面时，不良路面的附着力很小，车轮在原地滑转，差速器分配给此车轮的转矩很小，因为差速器具有等量分配转矩的特性，另一轮的转矩也很小，不能克服地面的阻力而车轮静止不动，整个车辆不能行驶。这种情况还会出现在以下情况中：当车辆行驶在不平路面时，一侧驱动轮被架起；当车辆转弯速度较快时，车辆的离心力会使车辆内轮抬起而离开地面；当车辆静止并以深踩加速踏板方式起步时，虽然这时车辆既不是转弯状态，也非左、右驱动轮置于不同摩擦系数路面的状况，但是巨大的动力输出会随着左、右传动轴或轮胎有少许差异，导致动力瞬间传递到摩擦力小的车轮，该车轮便开始不停空转。

装有普通差速器的车辆，当一侧车轮先被抬起再落下时，转动力被道路突然吸收，会出现摆尾的情况。

为了提高汽车在不良路面上的通过能力，有些汽车上使用了LSD，即防滑差速器。

4. 蜗轮蜗杆式差速器

蜗轮蜗杆式差速器也称为托森差速器。轮间托森差速器如图5-15所示，它由差速器

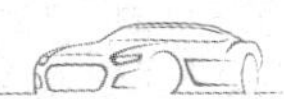

壳、蜗轮轴（6个）、前轴蜗杆、后轴蜗杆、直齿圆柱齿轮（12个）、蜗轮（6个）等组成。每个蜗轮轴上的中间有1个蜗轮和2个尺寸相同的直齿圆柱齿轮，该蜗轮和直齿圆柱齿轮是一个整体元件。蜗轮和直齿圆柱齿轮通过蜗轮轴安装在差速器外壳上。其中3个蜗轮与左半轴蜗杆啮合，另外3个蜗轮与右半轴的蜗杆相啮合。与左、右半轴蜗杆相啮合的相邻蜗轮彼此通过直齿圆柱齿轮相啮合，左半轴蜗杆和左半轴为一体，后轴蜗杆和驱动后桥的差速器后齿轮轴为一体。

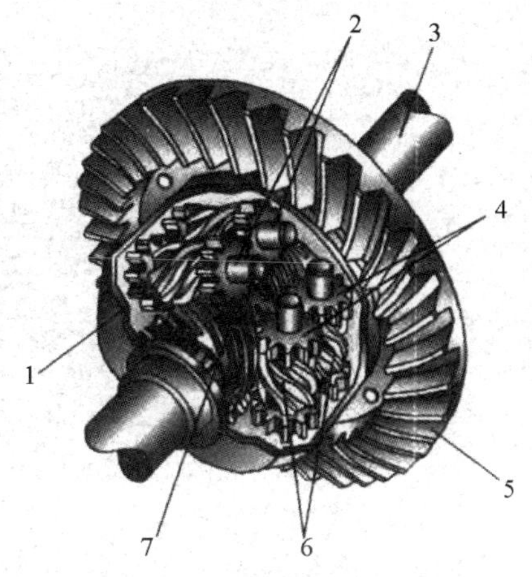

1—差速器壳；2—蜗轮轴；3—半轴；
4—直齿圆柱齿轮；5—主减速器从动齿轮；
6—蜗轮；7—蜗杆（2个）

图5－15　托森差速器结构

当汽车平路直行时，差速器不需要差速，蜗轮绕蜗杆公转而不自转，动力传递路线为主减速器从动齿轮→差速器壳体→6个蜗轮轴→6个蜗轮→左右蜗杆→左右半轴。在差速器需要差速时，蜗轮除了公转外还绕蜗轮轴自转，由于直齿圆柱齿轮相互啮合，使前后蜗轮自转方向相反，使一侧半轴转速增加，一侧半轴转速减小，实现差速。

当左侧车轮出现打滑时，传统差速器将会把动力传输到左轮，使发动机动力再大也只能白白消耗。蜗杆传动具有不可逆性，即蜗杆可以驱动蜗轮，而蜗轮不可以驱动蜗杆。此时快速旋转的左侧半轴将驱动左侧蜗杆，并通过直齿圆柱齿轮驱动右侧蜗杆。当蜗杆驱动蜗轮时，它们就会锁止。左侧蜗杆和右侧蜗杆实现互锁，保证了非打滑车轮具有足够的驱动力。

托森差速器能根据其内部差动转矩的大小而自动锁死或松开，即在差速器内差动转矩较小时起差速作用，而过大时自动将差速器锁死，有效地提高了汽车通过性。

5. 黏性防滑差速器

黏性防滑差速器比普通差速器多一个黏性联轴器，如图5－16所示，黏性联轴器连接差速器壳体和一个半轴齿轮。

如果防滑差速器中装备有黏性联轴器，当左右车轮之间产生转速差时，正确的驱动力可以被顺利地分配到左、右车轮，使低转速侧车轮得到更大的驱动转矩。黏性防滑差速器可以提高车辆在不良路面起步和行驶时的稳定性和安全性。

黏性联轴器包含封闭在壳体中的高黏度硅油，通过黏性液体传递转矩。黏性联轴器由多个固定到外壳上的外板和用轴花键与轴集成在一起的内板组成，如图5－17所示，这些内外板交替组合安装在充满黏性硅油的腔内。腔内也包含一定数量的空气气泡，以避免因温度上升造成压力过度聚集导致硅油膨胀。

差速器壳体和半轴齿轮之间存在转速差，内外板之间的硅油黏液承受切向力，由于硅油黏液的黏度较高，转速快的元件拉动转速慢的元件，根据转速差将转矩传递到转动较慢的半轴上。当转速差小时，传递的转矩小；当速度差大时，传递的转矩大。

黏性联轴器出现泄漏或其他故障时，切勿将其解体，要更换黏性联轴器总成。

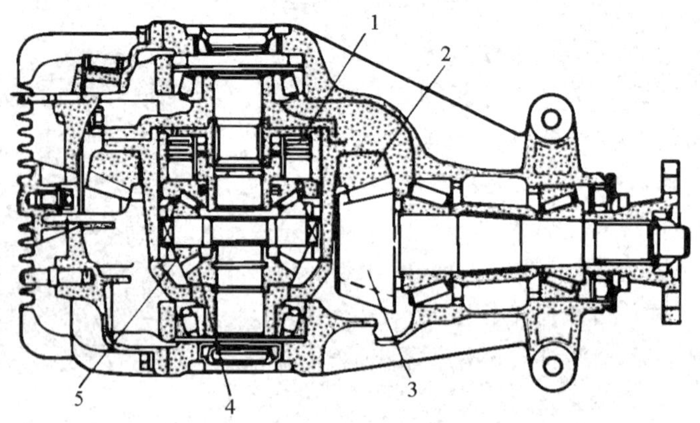

1—黏性联轴器；2—主减速器从动齿轮；3—主减速器主动齿轮；4—半轴齿轮；5—行星轮

图 5－16　黏性防滑差速器

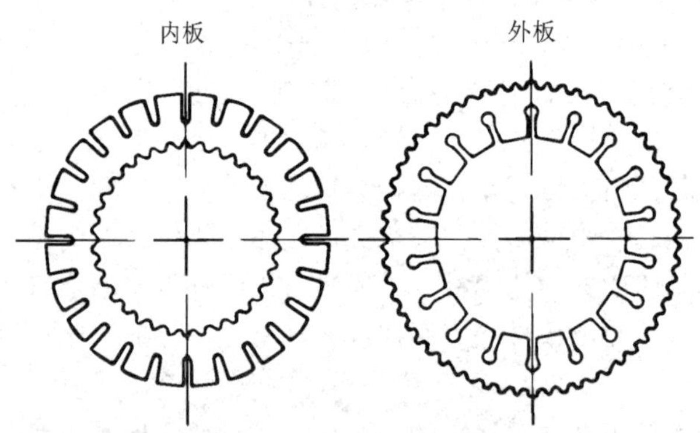

图 5－17　黏性联轴器的内外板

三、四轮驱动系统轴间差速器和轮毂锁定系统

1. 轴间差速器

当四轮驱动车辆急转弯时，由于前后轮之间的转向半径不相等，会出现车轮转速差，转速中的这种差别可以通过在前后车桥之间安装的轴间差速器吸收，轴间差速器也称中央差速器。

轴间差速器虽然适应四轮驱动车辆在转弯行驶中前、后轴车轮的差速运转，但是存在一个缺点。当任何一个前轮或后轮打滑时，差速器的差速作用没有驱动力传递到其他 3 个车轮，因此轴间差速器也应具备锁止功能。通过锁止功能在前、后驱动轮所处的地面附着力差异较大时，防止附着力小的车轮空转打滑；在制动过程中通过锁止的轴间差速器，抑制车轮抱死，缩短制动距离。

蜗轮蜗杆式差速器和黏性防滑差速器可以作轴间差速器，其工作原理和轮间差速器几乎相同，这里不再赘述。

2. 锁止轮毂系统

（1）锁止轮毂系统的功用和操纵。在四轮驱动系统采用两轮驱动时，非驱动的 2 个车

轮（一般为前轮）如果还是和半轴、差速器等传动元件相连，则不仅会增大车轮的阻力及噪声，还会增加传动元件的磨损和油耗。因此在四轮驱动系统采用两轮驱动时，非驱动轮应该断开与传动系统的连接，这就需要采用锁止轮毂系统。

锁止轮毂系统有两种类型，一种为手动型，另一种为自动型。这里只介绍自动型锁止轮毂系统。锁止轮毂系统用于连接半轴和轮毂，它有两种状态，在两轮驱动时处于自由状态，在四轮驱动时处于锁止状态。

要从自由状态变换到锁止状态，只需使分动器控制杆处于4H或4L。当车辆开始移动时，驱动轴和前轮毂自动锁止在一起，使车辆进入四轮驱动模式。

要从锁止状态变换到自由状态，将分动器控制杆换到2H，倒挡行驶将车辆移动大约1 m，即可脱开半轴和前轮毂，使车辆进入两轮驱动模式。

（2）锁止轮毂系统的结构原理。如图5－18所示，锁止轮毂系统主要由驱动齿轮、滑动齿轮、壳体齿轮、凸轮A等组成。在自由状态时，如图5－19所示，滑动齿轮和壳体齿轮脱开，中断动力传递。在锁止状态时，动力经过半轴、驱动齿轮、壳体齿轮和轮毂。

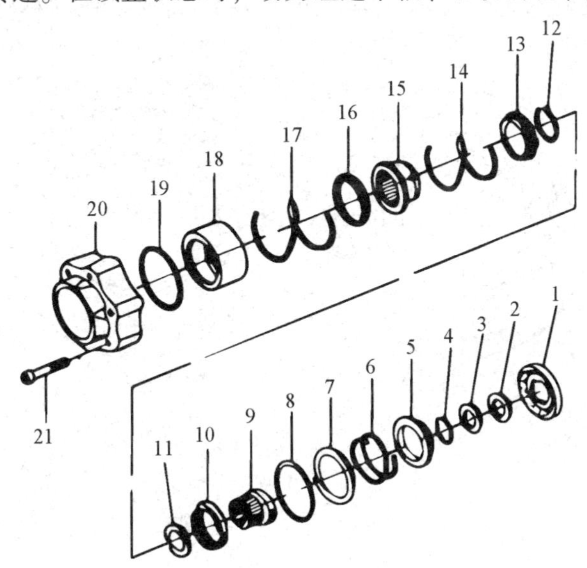

1—制动环（制动器B）；2—止推垫圈；3—垫圈；4、11—卡环；5—制动锥（制动器A）；6—制动弹簧；7—卡环B；8、12—弹性挡圈；9—驱动齿轮；10—凸轮B；13—凸轮A；14—滑动齿轮弹簧；15—滑动齿轮；16—弹簧座；17—回位弹簧；18—止动套；19—O形圈；20—壳体；21—螺栓

图5－18　锁止轮毂系统的组成

从自由状态转变成锁止状态时，因为凸轮A有细花键连到滑动齿轮，所以凸轮A能转动。凸轮A转动带动凸轮B转动，凸轮B转动带动制动锥转动，凸轮B的凸出部分产生止推力，使制动锥压在制动器环上。制动锥和制动环之间产生摩擦力，因为制动环被固定，所以凸轮B停止转动。凸轮B阻止与它接合的凸轮A运转，凸轮A从凸轮B的槽中出来向外移动，推动滑动齿轮与壳体齿轮啮合，这样就达到了锁止的目的。

从锁止状态转变成自由状态时，如图5－20所示，当汽车倒向行驶时，制动锥的棘齿开始和驱动齿轮的棘齿脱开，后来制动锥被凸轮B推动与制动环产生摩擦力而停止转动，

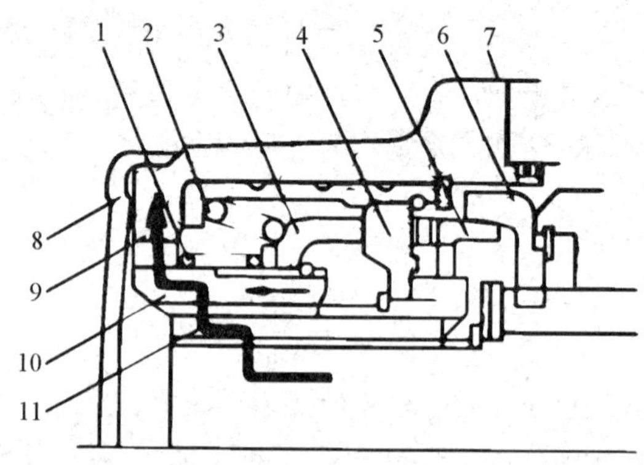

1—滑动齿轮弹簧；2—回位弹簧；3—凸轮 A；4—凸轮 B；5—制动锥；6—制动环；7—壳体；8—防尘罩；9—壳体齿轮；10—滑动齿轮；11—驱动齿轮

图 5－19　锁止轮毂系统

凸轮 B 也被停止，凸轮 A 被弹簧推入凸轮 B 的槽中，滑动齿轮回位后壳体齿轮被脱开。轮毂回到自由状态。

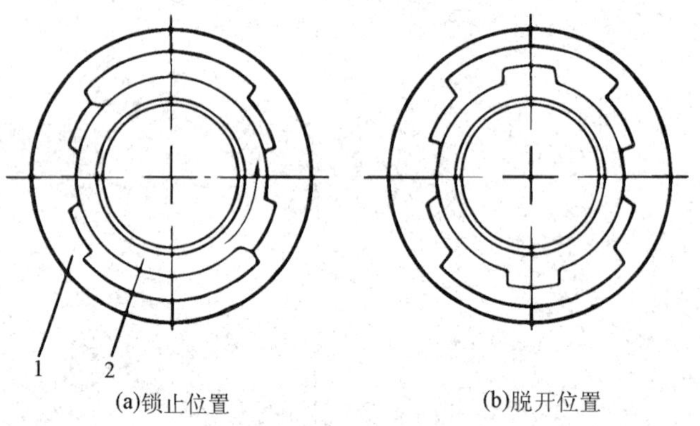

1—制动锥；2—驱动齿轮

图 5－20　驱动齿轮和制动锥

任务四　半轴与桥壳的结构

一、半轴

1. 半轴的功用和结构

半轴是在差速器与驱动轮之间传递动力的钢质实心轴，如图 5－21 所示，它由花键部分、杆部和凸缘部分构成。半轴内端花键插在半轴齿轮孔中，而外端则用凸缘通过螺栓与驱动轮的轮毂相连。

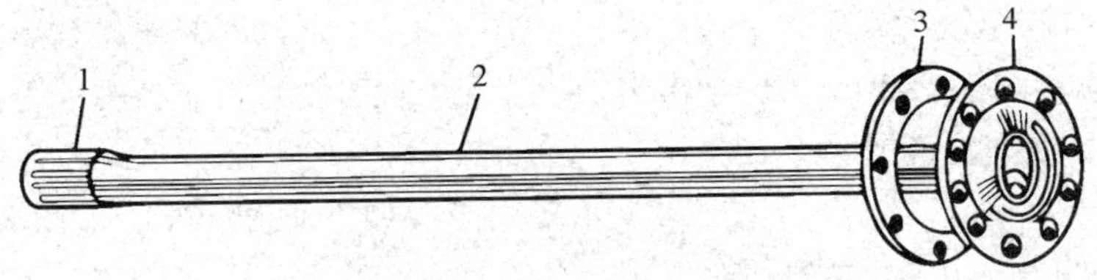

1—花键；2—杆部；3—垫圈；4—凸缘

图 5－21　半轴

半轴齿轮的内端通过差速器支承在主减速器壳上，半轴与轮毂在桥壳上的支承形式，决定了半轴的受力状况。现代汽车通常采用全浮式半轴支承和半浮式半轴支承两种形式。

2. 半轴的支承形式

(1) 全浮式半轴支承。全浮式半轴支承具有较大的传力能力，多用于客车和载货车，如图 5－22 (a) 所示，它的轮毂通过 2 个相距较远的圆锥滚柱轴承支承在半轴套管上。

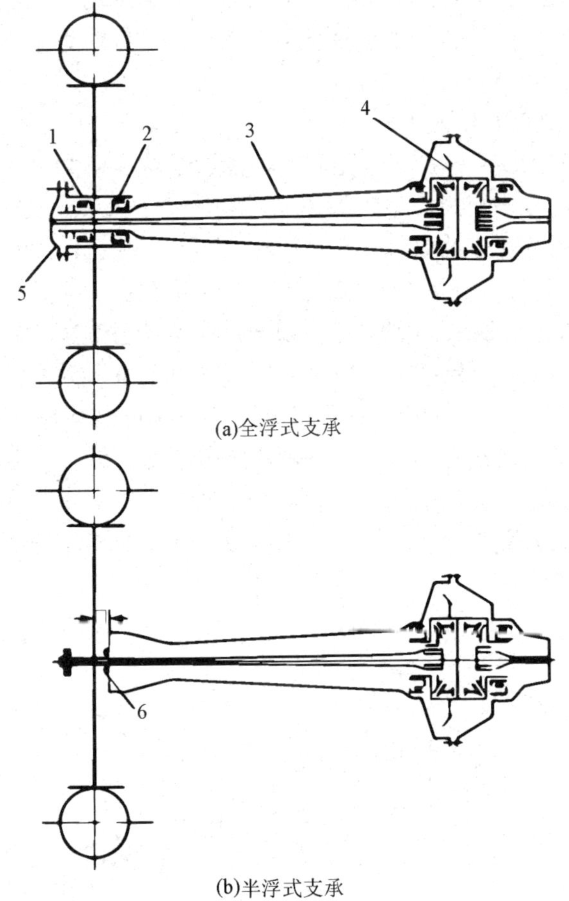

1—制动鼓；2，6—支承轴承；3—壳体；4—主减速器；5—半轴

图 5－22　半轴的支承形式

这种支承形式，半轴和桥壳没有直接的联系，半轴只承受转矩，内外均不承受外来弯

矩，半轴可以从与驱动桥壳压配一体的半轴套管中抽出，拆卸时只要松开半轴凸缘与轮毂的连接螺栓，即可以从半轴套管内抽出半轴。装配半轴时要将半轴持平，否则半轴前端花键部分很难装入半轴齿轮孔内。

（2）半浮式半轴支承。半浮式半轴支承多用于轻型汽车和轿车，如图 5－22（b）所示，它的轮毂只用一个圆锥滚柱轴承支承，车轮距支承轴承有一段距离，半轴会受到路面作用于车轮的各种作用力及力矩。半轴不仅要承受转矩，还要承受车轮传递来的弯矩。为了对半轴进行轴向限位，差速器内端有推力块，以限制半轴向内窜动，通过制动底板和止推盖板来限制半轴向外窜动。

半浮式半轴支承结构比全浮式简单，轮毂尺寸小，但半轴载荷大，拆装不方便，半轴有窜动，有断轴危险。

当半轴油封漏油时，需要拆卸半轴进行更换。在半轴拆装前需要排放制动液，同样安装半轴后要添加制动液并排放空气，重新调整驻车制动拉杆行程。

拆卸半轴的步骤如下：固定好车辆，拆下轮胎；拆下制动鼓或制动盘、制动片总成及驻车制动钢索；拆下连接螺栓，卸下半轴支承轴承止推盖板；将半轴连同支承轴承从半轴套管内抽出。拆下半轴后需要将半轴分解。

分解半轴时要注意以下几点。

拆卸内油封时，如图 5－23 所示，不要损伤油封与桥壳接触平面，安装内油封时要将其装平。拆卸轴承外圈方法与其类似，如图 5－24 所示。用台虎钳及木垫板将半轴固定，如图 5－25 所示，在固定环上钻取一个不穿透固定环的深孔，以防止伤及半轴，孔深约为固定环厚度的 3/4；在钻完孔之后，使用平口錾子横置于孔上并敲击以打破固定环，如图 5－26 所示。在装配时要更换新的固定环；切勿用热源直接加热的方法来拆卸轴承座圈，否则会损坏半轴。拆卸轴承座圈的方法：将固定板及油封向前推向半轴的凸缘上，如图 5－27 所示，在半轴凸缘上安装拆装工具凸缘板，并将螺栓装入凸缘板后装上接环，使之固定于接环座上。交替地锁紧各个螺母直到轴承座圈脱离半轴，切勿损伤半轴接触面。用压缩空气清理吹干轴承时，应从轴承一端吹至另一端，切勿边吹边转动轴承，否则容易使失去润滑的轴承滚柱及保持架刮伤。轴承如能使用，安装前要涂抹指定的润滑脂；安装半轴时要小心，不要损伤油封。

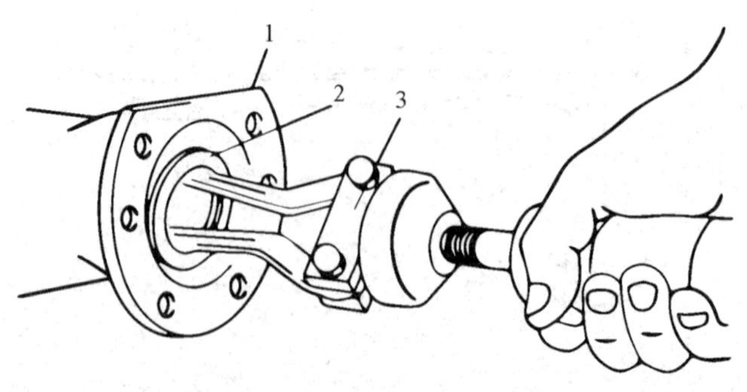

1—桥壳凸缘；2—内油封；3—油封拉器

图 5－23　拆卸半轴内油封

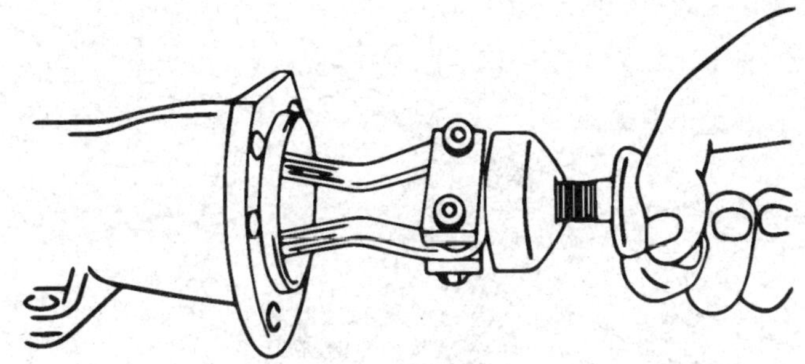

图 5－24　拆卸轴承外圈

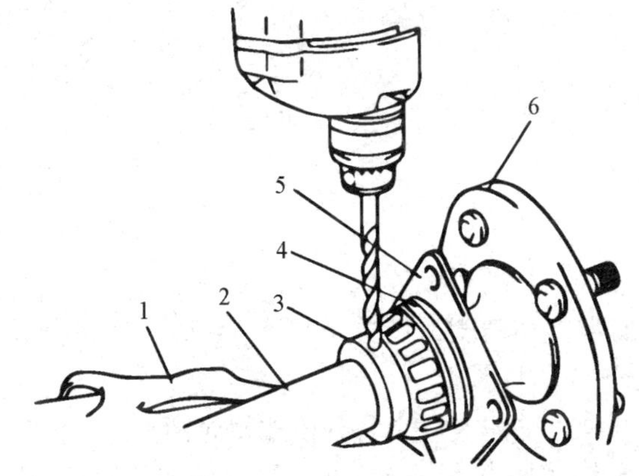

1—台虎钳；2—半轴；3—固定环；4—外油封；5—固定板；6—半轴凸缘

图 5－25　拆卸固定环步骤 1

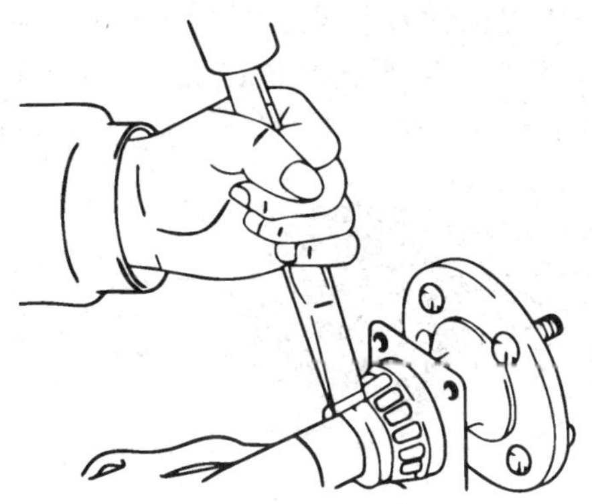

图 5－26　拆卸固定环步骤 2

二、桥壳

1. 桥壳的功用

驱动桥壳同时属于传动系统和行驶系统。作为传动系统部件，其功用是支承并保护主减速器、差速器和半轴；作为行驶系统部件，其功用是使左右驱动车轮的轴向相对位置固定，并同从动桥一起支承车架及其上的各总成质量。另外，汽车行驶时，它还承受由车轮

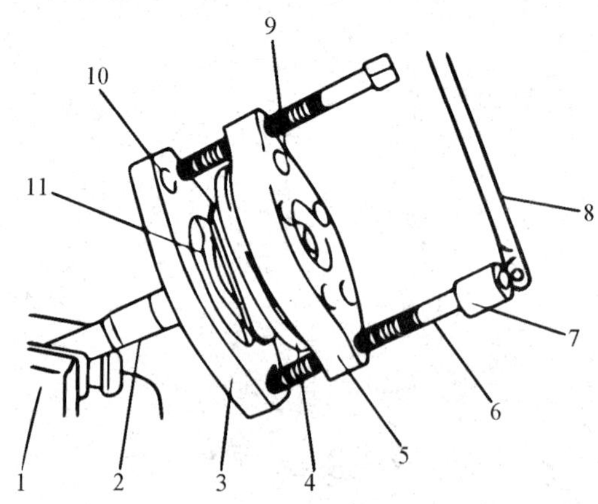

1—台虎钳；2—半轴；3—接环座；4—半轴凸缘；5—凸缘板；6—螺栓；
7—套筒；8—扳手；9—半轴凸缘连接螺栓；10—凹槽；11—接环

图 5－27　拆卸固定饭

传来的路面反作用力和力矩，并经悬架传给车架。

驱动桥壳应有足够的强度和刚度，且质量要小，并便于主减速器的拆装和调整。

2. 桥壳的结构

驱动桥壳从结构上可分为整体式桥壳和分段式桥壳两类。

（1）整体式桥壳。整体式桥壳因制造方法不同又分多种形式，常见的有整体铸造、钢板冲压焊接、中段铸造两端压入钢管、钢管扩张成形等形式。整体铸造桥壳，为增加强度和刚度，两端压入无缝钢管制成的半轴套管。

图 5－28 所示为钢板冲压焊接驱动桥壳，它主要由冲压成形的上下 2 个桥壳主件、4 块三角形镶块、前后 2 个加强环、一个后盖及两端 2 个半轴套管组焊而成。为了防止桥壳内润滑油外溢，有的汽车在桥壳轴管处焊有挡油环或加装油封。

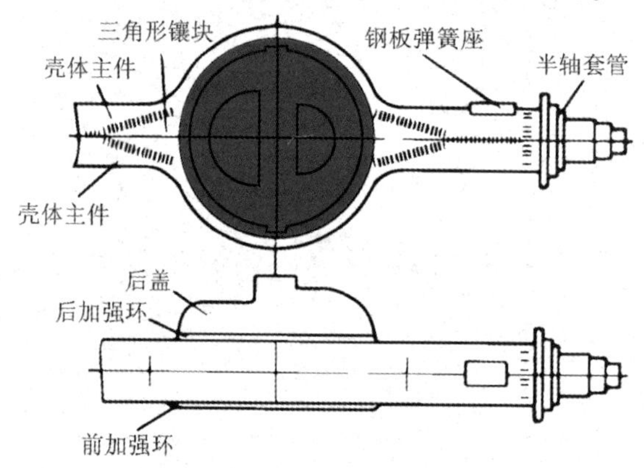

图 5－28　钢板冲压焊接驱动桥壳结构图

轿车驱动桥桥壳如图 5－29 所示，它有端盖和侧盖，侧盖中心有半轴、凸缘座孔。

（2）分段式桥壳。分段式桥壳一般分为两段，由螺栓将两段连成一体。它由主减速器壳、盖和 2 个半轴套管及凸缘盘等组成。

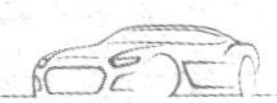

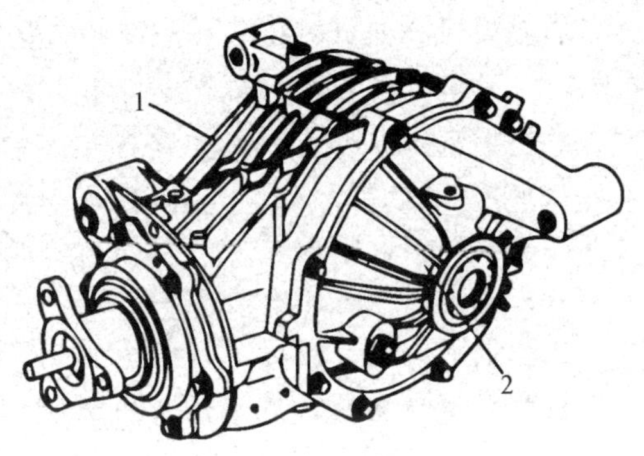

1—桥壳；2—侧盖

图 5－29　轿车驱动桥桥壳

分段式桥壳比整体式桥壳易于铸造，加工简便，但维修不便。当拆检主减速器时，必须把整个驱动桥从汽车上拆卸下来，目前已很少应用。

任务五　驱动桥的拆装与检修

一、驱动桥的失效形式

驱动桥的主减速器和差速器因为接近最终传动，所以要承受比传动系统其他部件大很多的各种应力，驱动桥的主要失效形式如下。

(1) 主减速器主动齿轮和从动齿轮轮齿接合面的磨损、剥落和麻点；主动齿轮轴上螺纹损坏和花键磨损；支承轴承磨损后发响；齿轮油失效；油封漏油等。

(2) 差速器行星轮和半轴齿轮齿接合面的磨损、剥落和麻点；支承轴承磨损后发响；止推垫片磨损等。

(3) 半轴和桥壳半轴的花键磨损；半轴套管上螺纹损坏；半轴油封漏油；通风孔堵塞等。

二、驱动桥的维护

一级维护时要完成以下作业：检查主减速器是否泄漏；检查主减速器油位，必要时加齿轮油；检查各螺栓、螺母有无松动；检查通气孔是否堵塞；推动轮毂来检查轴承的预紧度，应无明显松旷。

一般使用等级高的齿轮油可用在要求低的车辆上，但使用等级低的齿轮油决不能用在要求高的车辆上。如准双曲面齿轮油可用于准双曲面齿轮驱动桥润滑，也可用于普通齿轮传动的润滑，但不可将普通车辆齿轮油用在双曲面齿轮的传动系统中，否则将使齿轮加速磨损和损坏。

为了检查变速器油位，车辆必须保持绝对的水平，最好是车辆在四柱举升架上。检查后差速器油，如图 5－30 所示，齿轮油液面高度一般不低于加油孔下8 mm，通风孔应畅

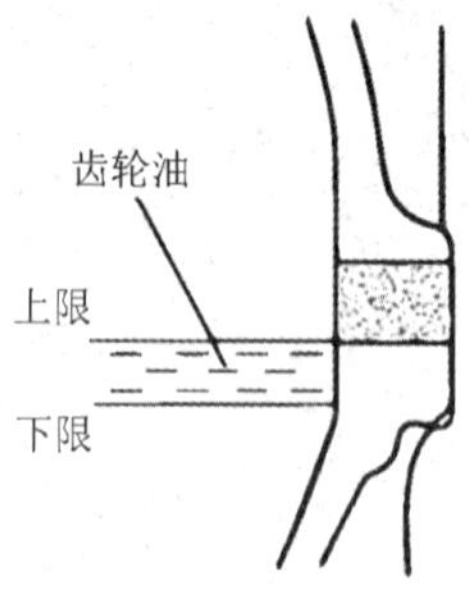

图 5 – 30　驱动桥油位

通。更换驱动桥齿轮油时，要避免被滚烫的油液烫伤。

二级维护包括一级维护，除此以外要进行以下操作：检查半轴有无弯曲，花键有无磨损，如有进行更换；检查半轴套管，不应松动和有裂纹，螺纹损坏不能超过 2 牙；检查驱动桥壳周围，应没有漏油迹象，否则仔细检查桥壳是否有裂纹；检查凸缘螺母有无松动；放油后拆下后桥壳盖，检查齿轮和轴承情况，由行车时有无异响和油温是否过高来确定是否要拆解驱动桥。如果需要拆解驱动桥，要完成检查齿轮的啮合情况，调整轴承的松紧度等作业。

三、驱动桥的调整

驱动桥的调整质量在一定程度上决定驱动桥的使用寿命，因此调整是非常关键的。驱动桥的调整项目包括：主减速器主动小齿轮支承轴承预紧度的调整；差速器齿轮间隙的调整；主减速器从动齿轮预紧度的调整；主减速器主动齿轮和从动齿轮啮合印痕和啮合间隙的调整。

在调整时要按照以下规则进行：先调整主动齿轮的预紧度，再调整差速器齿轮间隙，接着调整从动齿轮的预紧度，再次调整主减速器主、从动齿轮的啮合印痕和啮合间隙。调整啮合印痕和啮合间隙时，不能变更轴承的预紧度。

1. 主减速器主动小齿轮支承轴承预紧度的调整

主动小齿轮在汽车加速行驶和滑行时分别受到外推力和内拉力。装配时保证主动小齿轮支承轴承有一定的预紧力，有利于提高齿轮的啮合精度，保证啮合间隙，还能加强主动小齿轮的刚度，提高在传动过程中的自动定心能力，抑制其窜动和抖动。

主动小齿轮支承轴承预紧度是指圆锥滚子轴承滚子与内外圈的摩擦力矩，它需要 2 个圆锥滚子轴承间合适的距离和锁止螺母正确的锁紧力矩来保证。只有更换了主减速器主/从动齿轮、主动齿轮轴圆锥滚子轴承或主减速器的壳体，才有必要对主动齿轮进行新的调整。调整时不要安装主动齿轮油封。

如图 5 – 31 所示，用扭力计可以检测轴承预紧度，轿车主动小齿轮预紧度的参考值：新轴承的预紧度为 0.20 ~ 0.25 N · m，使用过的轴承预紧度为 0.03 ~ 0.06 N · m；载货车主动小齿轮的预紧度为 1.4 ~ 3.43 N · m。预紧度过大是因为内外轴承间的距离过短或锁紧螺母过紧，应该增加两支承轴承间垫片厚度或减小锁紧螺母上紧力矩，来调整轴承预紧度。预紧度太小是因为内外轴承间的距离太长或锁紧螺母过松，应该减小两支承轴承间的垫片厚度或加大锁紧螺母上紧力矩，来调整轴承预紧度。有经验的维修技工装配驱动桥时，可以通过转动主动齿轮轴外凸缘感觉阻力，拉动凸缘感觉间隙来判断预紧力。

拧紧力矩只能慢慢地增加并同时多次测量摩擦力矩。一旦超过了预定的摩擦力矩，必须更换间隔轴套并重新进行调整工作。被过度挤压的间隔轴套不可再用。

调整完主动齿轮预紧度后转动主动小齿轮，力矩应均匀，不应发生明显的变化，否则说明存在异常的阻力，应拆检排除。

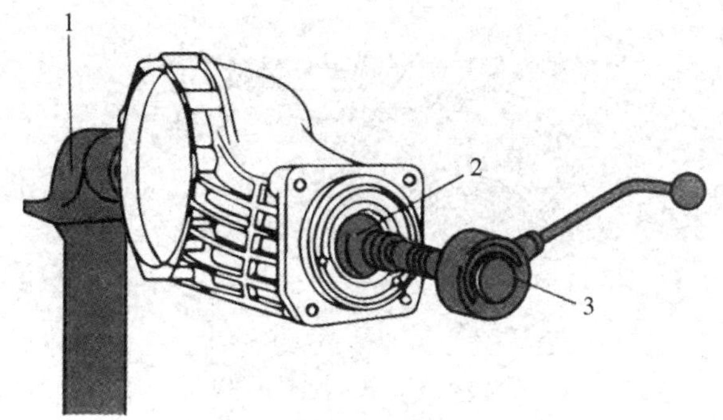

1—拆装架；2—套筒；3—扭力计

图 5－31 测量主动齿轮轴支承轴承的预紧度

2. 差速器齿轮间隙的调整

差速器齿轮间隙过大，在汽车行驶时驱动桥会有噪声。这时应该检查差速器行星轮和半轴齿轮的间隙。如图 5－32 所示，用 V 形架支承差速器轴承，装上百分表，将百分表测量杆接触到行星轮，固定半轴齿轮后转动行星轮再读数，如果间隙不当应该更换合适的行星轮及半轴齿轮止推垫片。要求间隙为 0.05～0.150 mm。

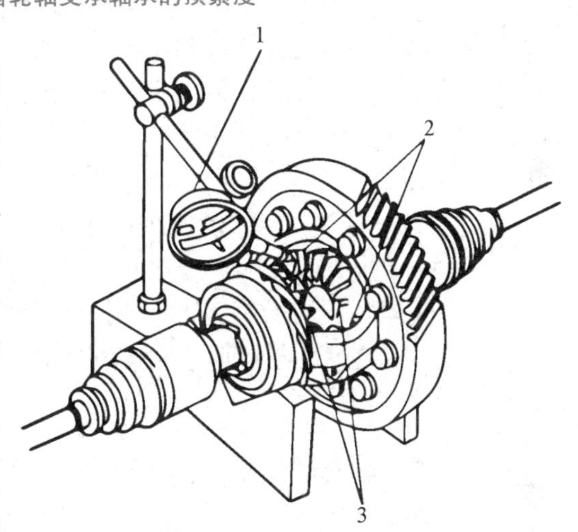

1—百分表；2—行星轮；3—半轴齿轮

图 5－32 差速器齿轮间隙的检查

装配差速器齿轮时，调整齿轮的间隙可按以下方法：确认半轴齿轮和行星轮状态良好，装入半轴齿轮时用一个最薄的调整垫片；小锥齿轮调整 180°和止动垫片一起安装，如图 5－33 所示；装入行星轮轴；向外压小锥齿轮；在半轴轴向方向压半轴齿轮，可利用塞尺检查间隙。确定半轴齿轮每侧刚好能装上的最大调整垫片厚度；如果感觉不到间隙，齿轮转动灵活，说明调整是正确的。

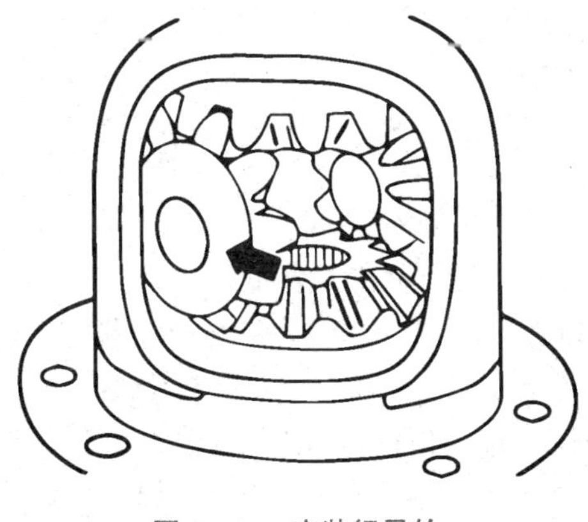

图 5－33 安装行星轮

3. 主减速器从动齿轮预紧度的调整

主减速器从动齿轮预紧度的调整也是差速器支承轴承预紧度的调整，这种调整可通过调节螺母或轴承调整外垫片来实现。

（1）通过调整螺母来调整预紧度。在差速器轴承两侧都有调节螺母，调节螺母有两种：一种是在壳体内部，另一种是在壳体外部；如图 5－34 所示。调节螺母在调整预紧度后，都需要通过锁止螺栓锁止，可防止调节螺母松动。

装配调节螺母在壳体内的差速器时，将差速器支承轴承外圈套在轴承上，将差速器总成装入

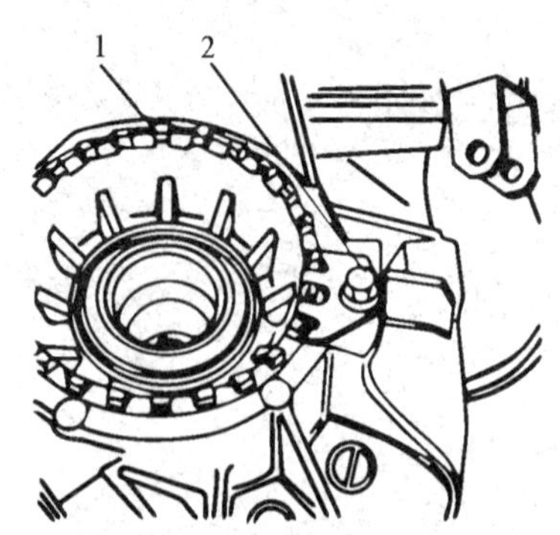

1—调节螺母；2—锁止螺栓

图 5-34　使用调节螺母调整差速器支承轴承预紧度的差速器

主减速器壳内，对好调整螺母和座孔上的螺纹，将调整螺母装入座孔中，将轴承盖装复，调节调整螺母，将预紧度调整在规定的范围内，装好锁片及锁止螺栓。

预紧度调整完毕后，转动差速器应灵活或有轻微的阻力，推动差速器没有间隙。可以用转动差速器的力矩来检验预紧度是否正确，例如，东风 E1090Q 型汽车，用 0.98 ~ 3.4 N · m的力矩应能灵活转动差速器总成。

（2）通过调整垫片来调整预紧度。采用垫片调整预紧度时，要选择合适厚度的垫片，安装在主减速器壳与轴承盖之间。调整预紧度后同样可以通过转动差速器的力矩来检查。

手动或自动变速驱动桥内主减速器从动齿轮预紧度一般是通过调整垫片来调整的，如图 5-35 所示。

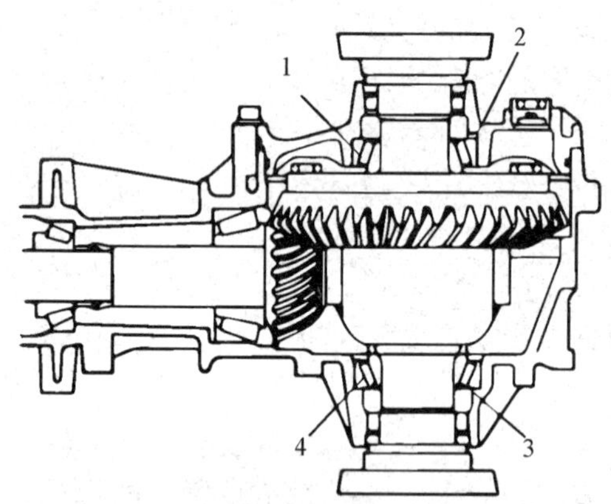

1，4—轴承；2，3—调整垫片

图 5-35　使用垫片调整差速器支承轴承预紧度的差速器

广本雅阁的自动变速驱动桥内主减速器从动齿轮预紧度的调整方法如下：

将外径为80 mm的调整垫片安装在变速器壳体座孔内，如图 5-36 所示；将差速器总成安装到壳体上，如图 5-37 所示；将变速器壳体安装在离合器壳体上，按规定要求上紧螺栓。

利用专用工具，将差速器总成安装到离合器壳体底部，如图 5-38 所示；使用塞尺测量变速器壳体80 mm垫片和轴承的间隙，应为 0 ~ 0. 10 mm，如图 5-39 所示；如果间隙符合标准，因为开始未安装密封圈等元件，要拆螺栓和变速器壳，重新安装变速器。如果间隙过大，根据塞尺的测量间隙加上80 mm，再从零件号表中选择相应的垫片，见表 5-1。

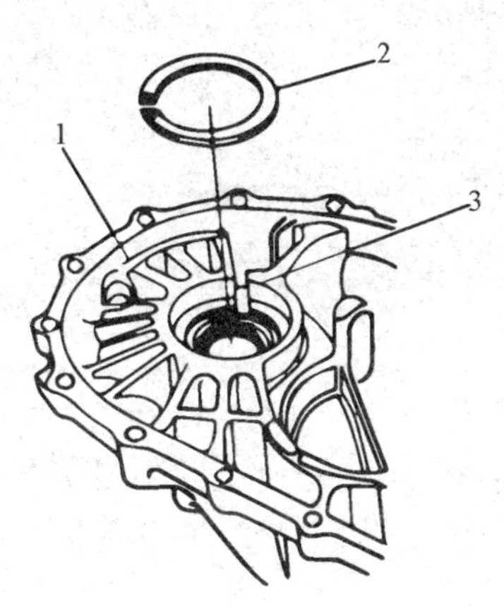

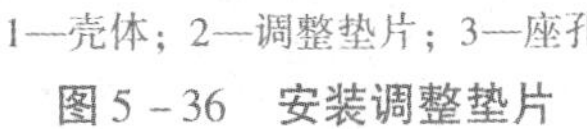

1—壳体；2—调整垫片；3—座孔

图 5－36　安装调整垫片

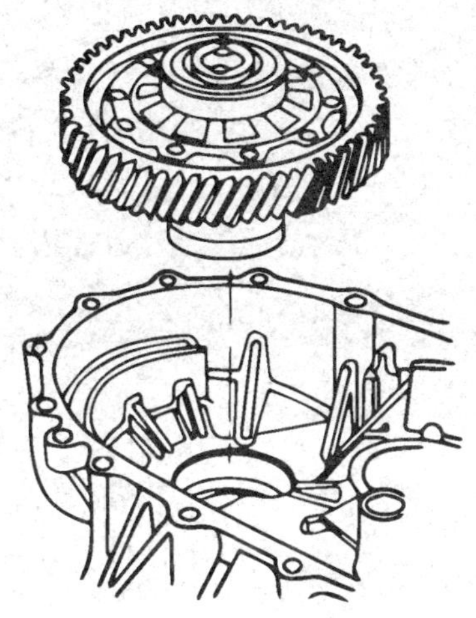

图 5－37　安装差速器总成

采用组合式桥壳的驱动桥，可通过改变差速器壳和轴承间的垫片厚度来调整预紧度。增加垫片厚度，则预紧度加大。

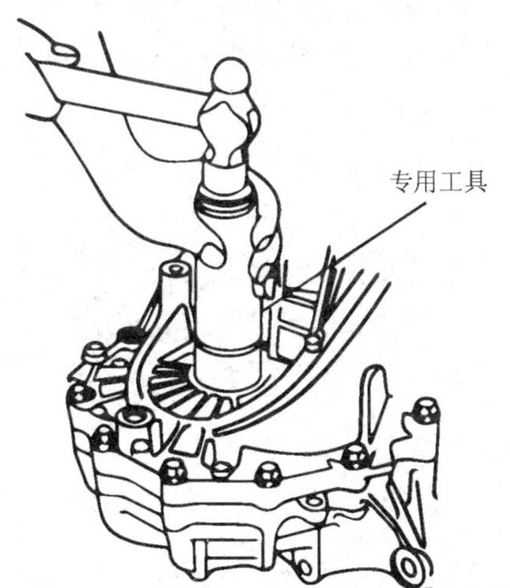

图 5－38　安装差速器

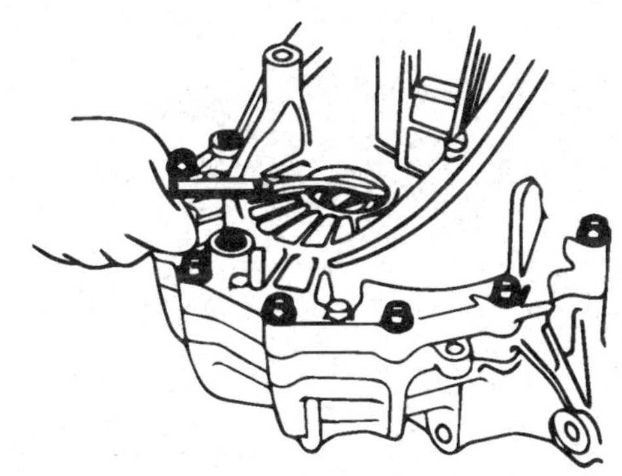

图 5－39　测量垫片和轴承的间隙

表 5－1　调整垫片零件表

零件号	厚度/mm	零件号	厚度/mm	零件号	厚度/mm
41441－PL3－BOO	1. 0	41447－PL3－BOO	1. 6	41453－PL3－BOO	1. 35
41442－PL3－BOO	1. 1	41448－PU－BOO	1. 7	41454－PL3－BOO	1. 45
41443－PL3－BOO	1. 2	41449－PL3－BOO	1. 8	41455－PL3－BOO	1. 55
41444－PL3－BOO	1. 3	41450－PL3－BOO	1. 05	41456－PL3－BOO	1. 65
41445－PL3－BOO	1. 4	41451－PL3－BOO	1. 15	41457－PL3－800	1. 75
41446－PL3－BOO	1. 5	41452－PL3－BOO	1. 25		

4. 主减速器主动齿轮和从动齿轮啮合印痕和啮合间隙的调整

啮合印痕可通过在3或4个齿上涂抹红丹并转动锥齿轮后观察。只能在调整主、从动齿轮轴的预紧度之后，再调整齿轮啮合的印痕和啮合间隙，啮合间隙为0.15～0.50 mm。调整方法的简化口诀为：大进从、小出从、顶进（入）主、根出主。具体调整方法见表5－2。

表5－2 主减速器主动齿轮和从动齿轮啮合印痕的调整

啮合现象	调整方法	口诀
正确的轮齿接触区	从动齿轮轮齿正转和逆转工作面上的印痕均位于齿高的中间靠近小齿端，中间偏小端3～5 mm，并占齿面宽度的60%以上，其中长度应占60%～70%齿长；高度应占40%～50%，齿高无须调整。	
在大端轮齿侧接触	长期使用会因接触面小，损坏大端，要将从动齿轮向靠近主动齿轮方向移动。若此时啮合间隙太小，则将主动齿轮向外移开。重新检查印痕，不符合要求要重新调整。	大进从
在小端齿轮侧接触	长期使用会因接触面小，损坏小端，要将从动齿轮向远离主动齿轮方向移动。若此时啮合间隙太大，则将主动齿轮向内移近。重新检查印痕，不符合要求要重新调整。	小出从
在齿顶侧接触	长期使用会发出噪声，齿顶缺失，当齿隙过大时会出现这种情况。要将主动齿轮向靠近从动齿轮方向移动。若此时啮合间隙太小，则将从动齿轮向远离主动齿轮方向移动。 重新检查印痕，不符合要求要重新调整。	顶进主
在齿根侧接触	长期使用会发出噪声，齿根阶梯状磨损，当齿隙过小时会出现这种情况。要将主动齿轮向远离从动齿轮方向移动，若此时啮合间隙太大，则将从动齿轮向靠近主动齿轮方向移动。 重新检查印痕，不符合要求要重新调整。	根出主

从动齿轮的移动是通过差速器支承轴承的调节螺母或调节垫片来实现的。例如，要将从动齿轮向靠近主动齿轮方向移近，须将从动齿轮背面（没有齿轮这面）差速器支承轴承外的调整螺母拧紧，为保证不改变预紧度，须记下螺母拧松的角度，另一侧调整螺母拧紧相同的角度，或者增大从动齿轮背面差速器支撑轴承外垫片厚度，减少另一侧垫片的厚度。为保证不改变预紧度，两侧垫片所增加量或减少量的绝对值相等。

主动小齿轮的移动是通过增加或减小后支承轴承内圈与主动小齿轮之间的垫片来实现的。要将主动小齿轮向靠近从动齿轮方向移近，应当更换较厚垫片或增加垫片；要将主动小齿轮向远离从动齿轮方向移开，应当更换较薄垫片或减少垫片。有些主减速器的支承轴承安装在单独的轴承座中，在轴承座与主减速器壳体之间增加或更换较厚的垫片，相当于将壳体加长，相对来讲是 2 个支承轴承间的距离在变短，因此预紧度在变大；反之，在轴承座与主减速器壳体之间减少或更换较薄的垫片，预紧度会变小。

5. 典型驱动桥的调整

奥迪 A4 主减速器主动齿轮和从动锥齿轮的调整方法和大众汽车公司较多驱动桥的调整方法类似，其结构如图 5－40 所示。

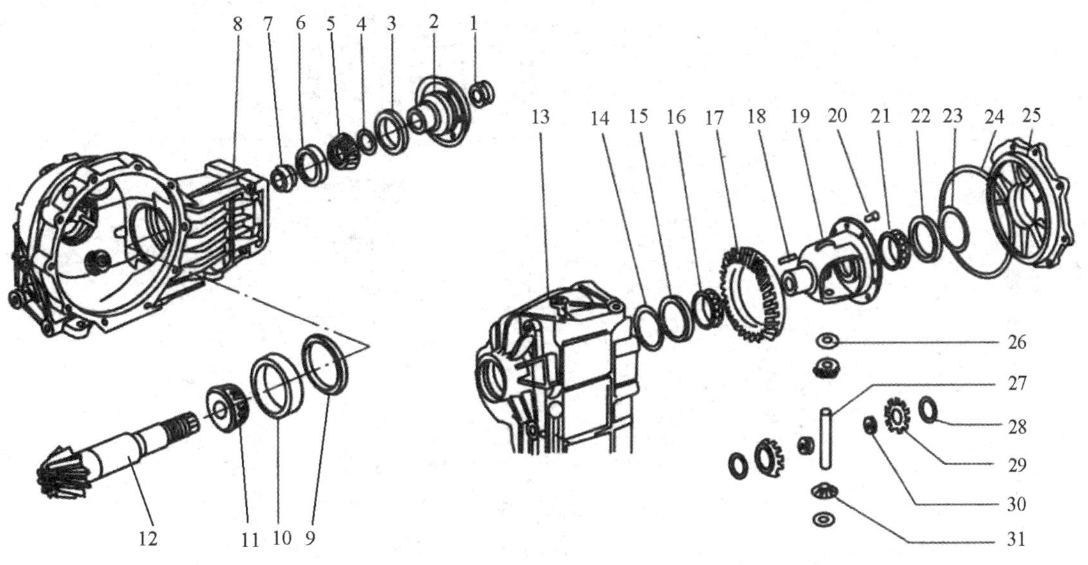

1—锁紧螺母；2—凸缘；3—密封圈；4—垫片；5—前圆锥滚子轴承内圈；6—前圆锥滚子轴承外圈；7—隔离套筒；8—主减速器的壳体；9—调整垫片 S_3；；10—后圆锥滚子轴承外圈；11—后圆锥滚子轴承内圈；12—主动齿轮；13—主减速器壳体；14—调整垫片 S_1；15—圆锥滚子轴承外圈；16—小圆锥滚子轴承内圈；17—从动锥齿轮；18—锁销；19—差速器壳体；20—螺栓；21—圆锥滚子轴承内圈；22—圆锥滚子轴承外圈；23—调整垫片 S_2；24—垫片；25—主减速器盖；26—止推垫片；27—行星轮轴；28—调整垫片；29—半轴齿轮；30—螺纹件；31—行星轮

图 5－40　奥迪 A4 驱动桥

在更换主减速器壳体、差速器壳体、差速器圆锥滚子轴承、主减速器主/从动齿轮、主减速器盖后，才需要调整从动齿轮的预紧度；在更换主减速器壳体、主动齿轮轴支承轴

承及主、从动齿轮后，才需要调整主动齿轮的预紧度。

调整预紧度前先要查清主减速器上的标记，其含义如图5－41所示。调整主动齿轮预紧度的关键在确定调整垫片S_3的厚度，确定了厚度后，按顺序安装即可。S_3的确定方法如下：如图5－42所示，调整多用测量棒VW385/1的调整环，尺寸a为60 mm，尺寸b为55 mm；如图5－43所示，组装多用测量棒，测量表接长杆VW385/15的长度为9 mm，根据R_0为57.50 mm，调整多用调整规VW385/30，将百分表预紧2 mm并停在“0”位；将主动齿轮向两个方向各转8圈，将圆锥滚子轴承安装到位；如图5－44所示，将测量板VW385/33放到主动齿轮顶部；如图5－45所示，拆下调整规并把测量棒装入壳体；转动测量棒，直到测量表的顶端撞到主动齿轮顶部的测量板并显示了最大值，测量值就是尺寸“e”，调整垫片S_3的厚度为尺寸“$e-r$”，按零件表中垫片的厚度尽可能准确地确定垫片，如有必要可安装2个垫片。S_3可选用的调整垫片厚度为0.95～1.55 mm，每0.05 mm一个级别。

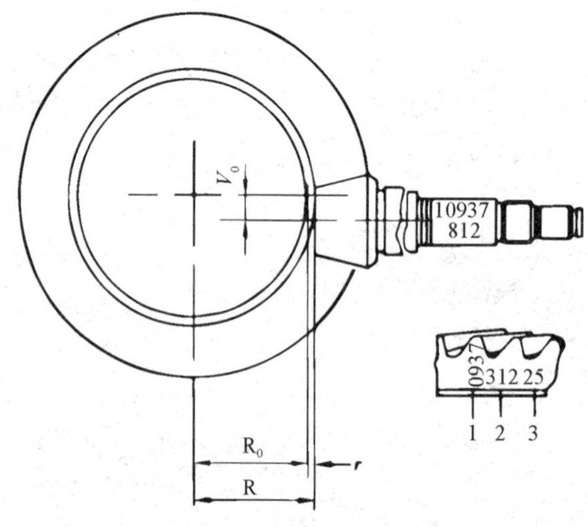

1—标记“0937”表示主减速器的传动比为37∶9。2—主减速器主、从动齿轮配对标记。3—偏差“r”，参照生产时使用的调整规。偏差“r”总是用(1/100) mm给出。例如，“25”表示$r=0.25$ mm R_0—检测仪调整规的长度。R_0为57.50 mm；R—从动锥齿轮轴和主动齿轮前端之间的实际尺寸，$R=R_0+r$；V_o—双曲线偏心距

图5－41　主减速器齿轮上的标记

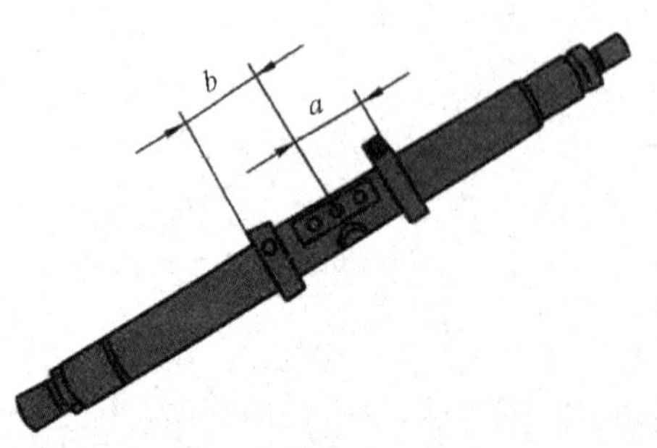

图5－42　调整测量棒

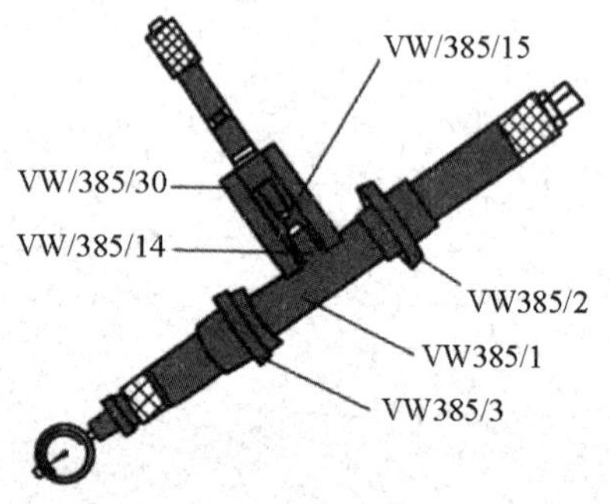

图5－43　组装多用测量棒

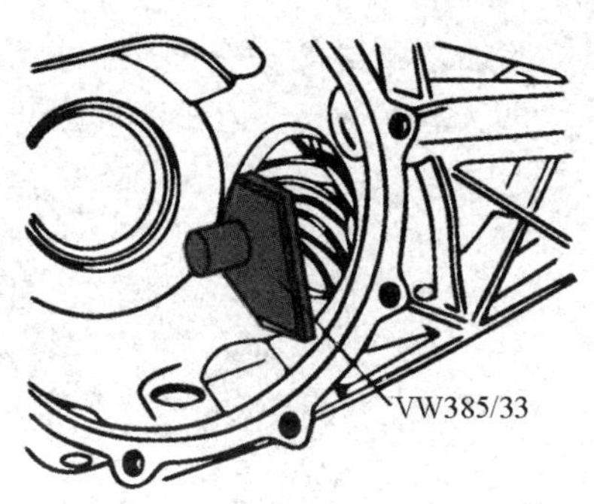

图 5－44　安装测量板

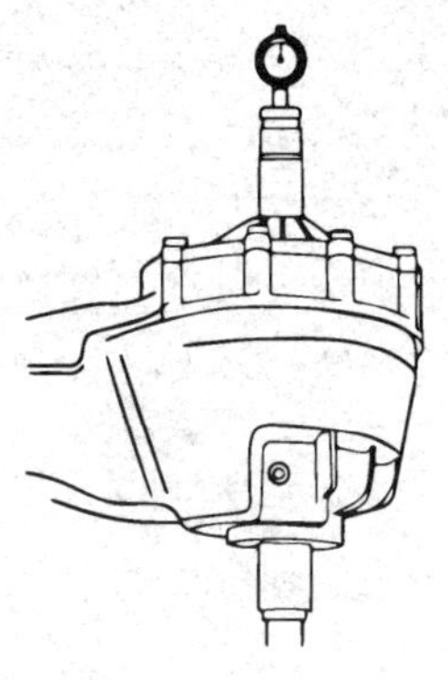

图 5－45　装入测量棒

差速器的圆锥滚子轴承的摩擦很小，因此摩擦力矩只能作为校核值考虑。正确的调整只能通过求出垫片总厚度“$S_{总}$”来实现，“$S_{总}$”为“S_1”与“S_2”之和。从动锥齿轮的调整方法如下。

(1) 差速器左侧（壳体侧）的圆锥滚子轴承的外圈用一个1 mm厚的垫片压入变速器壳体；差速器右侧（盖侧）的圆锥滚子轴承的外圈不调整；将差速器装入壳体，从动锥齿轮装在右侧（盖侧）；拧紧螺栓后，如图 5－46 所示，将专用工具 VW521/4 和 VW521/8 从壳体侧装入差速器壳体；将差速器壳体的盖转向上，将主动齿轮向 2 个方向各转 8 圈，这样圆锥滚子轴承就能安装到位；如图 5－47 所示，将测量板 VW385 放到差速器上，安装好百分表，将百分表接长杆 VW385/17 放在测量板的中心，百分表预紧2 mm并停在“0”位；如图 5－48 所示，不旋转地抬起差速器，读出并记录测量表的值。例如，测量值为0.45 mm，“$S_{总}$”等于预加垫片（1 mm）和测量值与轴承预紧（固定值0.30 mm）之和，即1.75 mm，“$S_{总}$”相当于载货车单级主减速器从动齿轮预紧度。预紧度调整好后，还要调整主、从动齿轮的啮合间隙，这就需要先测量主动齿轮和从动齿轮的啮合间隙，再推算出调整垫片的厚度，即进一步测算出准确的 S_1 与 S_2 的厚度。

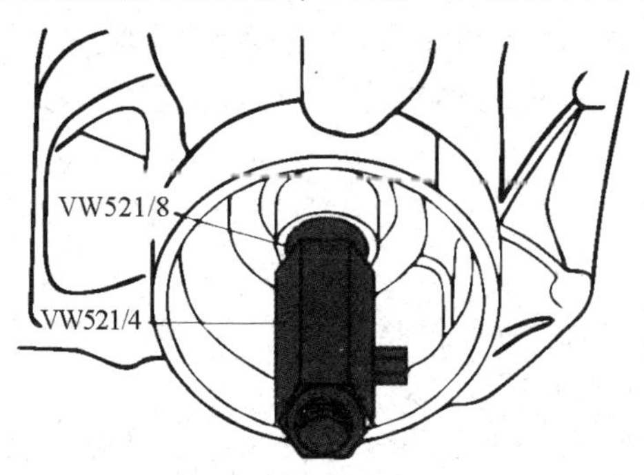

图 5－46　安装专用工具

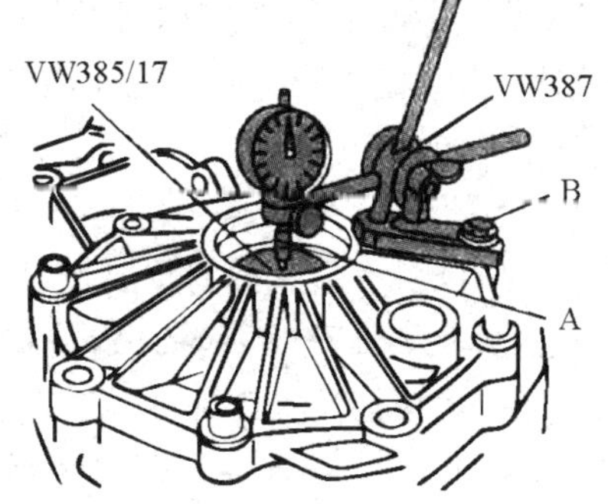

1—长约 30 mm 的测量表接长杆；B—六角头螺栓

图 5－47　安装百分表

安装好带有正确调整垫片的主动齿轮；将差速器安装好，左侧装入1 mm的垫片，右侧装入“$S_{总}$”减去1 mm厚度的垫片；如图 5－49 所示，安装好测量工具；固定主动齿轮，将从动齿轮转动至贴紧一个齿面，将百分表调零，再将从动齿轮倒转并贴紧对面的齿面；将从动齿轮每次旋转 90°，重复测量 3 次，4 次测量值差值不能超过0.06 mm，否则说明装配不正确。求出4次测量的平均值即啮合间隙。S_2的厚度值为预加垫片厚度（1 mm）与提取值（固定为0.15 mm）之和减去啮合间隙。例如，测量的啮合间隙为0.30 mm，“S_2”为0.85 mm，“S_1”为“$S_{总}$”与“S_2”的差值，即为0.90 mm，根据调整垫片的厚度（见表5-3），合理选择垫片厚度。

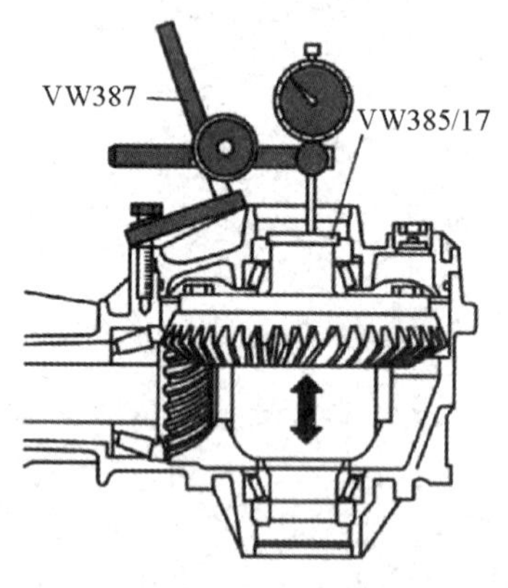

图5-48　抬起差速器

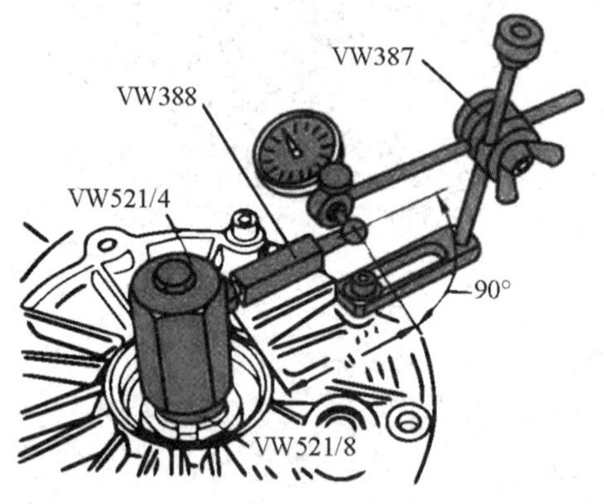

a—60 mm

图5-49　安装测量工具

表5-3　调整垫片的厚度

调整垫片	厚度值/mm
S_1	0，15，0.20，0.30，0.40，0.50，0.60，0.70，0.80，0.90，1.00，1.20
S_2	0.15，0.20，0.25，0.50，0.80，1.00，1.50

四、驱动桥的拆装

1. 一般的注意事项

（1）使用过的元件在重新装配时不能再次使用的有纸质垫片、各种密封圈、放油螺栓和加油螺栓的垫片、凸缘锁止螺母及其垫片、从动齿轮和差速器壳体连接螺栓的锁止垫片、行星轮轴的锁销等。

（2）油封安装时要润滑，与油封相关的油封座孔、凸缘、法兰轴等都要涂抹润滑油。在操作过程中绝对不要在油封上弄出划痕。

（3）安装变速驱动桥壳时，如果有废旧密封剂进入变速驱动桥，可能会导致变速驱动桥发生故障。应用清洗液清除变速驱动桥壳内的所有废旧密封剂。

（4）清理时不要忽视螺纹孔，必要时螺纹孔可以用丝锥来清理，螺纹孔不干净会影响拧紧力矩。拧紧螺栓或螺母时要参照维修手册。

（5）元件要配对更换的有差速器行星轮和半轴齿轮；主减速器主动齿轮和从动齿轮；圆锥滚子轴承和外圈。

（6）要以交叉方式，分多步来拆除从动齿轮和差速器的连接螺栓，注意有的连接螺栓为左旋螺栓，如图5-50所示。

（7）差速器的2个支承轴承通常大小相同，但是使用过后轴承滚子和外圈磨损不同，

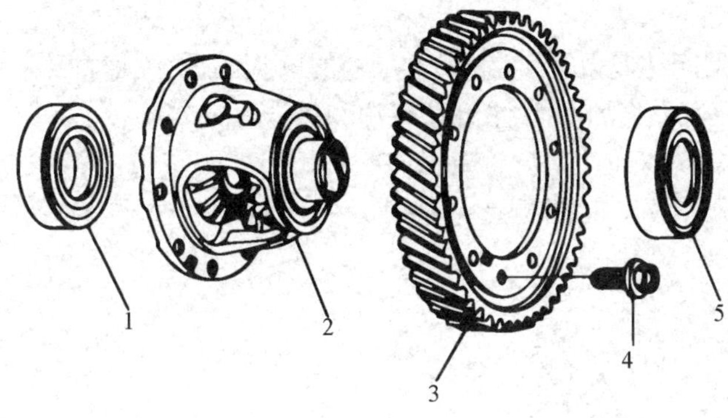

1，5—圆柱轴承；2—差速器壳体；3—从动齿轮；4—左旋连接螺栓

图 5－50 广本雅阁主减速器

所以不能互换，拆卸时要将轴承滚子与外圈捆在一起做好标记。

2. 更换主减速器凸缘端油封

更换主减速器凸缘端油封不需要拆下整个驱动桥可以就车维修。步骤如下：①举升车辆，拆下附件，将油收集器放在下面；②拆下传动轴，要注意相关标记；③拆下凸缘锁紧螺母可能会改变主动齿轮轴支承轴承的预紧度，因此要特别注意；④要标记主动齿轮的固定螺母的位置，如图 5－51 所示，确定并记录尺寸“*a*”和“*b*”，拧下固定螺母，记录转动的圈数；⑤拆下凸缘；⑥拆下密封圈。安装应按与拆卸相反的顺序进行，同时应注意以下问题：稍微润滑一下密封圈的外周；规定须涂防松剂的必须涂上；拧紧螺母时的圈数必须和拧下时一样；对“*a*”“*b*”尺寸进行检查，与原来测量值的最大偏差为 ±0.3 mm；装上新锁紧螺母，如图 5－52 所示，使用冲子对准主动齿轮轴上预留的凹槽固定锁紧螺母，注意要确认螺母的锁止部分被牢固地凿入主动小齿轮轴凹槽的底部，否则将导致松动。

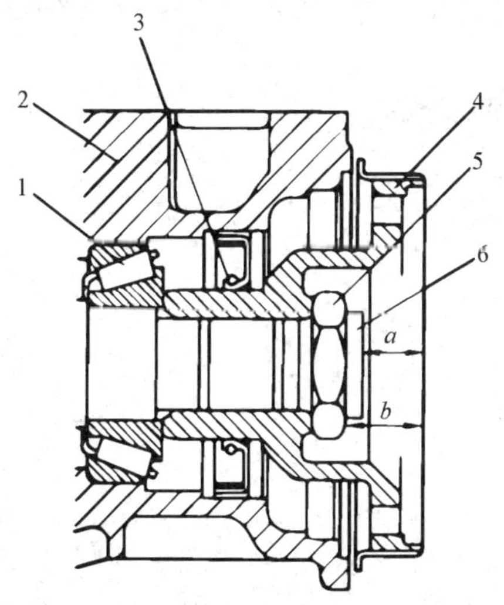

1—圆锥轴承；2—主减速器壳体；3—油封；4—凸缘；5—锁紧螺母；6—主动齿轮轴；

a—凸缘到主动齿轮轴的距离；b—凸缘到主动齿轮固定螺母的距离

图 5－51 主减速器主动齿轮端

3. 拆装差速器的注意事项

（1）防滑差速器摩擦盘和隔片会形成特别的磨损模式，在摩擦盘和隔片的拆卸过程中，按拆卸时的顺序存放各部件，注意摩擦片和离合片方向。

（2）分解差速器壳体和从动齿轮要做装配标记，如图 5－53 所示，然后用锤子和錾子松开锁片的紧固部分。装配时要更换新的锁片并用锤子和錾子将其紧固，防止连接螺栓松动。

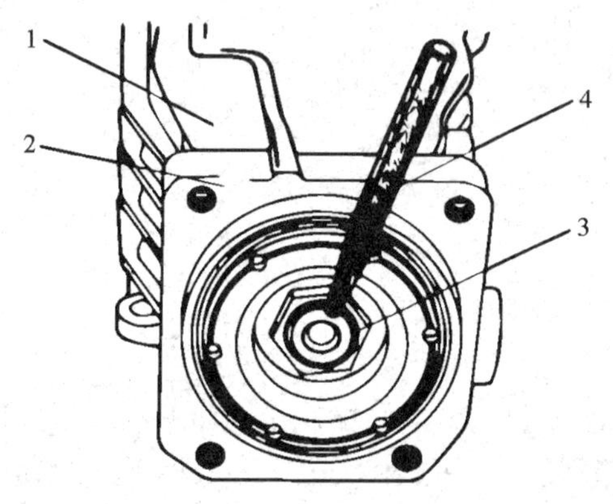

1—主减速器壳体；2—凸缘；3—锁紧螺母；4—冲子

图 5－52　固定锁紧螺母

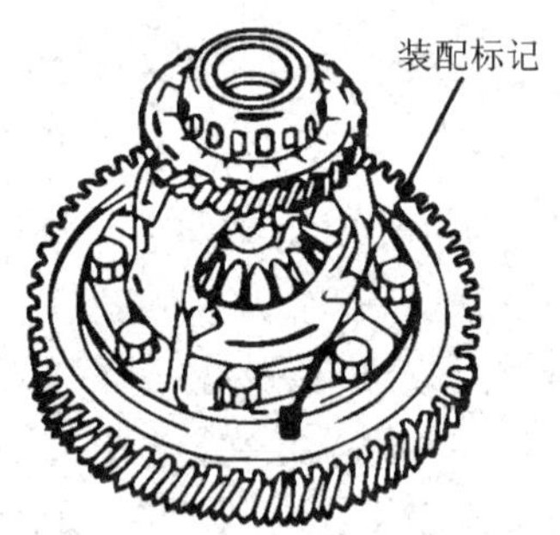

图 5－53　从动齿轮装配标记

（3）安装时，要更换行星轮轴的锁销。

（4）拆卸差速器支承轴承时要使用轴承拉器和压力机，如图 5－54 所示，有些差速器需要切开轴承保持架并拆下滚柱，才能使工具卡住轴承座圈。安装差速器支承轴承时，将内圈加热到约 100 ℃，如图 5－55 所示，使用专用工具和压机将其安放并压入。拆装支承轴承的外圈时要注意拆装的方向，要将外圈内孔小端先装入座孔。

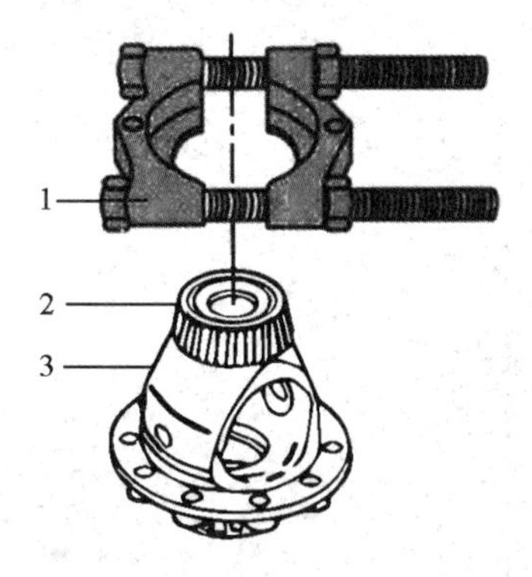

1—轴承拉器；2—支承轴承；3—差速器壳体

图 5－54　拆卸差速器支承轴承

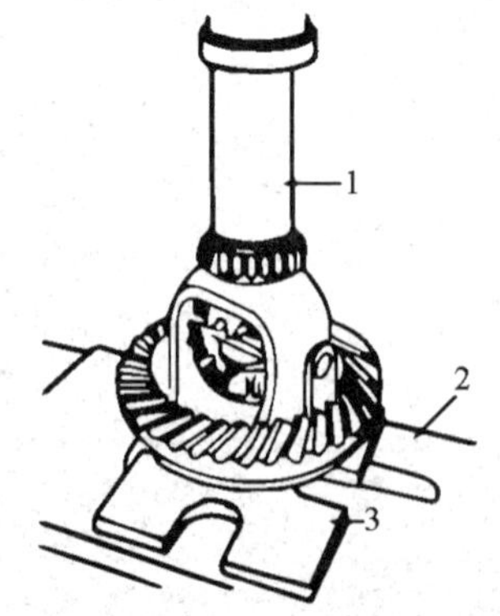

1—压入工具；2—压机；3—垫板

图 5－55　安装差速器支承轴承

（5）从半轴齿轮和行星轮上拆下锥形垫片时要注意其方向，锥形垫片大端朝齿轮。

（6）有些主减速器从动齿轮和差速器壳体是过盈配合，要将从动齿轮放在加热器中加热到 100 ℃后安装，如图 5－56 所示。

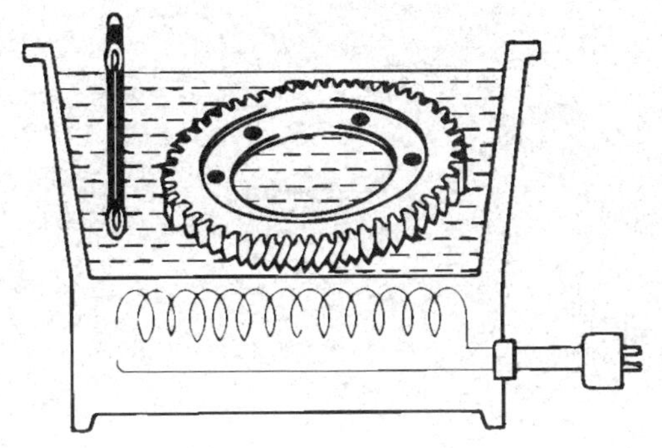

图 5－56　加热从动齿轮

4. 法兰轴密封圈的拆装

（1）拆下附件后，将收集器放到变速器下面。

（2）使用专用工具将法兰轴拉出，如图 5－57 所示。

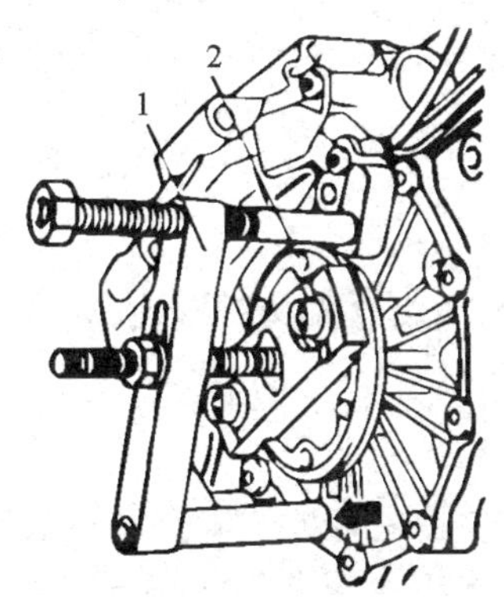

1—拔拉工具；2—法兰

图 5－57　法兰轴的拆卸

（3）使用拆装密封圈的专用压杆拆出密封圈，如图 5－58 所示，不要损坏密封圈座孔。

（4）每次拆装都要更换法兰轴及卡环，卡环位置如图 5－59 所示。注意滚针轴承是否有损坏，滚针轴承要与法兰轴一起更换。

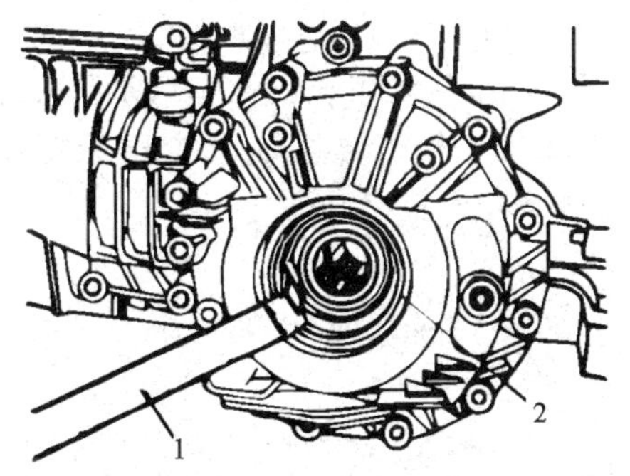

1—专用压杆；2—密封圈座孔

图 5－58　拆卸法兰密封圈

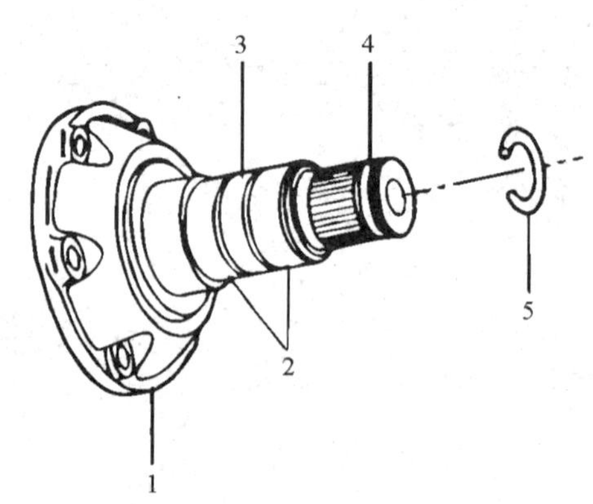

1—法兰轴；2—滚针轴承；3—间隔环；4—卡环槽；5—卡环

图 5－59　法兰轴及卡环

（5）将密封圈均匀地装入座孔直至限位块处，同时注意不要歪斜，直到达到一定深度。

五、驱动桥的检修

清洗所有零件后，目视检查所有零件是否存在过度磨损或损坏，必要时更换这些零件。

1. 桥壳和半轴

检查桥壳是否破裂、变形，半轴套管承孔是否磨损逾限，如有则需更换桥壳；检查裂纹时可以采用目测、敲击、磁力探伤等方法；对半轴套管进行探伤处理，其螺纹损坏不得超过 2 牙；检查半轴花键应无明显的扭曲变形，半轴齿轮花键齿配合应无松旷，半轴上不允许有任何形式的裂纹存在。

2. 主减速器

检查主、从动齿轮上齿面是否有阶梯形磨损、裂纹、擦伤和剥落，如有则需要更换这些齿轮。检查主动齿轮轴上的螺纹损坏不能大于 2 牙，与轴承内圈配合处不能有磨损；检查从动齿轮的端面摆动不应超过0. 05 mm，否则更换主、从动齿轮。主动齿轮轴上的花键的磨损厚度不应大于 0. 15 ~ 0. 20 mm；检查主减速器壳体差速器支承轴承座孔部分，螺纹应无损坏，油封座孔应无损坏；检查从动齿轮支承轴承座孔盖及调整螺母的螺纹是否有损坏，是否变形；主减速器壳体上两个安装从动齿轮支承轴承座孔的同轴度应不大于 0. 03 mm，否则从动齿轮有较大摆动，驱动桥会发出异响。

3. 差速器

检查行星轮齿、半轴齿轮齿齿面是否有裂纹、擦伤和剥落及磨损量是否大于 0. 20 mm；检查半轴齿轮花键部分是否严重磨损；半轴齿轮和行星轮背面（与止推垫片接合面）不应有麻点，应光滑。如有上述损坏现象，需要更换整组齿轮。检查差速器壳是否有擦伤和裂纹，检查行星轮轴及锁销的座孔、与止推垫片的接合面。安装支承轴承的轴颈等；检查法兰的油封接触部分和花键部分；检查车速表驱动齿轮有无损坏，配合是否松

动，如有应更换驱动齿轮；检查行星轮轴应无磨损、裂纹，如有应更换行星轮并检查其座孔；差速器行星轮和半轴齿轮的间隙为0.05～0.20 mm，若间隙大于规定，则要更换调整垫片或球形复合式止推垫片。

4. 轴承

轻轻转动轴承，确认轴承能顺滑转动，没有异常声响。轴承出现烧蚀，金属剥落，轴承外圈与壳体配合松动时，应更换轴承并检查壳体。

如果发现任何轴承有损坏，则更换一组轴承（差速器两支承轴承为一组，主动齿轮轴两支承轴承为一组）。

六、驱动桥的磨合试验

驱动桥的总成维修后需要进行磨合试验，目的是检查修理装配质量和改善更换过的新部件配合表面的接触状况，扩大和改善配合副的实际接触面积，形成正常的接触面。磨合时要通过改变转速来检查齿轮的啮合噪声、油温和密封情况，磨合中发现隐患要及时排除。

磨合前要按规定加注润滑油，在1400～1500 r/min的转速下进行正、反转试验，各项试验不得少于10 min。在试验中各轴承区的温升不能超过25 ℃，用手触摸外壳轴承，不应有过热的感觉；不允许有漏油的现象；齿轮啮合声音均匀，不允许有敲击声。

思考题

一、填空题

1. 驱动桥按结构形式一般可分为________式和________式两种。

2. 多轴的越野汽车或重载汽车，使用________式双驱动桥，可使汽车的通过性提高、结构简化、布置方便。

3. ________减速器在驱动轮上有一组行星轮结构。

4. 汽车上常用的防滑差速器有________式和________式两大类。

5. 半轴是在差速器与驱动轮之间传递动力的钢质实心轴，它由________部分、杆部和________部分构成。

6. 驱动桥主、从动齿轮啮合印痕调整方法可简化为口诀：________、________、________、________。

二、名词解释

1. 半轴

2. 桥壳

三、简答题

1. 简述驱动桥的功用。

2. 简述主减速器主动齿轮支承形式。

3. 简述差速器工作原理。

项目六 车架及车桥的结构与检修

车架及车桥的结构与检修

任务一 车架与车桥的认知

一、车架的功用与结构

车架的功用与结构

汽车的发动机、变速器、驱动桥等大部分构件及总成均直接或间接地安装在车架上并固定在相应位置。汽车车架作为支承、连接的基体，承受各种力和力矩，受力情况复杂。车架工作时除承受静载荷外，还要承受汽车在行驶时因路面不平等因素产生的动载荷。

车架应满足汽车整体布置的要求，能够安装全部零部件，并便于拆卸；具有足够的刚度和强度，避免车架变形引起的零部件运动影响；满足轻量化要求；降低车辆的重心高度，获得足够大的转向角，提高车辆的操纵稳定性。

目前常用的车架有 2 种：一种是大多数轿车用的车架和车身为一体式的承载式车身；另一种是大多数载货车用的独立车架。

承载式车身由结构件焊接而成的车身骨架和覆盖在车身骨架上的各种车身覆盖件组成。如图 6 - 1 所示，承载式车身没有独立的车架，而是采用了一个冲压或锻压而成的车

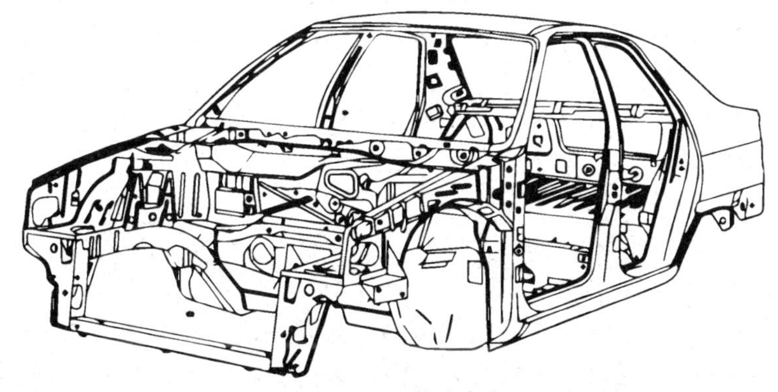

图 6 - 1　承载式车身

身底板作为车身的承载结构件，它与车身本体结合成为一体，在车身前部、车身后部还装有副车架，用于安装和支承发动机及车桥。承载式车身强度和刚度都较大，如图 6－2 所示，发动机及前、后悬架的悬置点可以直接或间接地作用于车身。目前部分大客车也取消了车架而采用承载式车身。

承载式车身刚度大，因为没有车架，所以整车自重轻（相对于边梁式车架结构减约整车 5% 的自重），很适合于封闭式的车身结构；车身底板高度较低，有利于降低整车的高度，汽车重心降低后，行驶稳定性更好，同时便于乘客上下车；由于不存在车身本体与车架的装配关系，减少了复杂的装配工序。

承载式车身的发动机、传动系统、悬架等都是直接安装在车身本体上，各个总成在工作时产生复杂的振动和噪声，因此需要采用严格的防噪声和抗振动措施；承载式车身生产成本高，只适用于大批量生产；车身在受到碰撞时，更换车身上的结构件十分困难。

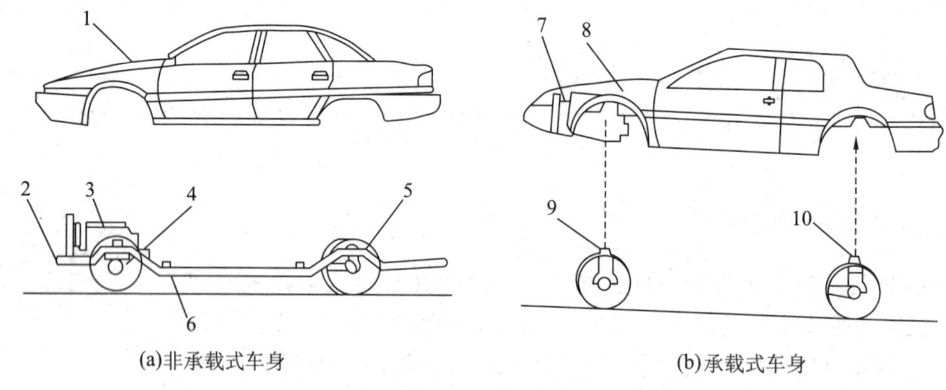

1，8—车身本体；2—车架；3—发动机；4—前悬架；5—后悬架；
6—间接件；7—发动机悬置点；9—前悬架悬置点；10—后悬架悬置点

图 6－2　承载式车身和非承载式车身

为追求车身的轻量化，减少车身重量带来的燃油消耗，提高汽车的性能，部分轿车采用铸造和液压成形的全铝车身框架结构。

独立车架可以分为边梁式、中梁式和综合式。

边梁式车架根据结构又可以分为平行边梁式车架和弯曲边梁式车架。在边梁式车架结构中，车架与车身为 2 个相互独立的总成。边梁式车架是 2 根位于两边的纵梁和若干根横梁用铆接法或焊接法连接成的刚性构架，如图 6－3 所示，横梁一般包括前横梁、发动机安装梁、驾驶室安装梁、悬架安装梁、后横梁等。为了增加车架的刚度，在横梁和纵梁连接时经常采用斜支撑、角支撑和连接板等加强措施。在车架前、后横梁上装有保险杠，起到保护车身、散热器的作用，在车架前部装备挂钩，用来在必要时拖动汽车，在可拖挂车的车辆尾横梁上安装拖钩。

纵梁一般用低碳合金钢冲压而成，横梁一般用低合金钢冲压而成，纵梁和横梁常被轧成槽形或箱形端面，如图 6－4 所示。

边梁式车架的优点是结构简单、容易制造；扭转刚度大，弯曲强度高，承载能力强；便于布置和安装，适用于改装车型或者多品种车辆；车架与驾驶室分开，采用弹性悬置安装，有利于隔振。边梁式车架的缺点是重量较大，不利于降低底板高度。

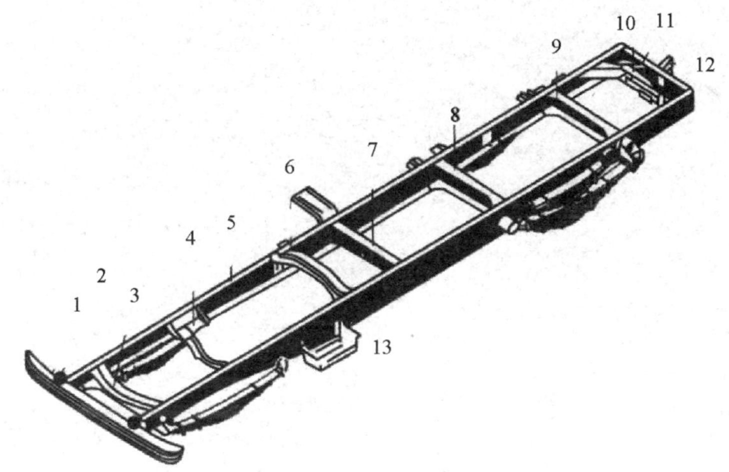

1—前保险杠；2—挂钩；3—前横梁；4—发动机后悬置右支架和横梁；5—纵梁；
6—驾驶室后悬置横梁；7—第四横梁；8—后钢板弹簧前支架横梁；9—后钢板弹簧后支架横梁；
10—角撑横梁组件；11—后横梁；12—拖钩；13—蓄电池托架

图6－3　边梁式车架

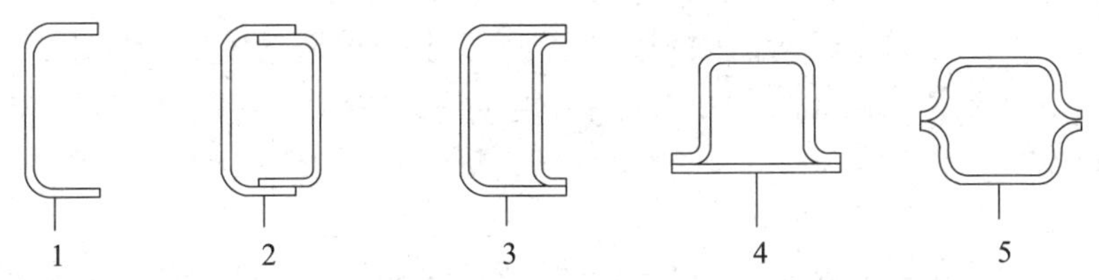

1—槽形；2，3—叠槽形；4—礼帽箱形；5—对接箱形

图6－4　车架纵梁的端面形状

中梁式车架只有一根位于中央贯穿前后的纵梁，因此也称为脊骨式车架，如图6－5所示。它一般适用于发动机前置后驱车辆，其传动轴位于中梁内，可降低车辆的重心，行驶稳定性好；车架的刚度和强度较大，不容易产生变形；车轮转向时不会发生运动干扰，车辆有较大的转向角。它的缺点是零部件布置安装不便、工艺复杂，精度要求高，维护和修理不便。

汽车前部属边梁式，后部属中梁式的车架，称为综合式车架。

二、车轮定位与调整

主销和万向节保持一定的安装角度，称为转向轮定位。主销和万向节的位置确定后，转向轮的位置也被确定。车轮定位可以保证汽车直线行驶的稳定性和操纵的轻便性，减少轮胎和转向机件的磨损。

断开式车桥中没有主销，采用上、下球头销的中心连线替代主销轴线，因此上、下球头中心线也被称为虚拟主销。

转向轮定位包括主销后倾角、主销内倾角、前轮外倾角和前轮前束。

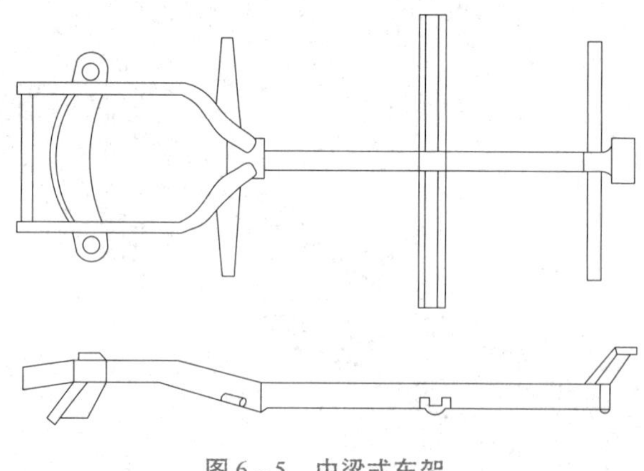

图6-5　中梁式车架

1. 车轮定位

(1) 主销后倾角

从车辆侧面看，非断开式车桥中，前轴、悬架和车架装配在一起，使前轴略向后倾斜。因此前轴拳部的主销孔上端也是略向后倾斜的，下端是略向前倾斜的。这样主销也是倾斜的，主销上端略向车后部倾斜，这称为主销后倾。断开式车桥中上、下球头的中心线也是上端略向后倾斜，下端略向前倾斜。在垂直于水平地面的纵向平面内，主销轴线或上、下球头中心线与水平地面的垂线之间的夹角 γ 称为主销后倾角，如图6-6所示。

主销后倾角的主要作用是在汽车直线行驶时，保持方向的稳定性，当汽车转向时，形成回正力矩，能使转向轮自动回正。

很明显，主销后倾角 γ 越大，地面到主销延长线的距离 l 就越长，回正力矩 yl 就越大。但是回正力矩越大，在汽车转向时，需要克服的力也就越大。这样一来，转向很沉重，驾驶人要克服回正力矩才能操纵转向，使得操纵费力。

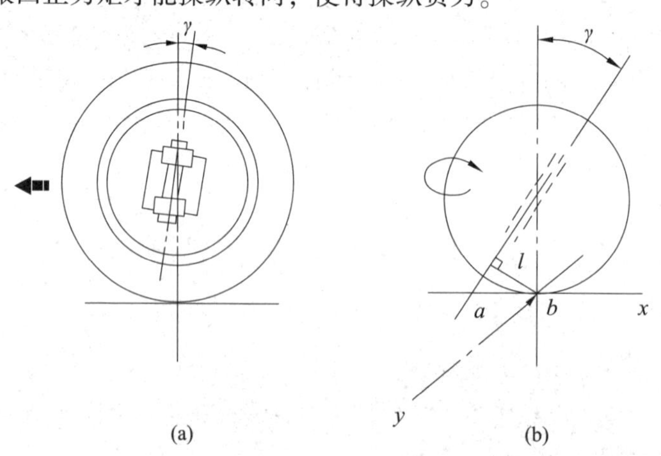

γ—主销后倾角；b—车轮与地面的接触点；

a—主销中心延长线与地面的交点；l—地面到主销延长线的距离；y—反作用力

图6-6　主销后倾角示意

为了避免转向沉重，主销后倾角一般不大于3°，也有比较大的，如表6-1中的北京

切诺基的前轮。一些高速行驶的轿车使用了超低压轮胎，弹性增加，刚度下降，转向时前轮胎变形而使轮胎与路面的接触点后移，使回正力矩增加。因此主销后倾角可以适当减小甚至为负值。尽管静态下，主销后倾角为负值，但在动态下，主销延长线与地面的交点仍位于转向轮接地中心之前。

表 6－1　汽车车轮定位参数

型　号	车轮	主销后倾角	主销内倾角	车轮外倾角	车轮前束值
东风 EQ1092	前轮	2.5°	6°	1°	2～6 mm
南京依维柯	前轮	0.5°～1°	0°	1°	1.5～2.5 mm
一汽奥迪 100	前轮	1.16°	14.2°	－0.3°±30′	0.5～1mm
北京切诺基	前轮	7.5°	10°	0°	0 mm
别克陆尊	前轮	2.4°～3.4°	13.7°	－1.17°～－0.17°	0.2°～0.6°
雪佛兰乐骋	前轮	1.75°～3.25°	—	1.15°＋0.5°	－0.10°＋0.24°
	后轮	—	—	－2.0°－1.0°	－0.08°＋0.58°

注：①前束为空载时的前束值。

②别克陆尊与雪佛兰乐骋为前束角。

（2）主销内倾角

从车辆正面看，主销上端略向内倾斜或上摆臂球头略向内倾斜，称为主销内倾。在垂直于汽车支承平面的横向平面内，主销轴线与垂线之间的夹角 β 称为主销内倾角，如图 6－7 所示。主销内倾可以使转向时轻便，转向后转向轮自动回正。汽车在受外力转向时，自动回正功能也能使汽车的行驶更加稳定。

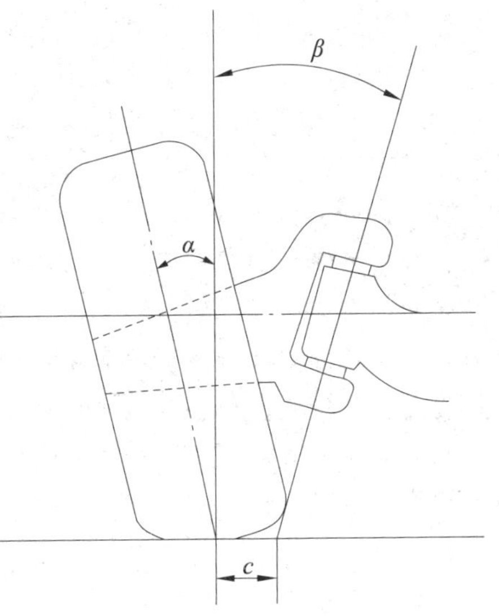

α—车轮中心线与垂线的夹角；
β—主销后倾角；c—车轮转臂；

图 6－7　主销内倾角示意

车轮中心平面和地面的接触点与主销轴线与地面的交点间的距离就是车轮转臂，即图 6－7 中的 c，c 值一般为 40～60 mm。主销内倾使车轮转臂 c 值减小，这样可以减少转向时驾驶人施加给转向盘的力。

当车轮受到外力偏转一个角度时，车轮必将下压地面，这时地面作用在车轮上一个反力，其结果是车轮连同整个汽车前部向上顶起一个相应的高度。在汽车重力的作用下，转向轮便被迫自动恢复到原来的正中位置，即转向轮自动回正。在低速和小转弯时，回正作用非常明显，这也正好弥补了主销后倾在车速低时回正力矩小的不足。转向轮具备自动回正功能，可以明显减少前方路面冲击转向系统的作用，减小转向盘的抖动。

主销内倾角一般小于 8°，在前轴加工时使主销孔轴线向内倾斜而获得。主销内倾角越大，车轮转臂 c 就越小。车轮转臂 c 过小会造成车轮相对地面产生较大的滑动，增加轮胎和地面间的摩擦阻力，不仅使转向变得沉重，还使轮胎寿命缩短。

为了适应汽车急起步、急加速、急转向等工况下的行驶安全性需要，目前主销内倾角有增大的趋势，一些微型车主销内倾角有超过10°的，如奥迪100的主销内倾角为14.2°。

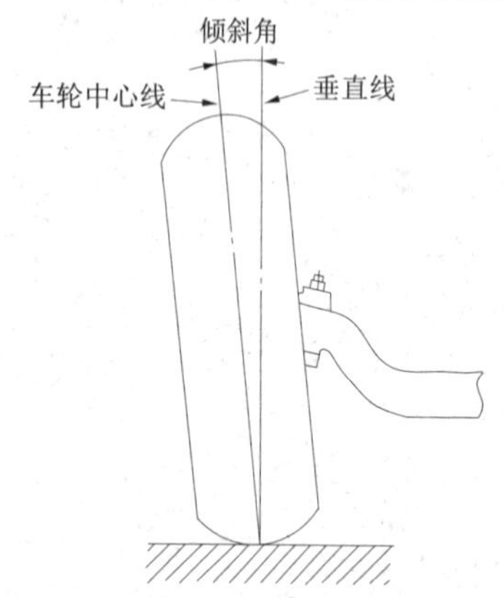

图6－8　前轮外倾角示意图

（3）前轮外倾角

设计万向节的结构时，万向节轴颈的轴线与主销的轴线夹角下端小于上端，即下端小于90°，上端大于90°。这种设计保证万向节安装在前轴或摆臂上后，其万向节轴相对于水平面是向下倾斜的，因此转向轮安装以后是上端向外倾斜，即两轮的顶端比底端分得更开。将转向轮上端向外倾斜称为转向轮外倾。将车轮旋转平面与纵向垂直平面之间的夹角称为转向轮外倾角，如图6－8所示。

转向轮外倾可以使车轮转臂 c 进一步减小，从而使转向操纵更为轻便。转向轮外倾也能提高前轮工作时的安全性，还能使汽车适合在拱形路面行驶。由于上、下摆臂和前轴的连接，摆臂球头和万向节的连接或前轴和万向节的连接等存在一定的装配间隙，或者使用过程中出现一定的间隙。如果没有前轮外倾角，那么在空车时车轮正好垂直于路面，则满载会引起车轮向内倾斜。车轮内倾会使车轮的轮胎锁紧螺母、较小的外支承轴承及轴承锁紧螺母都承受很大的力，该力来自于路面对车轮的垂直反作用力的分力，会造成元件损坏，严重时锁紧螺母会脱离，进而造成事故。在设计万向节时预留了外倾角，会使前轮所承受的重力集中到内端轴承上，保护了较小的外端轴承及调整螺母、锁紧螺母，有利于安全行驶。

转向轮外倾角一般为1°左右，外倾角不宜过大，否则会使车身重心变高，行驶稳定性差，轮胎产生偏磨损。但也有些汽车转向轮外倾角会出现小于0°的情况，见表6－1，这就是负外倾，即出现两前轮顶端间的距离小于底端的距离。采用负外倾和宽面轮胎来适应外倾变化，这样在汽车高速转弯时，可以避免车身过分的倾斜，适应车速变化。

很多前轮外倾角是通过悬架来调整的，例如，大众桑塔纳轿车调整前轮外倾角可通过球销接头在下摆臂长孔中的位移来调整，此时车轮应着地。具体方法如下：松开下摆臂球销接头的固定螺母；把外倾调整杆插于相应的孔中；调整左侧时，从后面插入调整杆；调整右侧时，应从前面插入调整杆；横向移动球销接头，直至达到外倾角值。

（4）前轮前束

在汽车俯视图中，前轮略向内束，即两前轮的前端距离小于后端，称这种现象为前轮前束。如图6－9所示，两轮后端距离 b 减去前端距离 a 为前轮前束值，前轮前束值是通过调节转向横拉杆来保证的，载货车前轮前束值一般为3～12 mm。

前轮前束的作用是消除外倾导致的汽车行驶时前轮向外张开的趋势，防止车轮侧滑，减少轮胎磨损和燃料消耗。

（5）后轮定位

现代轿车不仅前轮需要定位，不少轿车后轮的外倾角和前束也有定位要求，例如，桑塔纳2000后轮的前束角为0°25′±15′，外倾角为 －1°40′±20′。轿车后轮一般为从动轮，

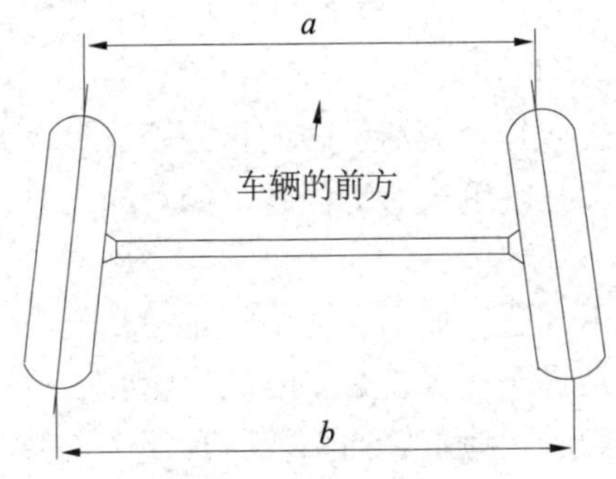

图6－9　前轮前束示意

汽车的驱动力经过前轮及悬架传至车架，再经过车架传给从动轮。如果后轮没有前束，在汽车行驶时，驱动力会使后轴产生一定的弹性变形，这会使后轮出现前张的现象。这种前张还会随汽车的驱动力和车速变化，这无疑会造成汽车行驶不稳定。因为外倾角在悬架的上下移动中变化，所以后轮外倾角可以对载荷进行补偿。

使车轮接地点的跨距增大，有利于汽车的横向稳定性。后轮外倾角在高速时和后轮前束一起作用使后轮避免前张现象，减小轮胎磨损和行驶阻力。

(6) 驱动力作用线

在汽车行驶过程中，如果一个或两个后轮前端偏里或偏外，或者一个车轮相对于另一个略为后缩，那么会产生一个驱动力偏离角（推力角），并使车辆朝偏离角相反方向偏行，使轮胎磨损加剧。车辆制动或急剧加速时有时会跑偏。

在车辆正常行驶时，驱动力作用线垂直于后轴并与车辆纵轴线重合，两后轮相互平行且会与整车平行。用驱动力作用线来衡量两后轮是否相互平行。

2. 车轮定位的调整

车轮定位参数的准确性不仅取决于相关零部件的制造工艺的准确性，还取决于汽车使用中的情况。当出现安装车轮的车架发生永久变形，车轮在车架上定位不准或紧固不良，减振器损坏，上、下摆臂或衬套损坏，万向节弯曲及后桥弯曲等情况时，都会使汽车的左、右侧车轮及前、后车轮之间的距离及位置关系不正确，影响前轮自动回位，车轮滚动阻力和道路摩擦力会增大，燃油消耗会增加，轮胎寿命会缩短，转向操作性变差。具体影响见表6－2，因此要注意经常检查并保持每个车轮的正确位置和定位关系。

表6－2　车轮定位不准确的影响

问　题	影　响
外倾角不正确	如果车辆正外倾角过大，会导致轮胎外侧胎肩磨损和驱动力损失。如果车辆负外倾角过大，会导致轮胎内侧胎肩磨损和驱动力损失。球头节、车轮轴承等也会异常磨损，外倾角会影响方向控制，向较大正外倾角或较小负外倾角一侧跑偏。
前束不正确	轮胎过度磨损，转向不稳定，车辆跑偏。
主销内倾角不正确	行驶不稳定，自动回正差，向内倾角较小侧跑偏，转向阻力过大。
主销后倾角不正确	转向困难，路面冲击力大使路感过于强烈，自动回正差，车轮摆振，高速发飘、不稳定，左、右主销后倾不等会导致车辆跑偏，方向游移。

（1）定位前要做的检查项目

①首先进行路试。检查转向是否灵活、转向盘是否有振动感，注意是否有不正常行走的迹象。进行定位工作之前，必须解决所有问题，如转向困难、转向时有明显的轮胎噪声或机械振动。

②检查轮胎充气压力是否合适，如不合适要将轮胎充气至正确的压力。检查胎面磨损是否正常，轮胎尺寸或型号是否匹配等，必要时更换轮胎。对所有轮胎进行动平衡试验。

③检查车底。举升起车辆后，检查转向系统所有部件是否工作正常，例如，检查方向机齿条和小齿轮安装是否松动，检查球节和转向横拉杆头是否松动。检查上、下控制臂是否松动。紧固摆臂连接螺栓。必要时，更换摆臂衬套。在对各定位角进行调整前，必须先修理或更换已损坏的部件。

④检查减振器是否损坏。

⑤检查车轮和轮胎跳动量，如果跳动量超过要求，需要测量并校正。检查车轮轴承是否松动，将锁紧螺母紧固至正确的规格。必要时，更换车轮轴承。

在测量及调整定位前，轻颠前、后保险杠3次，使悬架正常。一般车按照以下顺序进行调整：先调主销内倾，然后调整前轮外倾和前轮前束。如果后轮有调整要求的，还要先调整后轮外倾、前束，再调整前轮。

（2）前轮主销后倾角的调整

在整体式车桥中，前轮主销后倾角和外倾角，都不需要调整，而且也是不能进行调整的。

弹簧过软或车辆过载都会影响主销后倾角。如果主销后倾角测量值偏离规格，应确定并更换或修理任何损坏、松动、弯曲、凹进或磨损的悬架零件。如果故障与车身有关，则修理车身。有的汽车主销后倾角可以通过加垫片的方法进行调整，如图6-10和图6-11所示，奥德赛前悬架在拉杆位置增减垫片即可改变主销后倾角。

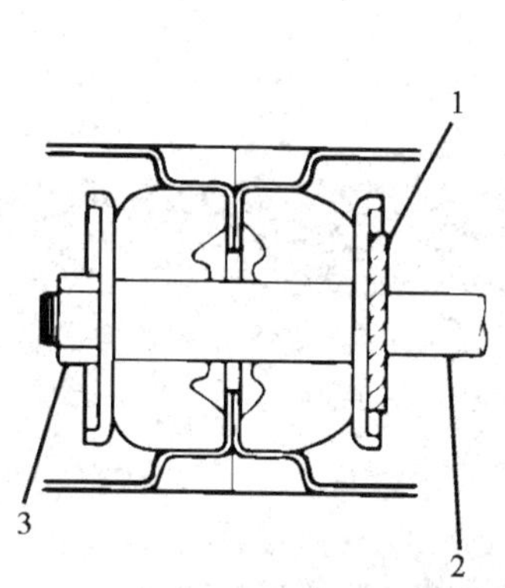

1—调整垫片；2—拉杆；3—锁紧螺母

图6-11　主销后倾角调整位置

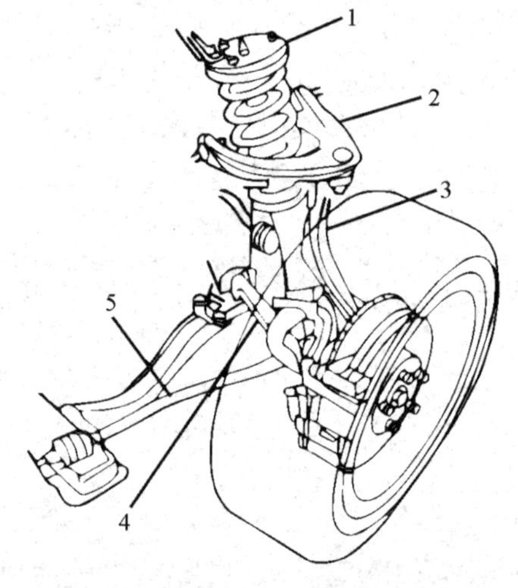

1—前减振器；2—上臂；3—万向节；4—下臂；5—拉杆

图6-10　奥德赛前悬架

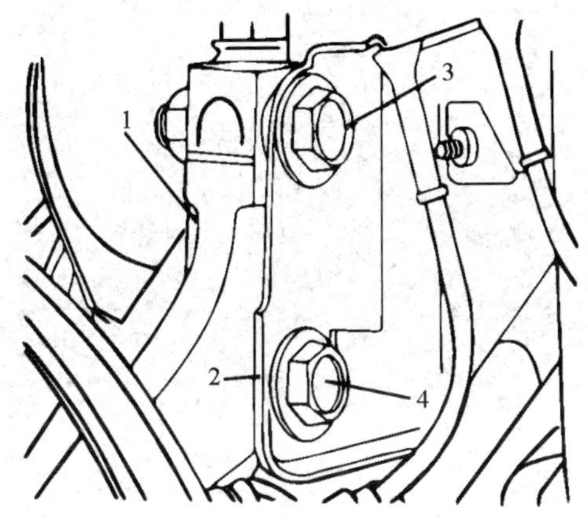

1—万向节；2—制动油管固定板；
3—减振器上的固定螺栓；4—减振器下的固定螺栓

图 6－12　通过减振器固定螺栓来调整主销内倾角

(3) 前轮外倾角的调整

磨损或松动的球笼、控制臂衬套和车轮轴承均影响外倾角，当外倾角不符合规定数值时，要检查及更换损坏的元件。在断开式车桥中，有些车型由于主销内倾角和车轮外倾角的关系已由万向节的结构尺寸确定，故调整好车轮外倾角后，主销内倾角自然正确。如图 6－12 所示，万向节上固定减振器紧固螺栓的座孔为椭圆形，松开 2 个固定螺栓就可以对主销内倾角和车轮外倾角进行调整。

许多汽车上将垫片置于摆臂摆轴和车架内侧或外侧之间，用来调整主销后倾角和车轮外倾角；在有的车辆上，应用偏心机构调整主销后倾角和车轮外倾角，如图 6－13 所示，松开偏心机构的锁紧螺母，转动偏心机构即可调整倾角。

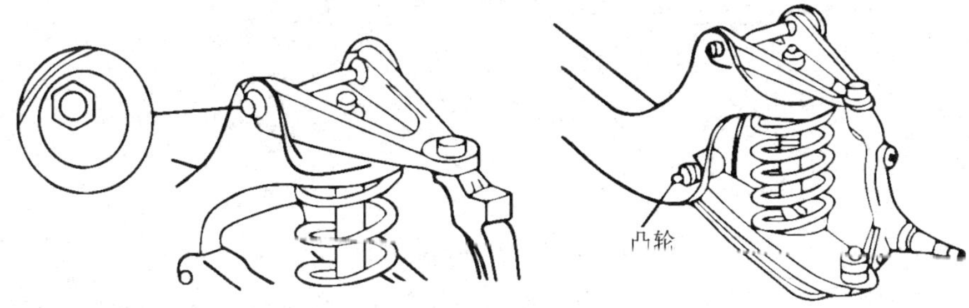

图 6－13　利用偏心机构调整主销后倾角

(4) 前轮前束角的调整

在断开式车桥和整体式车桥中，调整前束的位置都是在转向横拉杆上，如图 6－14 所示。大多数前轮驱动汽车的前轮设有负前束，因为驱动力使前轮有正前束的倾向，一般车身越重或发动机功率越大，则前轮前束值越小。大多数后轮驱动汽车的前轮设有正前束，因为驱动力会使前轮有负前束的倾向。

人工测量法需要 2 位技工协同完成，步骤如下。

①完成上述的基本检查项目。

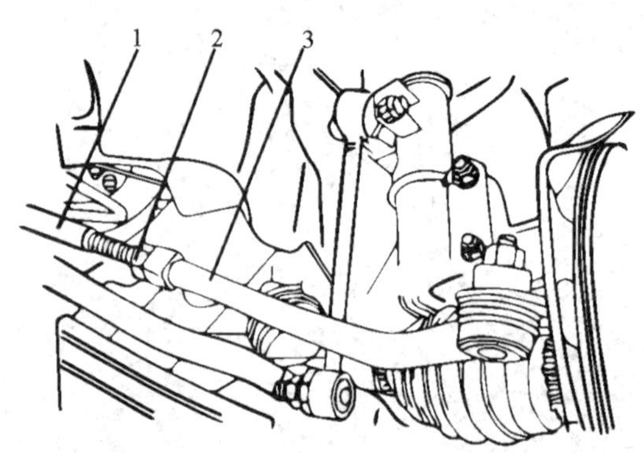

1—转向横拉杆；2—锁紧螺母；3—转向横拉杆球头

图 6－14　前束调整位置

②调整前束之前，必须确定前轮是否指向正前方，转向盘是否居中。

注意：将转向盘转至中间位置，松开转向盘行驶不跑偏即证明前轮在中间位置。

③在一侧前轮前方中间偏下位置做一个测量记号，测量并记录该记号高度，在另一侧车轮同样高度处做一个测量记号。

④测量并记录两记号之间的距离 a。

⑤推动车辆，将测量记号转至车轮后端，测量并记录两记号之间的距离 b，b 和 a 的差值应符合标准，如图 6－15 所示。

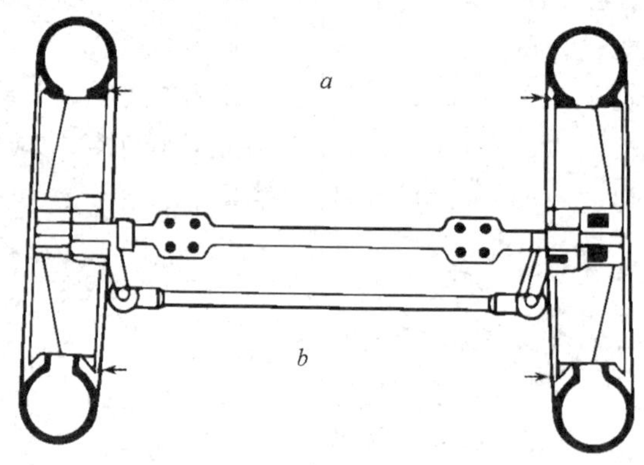

图 6－15　前束值的测量

⑥当 b 和 a 的差值不符合标准时松开转向横拉杆上的固定螺栓进行调整。

需要特别注意的是，在此项调整中，右、左转向横拉杆长度必须相同。

⑦使车辆前后移动，重复步骤④和⑤，直至前束在标准范围内。

（5）后轮外倾角的调整

有些车辆后轮外倾角是不可调整的。如果后轮外倾角偏离规格，应找出故障原因并排除故障。如果发现悬架零件损坏、松动、弯曲、凹进或磨损，应修理或更换。如果故障与车身有关，则修理车身。有些车辆也可以通过调节螺栓，来对后轮外倾角进行调整，如图 6－16 和图 6－17 所示，松开奥德赛后轮托臂自锁螺母，通过调节螺栓可对后轮外倾角进行调整。

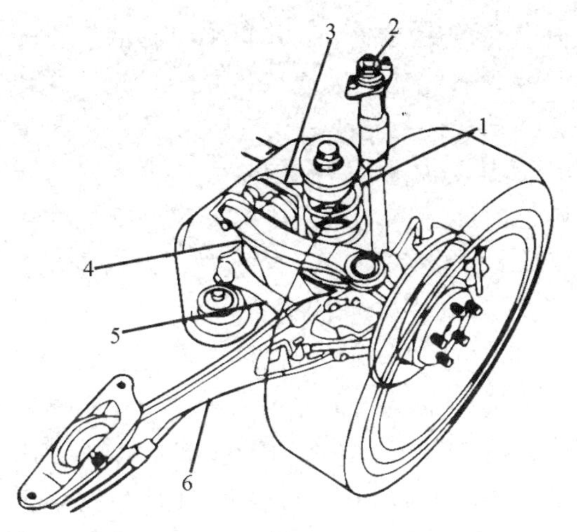

1—弹簧；2—后减振器；3—自锁螺母；
4—上臂；5—下臂；6—托臂
图 6-16　奥德赛后悬架

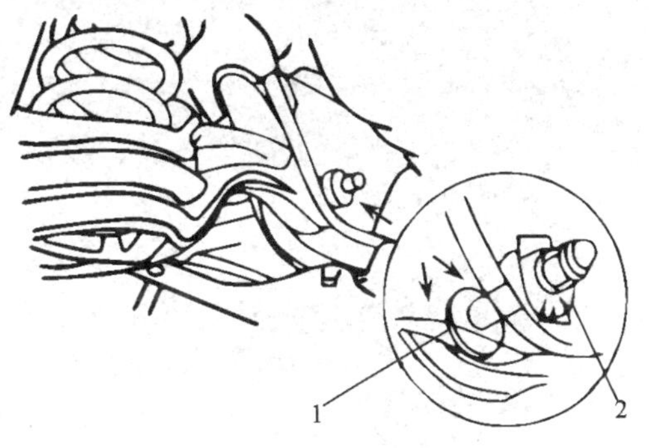

1—调节螺栓；2—自锁螺母
图 6-17　奥德赛后悬架外倾角调整位置

(6) 后轮前束的调整

有些汽车后轮前束是不可调整的，参见“车轮定位规格”。如果前束偏离规格，检查其后桥总成与轮毂和轴承总成是否损坏。有些汽车的后轮前束可以通过后悬架控制的调节螺栓进行调整，如图 6-18 所示。

(7) 驱动力偏离角的调整

驱动力偏离角调整有以下方法：调整前轮定位；重新设置后轮前束值；前驱车辆，可在后轮万向节和后轴间放置垫片；后轮驱动车辆可改变悬架吊耳。

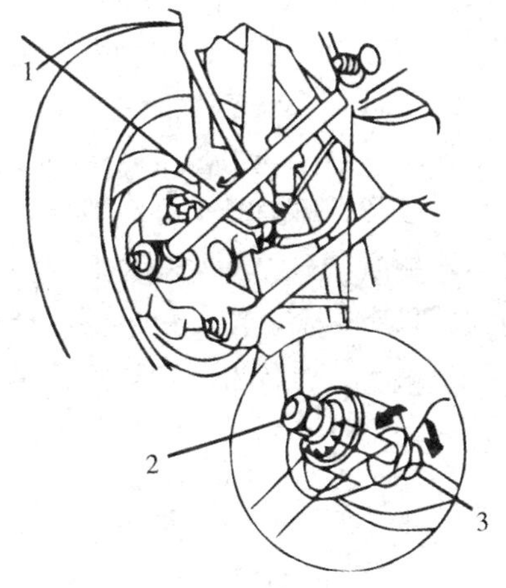

1—控制臂；2—自锁螺母；3—调节螺栓
图 6-18　2003 款本田雅阁后轮前束的调整位置

3. 四轮定位仪简介

四轮定位能保证 4 个车轮均精确地按照相同的方向转动。一般调整顺序为：先调后轮外倾角、后轮前束，再调主销后倾角、主销内倾角、前轮外倾角和前轮前束。进行四轮定位前，先检查常规项目。

四轮定位仪的类型有很多，大多由上位机和下位机组成。如图 6-19 所示，上位机包括箱体、计算机主机、显示器、打印机、主程序软件、通信系统等。下位机由传感器、夹具、转角盘、滑板等组成。

现在，四轮定位仪的功能越来越多，有中文显示、顾客信息管理、车辆的预检查、完整的车辆定位参数等。光盘可以存储很多程序的信息，既能节省硬盘空间，又不怕病毒干扰，程序更新时也很方便。

夹具是安装在轮毂内缘或外缘的表面，用来固定传感器的装置，分为三爪式和四爪式夹具。三爪夹具采用自定心方式，操作简便，结构合理。四爪夹具采用 4 点定位方式，误差取值点多，中心对正较好，精度较高。

图 6－19　四轮定位仪上位机

传感器能感应车轮的定位情况，并将感应到的情况输入计算机主机。它分为有线式和无线式传感器。无线式传感器利用无线电、红外线、激光或 CCD（CCD 是一种半导体装置，能够把光学影像转化为数字信号）等方式进行信号传输。安装传感器时要注意，每个传感器都分别标有序号，汽车左前轮安装 1 号传感器，汽车右前轮、左后轮及右后轮分别安装 2 号、3 号和 4 号传感器。

转角盘的结构如图 6－20 所示，它用于前轮定位，可以无约束转动，可以准确测量出前轮的主销后倾角、主销内倾角、最大转向角度。后滑板的结构如图 6－21 所示，它用于后轮定位，可以小角度旋转和侧向移动，保证后轴自由放置，并且能够实现后轮前束和外倾角的无约束调整。

在测量过程中应注意：四轮定位仪的精度须达到正常要求；应在举升器位于最低锁孔位置（测量工作面）和升起锁孔位置（调整工作面）情况下保证水平，如图 6－22所示，左右之间及 A、B 之间与 C、D 之间允许高度差为 ±0.5 mm，前后之间和对角线之间，如 A 与 C 之间、B 与 D 之间、A 与 D 之间、B 与 C 之间允许高度差为 ±1.0 mm；转角盘须自由转动，左右滑动及前后滑动正常，并且必须用销子固定在举升器平板上；后滑板须自由左右滑动且有 ±5°的转动；测量前束及外倾角时须准确地保持传感器机头水平；三爪夹具的 3 个限位点的共有平面要与车轮侧面平行，不然就会加大测量误差；传感器水平调整的要求是 4 个机头在一个水平面上，只要 4 个数据中最大值与最小值的差值在 0.5°以内即可，一般差值越小误差越小；测后倾角时，所转角度须仔细核实确定，须拉上驻车制动以防止车身向后滑动。

图 6－20　转角盘

图 6－21　后滑板

四轮定位操作流程：将车驶入车位停稳停正，熄火后使驻车制动起作用；将车升起；检测轮胎气压，钢圈是否变形，左右轮胎磨损量是否正常；检测底盘部位；选择调整车型；安装夹具和传感器；查看定位数据；根据车况进行调整；调整后再检测数据；分析调整后的数据；试车合格。

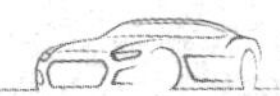

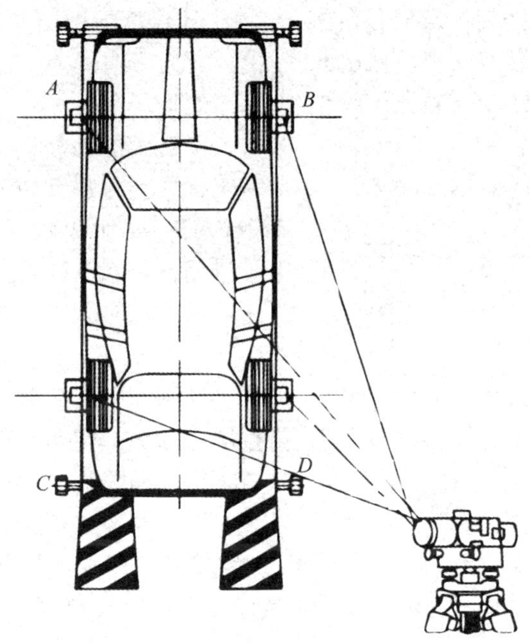

图6－22　调整举升机的水平位置

三、车桥的拆装与检修

1. 转向桥的失效形式

汽车对前桥的冲击载荷比较大，容易造成前桥部件的磨损、变形等，主要表现在前轴的变形和裂纹，万向节产生裂纹，轮毂轴承的损坏等。

2. 转向桥的维护

对于客车、载货车的整体式转向桥，维护时要给主销等部位加注润滑油脂。不论哪种转向桥，在维护时都需要检查轮毂轴承的间隙，间隙不符合要求需要重新调整。

3. 转向桥的拆装与检修

（1）整体式车桥的检修

整体式车桥在拆装过程中要注意以下问题：车辆支撑要非常稳固才能进行解体；主销应尽量采用压力机压出，避免直接对主销进行敲击。

①前轴的检修。用磁力探伤法、浸油法或敲击法检查前轴是否产生裂纹，若产生应更换前轴；用直尺和塞尺检查前轴上的钢板弹簧座的平面度，当平面度大于0.4 mm时，应更换前轴；利用专用仪器检查及维修前轴的变形；前轴座孔内的衬套不应有磨损，如有应更换前轴。

②万向节的检修。用磁力探伤法或浸油法检查万向节的裂纹时，尤其要注意万向节轴颈根部是否产生裂纹；检查万向节轴颈是否有磨损；万向节螺纹损坏不超过2牙；万向节和主销配合松动时，即衬套与主销的配合间隙超过0.20 mm时，应更换衬套。复合材料衬套对齐油孔被压入后即可使用，铜套需要铰削后才可以使用。

③轮毂和轴承的检修。车轮轮毂和轴承是振摆的潜在原因。过度的轴承磨损会引起振

摆现象。车轮和轮毂凸缘处生锈和有异物也可能引起过度的振摆。另外，如果轮毂双头螺柱安装孔钻位不当，轮毂双头螺柱振摆就可能超出规定极限。当车轮轮胎总成振摆不能减小到容许极限时，则应卸下车轮和轮胎并进行检查。

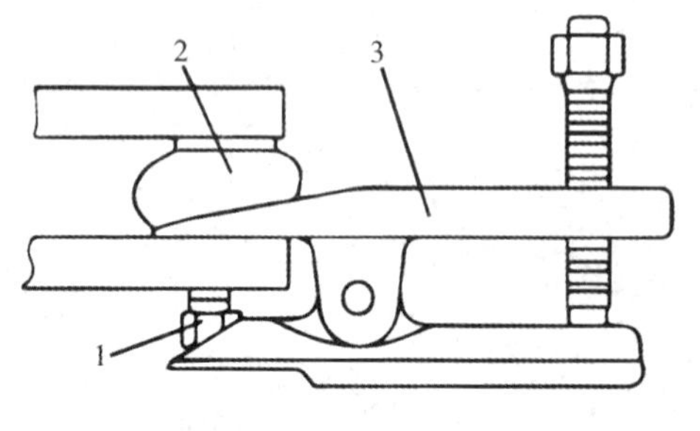

1—锁紧螺母；2—球头；3—球头拆卸器

图6－23　拆卸连接球头

(2) 断开式车桥的拆装与检修

①拆装前轮毂总成时要注意：已拆下的制动钳总成，要使用铁丝将其绑住，勿使其掉落，进而损坏制动软管；在轮毂轴承锁紧螺母处于放松状态时，不能使轮毂轴承处于受力状态，以免其损坏；拆卸球头时，先旋松锁紧螺母，再使用球头拆卸器进行拆卸，可使用铁锤直接敲击球头；使用专用的轴拆卸器将半轴从轮毂压出，如图6－23所示。

②拆卸轮毂螺栓，需要利用轮毂固定器和轮毂螺栓拆卸器，如图6－24 所示。将轮毂锁紧螺母垫片表面有处理的一侧朝向锁紧螺母，以规定拧紧力矩拧紧锁紧螺母，力矩参考值为（245±29）N·m。

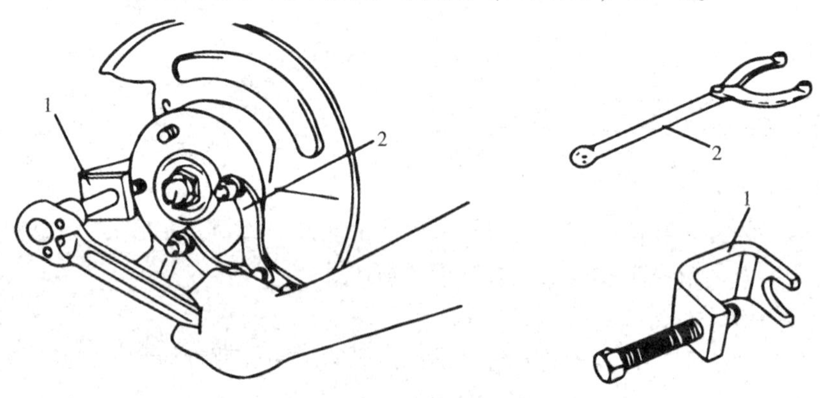

1—轮毂螺栓拆装器；2—轮毂固定器

图6－24　拆卸轮毂螺栓

③拆下制动钳，用铁丝绑好，再拆下制动盘；如图6－25 所示，安装千分表，测量前轮轮毂的轴向间隙，应小于0.05 mm，否则应该更换轮毂。

④检查后轮轮毂轴向间隙的方法和检查前轮轮毂相同。如图6－26 所示，在轮毂螺栓上绕上绳索，一头勾住弹簧秤，以直角方向拉动使轴承转动，阻力应不大于22 N。如果超过22 N，则放松锁紧螺母，重新锁紧，

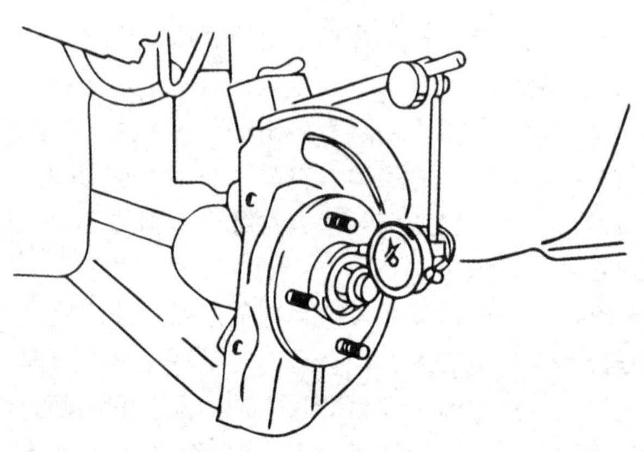
图6－25　检查前轮轮毂

再次检查阻力值，锁紧力矩参考值为（175±25）N·m。如果阻力值还是超过22 N，则需要更换后轮轮毂总成。

⑤车轮轴承间隙的检查：将车辆顶起，按图6-27所示方法，检查轴承的间隙。注意轴承的间隙在各方位几乎是相同的，这和摆臂球头的间隙不同；如果间隙太大，则需要重新调整轴承的间隙（即预紧度）。

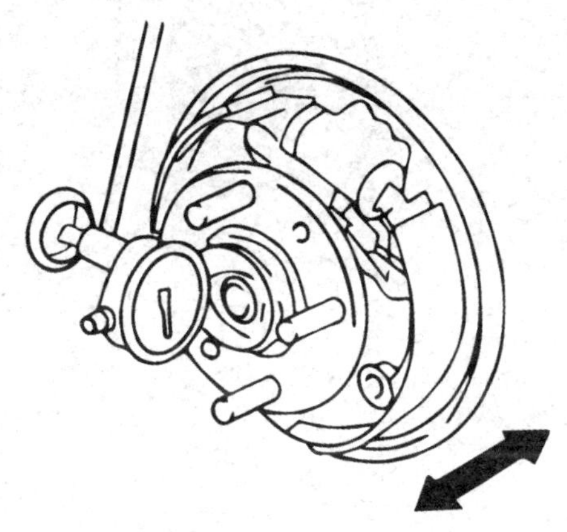

图6-26　检查后轮轮毂

⑥使用两个推力轴承支撑的轮毂，其轴承间隙调整方法如下：如图6-28所示，以一定力矩（参考值为29 N·m）旋紧轴承的锁紧螺母，然后转动车轮，确认轴承无间隙；将锁紧螺母旋松至0 N·m；再将锁紧螺母旋紧到一定的力矩（参考值为8 N·m）；如果锁紧螺母上的齿槽没有对正开口销孔，则转回到30°以内，再将开口销插入。

⑦分解轮毂和制动盘时，在轮毂和制动盘上做记号。如图6-29所示，使用铜片或铝片垫在台虎钳上再夹住制动盘。

图6-27　检查轴承的间隙

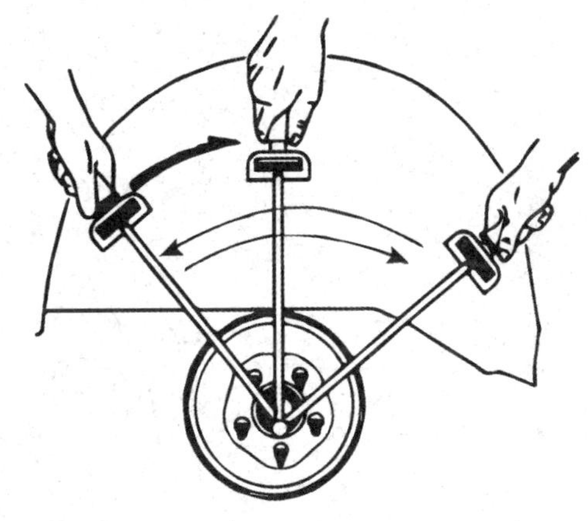

图6-28　旋紧轴承锁紧螺母

⑧拆卸轴承外圈要从外圈臂薄端拆出，如图6-30所示。安装轴承外圈要使用专用工具，如图6-31所示。

⑨检查万向节是否有磨损和裂纹。

⑩每次拆装轮毂总成都需要更换ABS传感器转子、锁紧螺母和轮毂盖。如图6-32所示，拆卸锁紧螺母前，用一字槽螺钉旋具撬起锁紧螺母的嵌缝区域。安装锁紧螺母后，记得用铁锤铆紧此处。

四、车架和车桥常见故障的分析与诊断

结构设计不合理和使用不合理等，会造成车架变形、裂纹、腐蚀和连接松旷等，进而

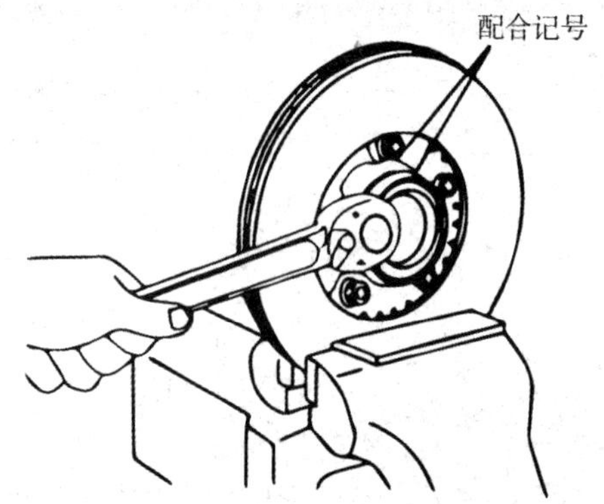

图 6-29 分解轮毂和制动盘

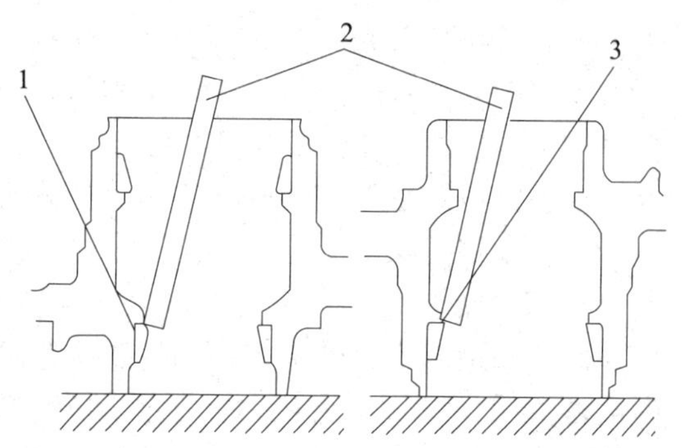

1—外轴承外座圈；2—铜棒；3—内轴承外座圈

图 6-30 拆卸轴承的方法

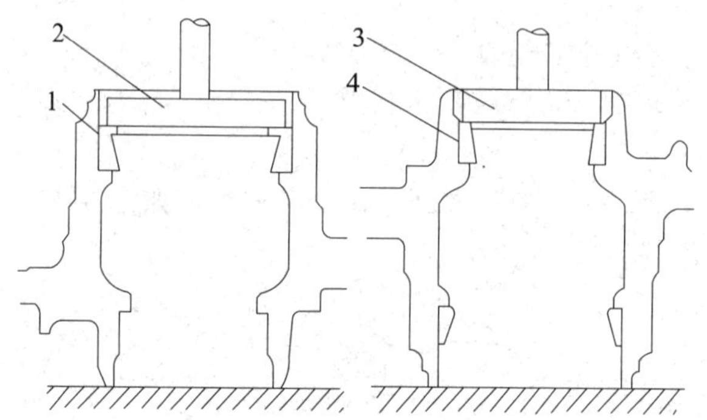

1—外轴承外座圈；2，3—轴承安装器；4—内轴承外座圈

图 6-31 轮毂轴承的安装方法

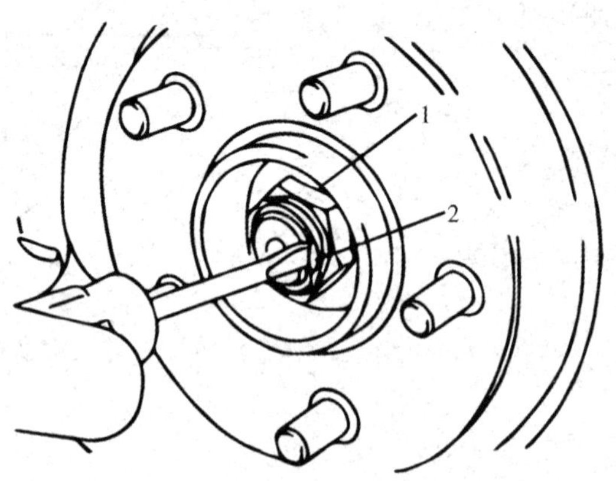

1—锁紧螺母；2—嵌缝区域

图 6-32 撬起锁片

使汽车出现平顺性不良、车身横向倾斜、轮胎异常磨损、行驶无力和行驶跑偏等现象。

1. 平顺性不良

(1) 故障现象

平顺性不良现象主要有汽车行驶时出现振动，加速时出现窜动，驾乘人员感觉很不

舒服。

（2）故障主要原因及处理方法

造成行驶平顺性不良的主要原因如下。

①前稳定杆卡座松旷或橡胶支承损坏，应更换。

②车轮动平衡超标，应校正。

③减振器或缓冲块失效，应修理或更换。

④传动轴动不平衡，应校正。

⑤钢板弹簧支架衬套磨损松旷，应更换。

⑥车轮轴承松旷或转向横拉杆球头松旷，应更换。

⑦钢板弹簧U形螺栓滑牙或松动，应更换或紧固。

⑧发动机横梁和下摆臂的固定螺栓或衬套松旷，应修理或更换。

⑨半轴内、外万向节磨损松旷，应更换。

⑩轮胎气压过高，磨损不均，应调整或更换。

2. 车身横向倾斜

（1）故障现象

车身横向倾斜故障现象主要有汽车车身左高右低或左低右高，出现倾斜。

（2）故障主要原因及处理方法

造成车身横向倾斜的主要原因如下。

①左、右轮胎气压不一致，应按规定充气。

②左、右轮胎规格不一致，应更换。

③悬架弹簧自由长度或刚度不一致，应更换。

④下摆臂变形，应校正或更换。

⑤发动机横梁和下摆臂的固定螺栓或衬套松旷，应修理或更换。

⑥减振器或缓冲块损坏，应更换。

⑦发动机横梁变形，应校正或更换。

⑧车身变形，应整形修理等。

3. 轮胎异常磨损

（1）故障现象

轮胎异常磨损故障现象主要有轮胎磨损速度加快，胎面出现不正常磨损形状。

（2）故障主要原因及处理方法

造成轮胎异常磨损的主要原因如下。

①轮胎气压不符合要求，轮胎质量不佳或车轮螺栓松动，应按规定充气，更换轮胎或紧固车轮螺栓。

②轮胎长期未换位或汽车经常行驶在拱度较大的路面上，应及时进行轮胎换位（一般行驶10000 km应换位，并进行动平衡校正。

③前轮定位不正确或前轮旋转质量不平衡，应校正前轮定位和车轮平衡。

④纵横拉杆、轮毂轴承松旷或万向节与主销松旷，应修理或更换。

⑤铜板弹簧U形螺栓松旷或钢板弹簧衬套与销松旷，应紧固或更换。

⑥经常超载、偏载、起步过急、高速转弯或制动过猛，应注意正确的驾驶方法。

⑦转向梯形结构不能保证各车轮纯滚动，出现过度转向，应调整。

⑧前轴与车架纵向中心线不垂直或车架两边的轴距不等，应调整。

⑨前梁或车架变形，应整形。

⑩前轮制动回位慢或制动拖滞，应排除。

（3）诊断方法

①胎冠两肩磨损与胎壁擦伤，是轮胎气压不足或汽车长期超载引起的。

②胎冠中部磨损，是轮胎气压过高引起的。

③胎冠内（外）侧偏磨损，是车轮外倾角过大（小）引起的。

④胎冠两侧成锯齿状磨损，是轮胎换位不及时或汽车经常紧急制动或长期超载引起的。

⑤胎冠由外（里）侧向里（外）侧呈锯齿状磨损，是前束过大（小）引起的。

⑥胎冠呈波浪状或碟片状磨损，是轮毂轴承松旷或车轮动不平衡引起的。

4. 行驶无力

（1）故障现象

行驶无力故障现象主要有即使将加速踏板踩到底，汽车驱动力也不足，出现加速不良、爬坡无力等现象。

（2）故障主要原因及处理方法

造成汽车行驶无力的根本原因是发动机无力，传动系统传动效率低，车轮受到的阻力过大。具体主要原因如下。

①发动机无力，排除方法按发动机的故障排除。

②离合器打滑，排除方法按离合器的故障排除。

③变速器缺油或润滑油变质，应添加或更换。

④变速器齿轮啮合间隙过小，应重新选配。

⑤万向传动装置中间支承轴承缺油、锈蚀甚至失效，应润滑或更换。

⑥主减速器、差速器或半轴的传动齿轮（花键）啮合间隙过小，应调整。

⑦驱动桥缺油或润滑油变质，应添加或更换。

⑧轮胎气压严重不足，应充气或修补后充气，必要时更换轮胎。

⑨车轮制动拖滞，排除方法按制动系统故障排除。

⑩驻车制动拉索回位不畅，造成后轮制动未完全释放，应润滑或更换。

⑪轮毂轴承过紧，应调整。

⑫前轮定位不正确，应调整或更换部件。

5. 行驶跑偏

（1）故障现象

行驶距偏故障现象主要表现为汽车正常行驶，不踩制动踏板时，必须紧握转向盘才能保持直线行驶，若稍有放松便自动跑向一侧。

（2）故障主要原因及处理方法

造成汽车行驶跑偏的根本原因是汽车车轮的相对位置不正确，两侧车轮受到的阻力不

一致。具体主要原因如下。

①两前轮轮胎气压不等，直径不一或汽车装载质量左、右分布不均匀，应予调整或更换。

②左、右两前钢板弹簧翘度不等，弹力不一或单边松动、断裂，应予更换。

③前梁、车架发生水平面内的弯曲，应予校正。

④汽车两边的轴距不等，应予调整。

⑤两前轮轮毂轴承的松紧度不一，应予调整。

⑥前轮定位不正确，应予调整或更换部件。

⑦车轮有单边制动或拖滞现象，应予检修。

⑧转向杆系变形，应予校正或更换。

⑨动力转向系统控制阀损坏或密封环弹性减弱，阀芯运动不畅或偏离中间位置，应调整或更换。

6. 车架产生变形

(1) 故障诊断

目测构成车架的几个矩形在垂直方向和水平方向上出现了严重变形。

(2) 故障排除

①检修车架变形的准备。

a. 左、右同名钢板弹簧支座上的钢板销孔同轴度误差不大于2 mm，否则应先进行校正。

b. 车架宽度公差为 -3 ~ +4 mm。

c. 纵梁上翼面与腹面的直线度允许误差为1000 mm，长度上不大于3 mm，纵梁全长直线度误差不大于1%。

d. 纵梁腹面对于上翼面的垂直度公差为腹面高度的1%。

②两对角线的技术条件。

a. 用细钢丝作对角线，并用专用工具牵引，如图6-33所示。

b. 两对角线长度差不得大于5 mm，否则表明车架水平扭曲。

c. 两对角线交叉，其位置度误差不得大于2 mm，否则表明车架垂直方向上发生翘曲变形。

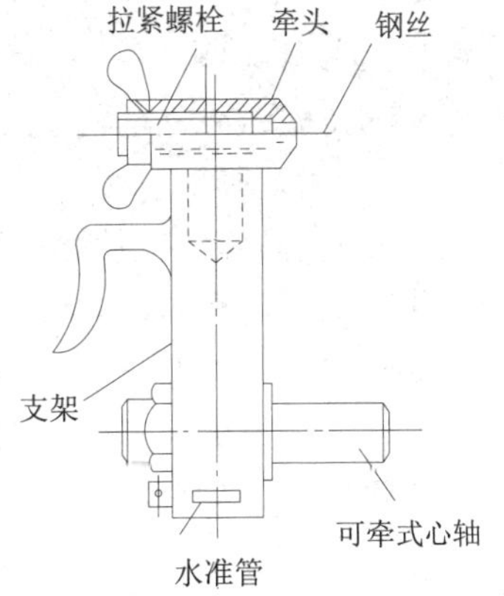

图6-33　对角线牵具

车架变形后，应进行校正。待校正合格后再进行修理，以减小校正应力。

7. 车架产生裂纹和腐蚀

(1) 故障诊断

目测车架产生了腐蚀，纵、横梁产生了裂纹。

(2) 故障排除

①焊接法。

a. 认真清洁、除锈，必须彻底清除接头两侧的旧漆层。

b. 在裂纹两端打止裂口，开坡口。

c. 选用碱性的低氢焊条。

d. 采用直流电源，大电流。

e. 电源反接。

f. 多层多道焊。采用多层多道焊有利于获得较好的效果，同时用锤击减小应力，可适当降低焊速，以防止产生淬硬组织，配合大电流可提高生产效率。

g. 在环境温度低于 0 ℃条件下焊接，接头周围应预热至 100 ℃。

②补块挖补法。常用的补块有椭圆形和三角形，可从旧车架上割取。椭圆形补块用于修补腹面上的裂纹，三角形补块用于修补贯通性裂纹，如图 6－34 所示。

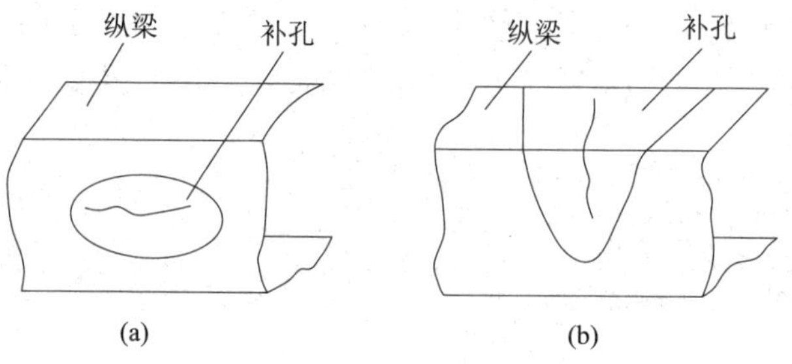

图 6－34　补块的应用

补孔用氧－乙炔气割而成，割口要求光洁，补块与补孔间隙为 2～2.5 mm。补块镶入补孔后，采用分段减应焊法，按车架焊接规范焊接。

8. 车架断裂

(1) 故障诊断

目测车架纵梁完全断裂或接近完全断裂。

(2) 故障排除

车架断裂故障采用覆板法排除。

①覆板长度在 400～600 mm 范围内，只能覆焊一层，禁止焊多层，以防止局部刚度过大，影响纵梁的弹性。

②使用覆板后，不得形成新的危险断面。

③覆板翼面与腹面的过渡处和纵梁上翼面与腹面的过渡处不能贴合，覆板边缘应较纵梁边缘小5 mm，如图 6－35 所示。

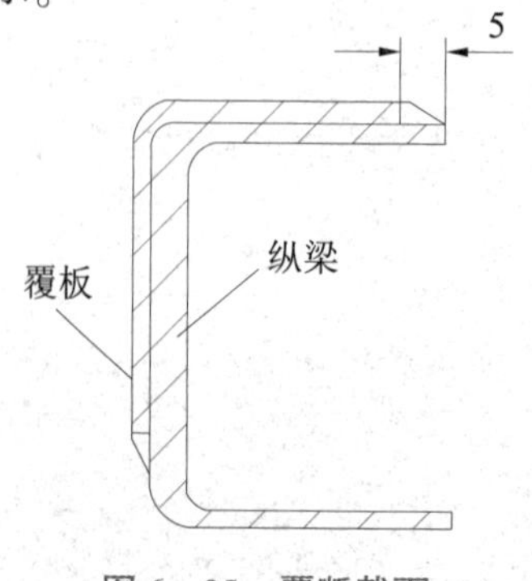

图 6－35　覆断截面

④只覆上翼面和腹面，不得覆下翼面。

⑤腹面端面尖角处不得有裂纹。

9. 车架的松动

(1) 故障诊断

目测车架纵、横梁连接铆钉松动。

(2) 故障排除

车架纵、横梁连接铆钉松动后，将影响车架的刚度和弹性。车架修理时应取掉松动的铆钉，重铆新铆钉。具体要求如下。

①直接将旧铆钉的直径扩大0.5~1 mm，更换加大的新铆钉。

②铆钉长度：

$$L = 1.1\sum\delta + 1.4d$$

式中：L——铆钉的长度；

$\sum\delta$——板料总厚度；

d——铆钉的直径。

③铆钉质量。

a. 铆接头的飞边不大于3 mm。

b. 铆接头与板料缝隙不大于0.1 mm。

c. 钢板弹簧座、拖车钩支座等铆成后，允许与板料局部有缝隙，但不得大于0.3 mm。

任务二　转向桥和转向驱动桥的结构

车桥在车架和悬架间传递力和力矩。按车桥的结构，可将车桥分为整体式车桥和断开式车桥；按车桥的作用，可将车桥分为转向桥、驱动桥、转向驱动桥和支持桥（支撑桥），驱动桥和转向驱动桥属于主动桥，转向桥和支持桥属于从动桥。支持桥除不能转向外，其他功能和结构与转向桥相同。

一、转向桥

1. 与非独立悬架匹配的转向桥

转向桥能使两端的车轮偏转一定的角度，实现汽车转向。载货车通常采用非独立悬架，与非独立悬架匹配的转向桥一般由前轴、万向节、主销和轮毂等部分组成，如图6-36所示。

前轴是转向桥最大的部件，它必须有足够的强度，在车辆正常行驶时，它要承受很大的垂直弯矩，在制动时要承受较大的转矩。前轴的端面为工字形。为了降低汽车重心，前轴中部较低。前轴两端加粗的拳部有孔，主销装入该孔中，在靠近主销座孔处，两端分别有一个主销锁销的座孔。带有螺纹的楔形锁销将主销固定在拳部孔内，主销既不能转动，也不能窜动。前轴的上平面有用于支撑钢板弹簧的加宽面，加宽面上有安装U形螺栓用的

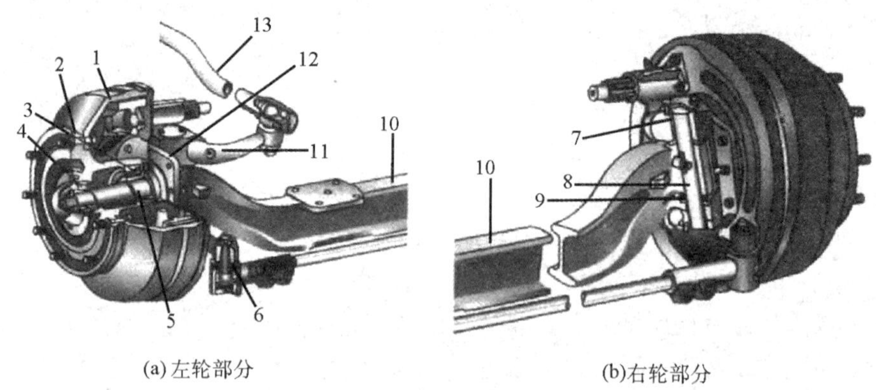

(a)左轮部分　　(b)右轮部分

1—制动鼓；2—轮毂；3—内轮毂轴承；4—外轮毂轴承；5—万向节轴；6—转向拉杆球头；
7—衬套；8—主销；9—推力轴承；10—前轴；11—万向节臂；12—万向节；13—转向直拉杆

图 6－36　转向桥的组成

4 个孔和一个用于钢板中心螺栓的定位孔。

万向节由上下两叉和中间的轴构成。万向节轴起支撑轮毂的作用，其上有用于固定制动底板（制动鼓内端挡泥沙用的薄钢板）方形的凸缘，方形凸缘的外端有 3 道轴颈，分别用于安装轮毂油封、内外轮毂、支承轴承。在万向节轴的外端有用于紧固调整螺母或锁紧螺母的螺纹，以及防止锁紧螺母松动的结构（如安装开口销的销孔）。万向节的上下叉内销孔通过主销和前轴的拳部相连，在销孔内压装了与销孔过盈配合的衬套，衬套上有润滑油槽，通过注油润滑可减少衬套和主销的磨损。衬套一般为铜套或尼龙套，硬度比主销低，这样可以减少主销的磨损。万向节还需要在其上端和（或）下端连接转向机构部件，在固定制动底板的凸缘中部有防止过度转向的止动螺栓。

主销中部有用于安装锁销的凹槽，因此锁销装配时是有方向的。转向时万向节绕主销转动，为使转动轻便和主销不松动，在万向节上耳与前轴拳部上端中间有调整垫片，在万向节下耳与前轴拳部下端有推力轴承。

轮毂的形状因车而异，但是大多数轮毂上都有供安装车轮的螺栓孔。车轮用螺栓固定在轮毂上。轮毂把车轮和制动鼓（或制动盘）与万向节连接在一起，轮毂通过 2 个圆锥滚子轴承安装在万向节的轴颈上。为了密封圆锥滚子轴承的润滑油并防止泥水、灰尘等进入轮毂空腔，在轮毂内端装有油封和挡油盘，在轮毂外端装有金属罩。在 2 个圆锥滚子轴承中，内端圆锥滚子轴承直径较大，圆锥滚子轴承的预紧度需要通过调整螺母来调整。在 4WD 型车上还装配有能够使动力传送间断的自由轮毂。

2. 与独立悬架匹配的转向桥

大多轿车前桥采用断开式车桥，与独立悬架相匹配，其转向桥的作用和非独立悬架匹配的转向桥是一样的。与独立悬架匹配的转向桥的结构如图 6－37 和图 6－38 所示，它主要由万向节、轮毂、前轴及上下摆臂连接球头等组成。它和非独立悬架所匹配的转向器主要有以下区别。

与独立悬架匹配的转向桥采用断开式车桥，其前轴由中间部分（称为横梁）和两端的上、下摆臂组成，上、下摆臂球头销处于同一条直线上，但并非和地面垂直；没有了主销，万向节的上耳和下耳的孔不再和主销配合，而是和万向节配合；万向节在转向时绕上、下摆臂的球头销中心线转动；前轮定位调整位置不同；2个推力轴承预紧度的调整及锁止只采用一个锁止螺母即可；采用非独立悬架的载货车转向桥的轮毂外通常安装制动鼓，采用独立悬架的轿车转向桥的轮毂外通常安装制动盘。

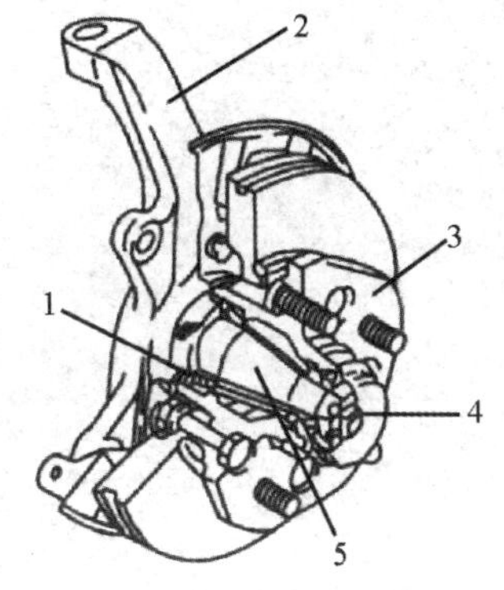

1—内推力轴承；2—万向节；
3—轮毂；4—外推力轴承；5—万向节轴

图6－37　与独立悬架匹配的转向桥

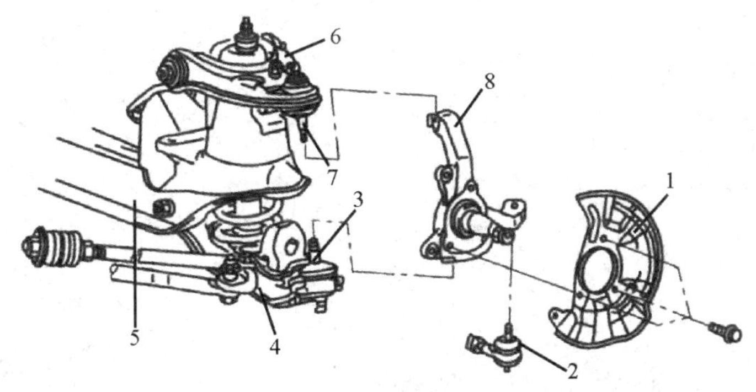

1—制动底板；2—横拉杆球头；3—下摆臂球头；4—下摆臂；
5—前轴；6—上摆臂；7—上摆臂球头；8—万向节

图6－38　与独立悬架匹配的转向桥的结构

二、转向驱动桥

大多数轿车的前桥既能实现车轮转向，又具有驱动功能，故称其为转向驱动桥。

转向驱动桥也具有主减速器和差速器，主减速器和差速器的结构取决于传动系统的布置方式，但是半轴的结构与一般驱动桥的半轴是有区别的。由于转向时转向轮需要绕主销或上、下摆臂球头销的中心线一定的角度，因此与它配合的半轴必须以万向节相连，如图6－39所示。半轴需要穿过万向节将动力输入轮毂，因此万向节轴颈部分必须做成中空的。万向节轴外端制有花键，与半轴凸缘啮合。

在车轮轴承中，有圆锥滚子轴承和向心推力滚子轴承，它们都是由外圈、滚子（滚珠或滚锥）和内圈组成，分别如图6－40和图6－41所示。圆锥滚子轴承有良好的调心作用，能够承受轴向和径向的负荷。转向桥轮毂一般使用2个圆锥滚子轴承支承。双排向心推力滚子轴承与轮毂都具有高精密度，只要按规定的转矩紧固，就能够调整出适宜的预负荷，这种滚子轴承具有耐横向负荷，无须加注润滑脂保养的特点。转向驱动桥轮毂一般使用双排向心推力滚子轴承支承。

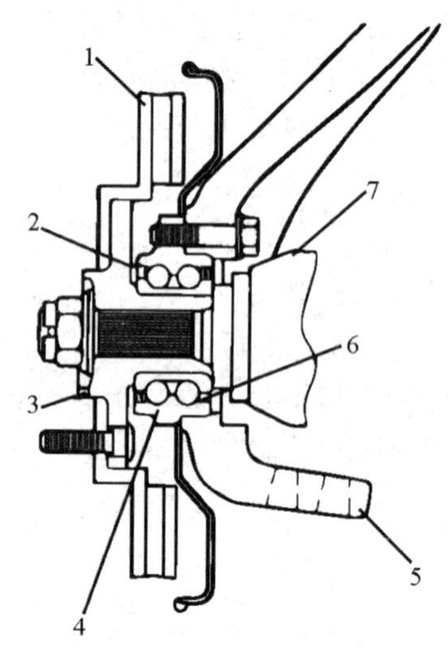

1—制动盘；2—轴承外油封；3—外半轴凸缘；
4—万向节轴承毂；5，7—万向节；6—轴承内油封

图 6－39　转向驱动桥

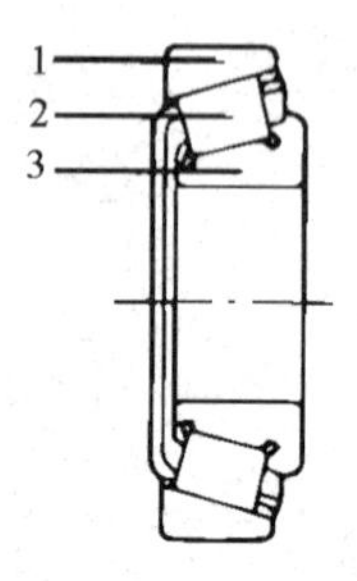

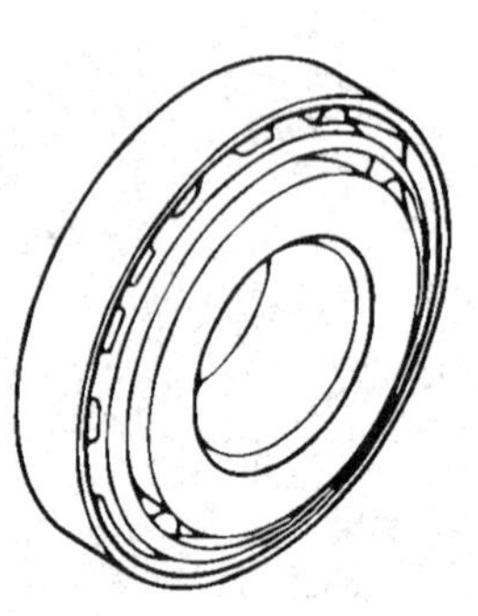

1—外圈；2—滚锥；3—内圈

图 6－40　圆锥滚子轴承

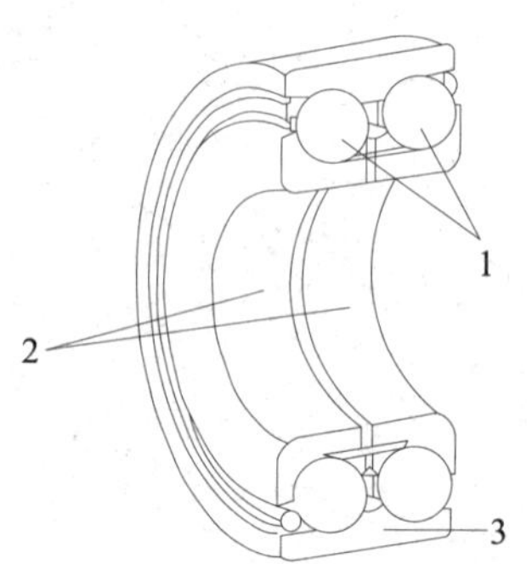

1—滚珠；2—内圈；3—外圈

图 6－41　向心推力滚子轴承

思考题

一、填空题

1. 目前常用的车架有 2 种：一种是大多数轿车用的车架和车身为一体式的__________；另一种是大多数载货车用的__________。

2. 独立车架可以分为__________式、__________式和__________式。

3. 中梁式车架只有一根位于中央贯穿前后的纵梁，因此也称为__________车架。

4. 车桥在车架和悬架间传递力和力矩，按其结构可以分为__________式车桥和

__________式车桥；按车桥的作用，可将车桥分为__________桥、__________桥、__________桥和__________桥。

二、名词解释

1. 内倾角

2. 前束角

三、简答题

1. 什么是主销内倾角？它有什么作用？

2. 怎样调整前轮前束？

3. 根据前束值，怎样计算前束角？

项目七　悬架及车轮的结构与检修

任务一　悬架的认知

悬架的认知

汽车在行驶时，车体难以避免地会发生前后交替地朝上下方向的纵向晃动（即俯仰），朝侧面摇摆的侧向摇动（即侧倾），与地面平行的上下颠簸的上下跳动，以及横向摆动。悬架是车架（或承载式车身）与车桥（或车轮）之间的所有传力及连接装置，如图7－1所示。悬架一般都由弹性元件、减振器、导向机构3部分组成。弹性元件用来支撑车体，减振器用于衰减振动，导向机构用于传递力矩，在一些车辆上还要安装抑制汽车侧倾的横向稳定器。

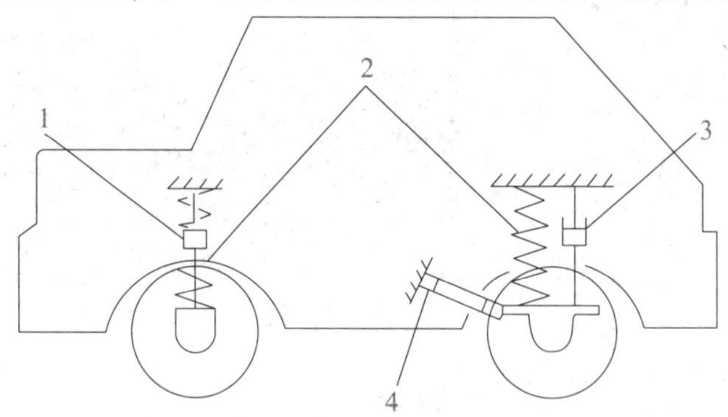

1—前减振器；2—弹簧；3—后减振器；4—纵向推力杆

图7－1　汽车悬架示意图

悬架的主要任务是缓和来自路面的振动与冲击、减少车体晃动、提高乘坐舒适度。为了使悬架达到以上要求，需要其满足以下条件：具有良好的弹性与减振性，使车体、乘员和载货得到保护；具有适度的刚性、强度和耐久性，使车轮在车体受到加、减速时的驱动力、制动力和转向的侧摆力时，能够保持在规定的正确位置；根据车体及路面状态对车轮进行适当的控制，保持与车辆状态相适应的运动性。

悬架按其性能是否可控，分为被动悬架、主动悬架和半主动悬架。被动悬架是刚度、阻尼在行驶中不可调节的悬架；主动悬架是刚度、阻尼根据行驶状况不同，可以自动调节的悬架；半主动悬架是只有阻尼可以自动调节的悬架。

悬架按其结构特点，分为非独立悬架和独立悬架，前者广泛应用于载货车、客车和轿车后桥，后者广泛应用于轿车前悬架。两侧车轮刚性地连接在一起，只能共同运动的悬架是非独立悬架；使用独立悬架的汽车两侧车轮由断开式车桥连接，车轮单独通过悬架与车架连接，可以单独跳动。

一、悬架系统的结构和工作原理

1. 悬架的主要零部件

(1) 弹性元件

车辆在崎岖路面和起伏路面行驶时最容易出现上下振动，这时将有相当大的力传递到车桥，力的强度取决于路面状况和车速。这个力除了轮胎，主要由悬架中的弹性元件吸收。汽车悬架的弹性元件分为金属弹簧和非金属弹簧，金属弹簧包括钢板弹簧、螺旋弹簧、扭杆弹簧等；非金属弹簧包括气体弹簧、橡胶弹簧等。常用的有钢板弹簧和螺旋弹簧。

压缩弹簧的力与弹簧压缩和伸长的距离成正比，比值为弹簧刚度或弹簧刚性系数。弹簧刚度小的弹簧称为“软”弹簧，弹簧刚度大的弹簧称为“硬”弹簧，悬架中使用的弹簧刚度必须适合车辆的性能。“软”弹簧和“硬”弹簧都会影响车辆的舒适性能。

①钢板弹簧。钢板弹簧由弹簧钢制成，它又被称为叶片弹簧或板簧，应用于非独立悬架，钢板弹簧总成为一根弹性近似等强度的梁。钢板具有很强的挠性，它有两种类型：一种是等厚度，宽度呈现两端狭、中间宽的状态。如图 7－2 所示，各钢板长度不相等，但是宽度一样，最上端的钢板最长，最下端的钢板最短。每个钢板弹簧片的弯曲率递增，以使簧片之间保持紧密接触，这样就防止了砂子等异物进入簧片之间，同时各簧片可以根据它们之间的摩擦同时弯曲，从而使钢板弹簧可以更加平稳地吸收振动和冲击。现在的大客车、载货车多数使用这种钢板弹簧。在承载量不是很大的轻型汽车和部分客车上，使用另一种钢板弹簧，即少片钢板弹簧。其钢板弹簧片等宽度，厚度呈现两端薄、中间厚的状态，钢板弹簧片截面沿钢板长度方向中心较厚，向两端逐渐变薄，如图 7－3 所示，数量一般只有 1 ~4 片。少片钢板与多片钢板弹簧相比除了可降低噪声和不产生摩擦外，还可以节省材料，减轻重量，便于布置，降低整车高度，具有良好的平顺性。但是少片钢板弹簧的钢板截面变化大，从中间到两端的截面逐渐不同，因此轧制工艺比较复杂。

钢板弹簧两端的卷耳用销子铰接在车架的支架上，其一端以销子安装在吊架上，另一端使用吊耳连接到大梁上，使弹簧能伸缩，起到缓冲、减振、传力的作用。钢板弹簧结构简单，工作可靠，刚度大，适用于一些非承载车身的越野车、中大型载货车及部分皮卡或面包车。

钢板弹簧的第一片最长，称为主片。主片的两端弯成卷耳，内装青铜或塑料、橡胶、粉末冶金制成的衬套，并通过弹簧销与车架或者吊耳作铰链连接。主片卷耳受力大，为改善其受力情况，第二片末端也弯成卷耳，称为包耳。如图 7－4 所示，按卷耳的结构，可以将卷耳分为上卷耳、中卷耳和下卷耳；按加强的强度可以将卷耳分为半加强、全加强和间隙加强卷耳。为了在弹性变形时使各片钢板有相对滑动的可能，在主片卷耳与第二片包耳之间留有较大的空隙。有些悬架中的钢板弹簧两端不做成卷耳，而采用其他的支撑连接

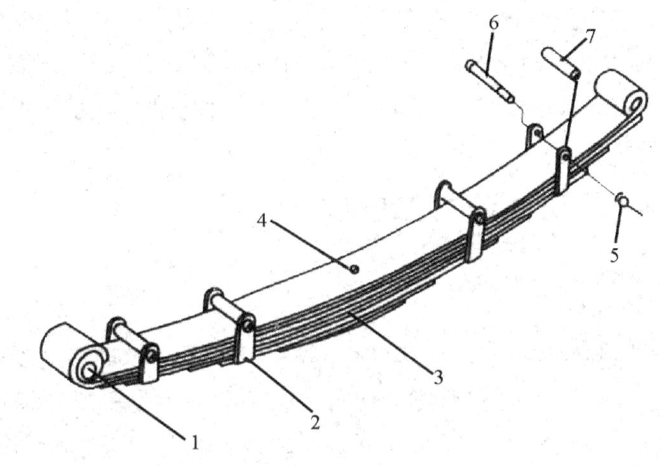

1—卷耳；2—弹簧夹；3—钢板弹簧；4—中心螺栓；5—螺母；6—螺栓；7—套管

图 7－2　多片钢板弹簧

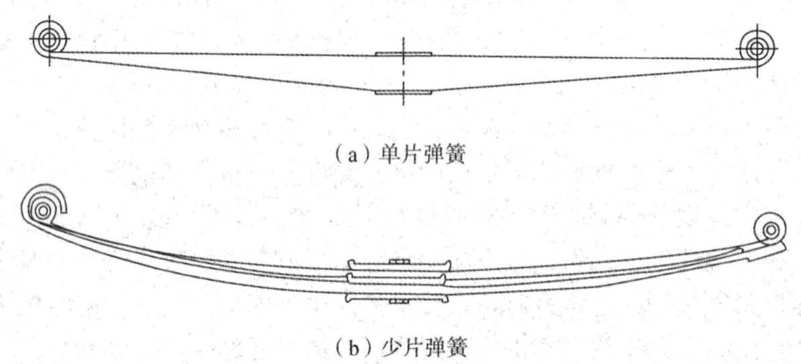

（a）单片弹簧

（b）少片弹簧

图 7－3　单片和少片变截面钢板弹簧

方式，如橡胶支撑垫。

钢板弹簧的中部一般用 U 形螺栓（又称骑马螺栓）固定在车桥（前轴或后轴）上。钢板弹簧中间装有中心螺栓，用来连接各钢板弹簧片，并保证钢板弹簧片的装配位置。按钢板弹簧距两耳的距离分为对称式钢板弹簧和非对称钢板弹簧。使用非对称钢板弹簧的车轴的安装位置不是在弹簧的中心点，而是在稍微靠前的位置。这种方式将增加钢板弹簧前半部分的弹簧刚度。该结构对于抑制在加速过程中出现的“抬头”现象非常有效。

弹簧夹保证在钢板弹簧反向变形时各片不致相互分开而共同承受载荷，还使钢板弹簧片相互横向定位。弹簧夹用铆钉铆接在与之相连的最下面的钢板弹簧片的端部，其上端以螺栓连接，螺栓上的套管顶在弹簧夹之间，以免钢板弹簧片夹得过紧。螺栓套管与钢板弹簧片之间留有间隙（1～1.5 mm），以便各片之间能相对滑动。

多片钢板弹簧的各片钢板叠加呈倒三角形状，钢板的片数与支承汽车的重量和减振效果相关，钢板越多、越厚、越短，弹簧刚性就越大。但是，当车辆在颠簸路面行驶时，钢板弹簧挠曲变形吸收车辆振动，各片之间就会互相滑动摩擦产生噪声。这种干摩擦，将使车轮所受冲击力在很大程度上传递给车架，既降低了悬架缓和冲击的能力，造成行驶不平

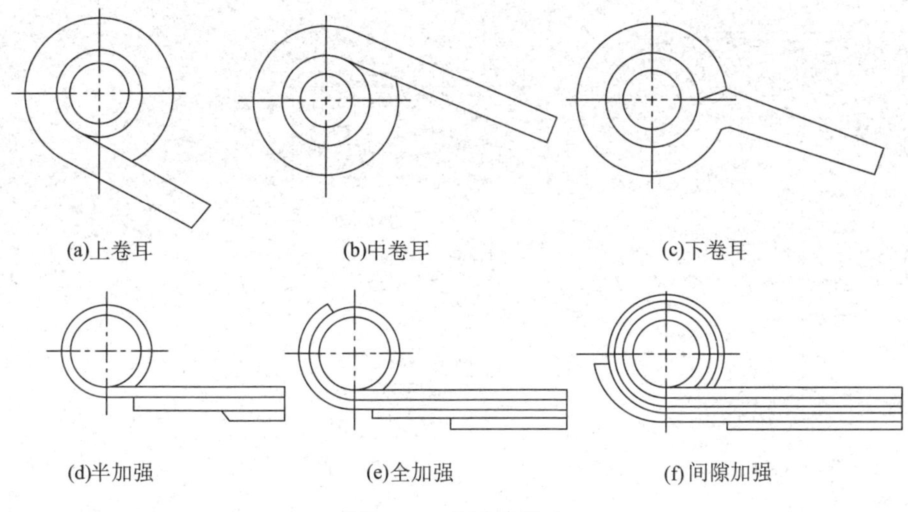

图 7－4　卷耳的形式

顺，也增大了各片钢板的磨损并产生了噪声。一般在钢板弹簧片之间夹入塑料垫片，还要在装配时给各片之间涂上较稠的润滑剂，并定期保养，以产生定值的摩擦力并消除噪声。

②螺旋弹簧。螺旋弹簧大多应用在独立悬架上，尤其在前轮独立悬架上应用广泛，有些轿车后轮非独立悬架也用螺旋弹簧作弹性元件。

螺旋弹簧用弹簧钢棒卷制而成，如图 7－5 所示，可分为等螺距或变螺距螺旋弹簧，也可分为刚度不变的圆柱形螺旋弹簧和刚度可变的圆锥形螺旋弹簧，还有不等线径螺旋弹簧。目前汽车采用的是通过改变钢丝直径、螺距、弹簧直径的非线性螺旋弹簧，以获得更好的平顺性。

螺旋弹簧承受垂直载荷，能提供较大的弹簧位移，但不能吸收横向力和纵向力。用它作弹性元件的悬架要加设导向机构和减振器。它与钢板弹簧相比具有制造工艺简单，不需润滑，防污性强，占用纵向空间小，弹簧本身质量小的特点。

③扭杆弹簧。扭杆弹簧是一根由铬钒合金弹簧钢制成的杆，通过沿轴向扭转变形来缓和冲击。扭杆弹簧两端通常为花键，如图 7－6 所示，扭杆断面常为圆形，少数是矩形或管形。如图 7－7 所示，扭杆一端固定在车架上，另一端通过摆臂与车轮相连。当车轮跳动时，摆臂便绕着扭杆轴线摆动，使扭杆产生扭转弹性变形，以保证车轮与车架的弹性连接。

扭杆弹簧的表面经过加工很光滑，通常为保护扭杆表面，在扭杆弹簧上涂有环氧树脂，并包一层玻璃纤维，再涂一层环氧树脂，最后涂上沥青和防锈油漆，以防腐蚀和表面损坏，从而延长扭杆弹簧的使用寿命。

在制造扭杆弹簧时，经热处理后施加一定的扭转力矩载荷，使扭杆弹簧有一个永久变形。这样使扭杆弹簧具有一定的预应力，可以减小工作时的实际应力，有利于延长扭杆弹簧的寿命。但应注意左、右扭杆施加应力有方向性，装在车上后承受工作载荷时扭转的方向应与预加在扭杆上的扭转方向一致，因此左、右扭杆做有标记，安装时应加以注意。

采用扭杆弹簧的悬架，刚度却是可变的，这对于载荷变化时，改善汽车的行驶平顺性是有利的；扭杆弹簧比螺旋弹簧和钢板弹簧单位重量所能储存的能量大得多，因此其重量

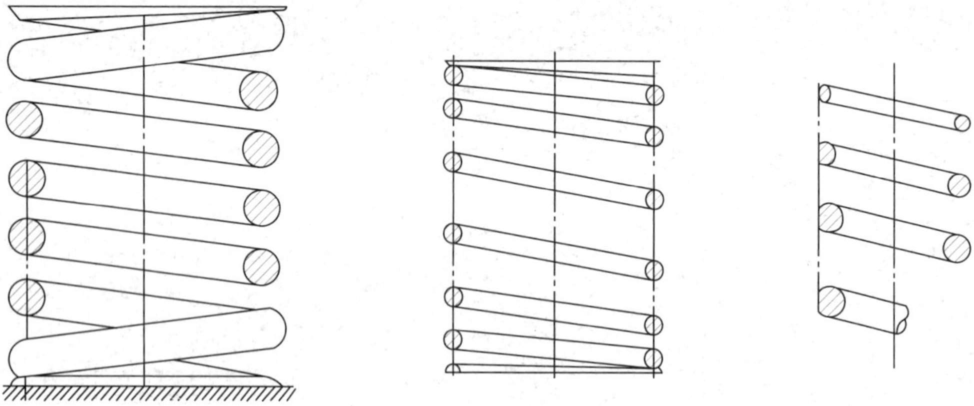

(a)等螺距螺旋弹簧　　(b)不等螺距弹簧　　(c)不等线径螺旋弹簧

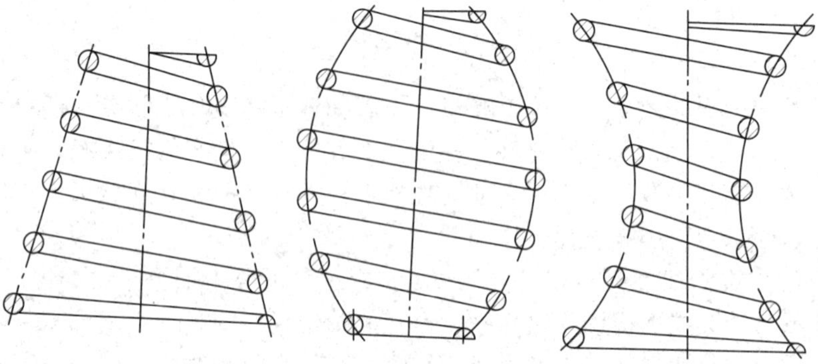

(d)平均直径变化的螺旋弹簧

图 7－5　各种类型的螺旋弹簧

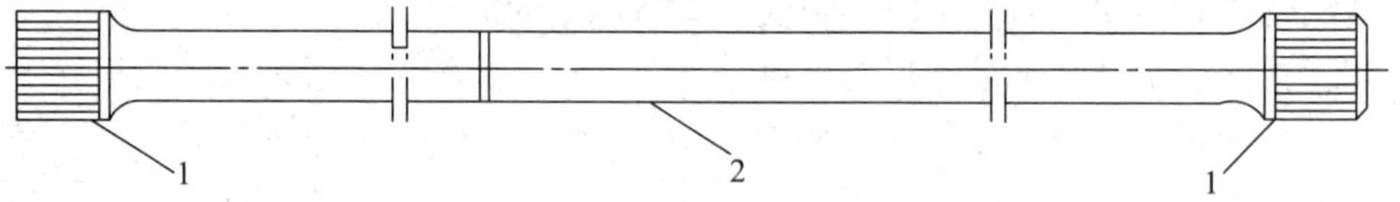

1—花键；2—杆部

图 7－6　扭杆弹簧

轻，这样可提高汽车的行驶平顺性；扭杆弹簧结构简单，不需要润滑，方便布置，另外，采用扭杆弹簧的悬架，将扭杆的固定端转过一个角度，则摆臂的初始位置将改变，这样可以轻松实现车身高度的调节。但是采用扭杆弹簧作弹性元件的悬架要设导向机构和减振器。

④橡胶弹簧。橡胶弹簧单位储能高，有阻尼特性、隔振，主要用作辅助弹簧，或用作悬架部件的衬套、垫片、垫块、挡块及其他支撑件，也有少数汽车悬架将其作为主簧。当橡胶弹簧因外力而变形时，便产生内部摩擦，以吸收振动。橡胶弹簧可以制成任何形状，使用时无噪声，而且不需要润滑，但是橡胶弹簧不适于支撑重载荷。

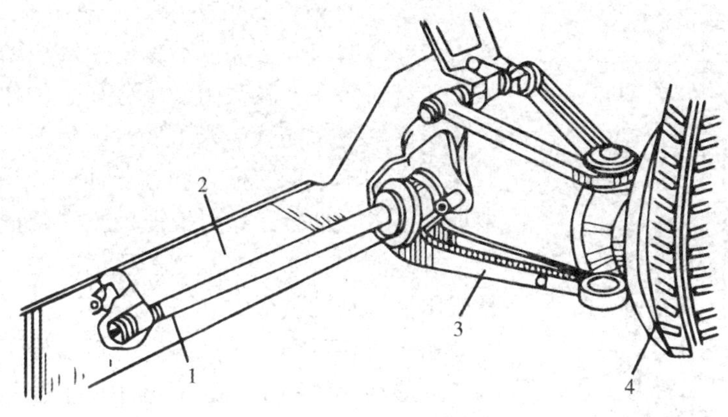

1—扭杆弹簧；2—车架；3—摆臂；4—车轮

图 7－7　扭杆弹簧安装位置

（2）减振器

减振器吸收振动，不断减小振幅，它使弹簧在压缩后恢复到平衡位置所需要的时间大大缩短。简单地讲，减振器是通过减振器自身的运动，消耗弹簧变形储存的能量，将能量变为热能，散发到空气中，以衰减弹簧的振动。如果不安装减振器，允许弹簧在自然状态下回到其平衡位置，大量的振动就会传递给车中的乘客，行驶舒适性就会变得很差。减振器减少振动，并使弹簧快速平稳地回到其平衡位置，行驶舒适性和车辆稳定性会得到提高。

车架与车桥相互靠近时，在悬架处于压缩行程内，减振器的阻尼力应较小，以便充分利用弹簧的弹性来缓和冲击；车架与车桥相互远离时，在悬架处于伸张行程内，为了迅速减振，减振器的阻尼力应较大（为压缩行程的 2～5 倍）。当车桥与车架的相对运动速度过大时，减振器应能自动加大油液通道截面积，使阻尼力始终保持在一定限度之内，避免承受过大的冲击载荷。

减振器的分类方法很多，按结构分为单筒减振器和双筒减振器；按阻尼是否可调分为阻尼可调式减振器和阻尼不可调式减振器；按工作介质可分为油液减振器和气体减振器；按是否充气可分为充气减振器和不充气减振器；按工作方式可分为单向减振器和双向减振器。

①双向筒式减振器。在伸张行程起减振作用的为单向减振器，在压缩和伸张两行程内均能起减振作用的为筒式减振器，称为双向筒式减振器。如图 7－8 所示，它由储油缸筒、工作缸筒、活塞杆、阀、防尘罩等组成。双向筒式减振器有 4 个阀：伸张阀、补偿阀、压缩阀、流通阀。伸张阀和压缩阀分别是拉伸行程和压缩行程的卸载阀；补偿阀和流通阀是单向阀，它们分别在拉伸和压缩行程中补偿油液，避免上、下腔中出现真空。

减振器的基本原理：油液通过阀体上的阻尼孔在工作缸的上、下工作腔之间流动，并因此产生阻尼力，使车身和车架的振动能量转化为热能，并被油液和减振器壳体吸收，最后散发到大气中。减振器的阻尼力要随汽车振动速度的增加而增大，随汽车振动速度的降低而减小。减振器使用专用减振器油，油液具有抗汽化、抗氧化、无腐蚀、黏度随温度变化小等特点。

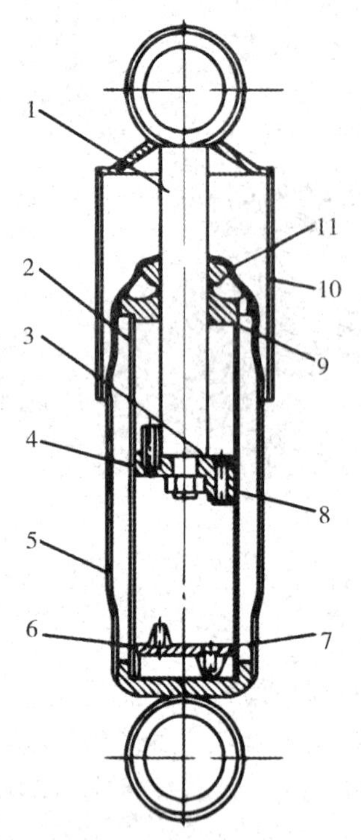

1—活塞杆；2—工作缸筒；3—活塞；
4—伸张阀；5—储油缸筒；6—压缩阀；
7—补偿阀；8—流通阀；9—导向座；
10—防尘罩；11—油封
图 7－8 双向筒式减振器

当汽车的车轮靠近车架时，减振器处于压缩行程，减振器的活塞向下移动。活塞上腔容积增大而下腔容积减小，流通阀在上腔吸力及下腔压力的作用下打开，这时减振器的液压油从活塞下腔流入活塞上腔。但是上腔的容积容纳不了下腔流入的液压油，这是因为上腔被活塞杆占去了一部分，这时液压油推开减振器底端的压缩阀，流入储油缸筒。伸张阀和压缩阀的节流作用便造成悬架压缩运动的阻尼力。

当车桥相对远离车架时，减振器处于拉伸行程，活塞向上移动。活塞上腔容积减小而下腔容积增大，伸张阀在下腔吸力及上腔压力的作用下打开，这时减振器的液压油从活塞上腔流入活塞下腔。当液压油不足以填补活塞杆留下的空间时，在活塞下腔内形成真空，在真空的吸力下，补偿阀打开，储油缸筒的油液流进活塞下腔。

伸张阀上的弹簧刚度和预紧力比压缩阀的大，这样在伸张过程中，油液的通道截面也随压缩行程减小，因此减振器在伸张过程比压缩过程所产生的阻尼力大得多。

②新型减振器。充气减振器的结构如图 7－9 所示，在缸筒的下部有一个由浮动活塞和缸筒形成的密封气室，其内充有 2～3 MPa 的氮气。活塞杆进出引起的缸筒容积变化，由浮动活塞改变上、下位置来进行补偿。在进行补偿时，气室容积发生变化，导致氮气压力相应变化，但是由于 O 形密封圈的密封作用，油和气是完全分开的。

充气减振器减少了一套底阀而且无须储油缸筒，因此体积较小；内充高压气体，能有效地衰减高频振动，并有助于消除噪声。但是其充气工艺复杂，不能修理，而且由于是单筒，缸筒变形后，减振器不能工作。

有些高级轿车上还使用了阻尼可调减振器，这类减振器的阻尼特性可以根据行驶工况和悬架参数的变化对阻尼进行调解，可以使车辆具有更好的综合性能。阻尼可调减振器的原理是根据汽车载荷的变化，调整减振器节流孔的流通面积，进而调整阻尼。当载荷增加时，节流孔流通面积减小，阻尼力增大。载荷减小时的情况相反。

（3）悬架连杆

汽车在制动时，发动机的转矩减小，而车辆重心会前移，这时前桥的负载加大，后桥的负载减少。同样在车辆起步、加速、减速、转向及制动等情况时，前、后桥的负载也会发生变化，这使车辆的稳定性和操控安全性被减弱。悬架连杆衬套和高强度连杆可以吸收这些力并将此现象减小到最低程度。衬套在摇摆力的吸收中起着最为重要的作用。

（4）稳定杆

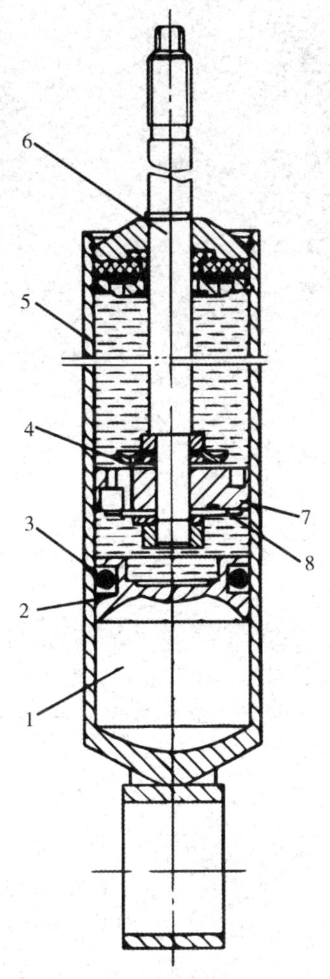

1—密封气室；2—浮动活塞；3—O 形密封圈；
4—压缩阀；5—工作缸；6—活塞杆；
7—工作活塞；8—伸张阀

图 7－9　充气减振器

稳定杆也称为平衡杆，它防止一个车桥的两侧车轮交替跳动，并因此抵消转向时车辆的过度内倾。稳定杆不影响一个车桥的两侧车轮均匀跳动。

如图 7－10 所示，稳定杆一般安装于汽车的前端，由弹簧钢制成。在汽车转向行驶时，在离心力的作用下，外侧车轮的悬架被压缩，内侧车轮的悬架被拉伸，车身产生横向倾斜。稳定杆以铰接方式安装于汽车底盘，即通过 2 个轴套支座及橡胶轴承与副车架相连，两端通过 2 个小连杆与两端的摆臂连接。在车身产生横向倾斜时，稳定杆两端及纵向部分向不同的方向偏转。于是，稳定杆的中部被扭转，具有弹性的稳定杆抵抗扭转的内力矩会阻碍悬架弹簧的变形，因此减小了车身的横向倾斜和横向振动。

2. 非独立悬架

非独立悬架的结构特点是两侧的车轮由一根整体式车桥相连，车轴通过悬架的弹性元

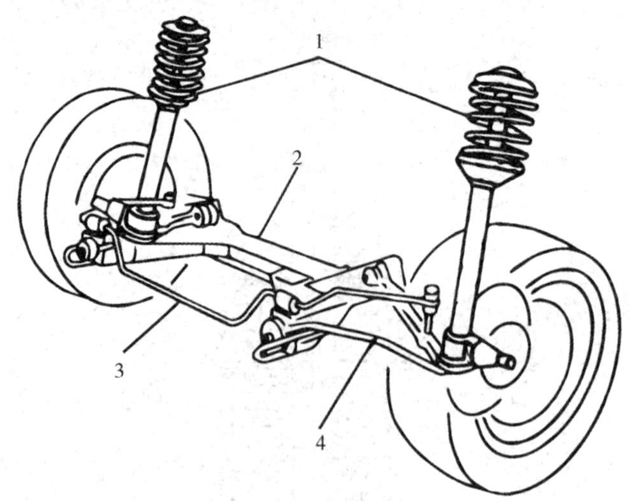

1—减振器；2—副车架；3—稳定杆；4—摆臂

图 7-10　稳定杆

件与车架或车身相连，当一侧车轮因道路不平而跳动时，将影响另一侧车轮的工作。这种悬架主要适用于负荷大的客车和载货车。

非独立悬架主要分为钢板弹簧非独立悬架和螺旋弹簧非独立悬架，在一些高级轿车和大客车上使用空气弹簧非独立悬架。

（1）钢板弹簧非独立悬架

钢板弹簧通常纵向安置，如图 7-11 所示，钢板弹簧前端为固定铰链，后端为活动铰链，钢板弹簧中部用 U 形螺栓与车架连接。钢板弹簧销轴向和径向钻有油道，用来润滑铰链的运动部分；钢板弹簧和车架上装有缓冲块和限位块，限制弹簧的变形量。钢板弹簧非独立悬架应用于前悬架时，一般要安装减振器。减振器的 2 个吊环通过橡胶衬套和连接销与车架和车桥上的支架相连。

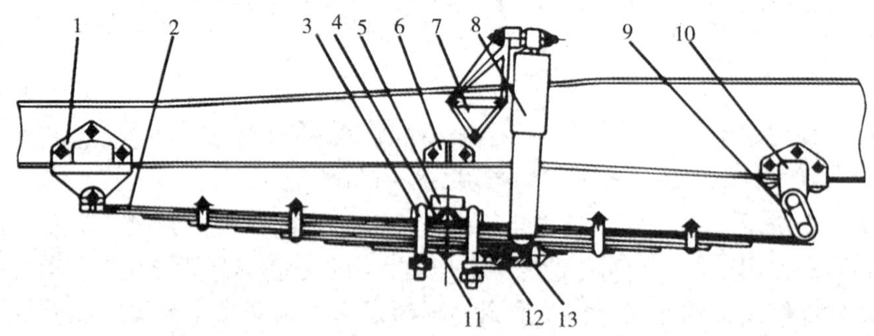

1—钢板弹簧前支架；2—钢板弹簧；3—U 形螺栓；4—前板簧盖板；
5—缓冲块；6—限位块；7—减振器上支架；8—减振器；9—吊耳；
10—吊耳支架；11—中心螺栓；12—减振器下支架；13—减振器连接销

图 7-11　非独立悬架

钢板弹簧非独立悬架在具体应用时有些地方结构各不相同：有些钢板弹簧片后端采用滑板式支承，第二片钢板弹簧的后端做成折角，可避免钢板弹簧脱落；有些钢板弹簧做成单面双槽的结构，可延长疲劳寿命并节省材料；有些钢板弹簧两端采用橡胶块支承，这种结构主片不易损坏，不用润滑吊耳处，还可以降低噪声；载货车的后悬架承受的载荷变化较大，要求载货车悬架刚度变化较大，大多数载货车后悬架采用主、副簧钢板弹簧结构，通过主、副簧先后起作用，得到可变刚度特性，可提高汽车平顺性。

（2）螺旋弹簧非独立悬架

螺旋弹簧非独立悬架一般只用作轿车的后悬架，具有纵向布置方便，便于维护和保养的特点。

如图 7－12 所示，螺旋弹簧的上端固定在车身上，下端固定在后轴上。螺旋弹簧只能承受较小侧向力，因此需要加装横向推力杆和纵向推力杆及减振器。纵向推力杆连接车身和车桥，用以传递驱动力、制动力等。横向推力杆也连接车身和车桥，用于传递横向力，防止车身相对于车桥的横向错动。

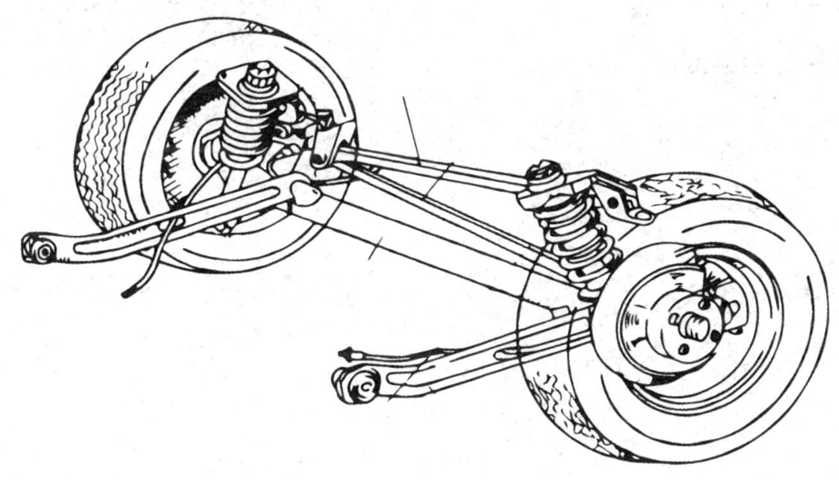

1—支撑臂；2—横向推力杆；3—纵向推力杆；4—螺旋弹簧；5—后轴

图 7－12　螺旋弹簧非独立悬架

二、悬架系统的拆装与检修

1. 悬架的失效形式

悬架的种类繁多，最为常见的失效形式有：减振器漏油；钢板弹簧断裂；扭杆弹簧磨损；球头磨损或漏油；稳定杆磨损；橡胶弹簧变形或损坏；减振器弹簧缓冲垫、稳定杆橡胶衬套、上摆臂和下摆臂的橡胶衬套等用于减振及支承的橡胶材料部件的磨损、老化及损坏。

2. 悬架的维护

（1）对于轿车，大多要求每 12 个月或 1.5 万 km（以先到者为准）检查前、后悬架是否损坏、松动或零件缺失、磨损或润滑不足。具体内容包括检查减振器固定的情况，以及减振器是否漏油；检查摆臂与球头有无变形或损坏；检查减振弹簧有无变形或损坏等。

（2）对于使用钢板弹簧非独立悬架的客、载货车，维护时要检查减振器的固定情况、

钢板弹簧有无折断、吊耳是否良好、钢板销是否需加注润滑脂、U 形螺栓与螺母的紧固情况。

3. 悬架的拆装

（1）球头的拆卸方法

必须使用球头拆卸器来拆卸球头，不要通过敲击外壳或球头其他部位的方式来拆卸球头。

为避免损坏球头销的螺纹端，将球头销锁紧螺母拧松至与球头端部平齐，如图 7 – 13 所示；给专用工具涂上润滑脂，如图 7 – 14所示；确保不要损坏球头护罩，按图 7 – 15 所示，安装球头拆卸工具，通过调节螺栓，可以调节卡爪间距；使用扳手（不能使用电动或气动工具），锁紧压紧螺栓，直到球头销弹出；拆出球头销末端螺母，将球头拔出。

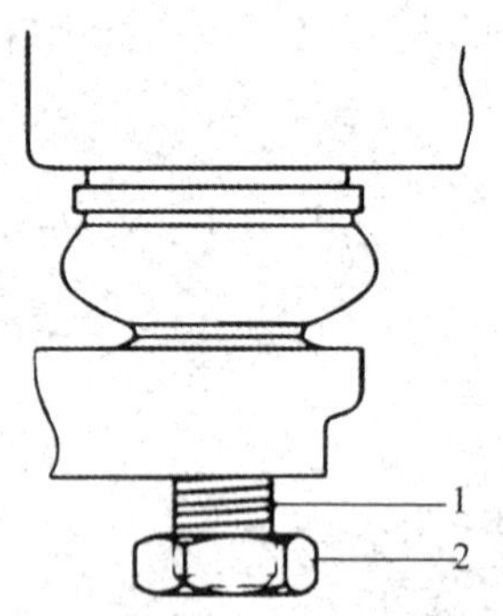

1—球头销；2—锁紧螺母

图 7 – 13　拆卸球头

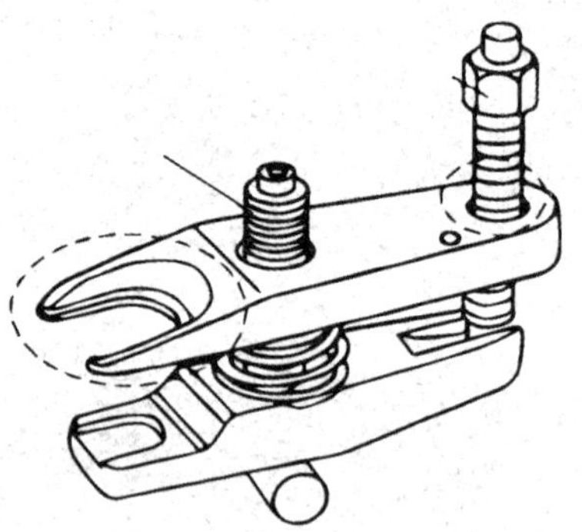

1—调节螺母；2—压紧螺母

图 7 – 14　拆卸球头专用工具

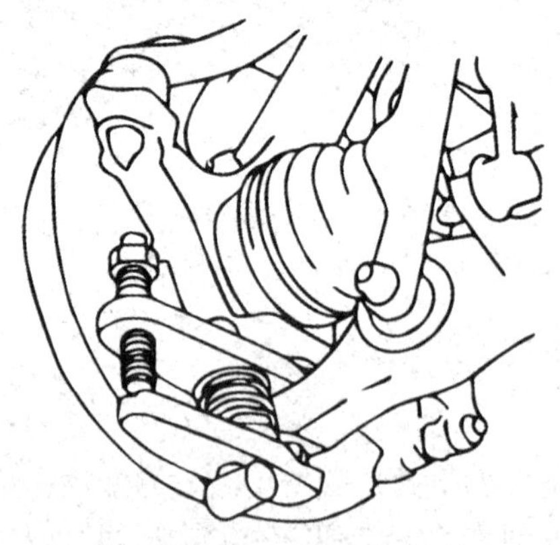

图 7 – 15　安装球头拆卸工具

（2）上摆臂的拆装

拆卸步骤如下：拆除减振器；从上摆臂球头上拆下开口销，然后松开锁紧螺母（在安装时要更新开口销）；使用球头拆卸器将上摆臂和球头分离；拆卸上摆臂的装配螺栓，拆下上摆臂。安装顺序和拆卸顺序相反。

在拆装过程中要注意：不要损坏球头的护罩；按规定力矩拧紧所有螺栓；千万不要通

过放松槽形螺母来对齐球头销上的开口销孔，正确的操作方法是将槽形螺母拧紧到规定的最低值，再将其锁紧到与球头销上的孔平齐；在拆装过程中，会使制动盘脏污，安装车轮前，要清洁制动盘的配合面和车轮内表面；检查前轮定位，必要时进行调整。

下摆臂与上摆臂的拆装方法及注意事项类似，但是要举升车辆的前部，拆卸车轮。

如图 7－16 所示，利用压机和专用工具将摆臂内衬套压出，不可直接敲击。安装摆臂衬套时，在摆臂上涂多用途润滑油，如图 7－17 所示，利用专用工具及台虎钳将衬套压入衬套座孔中，擦掉多余的润滑油。

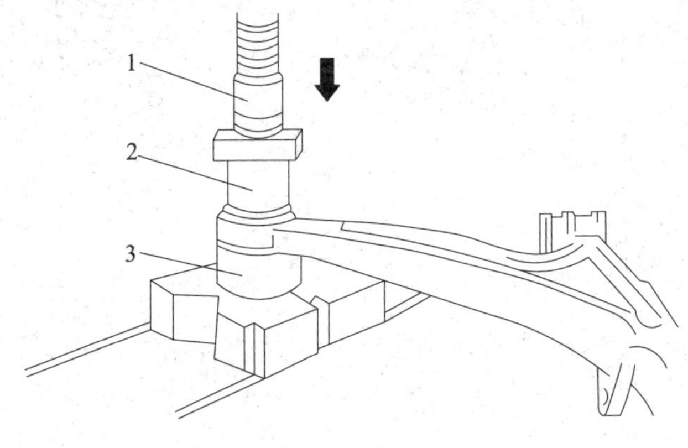

1—压机；2、3—专用拆卸工具

图 7－16　拆卸摆臂衬套

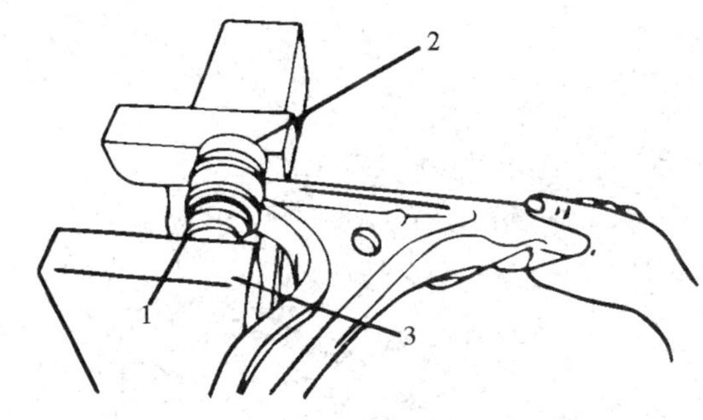

1—衬套；2—专用工具；3—台虎钳

图 7－17　安装摆臂衬套

（3）稳定杆的拆装

前横向稳定杆在车上的位置如图 7－18 所示，稳定杆支承在 2 个弹性支座上，而弹性支座通过支座盖板装在前副车架上，稳定杆两端通过连接杆与减振器连接。如图 7－19所示，安装横向稳定杆时，稳定杆上的标记应与弹性支座上的标记相吻合，以确保稳定杆在侧面和水平面上的正确位置，支座盖板可使稳定杆和支座压在一起。

（4）减振器的拆装

举升车辆，拆卸前轮；拆卸减振器下端与支座及支座与下摆臂的连接螺栓，如图 7－20 所示；拆卸减振器顶端的螺母；利用弹簧压缩器，将减振器螺旋弹簧压缩，然后拆卸减振器的自锁螺母。注意弹簧不要压缩过度，能拆除自锁螺母即可。如图 7－21 所示，对

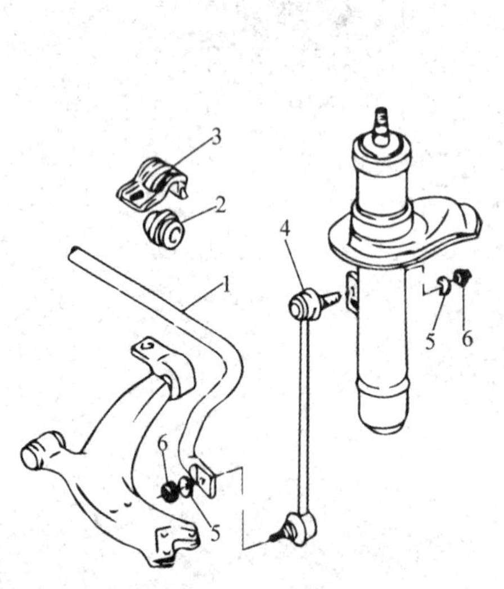

1—前横向稳定杆；2—弹性支座；3—支座盖板；
4—连接杆；5—弹簧垫圈；6—自锁螺母

图 7－18　前横向稳定杆装配关系

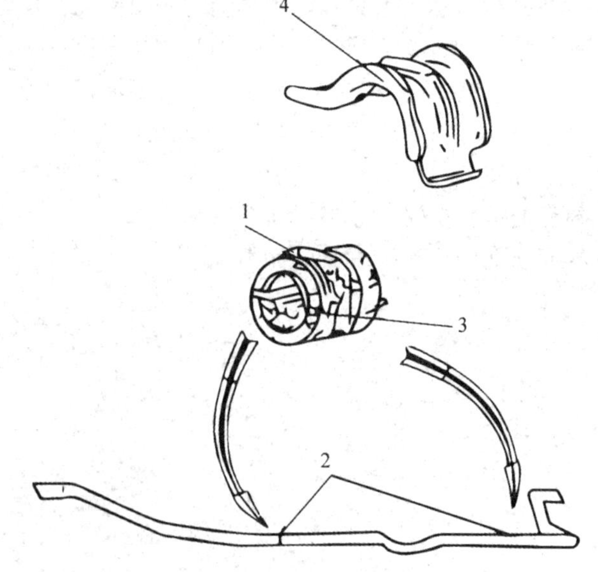

1—弹性支座；2—稳定杆上的装配标记；
3—弹性支座装配标记；4—支座盖板

图 7－19　前横向稳定杆装配标记

减振器总成进行分解。按相反步骤进行减振器组装。

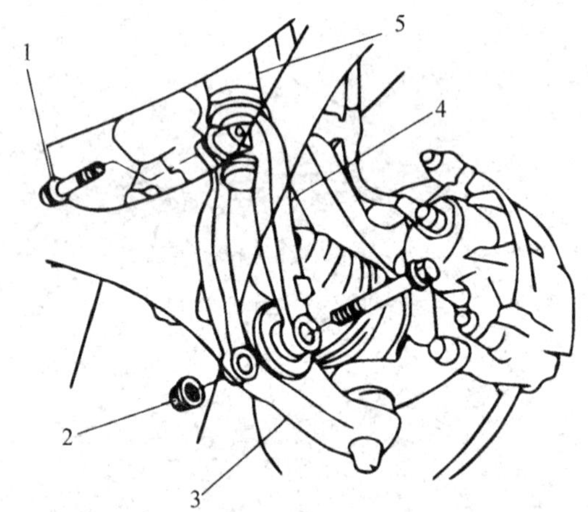

1—减振器下端与减振器支座连接螺栓；
2—减振器支座与下摆臂连接螺母；
3—下摆臂；4—减振器支座；5—减振器

图 7－20　拆卸减振器下端

（5）扭杆弹簧的拆装

扭杆弹簧与减振器的相对位置非常重要，在拆卸扭杆弹簧前要注意：在拆卸减振器时，应用定位工具装在减振器的位置，并调整好长度；为避免装配时改变扭杆弹簧花键与摆臂孔花键的相对位置，进而影响车身的离地高度，在拆卸扭杆弹簧前，应做好扭杆弹簧

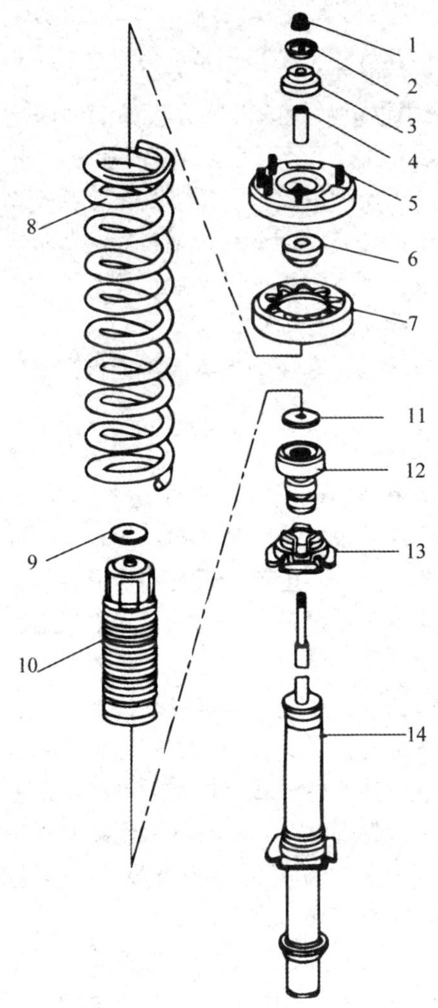

1—自锁螺母；2—垫圈；3，6—橡胶衬套；4—套环；5—减振器安装座；
7—弹簧缓冲垫；8—减振器弹簧；9—防尘罩盖；10—防尘罩；11—减振器限位板；
12—减振器限位器；13—防尘罩下部安装罩；14—减振器装置

图 7－21　减振器总成

与摆臂的装配记号。

扭杆弹簧重装时，左、右扭杆弹簧是不能互换的，如果安装错误，则扭杆弹簧的性能下降且容易折断。为使左、右扭杆弹簧不装错，应注意看扭杆弹簧上的标记，左扭杆弹簧上有两道漆环标线，右扭杆弹簧上有一道漆环标线。左、右扭杆弹簧工作时承受的作用力方向相反，扭杆弹簧在热处理时做过不同方向的预应力处理以保持疲劳强度。在安装扭杆弹簧时，应在扭杆花键上涂润滑脂，并按拆卸时所做的装配记号装上扭杆；若扭杆无装配记号，装配时应逐步地转动扭杆，寻找其能自由地插入座孔 8～10 mm的位置，借助专用工具装上扭杆弹簧。注意：扭杆弹簧两端的花键齿数分别为 30 和 32（富康轿车参数），在直径方向上有两个相对的位置，在这两个位置上，扭杆可自由地插入座孔而不使车身底板高度发生变化。扭杆弹簧安装到位后，应装上挡圈及紧固螺栓，并装上防松螺母。

（6）钢板弹簧的拆装

钢板弹簧重量较大，拆装时要小心，注意安全。

EQ1092 型汽车前悬架中钢板弹簧的拆装方法如下：用三角木塞住车轮，用千斤顶将车轮顶起；拆卸减振器总成；拆下 U 形螺栓的紧固螺母，注意使用 U 形螺栓电动拆装机时不要戴手套，拆下减振器下支架等零件；拆下前钢板弹簧销定位螺栓，并冲出钢板弹簧销；使钢板弹簧和弹簧定位销分离；拆下钢板弹簧后端滑板支架上的钢板弹簧限位螺栓及销套；取下前钢板弹簧总成；拆下钢板弹簧夹箍螺栓及中心螺栓，这样钢板弹簧就可以分离了。安装时按与拆卸相反顺序进行即可。

如果仅仅是更换钢板弹簧销衬套，则不需要将钢板弹簧完全拆下来。

4. 悬架的检修

（1）减振器总成的检修

每次拆下减振器，需要更换减振器自锁螺母，如图 7－21 所示；检查垫圈是否变形；检查橡胶衬套和减振器限位器是否有缺陷和破损；检查减振器安装座是否变形；检查弹簧安装缓冲垫是否变形或损坏；检查防尘罩是否弯曲变形或损坏；检查防尘罩下部安装座是否变形或损坏；检查减振器本身是否漏气、漏油及其阻尼情况；若减振器存在弯曲或严重的凹陷或刺孔，应予以更换。

减振器弹簧的检查方法如下：先进行外观目测检查，若有明显的塑性变形、裂纹等缺陷，应予以更换；再检查弹簧的弹力是否下降，若弹力下降，则应更换弹簧，弹力的检查方法可分为就车检查和拆下检查两种。就车检查时可将轿车停放在平地上，各轮胎气压充至规定值，按规定部位测量车身高度，若车身某一侧高度低于规定值或左、右侧高度均低于规定值，说明某一侧弹簧或所有弹簧的弹力下降，应更换失效的弹簧。对于拆下的弹簧，可用仪器或自由高度来检查其弹力是否合适。

检查减振器的性能是否衰减的方法如下：检查轮胎气压是否正常。快速压下并弹起最靠近被检减振器处的保险杠角，若车辆的反弹次数超过 2 次，则说明减振器工作效能差，应更换减振器。以此方式轮流测试每一个减振器（将这些测试结果与可接受行驶性能的类似车辆进行比较）。2 个减振器应具有同样的阻力感觉，如果怀疑一个减振器有故障，则将其操作情况与一个确信无故障的减振器进行对比。对于拆下的减振器的检查，可以采用如下方法：用手压缩减振器，检查整个压缩及拉伸行程动作是否平稳；释放时，减振器动作应连续且平稳，否则说明减振器漏气或损坏。

检查减振器产生噪声的方法如下：检查所有减振器装置的紧固件；卸下怀疑有故障的减振器；快速地将减振器推进，然后将其拔出，发出“嗞嗞”的噪声是正常的，并且是可以接受的。如果听到的不是“嗞嗞”的噪声，则应更换减振器。

减振器缺油时，往往会发出“咯噔、咯噔”的撞击声。检查减振器缺油方法如下：当怀疑车辆有故障时，应彻底拉出减振器以露出密封件盖表面。检查减振器密封件盖表面是否有油液渗漏迹象，有轻微的油液渗漏是可以接受的。减振器装有足够的油液，允许密封件轻微渗漏，目的是润滑活塞、连杆。当上述情况无法目视检查时，可以在汽车运行后触

摸检查。汽车运行一段时间停车后迅速用手触摸减振器筒体，如果感到筒体发热，说明减振器工作正常，不缺油。若感觉减振器筒体温度变化不大，则说明减振器缺油或失效。减振器缺油、漏油或失效时，应更换。

对于不能使用的减振器，要对其进行处理，以免污染环境。有的减振器内有负压氮气和油，如本田雅阁轿车的减振器。处理前，必须释放压力，以免引起爆炸而造成伤害，在作业中一定要戴好眼睛保护罩。处理时，伸开减振器放在水平面上，将减振器轴，如图 7－22 所示，在减振器上钻一个直径为 2～3 mm的小孔，以释放气体。将工作缸筒从末端切割开，上下移动活塞、连杆数次，使缸筒内的压缩油流出并回收。根据相关废弃物处理法规对废油进行处理。

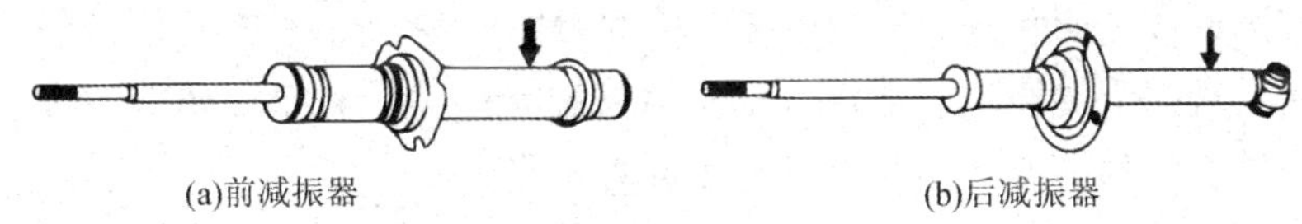

(a)前减振器　　(b)后减振器

图 7－22　减振器钻孔位置

（2）球头的检查

球头起承受载荷和汽车转向时车轮支点的作用，球头工作一段时间后会磨损。当球头销磨损严重时，会使间隙增大，导致前轮定位失准、转向困难、方向不稳、轮胎发生异常磨损，因此对球头销的磨损情况应严格检查。

检查球头前，应先检查车轮轴承间隙是否合适。为了检查车辆的球头状况，应举升起车辆前部并使前悬架自由悬挂。握住轮胎的顶部和底部并使轮胎底部向内和向外移动，观察是否有与控制臂有关的万向节平行移动。

检查球头销能否自由转动。检查球头油封是否有切口或裂纹，如果部分油封很难观察，可以小心地用手指触摸油封是否有切口或裂纹。如果出现大量油脂，就证明油封已有裂纹。如发现了切口或裂纹，则应更换球头。检查球头销的间隙是否过大，如果出现不正常状况，则更换球头总成。

在检查客、载货车球头的时候，应检查万向节支座处球头双头螺柱的紧固情况。这项检查是通过在摇动车轮和轮胎总成的同时，根据双头螺柱末端的移动情况来完成的。磨损或损坏的部件应及时更换。

（3）悬架磨损的检查

通过测量翘头高度可以检查悬架是否磨损过大。

测量方法如下：请一位技术人员抬起前保险杠，尽可能抬高车辆；缓慢放下保险杠，使车辆恢复正常翘头高度；测量地面至保险杠中心的距离；按压保险杠，然后缓慢松开，让车辆恢复正常翘头高度；测量地面至保险杠中心的距离；2 个测量值之差应小于 12.7 mm。如果差值超过此限制，那么检查控制臂、滑柱和球节是否损坏或磨损。

（4）摆臂的检修

摆臂既是前轮定位及受力的重要部件，又是前悬架导向部件，因此应重点检修。当摆臂出现裂纹、变形或有损坏痕迹时，应予以更换。尽量不要对摆臂进行整形、焊补来恢复其原尺寸和形状。

当更换摆臂总成或摆臂球形接头时，必须借助新的球形接头检查万向节球形接头孔的孔径，一旦发现孔径变大、失圆、松旷等现象，则需更换万向节。检查摆臂弹性胶套，如孔径明显变大或变形，应更换。

（5）平衡杆的检修

对横向稳定杆检修，可就车检查，看其是否有移动及磨损故障，是否有裂纹、弯曲变形及损坏，若有，应予以更换；若横向稳定杆连接处松动，应加以紧固；若横向稳定杆的弹性支座老化损坏或磨损严重，则汽车高速行驶时，将会产生较大噪声，应更换弹性支座。

（6）扭杆弹簧的检修及调整

检查扭杆弹簧有无明显的变形、损坏；检查扭杆弹簧表面有无刮伤、裂纹；检查扭杆弹簧花键是否出现严重的磨损、变形；检查扭杆弹簧弹力，若扭杆弹簧的安装位置正常，而后部车身高度小于标准值，则说明扭杆弹簧的弹力下降。

扭杆弹簧出现明显的变形、损坏，表面有刮伤或裂纹，弹力下降等情况，都应该更换。否则会出现悬架发出异常噪声，后部车身高度减小，前轮定位部分参数改变等现象，这会导致汽车的操纵稳定性、行驶平顺性变差及轮胎的过度磨损等。

汽车后部高度的检查：汽车为装备状态（空载，5 L 燃料）；轮胎为标准气压；汽车停在平坦的路面上；测量前，振动汽车，以消除悬架机构的应力；如图 7－23 所示，测量汽车后部后轴与地面的距离，分别测量汽车左、右两边的 3 个值，并分别计算汽车左、右两边的平均值及总平均值，总平均值为汽车后部高度，当汽车后部高度不符合规定值时，应进行调整；汽车左、右两边的平均值即为左、右两边高度。当汽车后部左、右两边高度之差大于10 mm时，也应进行调整。注意：扭杆弹簧一侧的高度进行调整后，会引起另一侧高度的变化，因此另一侧的高度也必须进行调整。

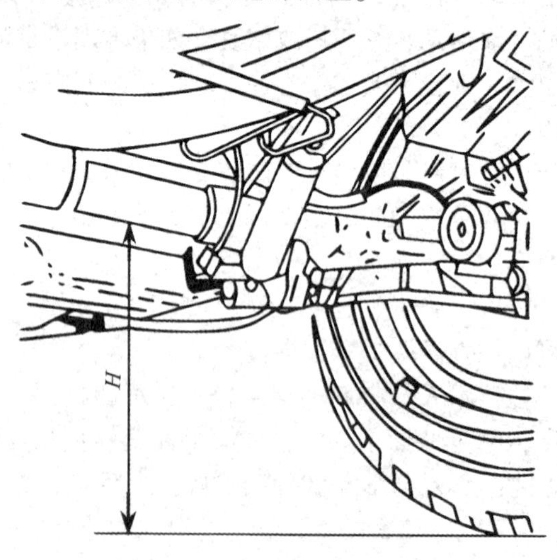

图 7－23　后部高度检查

通过转动扭杆弹簧，同时改变它在后轴管支架的花键孔内（富康 30 齿）和摆臂的花键孔内（富康 32 齿）的位置来调节后部高度，转动一个齿可使后部高度变化一定的距离。

(7) 钢板弹簧的检修

钢板弹簧的U形螺栓及中心螺栓螺纹损坏超过2牙时，应更换；钢板弹簧销衬套磨损超过1.0 mm时，应更换；钢板弹簧夹箍铆接松动时，应重新铆紧；钢板弹簧出现裂纹、折断，需要更换；钢板弹簧的曲率、弹力好坏可以用与新钢板弹簧比较的方法来判断。

三、悬架常见故障的分析与诊断

1. 车身倾斜和行驶跑偏

(1) 故障诊断

汽车调整后停放在平坦地面上，车身横向或纵向歪斜，汽车行驶中方向自动跑偏。

(2) 故障的排除

①钢板弹簧折断，特别是主片折断，会因弹力不足等原因使车身歪斜。若车身在横向平面内倾斜，则是前钢板弹簧一侧主片折断，应予以更换；若车身在纵向平面内倾斜，则是后钢板弹簧一侧主片折断，应予以更换。

②当某一侧的钢板弹簧因疲劳导致弹力下降，或者更换的钢板弹簧与原弹簧刚度不一致时，会使车身倾斜。若车身出现倾斜、行驶跑偏、行驶摆振、异响等故障，则是钢板弹簧销、衬套和吊耳磨损过量，应予以修理或更换。若车桥移位倾斜，导致汽车跑偏，则是U形螺栓松动或折断（或钢板弹簧第一片折断），应予以调整或更换。

2. 异响

(1) 故障诊断

在行驶过程中，特别是道路颠簸、突然制动、转弯时，从悬架部位发出噪声。

(2) 故障排除

①首先应检查悬架与车架或车桥的连接部位，看是否脱落，其胶垫是否损坏或松旷，若有，应予以调整或更换。

②若悬架与车架或车桥的连接部位及胶垫均良好，应用手按下保险杠，放松后如汽车有两三次跳跃，说明减振器良好，如没有则说明减振器损坏，应予以检修。

③路试减振器效能，当汽车缓慢行驶并不断制动减速时车身跳跃强烈，或行驶一段路程后，减振器外壳温度高于其他部位，则说明减振器工作正常。如减振器工作不正常，应予以更换。

任务二　独立悬架的结构与检修

一、独立悬架的结构

独立悬架的两侧车轮独立地与车架或车身弹性连接，主要适用于轿车。独立悬架的两侧车轮可以单独跳动，可减少车身振动，消除车轮径向圆跳动，乘坐舒适性和操作稳定性好；采用断开式车桥，降低汽车重心，提高行驶稳定性；提供了较大的车轮跳动空间，因

此可减小悬架刚度，减少非簧载质量，提高平顺性。但是独立悬架结构复杂、制造成本高，维护不便，行驶时车轮跳动引起轮距变化，会加剧轮胎磨损。

独立悬架的主要类型有横臂式独立悬架、纵摆臂式独立悬架、斜摆臂悬架、车轮沿主销轴线移动的悬架（烛式、麦弗逊式悬架）和多连杆式悬架。

1. 横臂式独立悬架

横臂式独立悬架根据横臂的数量分为单横臂式独立悬架和双横臂式独立悬架。

（1）单横臂式独立悬架

单横臂式独立悬架目前应用较少，主要应用于车速不高的重型越野车。如图 7－24 所示，车轮跳动时悬架变形，车轮平面产生倾斜而使轮距改变，这样容易破坏轮胎与地面的附着力。单横臂式独立悬架用于转向轮时，引起主销内倾角和车轮外倾角变化，对转向时的操纵性能有影响。

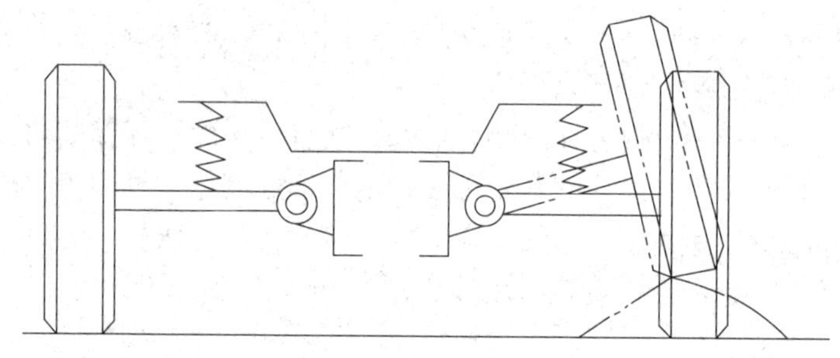

图 7－24　单横臂式独立悬架

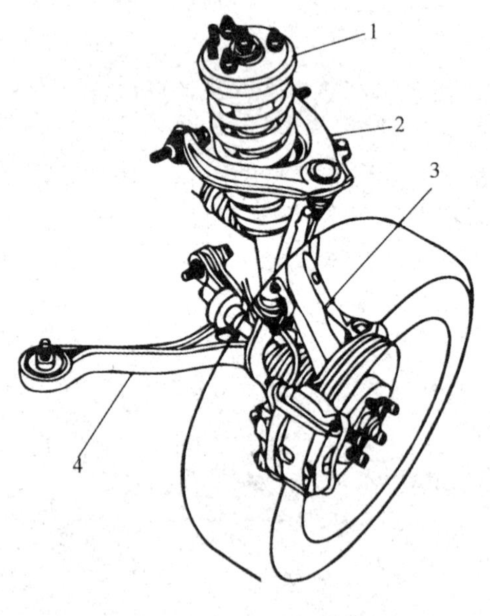

1—减振器；2—上摆臂；3—万向节；4—下摆臂

图 7－25　双横臂式独立悬架

（2）双横臂式独立悬架

双横臂式独立悬架（双叉式悬架）由 2 个三角形横向控制臂、螺旋弹簧、减振器、稳定杆及球节组成。这种悬架设定前轮定位参数的变化及侧倾中心位置的自由度大，操纵性和平顺性好，发动机罩高度低、摩擦较小，但是结构复杂，造价高。

横臂式独立悬架从俯视图上看，大多数的横摆臂为三角叉状，横摆臂端部通过球形接头同万向节相连。根据布置在副车架的上、下侧 2 个横向控制臂的长度，可将双横臂式独立悬架分为等臂式双横臂悬架和不等臂式双横臂悬架。

不等臂式双横臂悬架有长、短臂式悬架，其上臂短、下臂长，如图 7－25 所示。在车轮上下运动时，轮距几乎不变，这样轮胎磨损较小，但是车轮的外倾角会发生变化，在车速较快时可能会引起转向失控。等臂式双横臂悬架在汽车行驶中外倾角不变，而轮距容

易发生变化，因此其操纵性能好但轮胎磨损较大。双横臂式悬架每个车轮分别与2个横臂相连接，垂直方向尺寸小，车轮接地性能好，但是其铰接点多，制动时的点头效应会引起弹簧倾斜。

2. 纵摆臂式独立悬架

纵摆臂也称为托臂或摆臂，按纵摆臂数量可以分为单纵摆臂和双纵摆臂两种形式。纵摆臂式独立悬架大多采用横置扭杆弹簧，也有的采用螺旋弹簧或横置的钢板弹簧。纵摆臂式后悬架多用于高级跑车，因为这种结构可以使主减速器（含差速器）安装在车身上，增大了弹簧上的重量，使汽车行驶稳定。

（1）单纵摆臂式悬架

单纵摆臂式悬架主要用于后悬架，这是因为转向轮采用单纵摆臂式悬架时，车轮上下跳动会使主销后倾角产生很大变化，这会影响车辆转向时的操控性能。如图7－26所示，单纵摆臂式悬架由扭杆弹簧、纵摆臂、减振器等组成。纵摆臂连接车轮和后轴，减振器、扭杆弹簧及后轴的全部零件均安装在一个支架上，整个后桥由后轴管架通过弹性垫块与车身连接。

扭杆弹簧单纵摆臂式悬架结构紧凑，维修方便；扭杆悬架轻，可提高汽车的行驶平顺性；采用扭杆弹簧，可实现车身高度的调节；后轴具有随动转向功能，有利于提高汽车高速行驶的操纵性和稳定性。

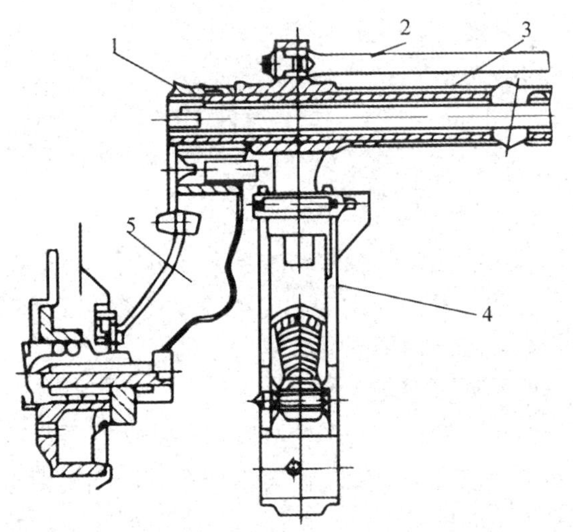

1—后轴；2—扭杆弹簧；3—横向稳定杆；
4—后减振器；5—纵摆臂

图7－26　单纵摆臂式悬架

（2）双纵摆臂式悬架

双纵摆臂式悬架中的2个悬架上下并置，在汽车行驶时，纵摆臂不会使车轮的外倾角、主销后倾角和轮距变化，但是汽车的轴距稍有变化，适合于作前悬架。2个纵摆臂分别与车轮和车桥相连，2个纵臂和万向节作铰链式连接。横向稳定杆横跨车桥两端，横向推力杆承受横向负荷。双纵摆臂式悬架的优点是前束与外倾角不发生改变，车轮接地性好；缺点是在车轮上跳时，轴距有少许变化。

转向时，以双纵摆臂式悬架为后悬架的车辆的后轮有随前轮按同一方向稍作偏转的特性（即随动转向功能）。这种悬架使后轮具有随动转向功能，提高了汽车的操纵稳定性。根据采用的弹性元件可分为螺旋弹簧纵摆臂式独立悬架和扭杆弹簧纵摆臂式独立悬架。

扭杆弹簧双纵摆臂式独立悬架如图7－27所示，2个等长的纵摆臂一端用铰链式连接万向节，另一端用衬套支撑管状横梁。扭杆弹簧由若干矩形断面的薄弹簧钢片叠成，安装在车架的2根管状横梁内，内端用螺栓固定在横梁上。

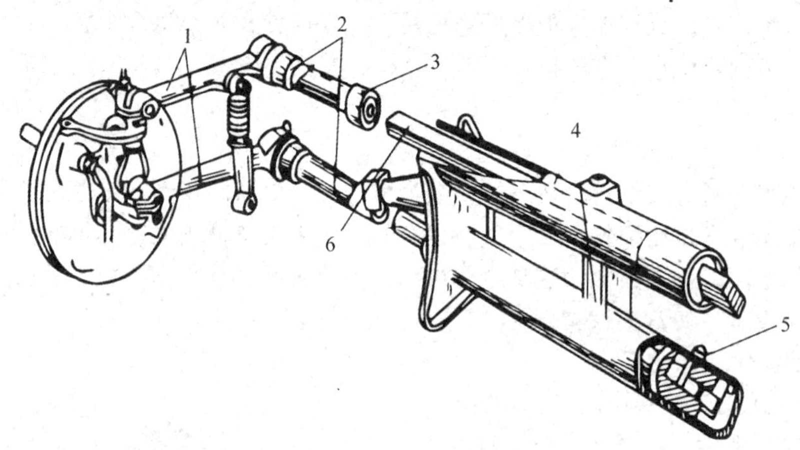

1—纵摆臂；2—摆臂轴；3—衬套；4—管状横梁；5—螺钉；6—扭杆弹簧

图 7－27　扭杆弹簧双纵摆臂式独立悬架

3. 车轮沿主销轴线移动的悬架

车轮沿主销轴线移动的悬架又可以分为车轮沿固定不动主销轴线移动的独立悬架（即烛式悬架）和车轮沿摆动主销轴线移动的独立悬架（即麦弗逊式悬架）。烛式悬架和麦弗逊式悬架因结构不同又有重大区别。

（1）烛式悬架

烛式悬架是采用车轮沿固定主销轴方向移动的悬架形式，因形状似蜡烛而得名。其特点是主销位置和前轮定位角不随车轮的上下跳动而变化，有利于汽车的操纵性和稳定性。但是车轮转向时，全部侧向力由主销和其外部的套管承受，增加了主销与套管的摩擦。

烛式悬架的结构如图 7－28 所示，减振器上端连接车架，而下端连接万向节（及车轮）。主销上下端刚性地固定在车架上，因此车轮跳动时，车轮、万向节一起沿主销的轴线移动，而车轮定位角不会变化。车轮上所受的纵向力、侧向力及其力矩则由万向节、套筒经主销传给车架。

（2）麦弗逊式悬架

麦弗逊式悬架也称为滑柱连杆（摆臂）式独立悬架或撑杆式悬架，麦弗逊式悬架适用于前后悬架。这种悬架是双横臂式悬架的变形，它用滑柱总成取代了长短臂双横臂式独立悬架中的上横臂和上球节。如图 7－29 所示，麦弗逊式悬架的车轮也是沿着主销滑动的，但与烛式悬架不完全相同，它的主销是可以摆动的。这种悬架螺旋弹簧与减振器装于一体，主销位置和前轮定位角随车轮的上下跳动而变化，车轮上下运动时，主销轴线的角度会有变化，这是因为减振器下端支点随横摆臂摆动。

如图 7－30 所示，麦弗逊式悬架由减振器、螺旋弹簧、下摆臂、横向稳定杆等组成。这种悬架没有上横臂，只有承受纵向力和横向力的下横臂。螺旋弹簧安装在减振器及万向节总成上端的支承座内，弹簧上端通过软垫支承在车身连接的弹簧上座内。减振器上端安装在车身上，下端与万向节刚性连接，万向节下端通过球铰链与悬架的横摆臂相连。当车轮上下运动时，减振器及万向节总成沿减振器活塞运动轴线移动，同时，减振器的下支点还随横摆臂摆动。

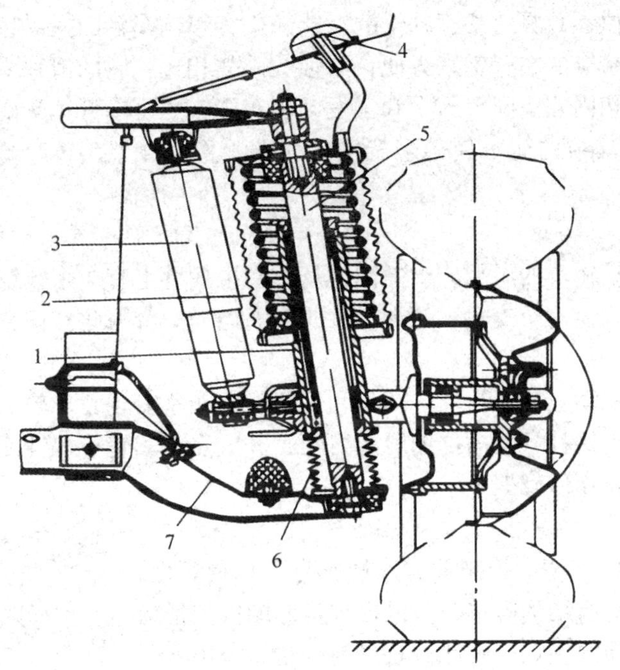

1—套筒；2，6—防尘套；3—减振器；4—通气管；5—主销；7—下摆臂

图 7-28　烛式悬架

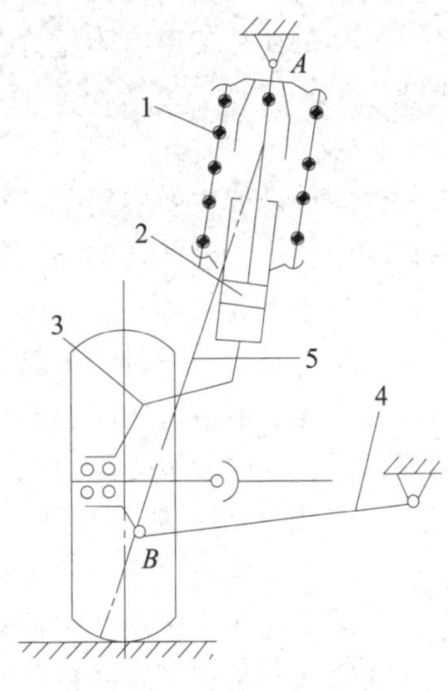

1—螺旋弹簧；2—减振器；3—万向节；

4—下摆臂；5—主销轴线

图 7-29　麦弗逊式悬架示意图

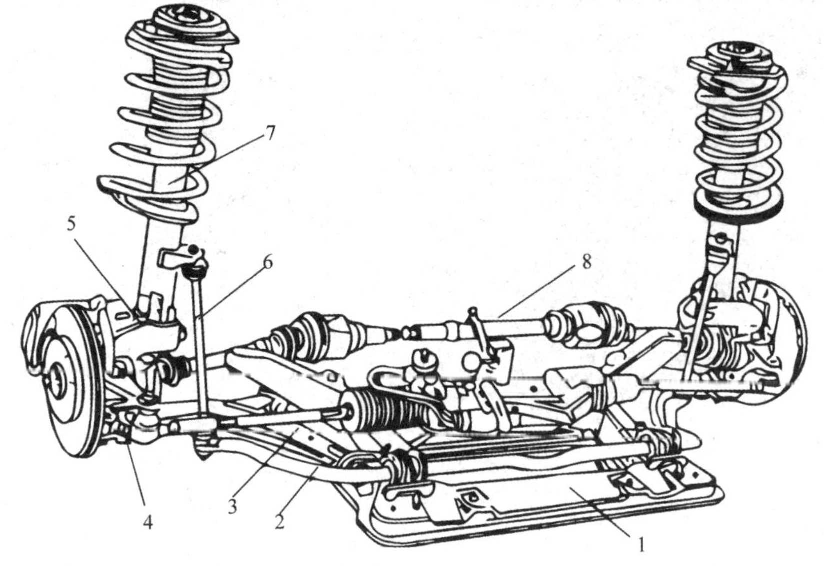

1—副车架；2—横向稳定杆；3—下摆臂；4—球头销；5—万向节；6—连接杆；7—减振器；8—转向轴

图 7-30　麦弗逊式悬架

目前，轿车使用最多的独立悬架是麦弗逊式悬架，桑塔纳、夏利、富康等轿车的前悬架均为麦弗逊式悬架。虽然麦弗逊式悬架并不是技术含量最高的悬架结构，但它使用广泛的原因是：经久耐用，具有很强的道路适应能力；结构简单、紧凑；车轮跳动时前轮定位

参数发生较小的变化，转向轮各定位参数具有相互补偿的功能，不会影响车辆的操纵稳定性；没有上横臂，给发动机及转向系统的布置带来方便；与烛式悬架相比，它的滑柱受到的侧向力有了较大的改善；这种悬架内侧空间大，有利于发动机布置，并可降低车辆的重心。麦弗逊式悬架也有不足之处，其结构简单使得悬架刚度较弱，稳定性差，转弯侧倾明显。

4. 斜摆臂悬架

斜摆臂悬架主要应用于后轮驱动轿车的后悬架。斜摆臂悬架每根摆臂上有 2 个铰链与后桥支承相连，摆臂转轴与汽车纵轴线有个交角，通常这个角度小于 45°，因此斜摆臂悬架也称为半纵臂式悬架。

斜摆臂悬架工作时，车轮上下跳动会使车轮的外倾角和轮距发生较小变化，车轮的前束也会改变，不适合作前悬架。但是这种悬架的抗侧滑能力强，其特点是车轮接地性能非常好，纵、横向的承受能力强，适合作后悬架。

5. 多连杆式悬架

多连杆式悬架

多连杆式悬架用多个较细的连杆代替了控制臂，连杆本身不承受弯矩，它的两端采用球节连接。这种悬架具有结构简单，可以提供良好的操控稳定性，减轻汽车质量，降低轮胎的磨损等优点，因此被较多高档轿车采用。

多连杆式悬架中常见的是四连杆式悬架。四连杆式悬架可满足轿车追求的舒适性、操控性和动力性。如图 7－31 所示，四连杆式悬架的 2 个上横臂由 1 个三角臂替代，负责吸收制动、驱动转矩和侧向力，2 个下横臂车桥纵向定位。车轮转向时，绕上球节和 2 个下连杆交点（即虚拟主销轴线）的连线转动。

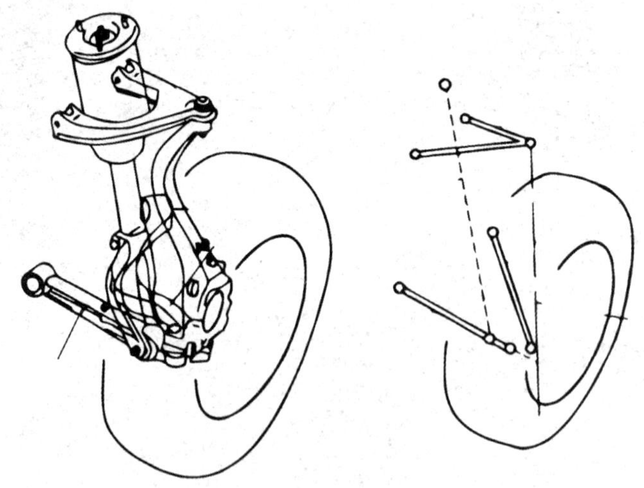

1—上横臂；2—前下连杆；3—后下连杆；4—虚拟主销中心线；5—减振器轴心线

图 7－31　四连杆悬架

四连杆式悬架还有其他类型。例如，大众速腾轿车的后悬架为四连杆式悬架。它由 3 个摆臂（下摆臂、横拉杆、上摆臂）和一个纵向拖臂组成。与四连杆式悬架匹配使用的副车架是钢质的焊接组件，通过螺栓直接连接到车身上。在四连杆式悬架中，纵向拖臂的作用是缓冲制动或加速时的纵向作用力；下摆臂的作用是支撑车身的质量，缓冲侧向力；上

摆臂的作用是连接副车架与轮毂轴承座，并且缓冲侧向力；横拉杆的作用是缓冲侧向力，转弯时，使前束值按照理论曲线变化。这种四连杆式悬架结构的优点有：提高横向刚度或车轮外倾刚度，以改善行驶动力性；分别适应纵向力和横向力，使车轮更自由，导向更精确；高水平的纵向柔性改善了加速和制动时的舒适性；二次弹跳概率极低，显示理想的悬架特性；减振器倾斜加大了行李箱的装载宽度；悬架几何结构可产生略带不足的转向，有利于稳定转向。

五连杆式悬架多出一个连杆是为了对转向时的车轮前束进行更精确的控制，如图7－32所示。五连杆式后悬架减振系统可以在后轮的有效转向主销轴线周围不断产生车轮前束力矩，可以持续地提高后轮的行驶稳定性。减振器和弹簧总成与向内凸出的托架上的万向节相连接，相当于一个杠杆将车辆的重量转换成万向节的向内力矩。这个向内力矩产生了一个作用于上方侧连杆的推力和一个作用于下方侧连杆的拉力。通过该设计，将车轮负外倾的初始载荷施加在后侧的连杆上。因此后侧连杆衬套会永久地保持在一定的载荷之下，从而使衬套在行驶条件变化过程中的弹性变形受到限制。这便产生了较好的转向响应，并减少了对外部干扰响应过程中不必要的车轮运动。

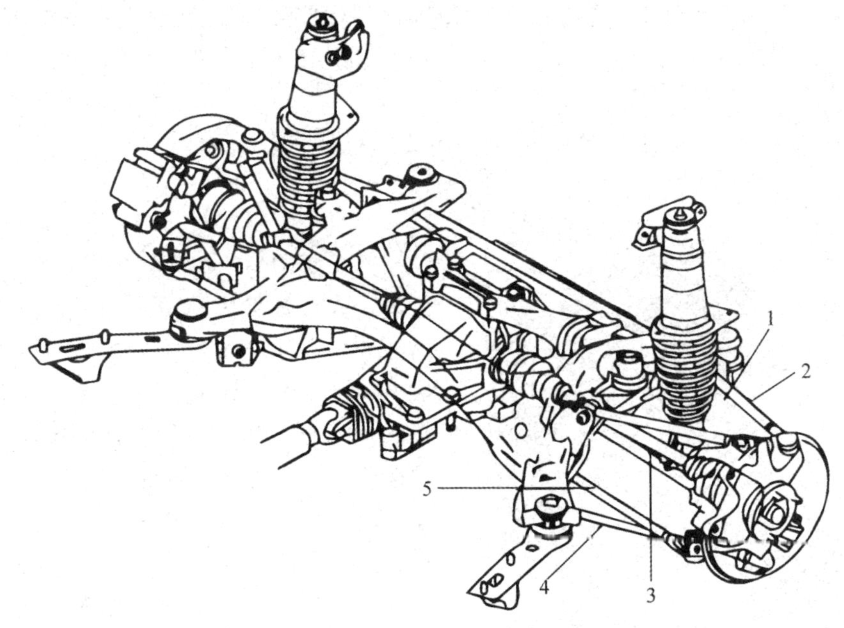

1—上部牵引连杆；2—上部后侧牵引连杆；3—下部后侧牵引连杆；4—下部牵引连杆；5—前束控制杆

图7－32　五连杆式悬架系统

五连杆式悬架每个车轮包括5个连杆，这些连杆都是按照合理的最佳定位设计的。因此可以提供理想的几何结构以响应车辆行驶过程中施加的外力，提高行驶稳定性和舒适性。另外，五连杆式独立悬架重量轻、刚性大，提高了操作的稳定性；空间较大，可以采用大直径的减振器，减振器效果相对较好。

二、独立悬架的故障排除

独立悬架系统的常见故障有车身倾斜、异响、前轮异常磨损等。车身倾斜故障和异响

故障基本上类同于非独立悬架系统，前轮的异常磨损与车架、车轮、悬架等系统的技术状况变坏有关，与悬架相关的是悬架磨损后因配合间隙变大而使前轮定位参数改变所致。

独立悬架总成铰接点多，常见的故障有如下几项。

1. 故障现象

（1）异响，尤其在不平路面上转弯时。

（2）车身倾斜，汽车在转弯时车身过度倾斜等。

（3）前轮定位参数改变。

（4）轮胎异常磨损。

（5）车辆摆振及行驶不稳。

2. 故障原因

（1）螺旋弹簧弹力不足。

（2）稳定杆变形。

（3）上、下摆臂变形。

（4）各铰接点磨损、松旷。

当汽车出现上述现象时，应对悬架系统进行仔细检查，即可发现故障部位及原因。

任务三　车轮和轮胎的结构与维修

通常所讲的车轮包括轮胎、轮辐和轮辋，但是在汽车技术中车轮不包括轮胎部分。如图7－33所示，车轮由轮毂、轮盘和轮辋组成，轮胎安装于车轮的轮辋上。车轮和轮胎是汽车的行走部件，它们将传动系统的力传给地面，同时将地面的反作用力传给汽车。

车轮和轮胎的具体功能：支承汽车的重量，使汽车能够承受载荷；缓和地面传递来的各种力和力矩；驾驶人操纵汽车时的驱动力、制动力和转向力等需要通过轮胎来传递；保证汽车工况正常时，产生自动回正力矩；提高车辆的通过性。

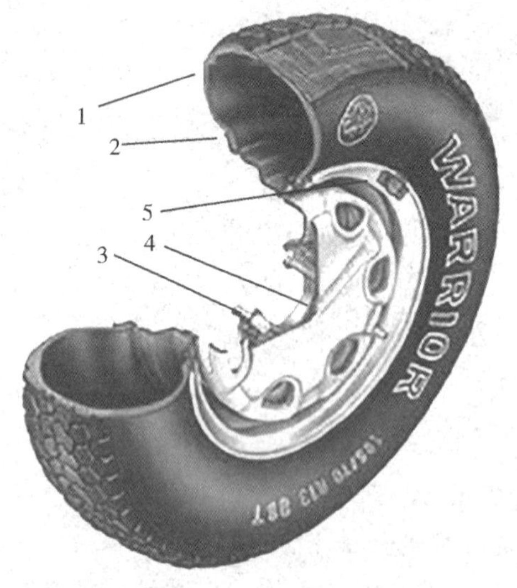

1—轮胎；2—轮辋；3—气门芯；4—饰盖；5—平衡块

图7－33　车轮和轮胎

一、车轮

1. 车轮的组成和分类

车轮除了承受各种作用力和力矩外，其主要功用是安装轮胎。车轮按车桥一端安装的轮胎数目分为单式车轮和双式车轮。双式车轮采用同一轮毂安装两套轮辐和轮辋，一般用于中型载货车。根据车轮材质不同又有铝合金车轮、镁合金车轮、钢车轮之分。车轮由轮

辋、轮毂和连接轮毂与轮辋的轮辐组成，车轮按轮辐的构造，可分为辐板式和辐条式车轮。

2. 车轮的构造

(1) 辐板式车轮

辐板式车轮的结构如图 7－34 所示，它是一个整体，由挡圈、辐板（轮辐）、轮辋等构成。圆盘形辐板由钢质冲压而成，为提高其强度，常被冲压成起伏多变的形状，辐板上的孔有利于散热、减轻重量、加气及安装。

载货车后轴采用双式车轮承受负荷，为了防止汽车行驶中车轮螺母自行松动，有的左侧车轮采用左旋螺母。

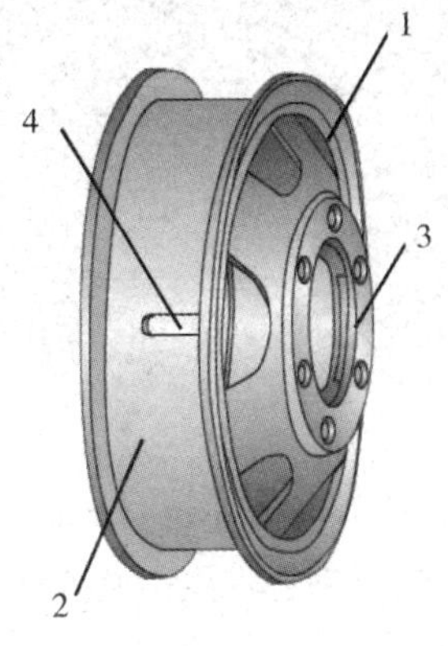

1—挡圈；2—辐板；
3—轮辋；4—气门嘴伸出孔

图 7－34 辐板式车轮的结构

(2) 辐条式车轮

如图 7－35 所示，辐条式车轮的轮辐是钢丝辐条或是和轮毂铸成一体的铸造辐条，前者维修安装不方便、价格昂贵，仅用于赛车和高级轿车，后者应用于轿车和重型汽车。铸造辐条和轮毂铸造在一起，轮辋通过螺栓及衬块与辐条连接。轮辋和辐条上的锥面使轮辋和辐条具有较好的对中性。

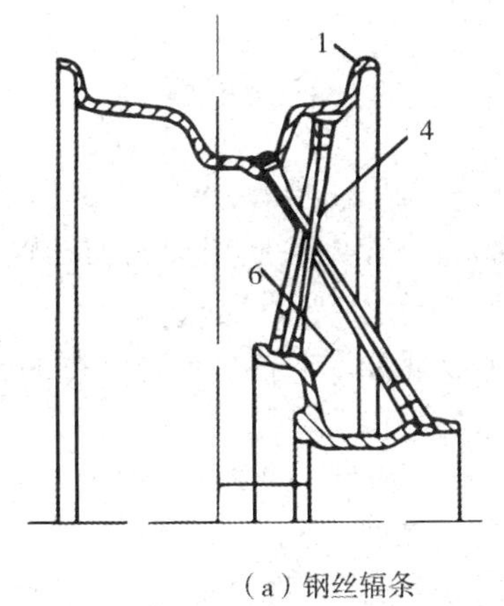

(a) 钢丝辐条

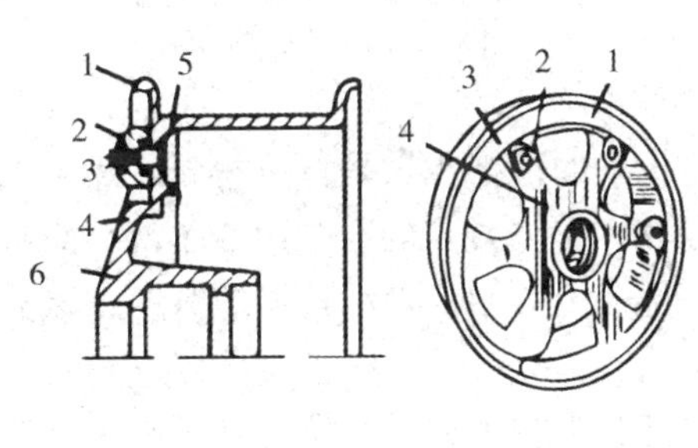

(b) 铸造辐条

1—轮辋；2—衬块；3—螺栓；4—辐条；5—配合锥面；6—轮毂

图 7－35 辐条式车轮

(3) 轮辋

轮辋按结构可分为深槽轮辋、平底轮辋、对开式轮辋、半深槽轮辋、深槽宽轮辋、平底宽轮辋、斜底轮辋等，其中前 3 种应用较广泛。轮辋按组成件数可分为一件式、两件式和三件式等。每种规格的轮胎只能使用规定的标准轮辋，如果轮辋使用不当，会造成轮胎寿命缩短。为了提高轮胎的负荷能力和抓地能力，汽车上使用了宽面轮胎，因此也开始应用宽轮辋。

深槽轮辋如图 7－36 所示，它用于轿车及越野车，结构简单，刚度大，重量轻，适于安装小尺寸、弹性较大的轮胎。外胎的胎圈安装在轮辋带肩的凸缘上。凸缘肩部一般向中

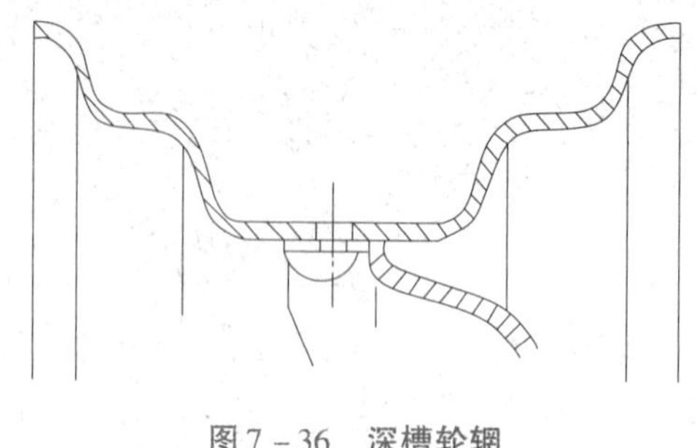

图 7－36　深槽轮辋

间倾斜 5°±1°，倾斜部分的最大直径称为胎圈和轮辋的配合直径。

平底轮辋如图 7－37 所示，它的挡圈和轮辐不是一个整体，用一个开口的锁圈防止挡圈脱出。这种结构克服了尺寸较大、较硬的轮胎很难装入深槽轮辋的缺点，适合载货车安装较硬的轮胎。在安装轮胎时，将轮胎套上轮辋后再套上挡圈，最后将锁圈嵌入即可。

对开式轮辋如图 7－38 所示，轮辋的内外两部分用螺栓连接，它们的宽度可以相等或不等，挡圈可以被内轮辋的轮缘代替，也可以制成可拆卸型。

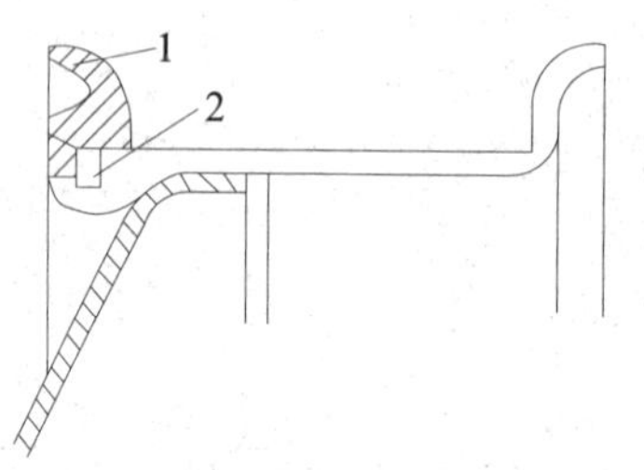

1—挡圈；2—锁圈

图 7－37　平底轮辋

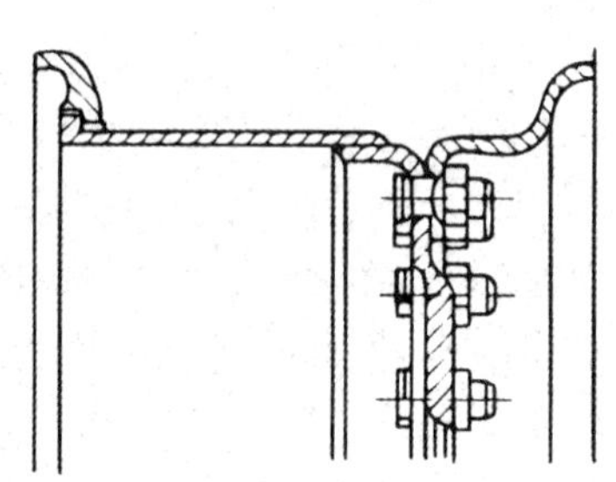

图 7－38　对开式轮辋

车轮轮辋的规格代号是国家标准 GB/T 2933—2009《充气轮胎用车轮和轮辋的术语、规格代号和标志》规定的，它由 5 个部分组成。

第一部分为数字，表示轮辋的宽度。该数字的小数部分取 2 位，单位一般为 in（1 in＝0. 0254 m）。

第二部分为一个或多个拉丁字母，表示轮辋轮缘高度代号，见表 7－1。

表 7－1　轮辋轮缘高度代号表

代　号	高度/mm	代　号	高度/mm	代　号	高度/mm	代　号	高度/mm
C	15. 88	G	27. 94	L	21. 59	T	38. 10
D	17. 45	H	33. 73	P	25. 40	V	44. 45
E	19. 81	J	17. 27	R	28. 58	W	50. 80
F	22. 23	K	19. 26	S	33. 33		

第三部分为轮辋结构形式代号，用“×”或“—”分别表示一件式轮辋和多件式轮辋。

第四部分为轮毂名义直径代号，用数字表示，单位为 in。

第五部分为轮辋轮廓类型代号，用字母表示，见表 7－2。

表7－2　轮辋轮廓类型及代号

类型	代号	轮廓
深槽轮辋	DC	
深槽宽轮辋	WDC	
半深槽轮辋	SDC	
平底轮辋	FB	
平底宽轮辋	WFB	
全斜底轮辋	TB	
对开式轮辋	DT	

注意：第一部分和第四部分也可以用毫米（mm）作单位，但是要求轮胎与轮辋的单位一致，这种用法较少；不同形式的轮辋，以上的代号不一定同时都具备；在规格代号中没有轮辋的偏距，但应注意偏距不同，不能互换。偏距指轮辋中心线和轮盘安装面之间的距离。轮辋中心线位于安装面内侧时为正偏距，轮辋中心线位于安装面的外侧时为负偏距。

【例1】轮胎代号为4.50E×16（DC），其含义分别为：轮辋名义宽度为4.5 in，轮辋高度E所代表的高度为19.81 mm，轮辋为一件式，轮辋的名义直径为16 in，其形式为深槽式轮辋。即轮辋是名义宽度、高度、直径分别为114.30 mm（4.5 in）、19.81 mm和406.4 mm（16 in）的一件式轮辋。

【例2】解放CA1092型汽车轮辋代号为6.5—20，其含义为轮辋是名义宽度和名义直径分别为6.5 in和20 in的多件式轮辋。

根据GB/T 2933—2009标准，车轮和轮辋的规格代号应使用数字和字母按下面优先顺序表示。

（1）轮辋名义直径：现行轮辋名义直径用代号表示；与新型轮胎一起使用的新型轮辋，其名义直径用毫米表示。

（2）轮辋形式：符号“×”表示一件式轮辋，符号“—”表示多件式轮辋。

（3）轮辋名义宽度：现行轮辋名义宽度用尺寸代号表示，与新型轮胎一起使用的轮辋，其名义宽度用毫米（mm）表示。

（4）轮辋轮廓：用字母表示装胎侧的轮辋轮廓。

（5）轮缘高度：对于非道路车辆的轮辋，尺寸代号中斜线“/”后的一个或几个数字

（英寸）表示轮缘高度，这种表达方式对于多件式轮辋是可选的。

二、轮胎

1. 轮胎的功用及类型

轮胎具有支撑车体、货物及人的重量，吸收从路面传来的冲击力，缓冲冲击的功能。另外，轮胎还具有自动回正的能力，使汽车正常转向，保持汽车直线行驶。因此轮胎必须具有弹性，可减振；轮胎必须能够纵向和横向传递强大的制动力、转向力及加速动力，以获得理想、安全的行驶稳定性；在路面抓地力较弱、潮湿等情况下，也应该具备一定的安全性；另外需要轮胎在温度较高时具备一定的耐爆胎性，行驶低噪声性，使用寿命长，回收再生性。

轮胎的分类方法有以下几种：按用途可分为载货车轮胎和轿车轮胎；按帘线排列方式分为普通斜交轮胎和子午线轮胎。按充气大小分为高压胎、低压胎和超低压胎。高压胎的压力为 0.5 ~0.7 MPa，其刚度大，较硬，承载容量大，摩擦因数小。低压胎压力为 0.15 ~0.45 MPa，其弹性好、断面宽、接触面积大、薄壁。超低压的压力在 0.15 MPa 以下。按轮胎胎体结构分为充气轮胎（汽车上使用的主要轮胎形式）和实心轮胎；充气轮胎按组成结构分为有内胎轮胎和无内胎轮胎。

2. 充气轮胎的结构

（1）有内胎的充气轮胎

轮胎由天然橡胶、合成橡胶、多种化合剂、胎圈钢丝和轮胎帘线等组成。在轮胎内装进橡胶内胎并保持一定气压的是有内胎轮胎。如图 7 – 39 所示，有内胎的充气轮胎由外胎、内胎、垫带 3 部分组成。外胎由胎面、缓冲层、帘布层、胎圈组成，如图 7 – 40 所示。

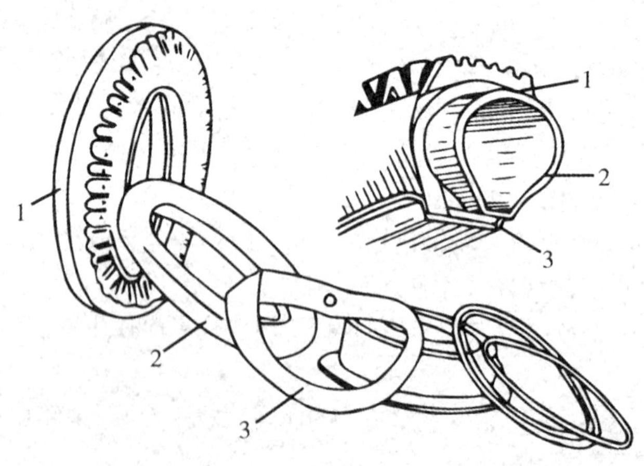

1—外胎；2—内胎；3—垫带

图 7 – 39　有内胎轮胎的组成

内胎的尺寸稍小于外胎的内壁尺寸，这样内胎在充气状态下，不会褶皱。内胎由橡胶制成，为方便充气，其上安装有气门嘴。垫带也由橡胶制成，安装于内胎和轮辋之间，保护内胎不被轮辋和胎圈磨伤。

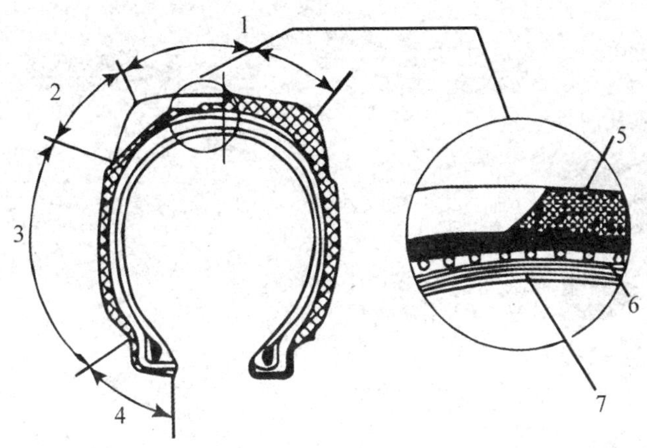

1—胎冠；2—胎肩；3—胎侧；4—胎圈；5—胎面；6—缓冲层（带束层）；7—帘布层

图 7－40　外胎的结构

轮胎胎面是直接与路面接触的部分，起保护轮胎内侧帘布，延长轮胎寿命的作用。胎面由胎冠、胎肩和胎侧组成。胎冠由耐磨橡胶构成，直接承受摩擦和全部载荷，减轻帘布层所受冲击，保护内胎和帘布层，为提高附着性胎冠上制有各种形状的花纹。

胎肩是较厚的胎冠与较薄的胎侧之间的过渡部分。它除了起到保护帘布层的作用外，表面一般还制有各种花纹，以利于防滑和散热。胎侧是贴在帘布层侧壁的较薄的一层橡胶层，它可承受较大的扭曲变形，其作用是保护帘布层免受机械损伤和水分侵蚀。

轮胎花纹最重要的作用是排开雨后路面上的积水，以避免影响轮胎的地面接触性能。即使在车速较低时，已磨损的轮胎出现事故的风险也较高，尤其是在路面较湿的情况下；胎肩是胎冠与胎侧之间的过渡部分，也有利于散热的横向花纹；胎侧又称为胎壁，是薄且软的橡胶层，用来保护帘布层。在车辆行驶中，胎侧在载荷作用下不断地变形。轮胎制造厂家、轮胎规格等标在胎侧上。

胎面花纹（沟槽）的式样不同会给驱动力、制动力、操控性带来差异，花纹主要有5种，见表 7－3，根据汽车的行驶条件来区别使用。

表 7－3　轮胎花纹的应用

花纹	特点
条形花纹，也称为纵沟形花纹	①操纵性和稳定性较出色，滚动阻力较小，轮胎噪声较小，耐磨性和附着性都较好，适合在高速公路上长距离行驶。 ②轿车、载货车都可选用。

续表

花纹	特点
羊角花纹，也称为横沟形花纹 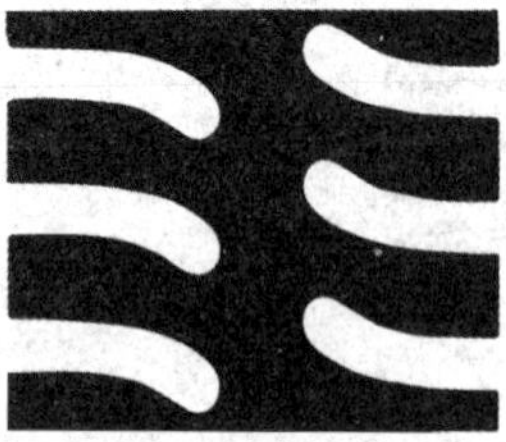	①花纹较深，它的驱动力优良，适合不平的路面及恶劣的道路。 ②多用于载货车。
复合花纹 	①复合花纹适当地综合了条形花纹及羊角花纹的特性。 ②通用性强，不太适合长距离、高速行驶，主要用于近距离运输。
块状花纹 	①多用于积雪及泥泞的路面。 ②驱动力和制动力较出色。 ③轮胎的寿命长。
越野花纹（越野汽车轮胎使用） 	①花纹沟槽宽而深，花纹块接地面积比较小。 ②越野花纹轮胎适合在崎岖不平的道路、松软土路和无路地区使用。 ③这种花纹有方向性，为便于排水，安装时，胎面花纹的尖端与旋转方向一致。

帘布层是外胎的骨架，由双数层的挂胶布组成，保持轮胎的形状和尺寸，层数越多，轮胎强度越大。但是强度太大会相应地使弹性降低。现在，帘布层的材料多用聚酰胺纤维和钢丝替代棉线、人造丝线、尼龙线等，可以减少帘布层数，达到减少橡胶消耗、降低滚动阻力和延长轮胎使用寿命的目的。

缓冲层是位于胎面与帘布层之间的胶片，一般用两层或数层较稀疏的帘线和弹性较大的橡胶制成，其弹性较大，能缓和路面的冲击，防止汽车在紧急制动时胎面与帘布层脱离。

胎圈由钢丝圈、帘布层包边、胎圈包布组成，起到安装轮胎的作用，刚度和强度

较大。

斜交轮胎与子午线轮胎的胎内帘布织法是不同的。如图 7－41 所示，普通斜交轮胎的帘布层和缓冲层各相邻层帘线交叉，且与胎面中心线呈小于 90°角排列。子午线轮胎的帘布层线与胎面中心线呈 90°角或约 90°角排列，即胎体的帘线也与行驶方向成 90°角。如图 7－42 所示，子午线轮胎的布帘层线很像地球上的子午线，因此称为子午线轮胎。斜交轮胎的胎面和胎肩容易产生较大的变形，进而产生较大的外倾推力，因此，斜交轮胎采用的车轮前束值要大于子午线轮胎所采用的车轮前束值。

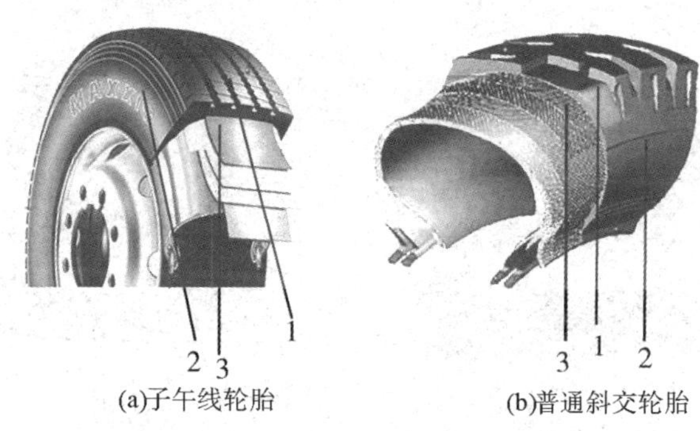

(a)子午线轮胎　　(b)普通斜交轮胎

1—外胎面；2—胎体；3—缓冲层

图 7－41　子午线轮胎和普通斜交轮胎结构

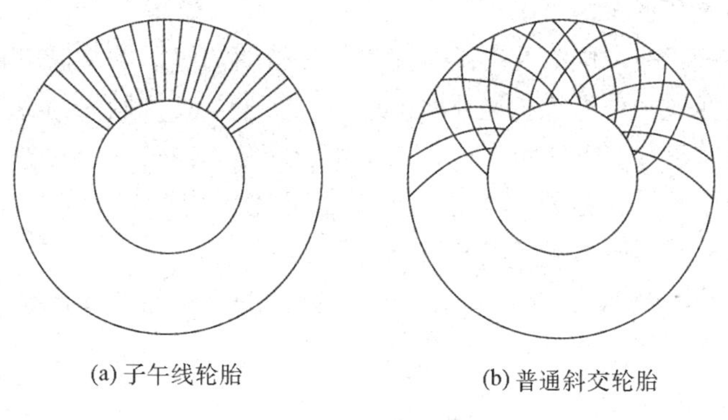

(a) 子午线轮胎　　(b) 普通斜交轮胎

图 7－42　胎体帘线的排列

普通斜交轮胎噪声小、外胎面柔软使乘坐舒适性优异，制造容易，价格低，但是受侧向力时接地面积变小、胎冠滑移大、抗侧向力能力差，高速行驶稳定性差，轮胎易磨损，承载能力较子午线轮胎小。

子午线轮胎的帘布相对于轮胎的圆周方向呈直角排列，其表面覆以钢皮带起加强作用。产生的热量少，而且行驶稳定性高，也十分节省燃油。子午线带束层是位于胎面和胎体之间的补强层，可缓冲冲击，并可防止胎面产生的外伤波及胎体，还可以防止胎面和胎体的剥离。

子午线轮胎的特点：帘布层排列的方向与轮胎的子午断面一致，帘布层数可减少 40% ~50%。胎体较软、弹性好。帘线在圆周方向上只靠橡胶来连接，因此缓冲层采用具有若干层帘线与子午断面呈大角度（70° ~75°）、高强度、不易拉伸的周向环层的带束层。带束层采用玻璃纤维、加强纤维或钢丝帘布制成，强度高、拉伸变形小。

子午线轮胎的优点：接地面积大，附着性能好，对地面的单位压力小，磨损少，寿命长；胎冠较厚，且有坚硬带束层不易刺穿，行驶时变形小，可降低油耗；帘布层少，胎侧薄，散热性好；径向弹性大，缓冲性好、载荷能力大；承受侧向力时，如图7－43所示，接地面积基本不变，行驶稳定性好。

子午线轮胎的缺点：胎侧薄且软，胎冠厚，在二者的过渡区容易产生裂纹；吸振能力差，胎面噪声大；制造技术要求高，成本高。

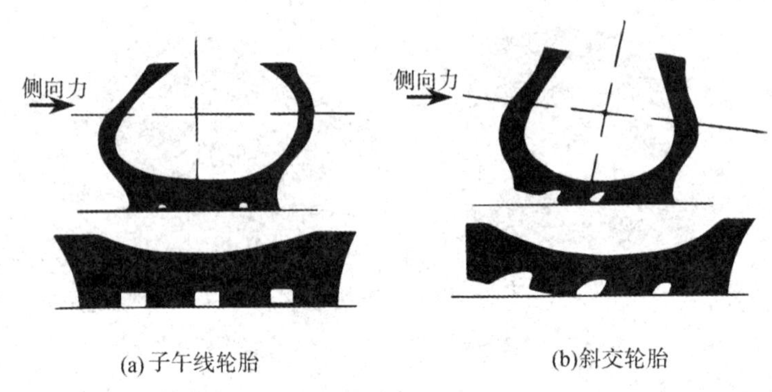

图7－43　子午线轮胎和普通斜交轮胎承受侧向力的变化

（2）无内胎的充气轮胎

无内胎轮胎在帘布的内侧涂有提高密封性、保持胎内气压的橡胶自粘层内衬，在被钉子扎到后，内衬会变形避免空气急速泄漏，仍可以安全行驶。胎内的空气是直接与轮毂接触的，使轮胎具有散热性好的优点。由于无内胎轮胎结构简单，零件少，质量小，现在轿车使用的都是无内胎轮胎，载货车上也逐渐开始使用无内胎轮胎。但是具有自粘层的轮胎，天气炎热时自粘层会脱落，影响车轮动平衡。

无内胎的充气轮胎的结构如图7－44所示，在胎圈上包卷的固定轮毂和轮胎的胎圈钢丝起加强作用。

3. 轮胎规格的表示方法

轮胎的性能标准规格号模压在所有原装轮胎的侧壁上，位于轮胎尺寸的旁边。规格号保证轮胎符合驱动力、耐磨性、尺寸、噪声、操纵性和滚动阻力的性能标准。每种轮胎尺寸通常都指定一个特定的轮胎性能标准号，以表示轮胎的规格、基本参数、主要尺寸、气压负荷对应关系等。

斜交轮胎规格用B－d表示，其单位是英寸（in）。其中，B为轮胎名义宽度代号，d为轮辋名义直径代号。

轿车子午线轮胎规格的表示方法如以下示例。

【例3】185/60 R 13　80 H

185是轮胎名义断面宽度，轮胎名义断面宽度不是轮胎总宽。轮胎总宽指包括轮胎侧面的文字及花纹的轮胎最大宽度，轮胎断面宽度是从轮胎的总宽中去除轮胎侧面的文字及花纹厚度的宽度（用mm表示），如图7－45所示。

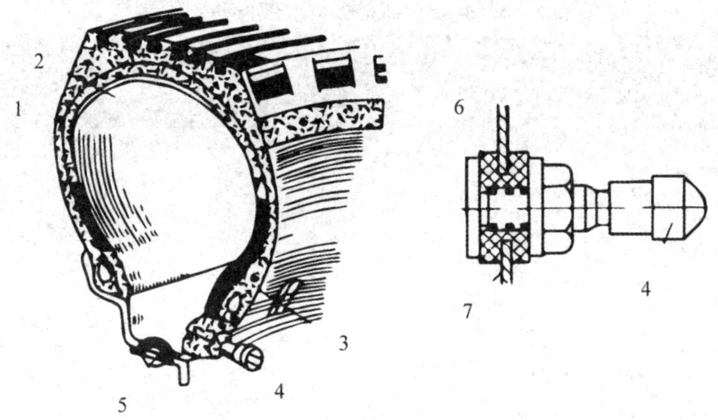

1—橡胶密封层；2—自粘层；3—槽纹；4—气门嘴；5—铆钉；6—橡胶密封衬垫；7—轮辋

图 7－44　无内胎轮胎

60 是轮胎高度和宽度的比值，即扁平率。轮胎高度是用轮胎外径减去轮辋直径后的数值的一半。轮胎外径 *D* 是在相应的轮辋上安装轮胎并按规定气压充气后，没有承重时的轮胎直径。轮辋直径指适合轮胎的车轮的轮辋直径，与轮胎内径相同（用 in 表示）。扁平率常用的有 80，75，70，65，60，55，数字越小扁平程度就越高。扁平轮胎增加了接地面积，故有提高汽车运动性能及制动力的效果。另外，还有助于降低载货车的车厢高度、扩大载货容积、减轻搬运作业的劳动强度。

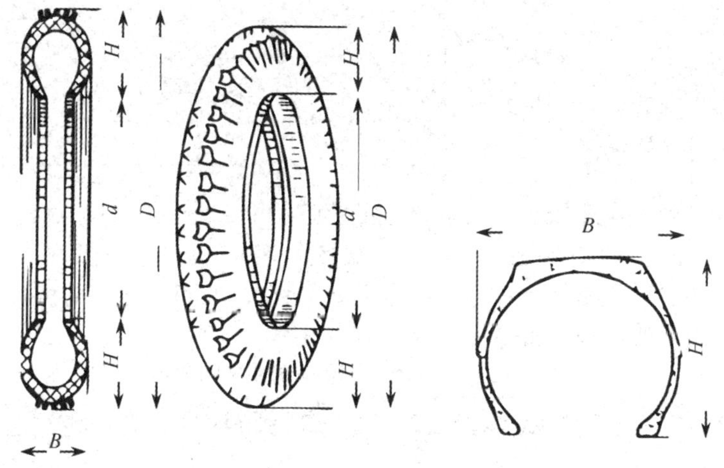

D—轮胎外径；*d*—胎圈内径或轮辋直径；*H*—轮胎断面高度；*B*—轮胎断面宽度

图 7－45　轮胎的尺寸代号

R 是子午线轮胎代号。13 是轮辋名义直径，单位是 in。

80 是负荷指数（*LI*），负荷指数就是承载参数规定了单个轮胎的最大负荷，负荷指数与承受重量的关系见表 7－4。

表 7-4　轮胎负荷指数与承受重量的关系

负荷指数	承受重量/kg	负荷指数	承受重量/kg	负荷指数	承受重量/kg	负荷指数	承受重量/kg	负荷指数	承受重量/kg
32	112	51	195	70	335	89	580	108	1 000
33	115	52	200	71	345	90	600	109	1 030
34	118	53	206	72	355	91	615	110	1 060
35	121	54	212	73	365	92	630	111	1 090
36	125	55	218	74	375	93	650	112	1 120
37	128	56	224	75	387	94	670	113	1 150
38	132	57	230	76	400	95	690	114	1 180
39	136	58	236	77	412	96	710	115	1 215
40	140	59	243	78	425	97	730	116	1 250
41	145	60	250	79	437	98	750	117	1 285
42	150	61	257	80	450	99	775	118	1 320
43	155	62	265	81	462	100	800	119	1 360
44	160	63	272	82	475	101	825	120	1 400
45	165	64	280	83	487	102	850	121	1 450
46	170	65	290	84	500	103	875	122	1 500
47	175	66	300	85	515	104	900	123	1 550
48	180	67	307	86	530	105	925	124	1 600
49	185	68	315	87	545	106	950		
50	190	69	325	88	560	107	975		

H 是轮胎行驶最高车速级别，轮胎的速度级别 A1，A2，A3，…，A8，分别是 5，10，15，…，40km，其他代号与车速的关系见表 7-5。

载货车子午线轮胎规格的表示方法更为简单，例如，9.00 R20，9.00 为轮胎名义断面宽度，R 为子午线轮胎代号，20 为轮辋名义直径代号。

表 7-5　轮胎速度级别代号与车速的关系

代　号	速度级别/km	代　号	速度级别/km	代　号	速度级别/km
B	50	K	110	S	180
C	60	L	120	T	190
D	65	M	130	H	210
E	70	N	140	V	240
F	80	P	150	W	270
G	90	Q	160	Y	300
J	100	R	170	ZR	240 以上

4. 使用轮胎注意事项

(1) 保持正确的轮胎气压

胎压是影响轮胎寿命的重要因素，不要过高或者过低，要按照车辆标示的胎压进行充气。需要注意的是，轮胎和备胎的气压要求可能不一样，要遵循车辆要求。通常，轮胎气压会在用户手册、车辆门柱标签标出。

(2) 检查磨损情况

要经常查看轮胎是否有异常磨损，观察轮胎两侧花纹深度是否一致。避免将车辆停放在有粗大、尖锐或锋利石子的路面上。车辆不要停放在靠近或接触有石油产品、酸类物质及其他影响橡胶变质的物料的地方。驾驶员不要在停车后转动方向盘，这样的操作会加速轮胎的磨损。轮胎上有磨损极限位置标志，当轮胎磨损至此标志时必须更换。

(3) 经常检查轮胎状况

及时清除轮胎花纹里的小石子等异物，异物既会引起行驶中的异响，也容易在车轮转动时飞溅蹦出。要及早发现轮胎是否有鼓包、裂纹、气门嘴橡胶老化等情况，特别应注意检查轮胎胎面及轮胎边缘的磨损，这有可能是由于定位不良或轮胎气压不正常造成的。

(4) 按时进行轮胎换位

为了获得最佳的轮胎使用状况，轮胎换位是必须的。目前多数轿车是前轮驱动，同时前轮是转向轮，磨损比较大，一般为了减轻前轮磨损，每 10 000 km 左右进行一次四轮更换，最好是对角线更换。

(5) 及时检查四轮定位和动平衡

如果轮胎出现磨损不均匀、跑偏、抖动或者转向异常时，要及时检查轮胎定位和动平衡。这些情况不仅会缩短轮胎寿命，而且影响车辆的操控性能。

(6) 避免急刹车

卡车轮胎起步不可过猛，要避免频繁使用刹车和紧急刹车，以免因轮胎与地面拖曳而加速胎面磨损；在拐弯会车、超车、通过交叉路口、狭窄路面、铁路道口等地段时，应掌握适当的车速且要注意路面、行人、车辆动态，做好制动准备，减少频繁制动，避免紧急制动，从而降低轮胎磨损；面临无法避开的碎玻璃或其他异物时，要减速通过，千万不要急刹车，因为急刹车造成压强增大，玻璃碎片和异物更容易扎入轮胎。在凹凸不平的道路上行车，一要选择路面，减轻轮胎与路面的碰击，避免机件及轮胎的损坏；二要减速缓行，避免轮胎颠簸和强烈震动；通过泥泞地段，应选择较坚实、不滑的地方通过，以免轮胎下陷、原地空转、剧烈生热造成轮胎及胎侧严重割伤、划伤。

三、车轮和轮胎的拆装与检修

1. 车轮和轮胎的失效形式

车轮和轮胎的主要失效形式有轮毂轴承损坏，轮辐产生裂纹，轮胎漏气，轮胎异常磨损等。

2. 车轮和轮胎的维护

(1) 维护项目

维护中检查轮胎是否出现不规则磨损或损坏；检查轮胎换位和平衡；检查轮胎充气压

力，查看是否漏气；按标准充足气压并配齐气嘴帽；除去胎纹里的石子和一部分杂物；检查车轮的轮辋、轮辐等是否正常；检查轮胎在转向时是否有刮碰现象；检查备胎的气压及紧固是否符合要求；查看轮胎是否需要解体检查。

维护铝质车轮时要注意：清理带有透明涂层的车轮时，应仅用推荐的透明涂层清理剂，避免损坏透明涂层。不得在带有透明涂层的车轮上使用摩擦垫或强碱、强酸性清理剂。摩擦垫和强力清理剂会损坏透明涂层。用中性皂和水清理铝质车轮。定期给铝质车轮打蜡。

（2）轮胎气压的检查和充气

任何车系的轮胎压力都是考虑乘坐舒适性、操纵性、胎纹寿命和承载能力后，精心计算得出的。轮胎压力高于推荐压力可导致：行驶平顺性差；轮胎擦伤或受损；轮胎中心处的胎面过快磨损。轮胎压力低于推荐压力可导致：转向时轮胎发出长而尖锐的噪声；转向困难；胎面边缘迅速且不均匀磨损；胎肩擦伤及断裂；轮胎帘线断裂；轮胎温度过高。同一车桥上的轮胎压力不均可导致：制动力不均匀；转向跑偏；操纵性降低；提速时力矩发生偏向。因此在维护汽车时，维修人员应根据厂家建议的标准压力在车辆停止行驶 15 min 以上时检查气压，并对轮胎进行充气。

气压不足时通常要先查找漏气的原因，再进行维修作业。测量轮胎充气压力的公制单位为千帕（kPa）。轮胎充气压力可能以千帕和磅每平方英寸（psi）两种单位印出，1 psi =6.895 kPa。

（3）轮胎的平衡试验

轮胎和车轮平衡有 2 种类型：静平衡和动平衡。静平衡指车轮四周的重量均匀分布。静态不平衡的总成会导致弹跳动作，称为车轮跳动。这种状况将最终导致轮胎不均匀磨损。动平衡指中心线两侧的重量均匀分布，这样在总成转动时就不会出现侧摆倾向。动态不平衡的总成会导致车轮摆振。

静不平衡和动不平衡都是通过平衡块（也称为配重）来修正的（见图 7－46），但是方法不同。静态不平衡的修正是在车轮上与较重的正对的位置添加配重，如图 7－47 所示。动态不平衡的修正是在各不平衡点相隔 180°的位置添加等量配重，一个置于车轮内侧，一个置于车轮外侧，如图 7－48 所示。

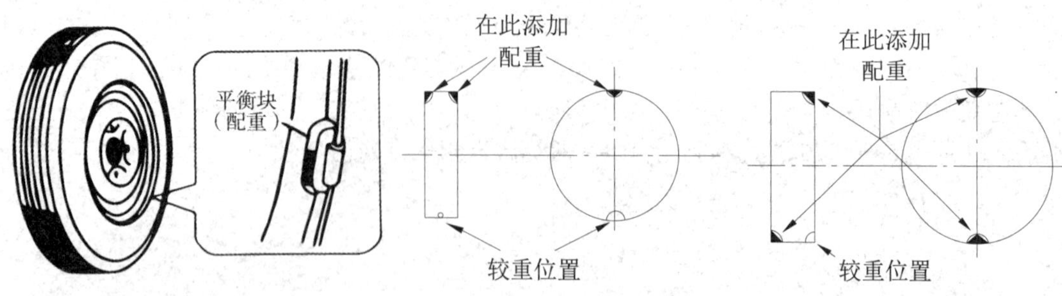

图 7－46　平衡块　　图 7－47　静不平衡修正方法　　图 7－48　动不平衡修正方法

①车轮静平衡检查。振摆是由各种原因引起车轮不稳定旋转的一种情况，车轮不稳定旋转就是车轮跳动。车轮跳动量既可在车上测量，也可在车下测量，但要使用准确的安装表面，如车轮平衡机。在车上测量时，使车辆升离地面并且使车轮旋转，利用一件静止物

作为参照来观察轮胎胎面和胎壁。目测检查时，轮胎相对于静止物好像在移动，就说明轮胎振摆。这种目视检查也可以用百分表（见图7－49）和轮胎平衡机来测量。

在车下测量时既可安装轮胎，也可不装轮胎。在轮辋法兰内侧和外侧上测量径向和轴向圆跳动，如图7－50中3和4所示。将千分表牢牢固定在车轮和轮胎总成旁边，缓慢转动车轮一圈并记录千分表读数。如果测量值超过如下规格，且车轮平衡也不能消除振动，则更换车轮：排除因焊接、油漆流挂或划痕产生的读数，径向圆跳动不能超过0.8 mm，钢质车轮轴向圆跳动不能超过1 mm，铝质车轮轴向圆跳动不能超过0.8 mm。

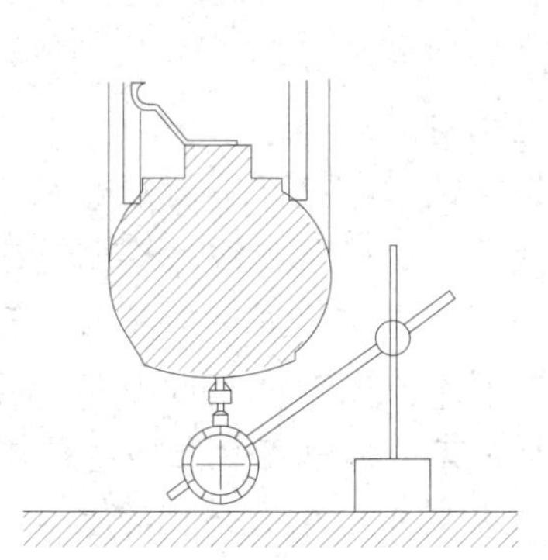

图7－49　检测车轮平衡情况

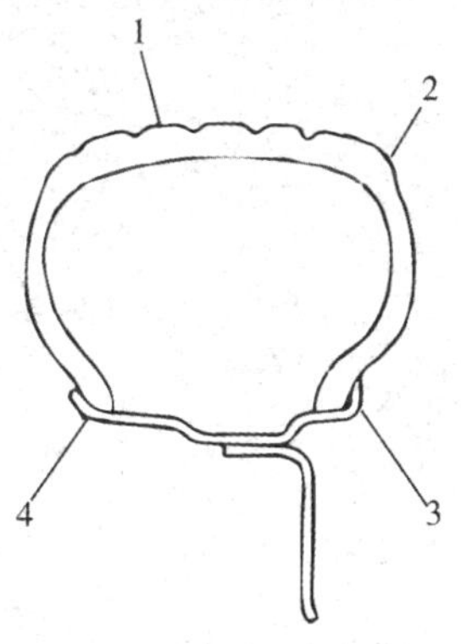

1—胎面中心；2—胎面最外侧；
3—轮辋法兰外侧；4—轮辋法兰内侧

图7－50　车轮跳动的检查点

测量胎面中心（见图7－50中1）的自由径向圆跳动。可在胎面上贴一条胶带，形成光滑表面。测量最靠近胎面的轮胎外侧（见图7－50中2）自由轴向圆跳动。钢质和铝质车轮自由径向圆跳动为1.5 mm。

车轮跳动的修理通常包括车轮中轮胎的再组装或更换、车轮轴承的更换、轮毂的更换或轮胎车轮平衡等。

②车轮动平衡检查。如果汽车在某一较高的车速下发生振动，应首先进行轮胎平衡试验。先在车下进行轮胎平衡试验，再进行车上平衡试验。车上平衡试验能校正制动鼓或制动盘、轮毂的不平衡。

车轮平衡测量的方式有离车式平衡检测和就车式平衡检测，分别使用离车式平衡机和就车式平衡机，如图7－51和图7－52所示。

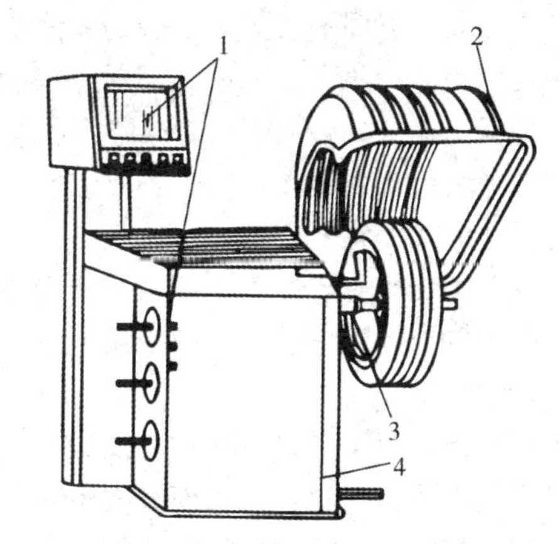

1—显示与控制装置；2—车轮防护罩；3—转轴；4—机箱

图7－51　离车式车轮动平衡机

车轮的不平衡量应不大于8.0 g，否则，车辆行驶时会产生额外的振动和噪声。轮胎平衡机的操作流程：清除车轮内侧的所有异物，清除异物可以使车轮平衡精度提高，还可避免在平衡车轮时异物飞出伤及操作人员；拆卸旧的平衡块；选择与轮辋孔相匹配的锥度盘，先装轮胎再装锥度盘，装好后，用

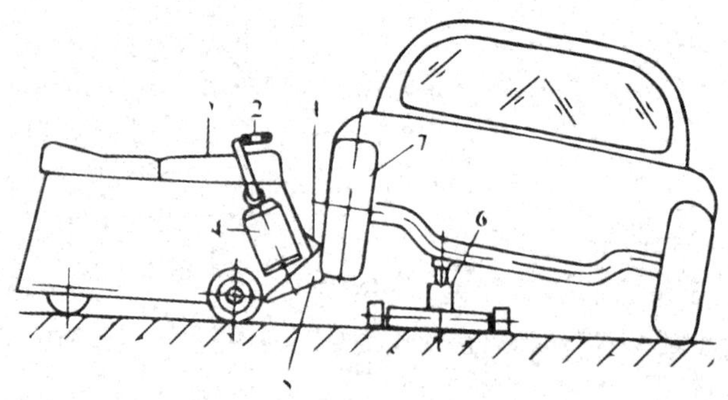

1—光电传感器；2—手柄；3—仪表板；4—驱动电动机；5—摩擦轮；6—传感器；7—教测车轮

图 7-52　就车式车轮平衡机工作原理示意

图 7-53　离车式车轮动平衡机的专用卡尺

快速螺母锁紧；打开平衡机电源开关，操作面板须显示正常；输入轮辋数据，平衡机内部存有轮辋数据，一般以测量数据与轮辋数据库的数据最接近为准；输入延伸杆测量数据；输入轮辋宽度，使用宽度测量尺（见图 7-53），测出轮辋宽；输入轮辋直径 D，在轮胎上标有直径值；按“Start”键，转动轮胎，停止后，左侧显示屏显示轮胎内侧不平衡值，右侧显示屏显示轮胎外侧不平衡值，按内、外侧不平衡值选择平衡块备用；手缓慢转动轮胎，至右侧不平衡指示灯全亮，表示此时轮辋右侧最高点位置为不平衡位置，在此位置加上相应的平衡块；用手缓慢转动轮胎，至左侧不平衡指示灯全亮，表示此时轮辋左侧最高点位置为不平衡位置，在此位置加上相应平衡块；平衡后，断开电源开关，清理平衡盘上的杂物。注意：在安装右侧（外侧）平衡块之后，才能再安装左侧（内侧）平衡块。平衡块不可重复使用，每次都应该换新的，安装的平衡块不宜过多。

车轮平衡块有 2 种类型：一种是卡入式；另一种是黏结式。黏结式平衡块适合铝质车轮。使用粘结式车轮平衡块，可以按如下程序安装：用细砂纸打磨车轮平衡块安装部位；擦拭车轮平衡块的安装位置；用热风干燥该部位；将车轮平衡块背胶预热至室温；撕开平衡块背面的胶带，禁止触摸胶面；贴上平衡块并用手压紧；用辊轮施加 70 ~ 110 N · m 的力，将车轮平衡块固定。

车轮的换位如果出现左前和右前轮胎磨损状况不同，前轮轮胎胎面磨损不均匀，前轮轮胎胎面的花纹条或花纹块的一侧有羽状擦伤，则应检查车轮定位。如果出现轮胎磨损情况不同，如图 7-54 所示，应对轮胎进行换位。为了让轮胎均匀磨损，汽车行驶一定里程（6000 ~ 8000 km）后，应该进行换位。

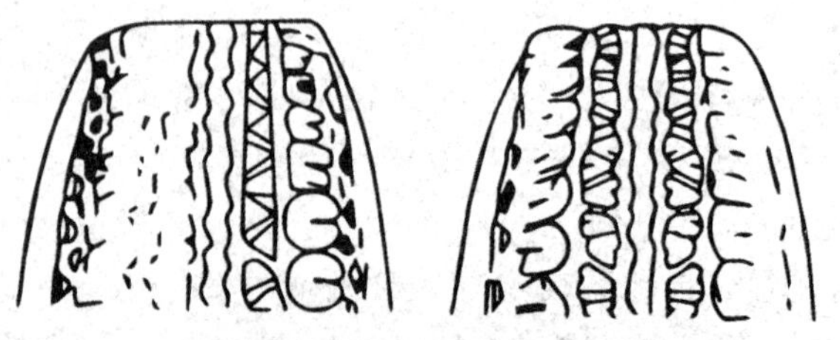

图 7-54　车轮定位不准确造成的轮胎磨损

四轮轮胎换位和六轮轮胎换位的方法如图 7－55 和图 7－56 所示。

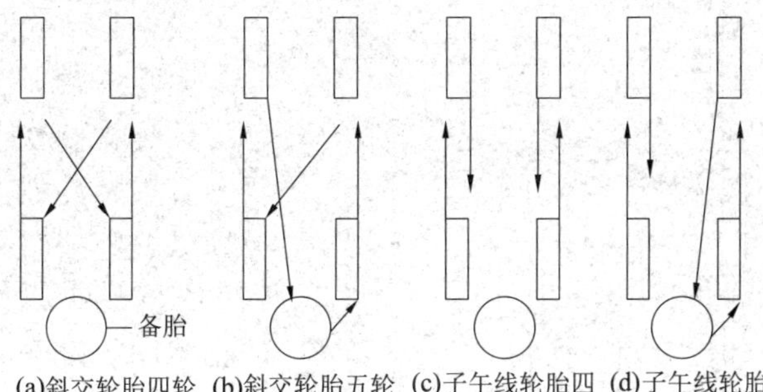

图 7－55　四轮轮胎换位法

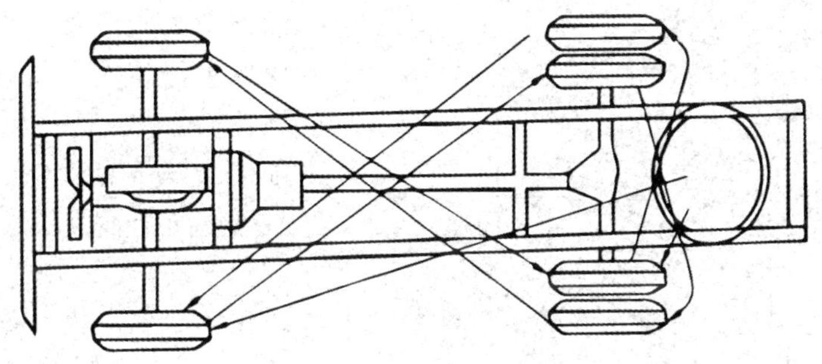

图 7－56　六轮轮胎换位法

3. 车轮和轮胎的拆装

（1）车轮的拆装

①松开车轮螺栓。如图 7－57 所示，车轮螺母必须按顺序松开，以避免车轮、制动盘或制动鼓弯曲。

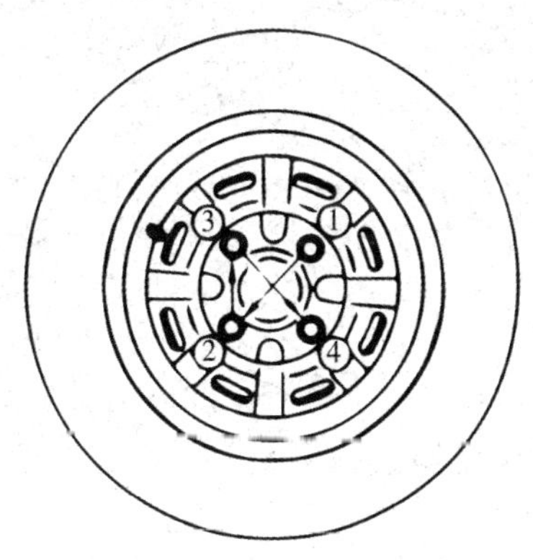

图 7－57　拆卸轮胎螺栓顺序

②妥善举升并支撑车辆。

③拆卸车轮螺栓。拆卸过程中要注意：有些润滑油具有渗透性，渗透性润滑油沾到车轮与制动盘或制动鼓之间的垂直表面上，会引起车辆行驶时车轮松动，导致车辆失控造成严重交通事故；不能使用加热方式来松开过紧的车轮螺栓，这可能会缩短车轮、螺栓或轮毂和轴承总成的寿命。

④拆卸车轮。

⑤安装程序。车轮安装和拆卸步骤相反，但是要注意以下事项。

安装车轮之前，刮除并用钢丝刷刷去车轮安装面、制动鼓或制动盘安装面上的腐蚀物。安装车轮时若安装面金属之间接触不紧密，会引起车轮螺母松动。这可能导致车辆行驶时车轮脱落，造成车辆失控并可能造成人身伤害。

不要使用过大的力矩紧固车轮，否则车轮容易变形，轿车车轮的锁紧力矩参考值

为120 N・m。

（2）轮胎的拆装

拆装注意事项：不要仅使用手动工具或撬胎棒从车轮上拆卸轮胎，否则会损坏轮胎胎圈；要使用换胎机（见图7－58）拆卸轮胎或车轮轮辋；在安装或拆卸轮胎前，用准许的轮胎润滑剂充分润滑胎圈区；安装前，用钢丝刷或粗钢丝棉清理轮辋胎圈座，清除润滑油、旧橡胶和薄锈；在轮胎维修后给轮胎充气要注意充气时不得站在轮胎上面，以免发生严重的人身伤害；当胎圈卡在轮辋凸峰上时，胎圈有可能破裂；如果胎圈没有就位，给任何轮胎充气时气压都不要超过275 kPa，如果275 kPa的气压无法使胎圈就位，则对轮胎放气，重新润滑胎圈并重新充气；充气过足可能导致胎圈破裂并严重伤人；使用换胎机拆卸时，注意不要把手臂伸进车轮与拆卸器之间；盘转动时，注意不要把手伸进轮胎中间。

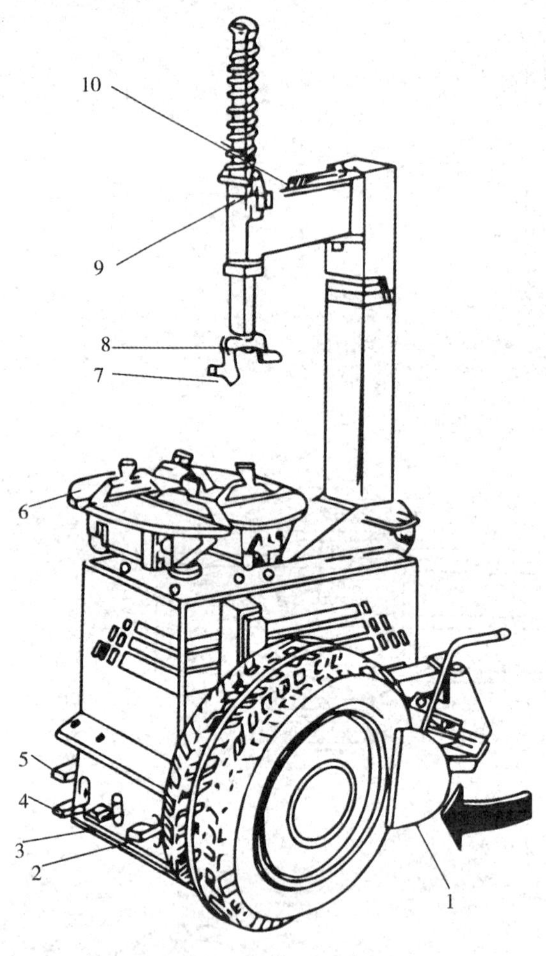

1—拆卸板；2，3，4，5—操纵踏板；
6—卡盘；7，8—拆装器；9—手柄；10—定位锁

图7－58　轮胎拆装机

①检查轮辋有无损伤之处，放尽胎气，取出气门芯，去掉车轮边缘的平衡块，以免发生危险。

②把车轮放在地上竖起，靠近胎唇拆卸板位置（拆卸板不要压住轮辋），踩下踏板，轮胎压松后，放松踏板，然后呈对角慢慢转动车轮，重复上述操作，直到把胎唇压松为止。

③换到另一面，重复上述操作，直到把胎唇压松为止。

④将锁杆向旁边移开，使其呈自然状态。踩下开启踏板，使卡爪张开，以便锁住轮辋外沿。将专用润滑剂刷在胎唇及轮辋边缘，轮辋外面朝上。把压松的轮胎轻轻地放在卡盘上，然后按住车轮，按选择固定方式固定，踩下闭合踏板，锁住轮圈。

⑤向下移动垂直臂，使拆胎头与轮圈边缘表面接触。调整悬臂，确定端头与车轮呈垂直距离，然后锁住悬臂，通过手轮手动调节拆胎头的间隔。

⑥用专用撬杆撬开胎唇，如图7－59所示，把舌形弯头放入轮辋与胎唇之间。踩下踏板，使卡盘转动，使胎唇上边完全脱离轮辋，如遇卡盘被卡住不转时，用脚向上提起踏板，使其反转，调整后再正转，直到胎唇脱离轮辋。然后用撬杆按上述方法，把下面的胎

唇撬开，使胎唇完全脱离轮辋。

装胎操作：选择合适的轮胎，然后将润滑油均匀涂于轮胎胎唇的内、外两侧及轮辋边缘，安装轮胎时，将轮胎注有（DOT）标识的一边装在轮辋外面；移开端头，把轮胎套在轮辋上，然后把拆胎杆移到工作位置；把胎唇移到端头边缘，装胎唇与拆胎唇相反，如图 7－60 所示，胎唇一边放在舌形弯头的左上端，另一边放在舌形弯头右下端；踩下踏板，使卡盘旋转（如卡住，就反转，直到正常为止。注意要把胎唇压进轮圈槽中间为止。为减少胎唇磨损，进行这一步时，要双手用力压在轮胎上协助操作）；按同样的方法，装好另一边胎唇；外锁时，移开悬臂，踩下踏板，松开轮辋，取下车轮，准备充气。

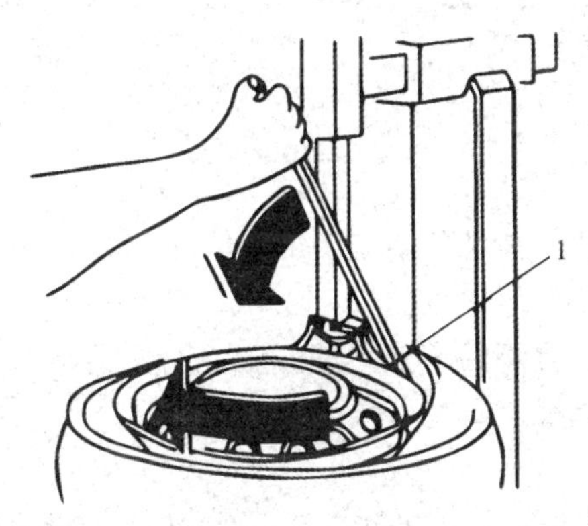

1—舌形弯头

图 7－59　拆卸轮胎

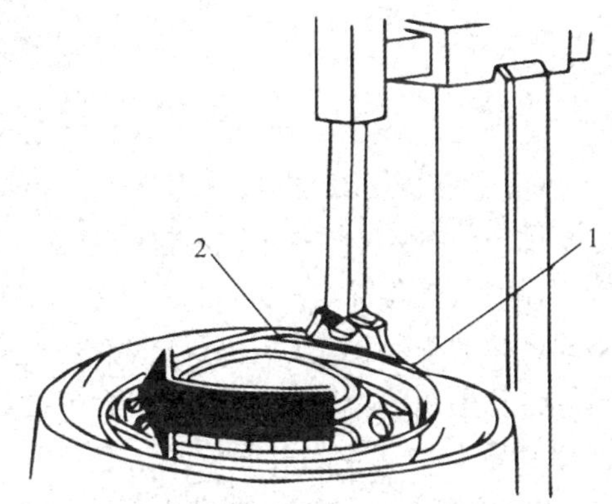

1—舌形弯头左上端；2—舌形弯头右下端

图 7－60　安装轮胎

轮胎充气操作：充气前，将气门芯的根部装好，防止漏气，充气到 0.35 MPa 时，装上气门芯（注意不要超过规定值）；用肥皂水刷涂气门芯、气门嘴、轮辋边缘与轮胎结合部，查看车轮气密性，如有漏气，检查原因直到不漏气为止；清洁车轮，然后放气到汽车的正常气压（按照厂家指定气压，轿车通常为 0.25～0.27 MPa）。充气标准通常在如下地方标注：车辆用户手册，驾驶座车门旁边的标识，车厢驾驶座旁边的储物柜，油箱盖内侧。标签上的轮胎压力值仅指轮胎冷态时的压力（车辆停止行驶不少于 3 h 后，或行驶不到 1 mile，即 1.609 km），如果在热态时充气，应略高于标准气压；充入的空气中不能含有水分；充气时注意安全，头不要正对着轮胎，应在轮胎的侧面。气门脱落有可能会击中眼睛造成失明，因此请务必将面部避开。

4. 车轮的检修

（1）车轮装配面的检查

更换任何弯曲或凹陷、横向或径向圆跳动过大的车轮。跳动量超过规定的车轮可能会产生令人不快的振动。检查车轮的装配面，如图 7－61 所示，如不符合要求，应更换轮辋及轮辐。

（2）铝合金车轮孔隙的修理

注意：禁止用焊接、加热或喷丸等方法修理车轮。

①拆卸轮胎和车轮总成。将轮胎充气至 345 kPa，将轮胎和车轮总成放入水中，查找漏气部位。

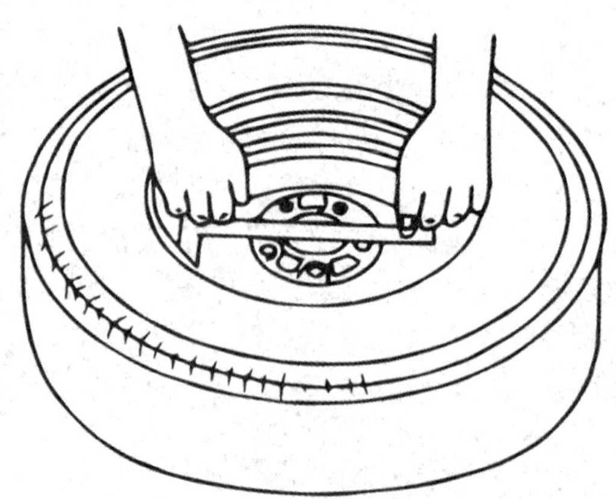

图 7－61　检查车轮装配平面

②标记漏气部位，然后从车轮上拆卸轮胎。

③用 80 目砂纸打磨漏气部位的车轮内表面。用通用清洗剂清洗漏气部位。

④在漏气部位涂上3.3 mm厚的专用密封剂，使其干燥 12 h。

⑤将轮胎安装到车轮上。将轮胎充气至 345 kPa，重新检查是否漏气。

⑥将轮胎压力调整到规定值，给车轮做动平衡试验。

（3）铝合金车轮的表面修整

①注意事项。不能使用蘸有碳化硅的轮胎刷清洗胎壁为白色的轮胎，因为原厂铸造铝合金车轮上有一层保护性的透明或彩色涂层。如果使用上述工具则可能损坏或去掉此透明涂层，轮胎表面质量就会下降。一旦防护层损坏，车轮与碱性清洗剂或路面上的盐分接触就会使表面质量进一步下降。在涂油漆时，要注意油漆喷涂的相关事项，如不遵守这些事项，可能导致维修人员肺部刺激或过敏性呼吸系统反应。

②准备工作。从车上拆卸车轮；拆卸平衡块；清洗车轮内侧和外侧的灰尘和油脂；喷漆前将轮胎遮盖住；用 400 目湿或干砂纸打磨不需要重新上色的油漆部位。打磨有利于增加透明涂层的附着力。

③车轮表面损坏铝质部分的清除方法。将车轮安装在制动器车床上并使总成缓慢转动，用一只垫块或垫片打磨车轮。打磨方法：握住垫块或垫片，与车轮表面平行，从轮胎中心到轮胎边缘缓慢前后打磨，清除损坏部位。砂纸使用顺序依次为 80 目、150 目、240 目。

④清除未喷漆车轮上的涂层损坏部分的方法。先涂上符合要求的化学剥离剂，再清除剥离剂，可按上述打磨方法进行打磨。

⑤修复作业。使用规定的清洗剂进行清洁；用水冲洗车轮并吹干；涂上规定的化学涂料。

5. 轮胎的检修

在执行任何工作前，务必路试车辆并进行仔细的目视检查：轮胎和车轮的跳动；驱动桥的跳动；轮胎气压；车轮是否弯曲或损坏；轮胎或车轮上是否有碎屑；轮胎是否异常或过度磨损；轮胎胎圈是否正确就位在轮辋上；轮胎中的缺陷，其包括碰撞损坏导致的胎面变形、分离或者鼓起一块轻微的轮胎侧壁压痕是正常的，并不影响行驶质量。

(1) 轮胎磨损的检查

车胎磨损后，胎面纹槽不能尽快排除轮胎与路面间的积水，也就不能防止发生浮滑现象。浮滑现象不仅会造成转向失控，还会使制动作用降低或失效。已磨损的轮胎（胎纹深度为1.6 mm）的制动距离比新轮胎（胎纹深度约为8 mm）增加近一倍。这样会使驾驶人无法控制车辆，这是极其危险的。

为了避免发生浮滑现象，修理人员应告知车主在积水路面要降低车速。较高的车速会增大水的阻力，产生浮滑现象。在有水路面上行驶时，水的压力会迫使积水垫在胎面之下，可适当提高充气压力，因为较高的轮胎压力可以对抗这种水压，延迟浮滑现象的产生。

①轮胎异常磨损的检查内容。可以用触摸的方式检查轮胎胎面，手沿着胎面纵向触摸，以发现成沟槽形的或成深凹形的胎面磨损，手沿着胎面横向触摸以发现成锯齿凸起状的胎面磨损。

轮胎异常磨损需检查前轮和后轮定位；检查前束角是否过大；检查弹簧是否折断或松弛；检查轮胎是否不平衡；检查减振器是否工作正常；检查是否未进行轮胎换位；检查车辆是否过载；检查轮胎气压是否过低。

②检查轮胎磨损标记。轮胎的磨痕、羽状磨损、槽形磨损或其他不均匀磨损现象都可以通过目视进行检查，通过检查轮胎胎面磨损指示标记，就能目视检查胎面深度。这些指示标记是轻微凸起的窄条，通过胎面基面从胎肩一侧跨到另一侧。当外胎面磨损量在6 mm以内时，磨损指示标记与胎面表面相平齐。原厂轮胎具有用于显示轮胎需要更换的嵌入式胎面磨损指示标记（见图7－62）。当轮胎胎纹变浅时，这些标记显示为条带。当6个位置中有3处以上槽中出现指示标记时，需要更换轮胎。为方便查找，在轮胎胎壁上有“△”标记来表示轮胎磨损标记的位置，如图7－63所示。

图7－62　轮胎磨损标记

③用深度尺检查胎面。胎面深度尺相对目视检查能够提供更精确的胎面状态指示值，可以把胎面深度尺放置在胎面纹槽中测量轮胎磨损。GB 7258—2012《机动车运行安全技术条件》规定，轿车轮胎胎冠上花纹磨损至花纹深度不小于1.6 mm。

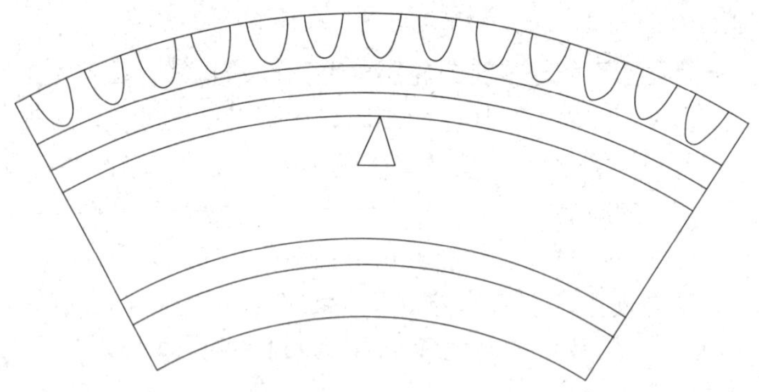

图 7-63　表示磨损标记位置的“△”记号

④根据磨损状况检查。轮胎的磨损形式不同，其原因是不同的，如图 7-64 所示，图 7-64（a）中磨损部位在中间，通常是轮胎气压太高所致；图 7-64（b）中磨损位置在两侧胎肩，通常是气压太低所致；图 7-64（c）中形成多处块状磨损，通常是车轮运转不平稳所致；图 7-64（d）中轮胎靠胎肩单边磨损，胎面显示极为粗糙不平，花纹可能会呈“羽毛状”，通常是悬架失效或车轮定位不准确所致；图 7-64（e）中磨损部位是车轮发卡或紧急制动所致。另外还有波浪形磨损，这类磨损胎面呈波浪状，凹凸不平，磨损多的地方和磨损少的地方差别很大。轴承松动使车轮浮动或操纵杆调整不良、前后轴不平行、车辆不平衡、轮辋直径过小，均会造成此种磨损。

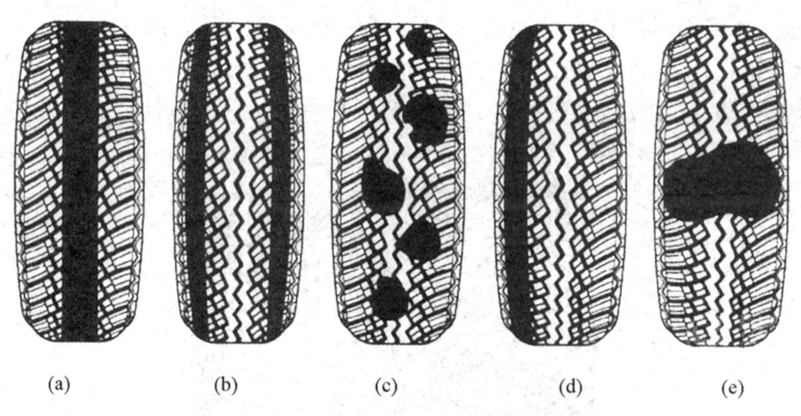

图 7-64　轮胎磨损形式

（2）轮胎鼓包检查

汽车在行驶中，轮胎胎肩或接近胎肩的胎边部位强烈撞击外界大的石块或其他异物，导致轮胎在轮辋凸缘和冲击物之间产生严重的挤压，胎体帘线因过度拉伸而断裂，轮胎内部空气则从断线处顶起形成鼓包，如图 7-65 所示（涂有粉笔处）。形成鼓包后，轮胎可能会漏气。

检查步骤：在轮胎充气情况下，用粉笔在轮胎胎边鼓包处做双竖线记号，目的是确定鼓包范围并为轮胎放气后进行检查做好准备。

轮胎放气后，未拆胎之前，在对应鼓包位置的轮辋凸缘边上检查是否有黑色橡胶残留在上面，以此可以判断轮胎是否受到过撞击（但不一定每次都能发现有黑色橡胶印痕）。

1—记号；2—鼓包；3—残留的黑色橡胶

图 7－65　轮胎鼓包

四、车轮和轮胎常见故障的分析与诊断

1. 轮胎胎冠内侧偏磨

（1）故障原因

轮胎胎冠内侧偏磨多由前轮外倾角过小所致，这在使用中经常出现。主销衬套磨损、轮毂轴承松旷或装载后前桥变形等均会使主销内倾角和前轮外倾角变小，造成轮胎的胎冠内侧偏磨。

（2）故障检修与排除

若 2 个前胎均出现内侧偏磨则将前束值调小即可（调整前束方法在“前轮前束失准”中有述），使外倾的滚锥和前束的内滚相互抵消，最终使轮胎没有外滚内滑，也没有内滚外滑现象，便可消除此故障。

2. 轮胎胎冠外侧偏磨

（1）故障原因

轮胎胎冠外侧偏磨多因前轮的外倾角过大造成。外倾使前轮既向外滚而又往内滑，造成胎冠外侧偏磨。

（2）故障检修与排除

前轮若出现外倾角过大，对于非独立悬架来说不能调整外倾角，有的独立悬架可以调整。对不能调整的可暂时用增大前束值来抵消外倾角过大带来的不良影响，并应检查前桥是否变形（中部上拱）。另外，还应检查主销内倾角是否有变小的情况。可采用校正前桥或更换新前桥的方法来排除。

3. 前轮胎胎冠呈锯齿状磨损

（1）故障原因

轮胎胎冠若由外侧向里侧呈锯齿状磨损，多是因前轮的前束过大造成的。若由里侧向外侧呈锯齿状磨损，多是因前轮的前束过小造成的。出现上述情况的同时，还伴有滚动阻力增大和燃油消耗增加现象。

（2）故障检修与排除

根据前轮实际使用中的外倾角，调整前束值。不能硬性死搬生产厂家规定的前束值范围，因为使用中前轮外倾角变了，前束值也应相应变化，才能使前轮处于直行状态。

前轮外倾角的简单检查方法：将车停稳在平坦的地面上，用一根端部系有砝码的细绳紧贴前轮胎上沿外侧，铅直坠下，而后测量细绳与轮胎下沿外侧（接地处）间的距离。若左右轮测出的尺寸相同且符合规定值，则说明前轮外倾角正常，否则即为外倾角失准。

4. 轮胎胎冠呈波浪状或碟状磨损

（1）故障原因

轮胎胎冠呈波浪状或碟状磨损多由车轮平衡不良，轮毂轴承松旷，轮辋挠曲或经常使用紧急制动引起。

（2）故障检修与排除

顶起前桥转动两侧车轮，检查车轮的平衡、轮辋的挠曲及轮毂轴承的松旷情况，对于不合格件应更换后再检查。轮毂轴承松旷时应进行调整，使之合格。

5. 汽车轮胎爆胎

（1）故障原因

①外胎有内伤、破裂和折损，或在胎内垫皮不当。

②车辆超载、装载不均、并装双胎的胎压和负载差别大，双胎间夹石块或被石块、尖物顶爆轮胎。

③炎热天行车时间长，胎温高（手背试胎侧烫手）。

④使用了没标最高速度级别的子午线轮胎，在高速公路上高速行驶；将不同级别、不同层级的子午线轮胎混用。

⑤子午线轮胎错用了内胎。用天然胎内胎来代替丁基胶内胎。

⑥因货箱挡板、货场杂物或钢板夹螺栓安装方向不对且窜出等原因，划伤轮胎而爆破。

（2）故障预防和检修

①炎热天气行车应适当停车休息降胎温，但严禁用冷水浇或过河降胎温。

②行驶中应避开尖锐障碍物，注意货物要装载均匀，轮胎气压要正常等。

③加强车辆的一级维护，做到轮胎补气及时，维护时轮胎换位合理。检查外胎有无内伤，是否扎入钉子、玻璃片等物，有内伤者换下送修，将杂物随时挖出。

④驾驶人切勿用降低胎压方法来防爆胎。

思考题

一、填空题

1. 与非独立悬架匹配的转向桥一般由__________、__________、__________和轮毂等部分组成。

2. 大多数轿车的前桥既能实现车轮转向，又具有驱动功能，故称为＿＿＿＿桥。

3. 转向轮定位包括＿＿＿＿、＿＿＿＿、＿＿＿＿和＿＿＿＿。

4. 车轮由＿＿＿＿、＿＿＿＿和＿＿＿＿组成，轮胎安装于车轮的轮辋上。

5. 车轮按轮辐的构造，可分为＿＿＿＿式和＿＿＿＿式车轮。

6. 轮胎按帘线排列方向分为＿＿＿＿轮胎和＿＿＿＿轮胎。

7. 悬架一般都由＿＿＿＿、＿＿＿＿和＿＿＿＿3 部分组成。

8. 悬架按其结构特点，分为＿＿＿＿悬架和＿＿＿＿悬架。

9. 独立悬架主要的类型有＿＿＿＿臂式独立悬架、＿＿＿＿臂式独立悬架、＿＿＿＿摆臂悬架、车轮沿主销轴线移动的悬架（烛式、麦弗逊式）和多连杆式悬架。

10. 独立悬架中，车轮沿固定不动主销轴线移动的悬架为＿＿＿＿，车轮沿摆动主销轴线移动的悬架为＿＿＿＿。

二、名词解释

1. 轮胎气压

2. 转向轮

3. 独立悬架

三、简答题

1. 什么是转向轮定位？

2. 使用轮胎有哪些注意事项？

3. 车轮和轮胎的维护项目有哪些？

4. 车轮定位前需要检查哪些项目？

项目八 转向系的结构与检修

转向系统的结构与检修

任务一 转向系的认知

转向系统的认知

汽车在行驶过程中，需要经常改变行驶轨迹。就轮式汽车而言，驾驶员通过专设的动力传递机构驱动转向轮相对于汽车纵轴线偏转一定的角度，以实现汽车行驶方向的改变。另外，汽车在直线行驶时，由于受到路面侧向力的作用，自动偏离正常的行驶方向。驾驶员同样利用这套机构使转向车轮向反方向偏转，使汽车恢复其正常的行驶方向。用来改变或恢复汽车行驶方向的传动机构，称为汽车转向系统。

一、转向系统的功用

汽车转向系统的功用是在不同的行驶条件和速度下，控制汽车的转向轮偏角，改变汽车行驶方向，使汽车能按驾驶员的意愿进行行驶。

汽车转向系统要实现其功用，必须满足以下要求。

（1）转向时，四轮汽车的 4 个车轮沿同一个圆心纯滚动。

（2）转向轻便，驾驶员施加在转向盘外缘的最大圆周力，轿车不能超过 200 N，重型载货车不能超过 450 N。

（3）转向盘的回转圈数要少，轿车的转向传动比在 14∶1 和 24∶1 之间（如果要让转向转动 1°，那么转向盘要转动 14°或 24°），一般转向盘从极左转至极右，回转圈表为 4～7 圈。

（4）汽车行驶时，转向盘应稳定，汽车转向后，转向盘应有自动回正功能。

（5）转向冲击时，转向盘的感觉要小，但是要适当可逆，不打手，又要有路感。

（6）转向灵敏，转向盘的自由转动量应控制在极小的范围内。

（7）刚度和强度足够，成本低廉，可靠耐用等。

二、转向系统的角传动比、转向时车轮的运动规律

1. 转向系统的角传动比

转向盘的转角与安装在转向盘同侧的转向轮偏转角的比值，称为转向系统角传动比，用 i_w 表示。而转向盘转角和转向摇臂摆角之比 i_1 称为转向器角传动比。转向摇臂摆角与同

侧转向节带动的转向轮偏转角之比 i_2 称为转向传动机构角传动比。显然 $i_w = i_1 i_2$。i_w 越大，转向操纵越轻便，但操纵灵敏性越差，所以 i_w 不能过大。

2. 转向时车轮运动规律

汽车转向时，内侧车轮和外侧车轮滚过的距离是不等的。对于一般汽车而言，后桥左右、两侧的驱动轮由于差速器的作用，能够以不同的转速滚过不同的距离。但前桥左、右两侧的转向轮滚过不同的距离，必然会引起车轮沿路面边滚动边滑动，致使转向时的行驶阻力增大，轮胎磨损增加。为避免出现这种现象，要求转向系统能保证在汽车转向时，所有车轮均做纯滚动。显然，这只有在转向时，所有车轮的轴线都交于一点方能实现。此交点 O 称为汽车的转向中心，如图 8－1 所示。由图可见，汽车转向时内侧转向轮偏转角 β 大于外侧转向轮偏转角 α。α 与 β 的关系如下：

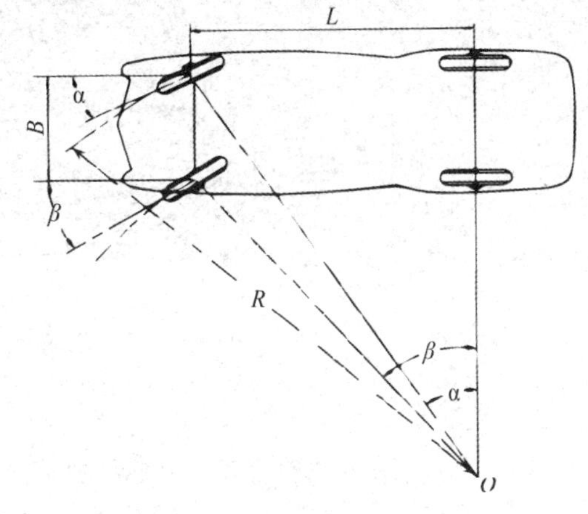

图 8－1　双轴汽车转向示意图

$$\cot\alpha = \cot\beta \frac{B}{L}$$

式中：B——两侧主销中心距（略小于转向轮轮距）；

L——汽车轴距。

从转向中心 O 到外侧转向轮与地面接触点的距离 R 称为汽车转弯半径。转弯半径 R 越小，则汽车转向所需要场地就越小，汽车的机动性也越好。从图 8－1 可以看出，当外侧转向轮偏转角达到最大值 α_{max} 时，转弯半径 R 最小。

汽车内侧转向轮的最大偏转角一般在 35°～42°之间。汽车的最小转弯半径一般为 5～12 m。

三、转向系统的分类、组成及工作过程

转向系统由转向操纵机构、转向器和转向传动机构三部分组成。其构件和一般布置情况如图 8－2 所示。

驾驶员通过转动转向盘带动转向器的转向传动装置，然后，转向传动机构带动前轮偏转，控制汽车行驶方向。转向系统的形式有多种，但均由上述 3 个部分组成，不同之处在于转向系统使用的动力能源不同及转向器的形式不同。

转向器降低转向轴转动速度的同时，将转向轴的转动传递给转向传动机构，转向器箱体总成直接连接到车架；转向传动机构除将转向器运动传递给前轮外，还要保持左、右轮之间的正确关系。转向传动机构一般包括转向摇臂、直拉杆、万向节臂和转向横拉杆等。

汽车转向系统按转向动力源的不同分为机械转向系统和动力转向系统。机械转向系统是以驾驶员的体力为转向能源，其中所有的传力件都是机械零件。动力转向系统又可以分为液压动力转向系统、气压动力转向系统和电动动力转向系统，3 种转向系统都兼用驾驶

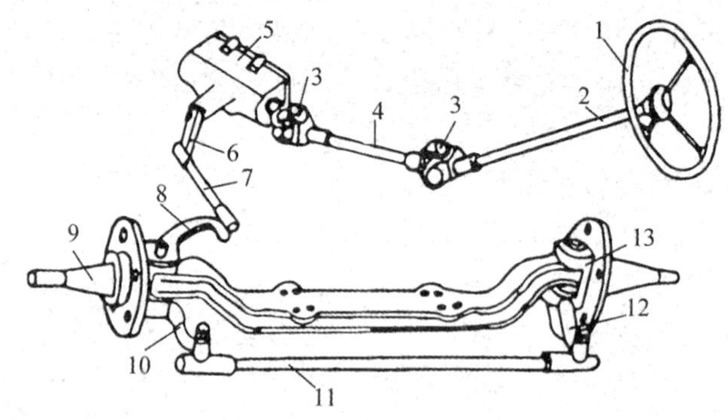

1—转向盘；2—转向轴；3—转向万向节；4—转向传动轴；5—转向器；6—转向摇臂；
7—转向直拉杆；8—转向节臂；9—左转向节；10，12—梯形臂；11—转向横拉杆；13—右转向节

图 8－2　机械转向系统示意图

员的体力，分别采用发动机动能转换而来的液压能量、气压能量和电能来实现转向。为了使动力更为精确，有的动力转向系统采用微机控制，即电控动力转向系统。

如图 8－2 所示，汽车转向时，驾驶员转动转向盘，通过转向轴、转向万向节和转向传动轴，将转向力矩输入转向器。从转向盘到转向传动轴这一系列部件即属于转向操纵机构。

转向器中有 1～2 级啮合传动副，具有减速增力作用。经转向器减速后的运动和增大后的力矩传到转向摇臂，再通过转向直拉杆传给固定于左转向节上的转向节臂，使左转向节及装于其上的左转向轮绕主销偏转。左、右梯形臂的一端分别固定在左、右转向节上，另一端则与转向横拉杆作球铰链连接。当左转向节偏转时经梯形臂、横拉杆和梯形臂的传递，右转向节及装于其上的右转向轮随之绕主销同向偏转相应的角度。

转向摇臂、转向直拉杆、转向节臂、梯形臂和转向横拉杆总称为转向传动机构。

梯形臂及转向横拉杆和前轴构成转向梯形，其作用是在汽车转向时，使内、外转向轮按一定的规律进行偏转。

电动动力转向系统在普通机械转向系统上增加了微机、转向传感器、电动机（转向执行器）等。这种转向系统具有不直接消耗发动机动力、节能、无须油压管路等特点，但是动力较小，适用于前轴负荷较轻的轿车。

现在汽车动力转向系统的应用，可以让转向省力又快捷。动力转向系统由动力转向器和转向装置组成，机械转向装置也是由转向操纵装置、转向器和转向传力装置组成。如图 8－3 所示为动力转向系统。

一般汽车使用前轮转向，但是一些中高级轿车采用四轮转向系统。四轮转向系统可以确保汽车具有良好的操纵性与稳定性，即有效控制汽车横向的运动特性，以充分保证汽车的操纵稳定性。

四轮转向系统中的后轮转向可以根据汽车速度或者转向盘的转角来控制。在车速较低或转向盘转角很大时，后轮的转向与前轮相反。当汽车行驶速度较高或转向盘转角较小时，后轮的转向与前轮相同。这样设计的目的是在低速转弯时具有中性转向，在高速时具有不足转向特性，保证汽车的操纵稳定性。

在汽车运行时，后轮可以向 2 个不同方向各偏转大约 5°。超过一定行驶速度（高于

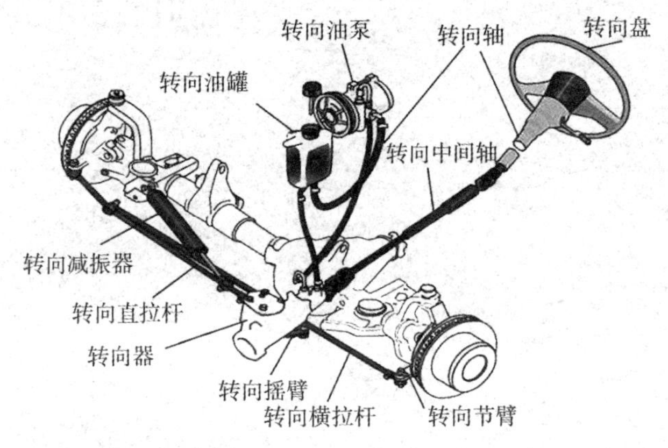

图 8－3　动力转向系统

35 km/h）转弯时，离心力趋向使汽车后部向侧面移动，这样会使后轮在路面上发生侧向滑动，即侧滑。车速和转向的急剧程度决定了侧滑的大小。如果侧滑过大，会使汽车发生横向旋转，从而使驾驶员失去对汽车的控制。在高速时四轮转向系统使后轮转动方向与前轮相同，侧滑将会减轻，使汽车稳定性得到改善。汽车行驶速度较低时，如低于 35 km/h，后轮将向与前轮相反的方向偏转。这改善了在掉头行驶和倒车入库等工况下的机动性。

近年来，机械式、液压式和电控式四轮转向系统得到了较快的发展。。

任务二　机械、液压动力及电控动力转向系统

一、机械转向系统

1. 转向操纵机构

转向操纵机构主要由转向盘、转向管柱、转向轴、转向万向节组成，如图 8－4 所示。转向盘和转向轴的功用是产生足够的力以驱动转向器转动，在转向盘上预留有安装安全气囊的结构。转向盘用于产生转向力，转向轴（转向柱）把转向盘转矩传递到转向器。

转向盘的结构如图 8－5 所示，它由轮缘、轮辐和轮毂组成。转向盘内部为金属成形骨架，转向盘轮毂用细齿花键和螺母连接转向轴，轮辐用于连接轮毂和轮缘，辐条的种类有 3 条式辐条和 4 条式辐条，也有采用 2 条的。在转向盘骨架外表面包覆有合成橡胶、树脂或硬木材料的表皮。在转向盘上部留出较大的空间主要便于观察仪表指示。

转向轴位于转向管柱中，并依靠转向管柱进行支承。转向轴顶部连接转向盘，底部连接万向节及其他将转向盘转动传递到转向器的零部件。使用转向万向节主要是为了方便布置，消除安装误差和支架变形引起的不利影响。

转向管柱由许多零部件组成，其上安装有护盖，用于保护内部各零部件。点火钥匙开关部件安装在转向管柱盖中，为了防盗，可以取出点火钥匙使用螺栓锁止转向盘。各种转

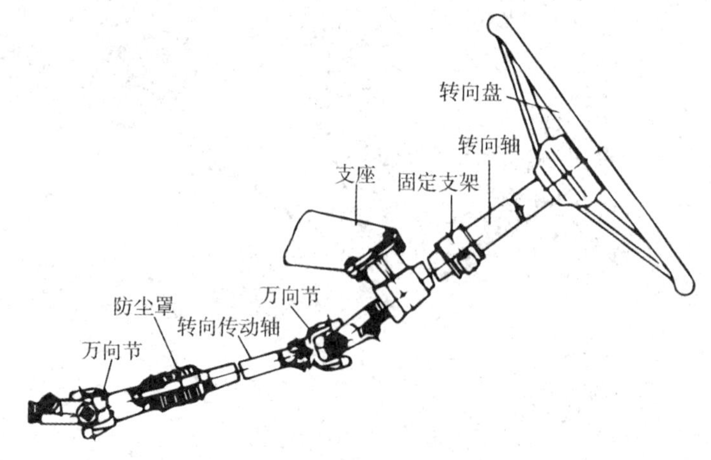

图 8－4　转向操纵机构

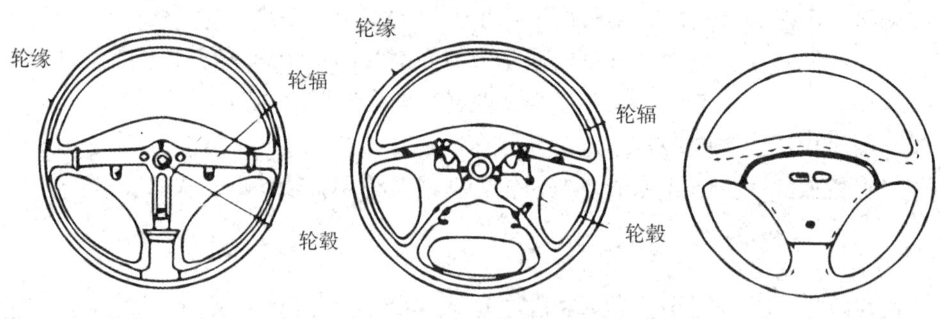

图 8－5　转向盘结构

向盘和转向管柱的不同之处有：吸能式或可伸缩式转向管柱、倾角可调式转向盘、转向角锁止器，以及转向信号灯和闪光器控制开关的位置。如图 8－6 所示，有些转向管柱带有转向盘高度位置倾斜调整系统，该系统可通过调整转向柱的斜度，使转向盘的位置上下倾斜，以适应不同身材、不同习惯的驾驶员所需的最舒服的驾驶位置。为了保证发生碰撞时驾驶员的安全，需要采用吸能型的转向管柱。

在某些齿轮齿条式转向系统上，从转向盘至转向器的角度变化非常明显，需要一个中间齿轮箱。如图 8－7 所示，中间齿轮箱的原理比较简单，实际上就是 2 个角度变化明显的转向传动轴使用锥齿轮来传动。

转向盘空转阶段的行程，即汽车保持直线行驶转向轮位置不动时，左右晃动转向盘时的自由转动量，称为转向盘的自由行程或转向盘游动间隙。转向盘的自由行程一般用转向盘转动角度的大小来表示。转向盘具有一定的自由行程可以缓和路面冲击，避免驾驶员过分的紧张和疲劳，但过大的转向盘自由行程会降低转向灵敏度，一般为 10°～15°。

可收缩式转向盘和转向管柱用于防止驾驶员在事故中受到严重伤害。在开始碰撞过程中可收缩式转向管柱被压下时，在防止转向盘伤害驾驶员的同时，它也缓冲了驾驶员与转向盘的二次碰撞。通过沿转向管柱垂直收缩，碰撞的能量被转向轴或转向管柱吸收。可以吸能的转向操纵装置如图 8－8 所示，转向柱上段连接转向盘，下段连接转向器小齿轮。

在上转向柱的下端端面上焊有半月形凸缘盘，在下转向柱的上端端面也有凸缘，上、下凸缘通过衬套连接。当发生撞车事故，驾驶员扑向转向盘时，转向柱与转向盘下移，如图 8 –9所示，同时缓冲零部件被压缩，这样可以减轻对驾驶员的伤害。

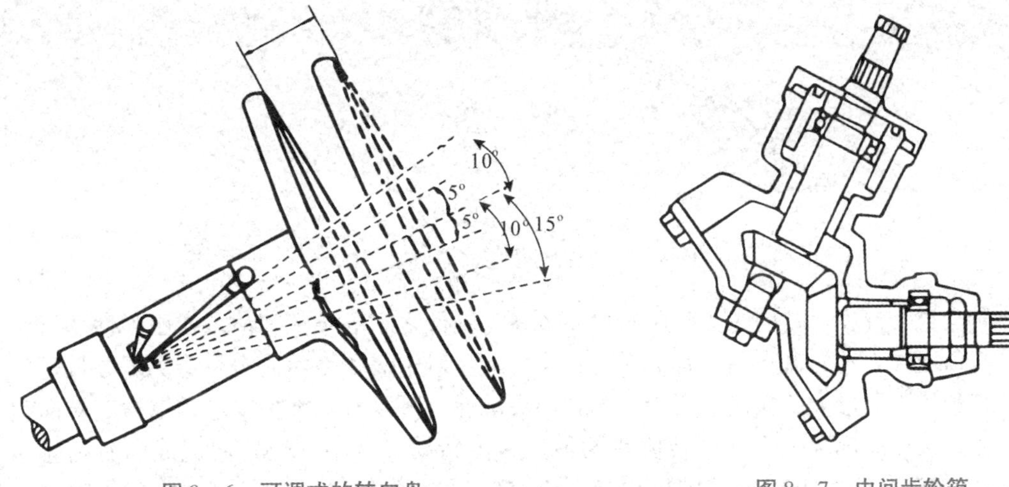

图 8 –6　可调式的转向盘

图 8 –7　中间齿轮箱

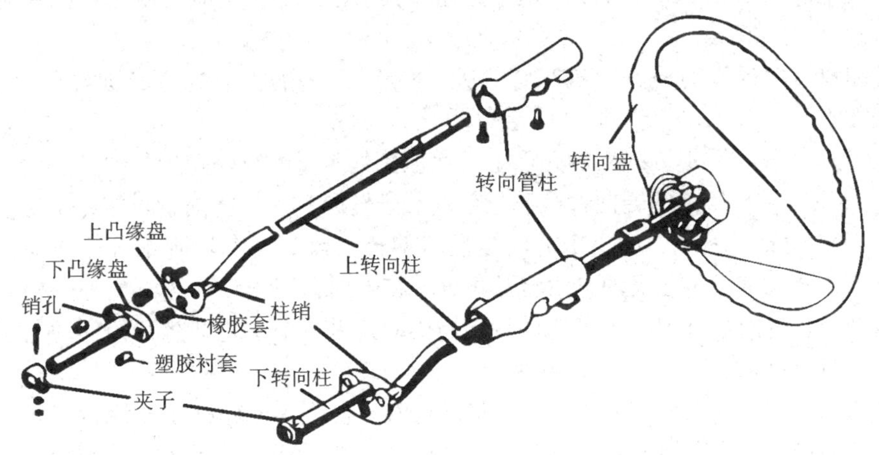

图 8 –8　可以吸能的转向操纵装置

2. 转向器

(1) 转向器的功用、类型和传动效率

①功用。转向器是转向系统中的减速增力传动装置，其功用是增大由转向盘传到转向节的力，并改变力的传动方向。

②类型。转向器的种类较多，一般按转向器中的传动副的结构形式分类。目前应用较广泛的有齿轮齿条式、循环球式和蜗杆曲柄指销式等几种。

③两个重要概念——转向器的传动效率与转向盘的自由行程。转向器传动效率：转向器输出功率与输入功率之比。当功率由转向盘输入，从转向摇臂输出时，所求得的传动效率称为正传动效率，反之转向摇臂受到道路冲击而传到转向盘的传动效率则称为逆效率。

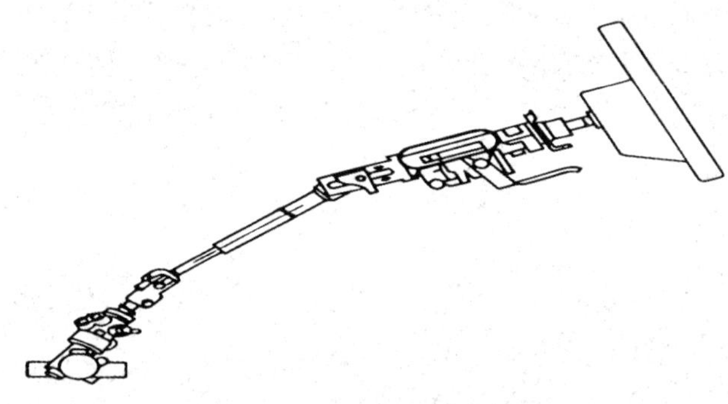

图 8－9　转向柱吸能时的变化

转向盘自由行程：转向盘为消除转向系统各传动件之间的装配间隙、克服弹性变形所空转过的角度称为转向盘自由行程。转向盘自由行程对于缓和路面冲击及避免驾驶员过于紧张是有利的，但过大的自由行程会影响转向灵敏性，所以汽车维护中应定期检查转向盘自由行程。按相关标准，机动车转向盘的最大自由转动量从中间位置向左或向右均应≤10°（最大设计车速≥100 km/h 的机动车）或 15°（最大设计时速＜100 km/h 的机动车）。若超过此规定值，则必须进行调整。通常是通过调整转向器传动副的啮合间隙来调整转向盘自由行程。

④转向盘自由行程的检查。汽车每行驶 12000 km 左右，应检查转向盘的自由行程，检查方法如下：

a. 使汽车停放在平坦、坚实的路面上，使前轮处于直线行驶位置。

b. 将如图 8－10 所示的转向参数测量仪安装于转向盘上，将测量仪接好电源。

c. 按下"角测"按钮，向一个方向缓慢转动转向盘直至车轮刚刚开始摆动，停止转动转向盘，仪器显示出转向盘的自由转动角度。将转向盘回正后，可测出另一个方向的自由转动角度。将转向盘打到一个车轮即将开始摆动到另一个车轮即将开始摆动的位置，可测出转向盘自由行程。

⑤齿轮齿条式转向系统转向盘自由行程的检查。使汽车前轮处于直线行驶状态，用指尖向左、向右侧轻轻推动转向盘，在转向盘外圆周上测量手感变重时（即轮胎开始转动）的自由行程。如该值在规定值之内，说明状况正常。桑塔纳轿车转向盘自由行程在转向盘边缘处测量，其值为 15～20 mm。原则上运动副为无间隙配合，应无自由行程。当自由行程过大时，说明齿条与转向齿轮啮合间隙偏大，或各连接处松旷，或齿轮磨损。调整补偿弹簧的压力，可使齿条微量变形，实现无间隙或小间隙啮合。

（2）转向器的构造与工作原理

①齿轮齿条式转向器。图 8－11（a）所示为齿轮齿条式转向器，它主要由转向器壳体、转向齿轮、转向齿条等组成。转向器通过转向器壳体的两端用螺栓固定在车身（车架）上。齿轮轴通过球轴承、滚柱轴承垂直安装在壳体中，其上端通过花键与转向轴上的万向节（图中未画出）相连，其下部分是与轴制成一体的转向齿轮。转向齿轮是转向器的主动件。它与相啮合的从动件转向齿条水平布置，齿条背面装有压簧垫块。在压簧的作用下，压簧垫块将齿条压靠在齿轮上，保证两者无间隙啮合。调整螺塞可用来调整压簧的预

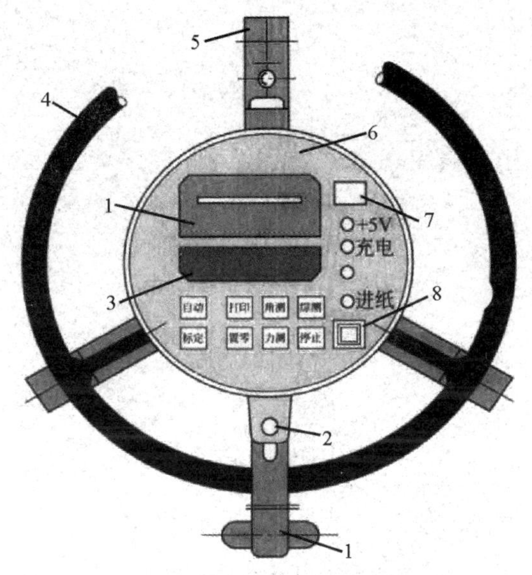

1—固定杆；2—固定螺钉；3—打印机；4—操纵盘；5—连接叉；6—主轴箱；7—电压表；8—电源开关

图 8－10　转向盘自由行程检测用转向参数测量仪

紧力。压簧不仅起消除啮合间隙的作用，而且还是一个弹性支承，可以吸收部分振动能量，缓和冲击。

转向齿条的中部有的是齿条两端，如图 8－11（b）所示通过拉杆支架与左、右转向横拉杆连接。转动转向盘时，转向齿轮转动，与之相啮合的转向齿条沿轴向移动，从而使左、右转向横拉杆带动转向节转动，使转向轮偏转，实现汽车转向。

②循环球式转向器。循环球式转向器是一种常见的转向摇臂式机械转向器，图 8－12 所示为解放 CA1092 型汽车的循环球式转向器。它有两级传动副，第一级传动副是转向螺杆、转向螺母。转向螺母的下平面加工成齿条，与齿扇轴内的齿扇相啮合，构成齿条－齿扇第二级传动副。显然，转向螺母既是第一级传动副的从动件，也是第二级传动副的主动件。通过转向盘转动转向螺杆时，转向螺母不能随之转动，而只能沿杆转向移动，并驱使齿扇轴（即摇臂轴）转动。

转向螺杆支承在 2 个推力球轴承上，轴承的预紧度可用调整垫片调整。在转向螺杆上松套着转向螺母。为了减小它们之间的摩擦，两者的螺纹并不直接接触，其间装有许多钢球，以实现滚动摩擦。

当转动转向螺杆时，通过钢球将力传给转向螺母，使螺母沿螺杆轴向移动。随着转向螺母沿螺杆做轴向移动，其齿条便带动齿扇绕着转向摇臂轴做圆弧运动，从而使转向摇臂轴连同摇臂产生摆动，通过转向传动机构使转向轮偏转，实现汽车转向。

转向螺母下平面上加工出的齿条是倾斜的，与之相啮合的是变齿厚齿扇。只要使齿扇轴相对于齿条做轴向移动，便可调整两者的啮合间隙。调整螺钉旋装在侧盖上。齿扇轴靠近齿扇的端部切有“T”形槽，螺钉的圆柱形端头嵌入此切槽中，端头与“T”形槽的间隙用调整垫圈来调整。旋入螺钉，则齿条与齿扇的啮合间隙减小；旋出螺钉，则啮合间隙增大。调整好后用锁紧螺母锁紧。

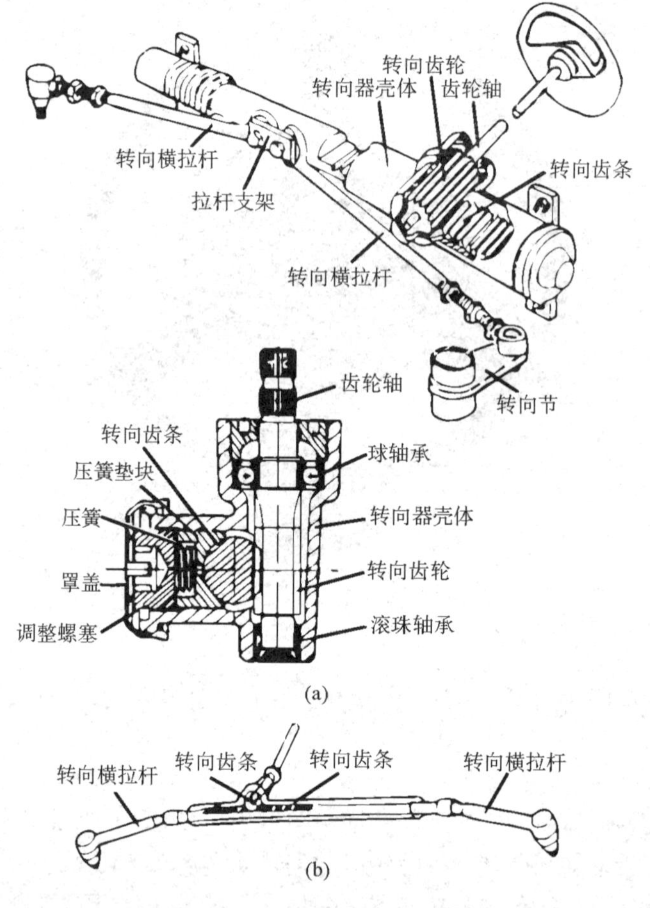

图 8 – 11　齿轮齿条式转向器

循环球式转向器与其他形式的转向器相比，其在结构上的主要特点是有两级转动副。其主要性能优点是传动效率高（正效率最高可达 90%～95%），故操纵轻便，转向结束后自动回正能力强，使用寿命长。但因其逆效率也很高，故容易将路面冲击传给转向盘而产生“打手”现象，不过，随着道路条件的改善，这个缺点并不明显。因此，循环球式转向器广泛用于各类各级汽车。

③蜗杆曲柄指销式转向器。图 8 – 13 所示为东风 EQ1090E 型汽车所用的蜗杆曲柄双销式转向器，它主要由转向器壳体、转向蜗杆、转向摇臂轴、曲柄和指销、上下盖、调整螺塞和螺钉、侧盖等组成。

转向器壳体固定在车架的转向器支架上。壳体内装有传动副，其主动件是转向蜗杆，从动件是装在摇臂曲柄端部的指销。具有梯形截面螺纹的转向蜗杆支承在转向器壳体两端的 2 个向心推力球轴承上。转向器下盖上装有调整螺塞，用以调整向心推力轴承的预紧度，调整后用螺母锁死。

蜗杆与 2 个锥形的指销相啮合，构成传动副。2 个指销均用双列圆锥滚子轴承支承在曲柄上，并可绕自身轴线转动，以减轻蜗杆与指销啮合传动时的磨损，提高传动效率。销颈上的螺母用来调整轴承的预紧度，以使指销能自由转动而无明显轴向间隙为宜，调整后

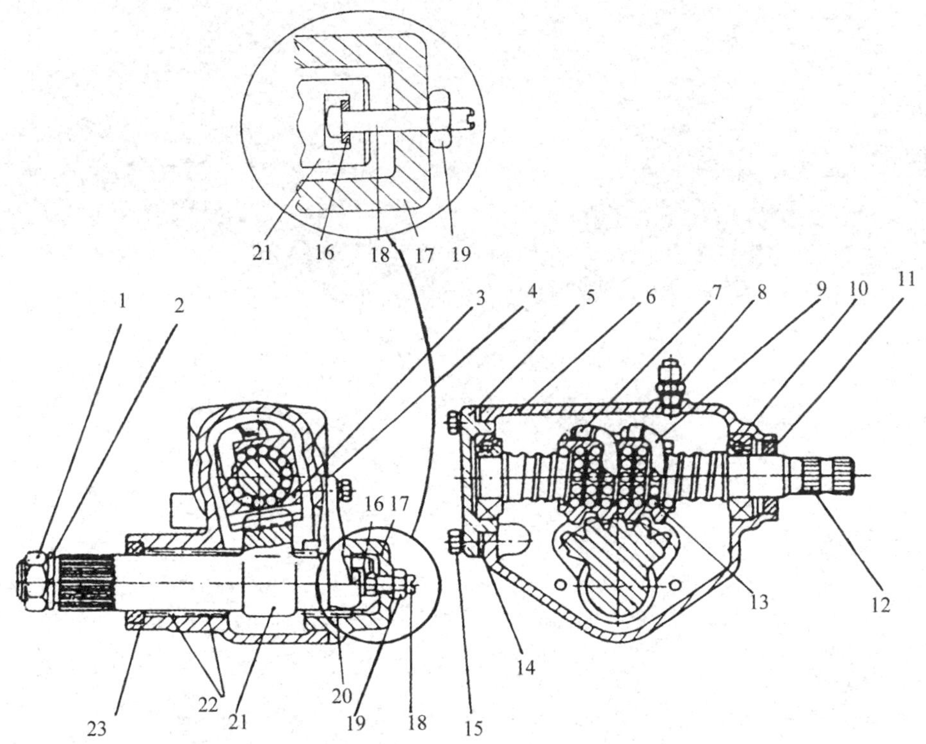

1—螺母；2—弹簧垫圈；3—转向螺母；4—转向器壳体密封垫圈；5—转向器壳体底盖；6—转向器壳体；7—导管夹；8—加油（通气）螺塞；9—钢球导管；10—球轴承；11，23—油封；12—转向螺杆；13—钢球；14—调整垫片；15—螺栓；16—调整垫圈；17—侧盖；18—调整螺钉；19—锁紧螺母；20，22—滚针轴承；21—齿扇轴（摇臂轴）

图 8－12 循环球式转向器

用锁片（图中未示出）将螺母锁住。

安装指销和双排圆锥滚子轴承的曲柄制成叉形，与摇臂轴制成一体。摇臂轴用粉末冶金衬套支承在壳体中。转向器侧盖上装有调整螺钉，旋入（或旋出）调整螺钉可以改变摇臂轴的轴向位置，以调整指销与蜗杆的啮合间隙，从而调整了转向盘自由行程，调整后用螺母锁紧。摇臂轴伸出壳体的一端通过花键与转向摇臂连接。

汽车转向时，驾驶员通过转向盘转动转向蜗杆（主动件）转动，与其相啮合的指销（从动件）一边自转，一边以曲柄为半径绕摇臂轴轴线在蜗杆的螺纹槽内做圆弧运动，从而带动曲柄转动，进而带动转向摇臂摆动，实现汽车转向。

蜗杆曲柄双销式转向器具有传动效率较高，转向轻便，结构简单，调整方便的优点。但其综合性能仍不及循环球式转向器，所以其应用面不广，有逐渐被淘汰的趋势。

3. 转向传动机构

汽车转向传动机构主要由转向摇臂、转向横拉杆、转向直拉杆及转向减振器等组成。转向传动机构的功用是将转向器输出的力和运动传给转向轮，使两侧转向轮偏转以实现汽车转向，并保证左右转向轮的偏转角按一定关系变化。

按转向传动机构配用的悬架不同，转向传动机构可分为非独立悬架配用的转向传动机

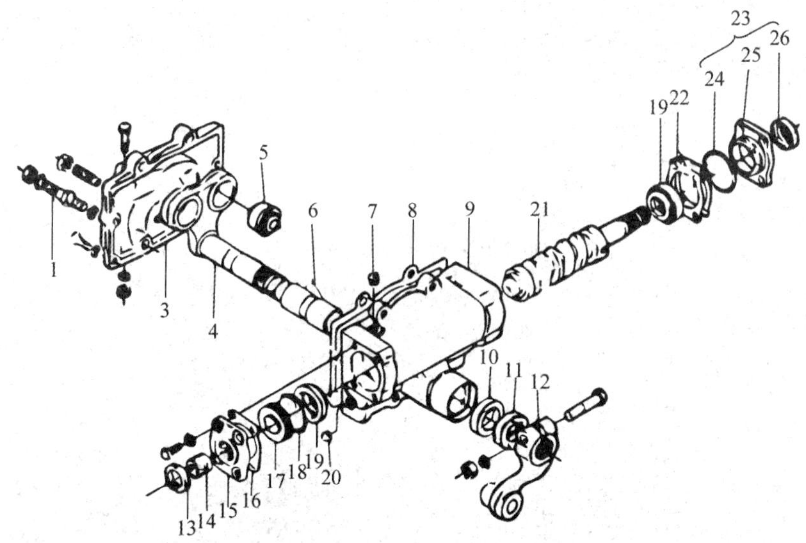

1—螺栓、螺母；2—摇臂轴调整螺钉及螺母；3—侧盖；4—摇臂轴；5—指销轴承总成；6—摇臂轴衬套；7—加油螺塞；8—侧盖衬垫；9—转向器壳体；10—油封；11—锁紧螺母；12—转向垂臂；13—螺母；14—蜗杆轴承调整螺塞；15—下盖；16—下盖衬垫；17—蜗杆轴承垫块；18—密封圈；19—蜗杆轴承；20—放油螺塞；21—蜗杆；22—调整垫片；23—上盖总成；24—密封圈；25—上盖；26—蜗杆油封

图 8-13　EQ1090E 型汽车所用的蜗杆曲柄双销式转向器

构和独立悬架配用的转向传动机构。

（1）与非独立悬架配用的转向传动机构

与非独立悬架配用的转向传动机构由转向摇臂、球头、转向直拉杆、万向节臂、转向梯形臂和转向横拉杆等组成，具体说明见表 8-1。

表 8-1　与非独立悬架配用的转向传动机构

类别	说　明
转向摇臂	转向摇臂为转向器传动副与直拉杆之间的传动件。转向摇臂将转向器摇臂轴的旋转运动转换为直拉杆的轴线运动。如图 8-14 所示，转向摇臂大端用锥形细齿三角形花键与摇臂轴连接，并用螺母固定，花键设计为锥形，能起到压紧和定位的作用。转向摇臂另一端与直拉杆采用铰链连接。在转向摇臂上和摇臂轴上刻有安装记号，或者少铣一个齿作为安装位置的确定标记。按安装标记安装后，转动转向摇臂，从中间位置向两边的位置应相等。 三角形齿形花键 转向摇臂 球头销 图 8-14　转向摇臂

续表

<table>
<tr><th>类别</th><th>说　明</th></tr>
<tr><td>球头</td><td>在汽车行驶时，由于加速或路面等其他原因，会引起车轮上下跳动。而这时如果需要转向，那么横、直拉杆的运动相当复杂。这时2个连接件间的相对运动属于空间运动，就不能使用类似活塞销一样的柱销式铰链，而应该采用球头销的形式来连接。
球头的结构如图8－15所示，球头内有一个销子，一端制成球头状，另一端为小锥度圆锥体，在锥体上制有螺纹和开口销安装孔。球头销与上、下球头座凹凸部互相嵌合，这样轴线便不能窜动和脱出。球头销被弹簧压紧，可消除因磨损而出现的间隙，有些球头弹簧的弹力可以通过外端的调整螺母进行调整。为了保证球头销和上、下球头座之间的润滑，通常设有注油嘴，可通过加注润滑脂对其进行润滑。在转向系统的横拉杆、直拉杆等处都采用球头销的形式来连接。
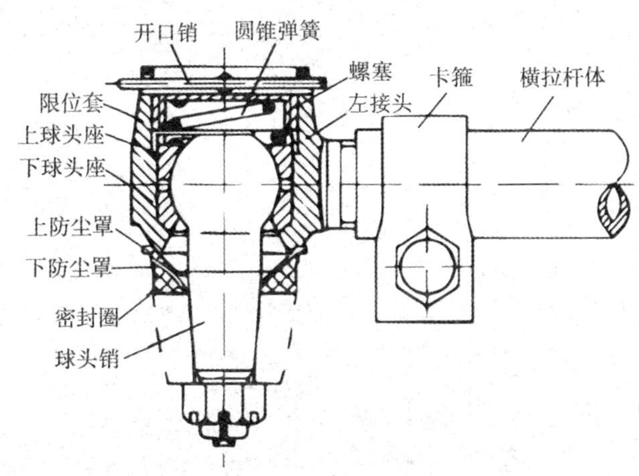

图8－15　转向横拉杆球头</td></tr>
<tr><td>转向直拉杆</td><td>转向直拉杆是转向摇臂与万向节臂之间的传动杆件。如图8－16所示，转向直拉杆由球头销、球头座、直拉杆体、弹簧及弹簧座等组成。直拉杆体是一段两端扩大的钢管，扩大部分用于安装球头。
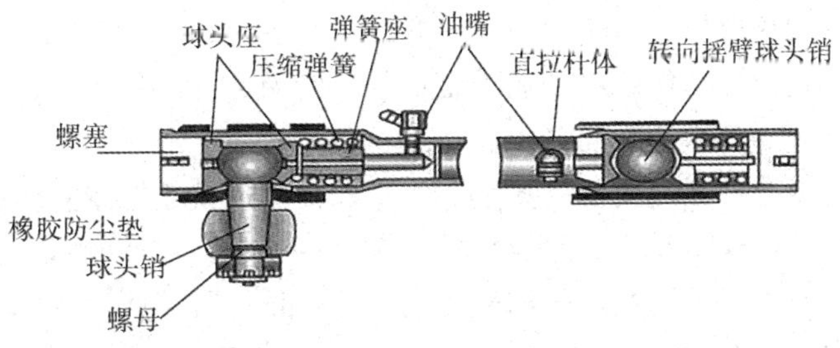

图8－16　转向直拉杆
为保证在相对空间运动中不发生干涉，直拉杆前端和后端都采用球头销或球头销座分别与转向摇臂、万向节臂（或梯形臂）相连。前、后球形铰链结构中都有压缩弹簧，以补偿机械磨损，并具有缓和经车轮和万向节传来的路面冲击的作用。弹簧预紧力可用端部螺塞调节。</td></tr>
</table>

续表

类别	说　明
转向梯形机构	如图 8－17 所示，转向梯形机构由前轴，左、右梯形臂及横拉杆组成。通过转向梯形机构在两个转弯方向上进行不同的转换，可以产生需要的车轮转向偏差角，保证内轮转向偏差角大于外轮转向偏差角，即 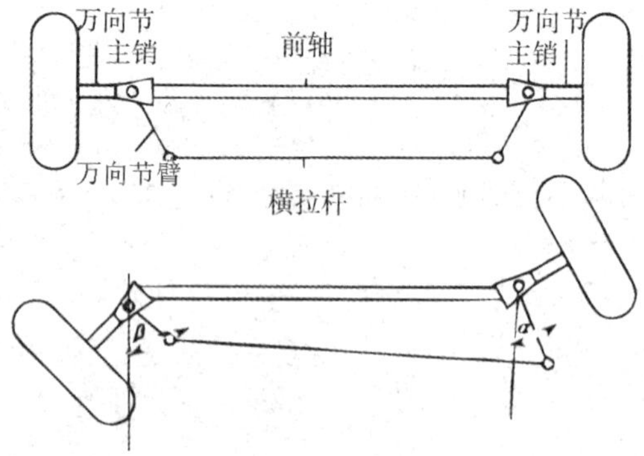 $\beta > \alpha$。 图 8－17　转向梯形机构 转向横拉杆是联系左、右梯形臂并使其协调工作的连接杆车。轮悬架装置使车轮能够进行弹性运动，而转向器固定在车身上，因此防止车轮由于弹性运动而进行无意的转向运动的任务落到了转向拉杆上。转向拉杆的结构与车轮悬架装置和转向器的结构有关。使用非独立悬架的汽车通常配用循环球式转向机构，转向横拉杆为整体单件式，车轮跳动时整个车桥连同转向梯形一起振动，转向横拉杆通过旋转运动带动转向轮转动。 转向横拉杆由横拉杆体和两端的横拉杆接头组成。两端接头为球头销结构，其上有压紧弹簧和调节螺塞。转向横拉杆两端接头和横拉杆体用螺纹连接。接头螺纹部分有切口，具有弹性。接头旋装到横拉杆体后，用夹紧螺栓夹紧。横拉杆体两端的螺纹旋向相反，一端为右旋、一端为左旋。放松夹紧螺栓，转动横拉杆体，即可改变转向横拉杆的总长度，从而可调整转向轮前束。

（2）与独立悬架配用的转向传动机构

与独立悬架配用的转向桥是断开的，每个车轮都需要相对车身做独立运动，其转向传动机构的转向梯形也必须分段。这样两侧车轮的跳动互不影响，有利于车轮导向，它的成本高于整体式拉杆结构。由于无须直拉杆，转向传动结构更简单，主要由左、右转向横拉杆，转向减振器和前桥转向臂组成。

①转向横拉杆。使用独立悬架的汽车通常使用齿轮齿条式转向机构，其转向横拉杆通过滑动带动转向轮转动。为适应独立悬架车轮可独自跳动的特点，转向横拉杆分成左、右两根。左、右两根转向横拉杆结构相同，但是长短可能相同或不相同。

左转向横拉杆的结构如图 8－18 所示，横拉杆内为与杆身一体的不可调的圆形接头，圆形接头与转向器齿条使用螺栓连接。横拉杆球头一般不能调节及分解，也无须再注油润滑。

②转向减振器。为了衰减由于道路不平而传给转向盘的冲击、振动，防止转向盘“打手”和进一步稳定汽车行驶方向，许多汽车在转向器壳体和横拉杆支架之间安装了转向减振器。这是利用减振器内液体流动的阻尼力来吸收道路不平引起的冲击和振动。整个转向

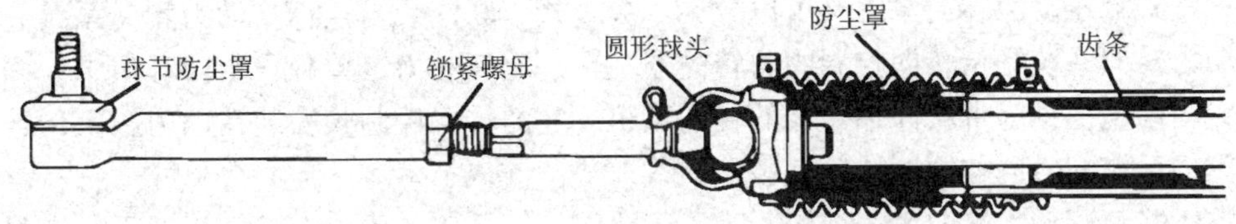

图 8－18　左转向横拉杆

系统的间隙可由驾驶员在直线行驶位置上从转向盘上检查。该间隙可能与车轮和转向系统部件的弹性和质量一起在某些前提下允许车轮颤动，此颤动可作为转向盘颤动被感觉到。转向减振器也能抑制此类颤动或将其限制在最低程度。

二、液压动力转向系统

1. 液压动力转向系统的类型

液压动力转向系统，其转向加力装置为液压动力系统。如图 8－19 所示，液压动力转向系统的部件包括转向液压泵、转向油管、转向油罐及位于整体式转向器内部的转向控制阀及转向动力缸等。当驾驶员转动转向盘时，转向摇臂摆动，通过转向直拉杆、转向节臂、转向横拉杆，使转向轮偏转，从而改变汽车的行驶方向。

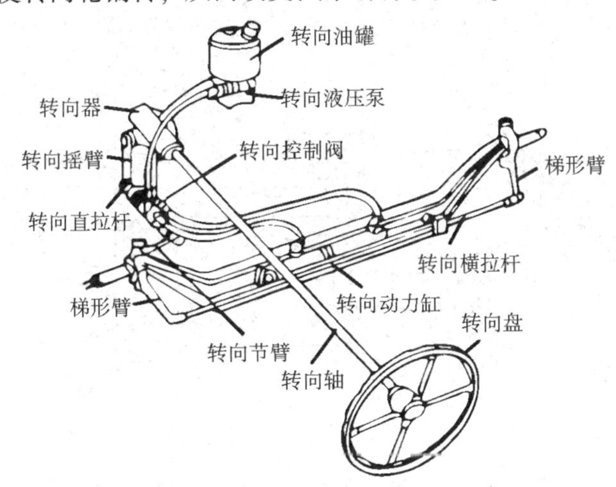

图 8－19　液压动力转向系统示意图

与此同时，转向器输入轴带动转向器内部的转向控制阀转动，使转向动力缸产生液压作用力，帮助驾驶员进行转向操纵。这样，为了克服地面的转向阻力矩，驾驶员加于转向盘上的转向力矩，比用机械转向系统时所需的转向力矩小得多。

液压动力转向系统的分类方法如下。

（1）按转向装置中动力缸、控制阀及转向器的相对位置

①整体式。整体式液压动力转向系统的转向器、动力缸设计为一体，并且与转向控制阀组装为一体。

②分置式。分置式液压动力转向系统中机械转向器和动力缸是分开的。

分置式液压动力转向系统又可以分为半分置式、联阀式与连杆式动力转向系统。半分置式动力转向系统是指转向控制阀与转向器装在一起，动力缸单独安装在车架上；联阀式动力转向系统也称为带转向加力器的转向系统，它的转向控制阀安装在动力缸上；连杆式动力转向系统的转向控制阀单独安装。

整体式液压动力转向系统结构紧凑、管路较短、易于布置，但是结构复杂、密封性要求高。分置式液压动力转向系统零件数量较多，管路布置也较复杂，但是由于它是分开布置的，可以采用任何一种典型结构机械转向器，转向器的零件不受动力缸动力载荷的影响。

（2）按液压油流的状态

①常压式。常压式液压动力转向系统中保持限定的压力。

②常流式。常流式液压动力转向系统在不转向时，系统中没有压力。

如图 8 – 20 所示，常压式液压动力转向系统中保持限定的压力，只要转向，系统就提供压力，响应迅速。但是液压泵总要保持系统的压力，会降低液压泵的寿命，也会使燃油消耗率高，并容易引起漏油；蓄能器占用一定的空间。如图 8 – 21 所示，常流式液压动力转向系统在不转向时，系统中没有压力，只有转向时，系统才建立并提供压力。它的结构简单，液压泵寿命长，漏油少，消耗功率低，但是转向后才建立系统压力，响应慢。

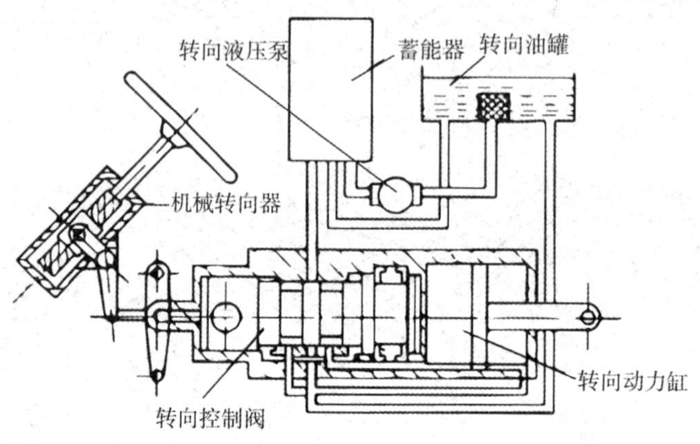

图 8 – 20　常压式液压动力转向系统

目前汽车上使用的多是常流式液压动力转向系统。两种系统都包含油罐、液压泵、控制阀、动力缸等，但是常压式液压动力转向系统中有蓄能器，可以积蓄能量，可采用较小的液压泵。

（3）按液压动力泵的动力源

①普通液压动力转向系统：由发动机通过传动带带动液压动力泵转动而建立油压。

②电子液压动力转向系统：通过电动泵建立油压。

传统机械液压动力转向系统的液压泵由汽车发动机驱动，汽车发动之后，无论是否转向，这套系统都要工作，而且在大转向车速较低时，需要液压泵输出更大的功率以获得比较大的动力，所以在一定程度上浪费了发动机动力资源。

现在有的汽车使用了电动液压泵建立油压，即电子液压动力转向系统。这种系统克服

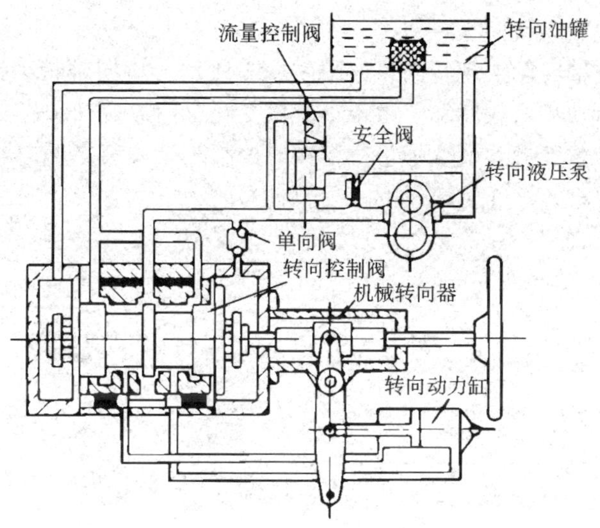

图 8－21　常流式液压动力转向系统

了传统的液压动力转向系统的缺点，它的工作是由电子控制单元根据汽车的行驶速度、转向角度等信号计算出的最理想状态来控制的。

2. 液压动力转向系统的基本原理

对于动力转向系统，一般要求汽车高速时提供小动力，低速时提供大动力。另外对动力转向系统的要求还有，动力转向系统只有在汽车转向时才提供转向力；动力转向系统的响应要迅速；根据汽车转向阻力的不同，动力转向系统应有不同的输出力；车速低或路面条件不好时，动力转向系统的输出力要大，要提供较大的转向力；车速高时，动力转向系统的输出力要小，提供较小的转向力，避免驾驶员失去转向操作感；动力转向系统密封要好，避免漏油。

液压动力转向系统要注意的问题有：转动转向盘到尽头并停留较长一段时间（超过 5 s），则油液将以最大排放量从动力泵排出，可能导致泵体过热，损坏动力转向泵；当转动转向盘并保持在一定位置时，维持一段时间，转向动力将减小到 0；在出现紧急情况时，即液压系统出现故障，由于机械连接允许用更高的力对汽车进行转向，只是没有液压动力，转向时会很吃力。

液压动力转向系统在机械动力转向系统的基础上，增加了油罐、动力缸、液压动力泵、控制阀、高压油管、低压油管等。

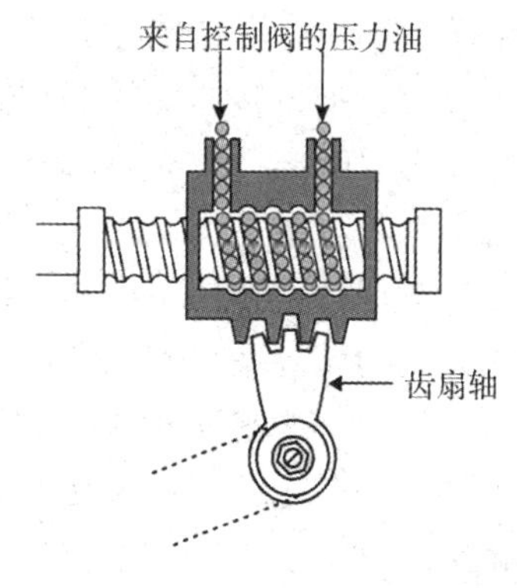

图 8－22　整体式动力循环球转向器

整体式动力循环球转向器如图 8－22 所示，活塞和循环球螺母都可以驱动齿扇轴。通常，转动转向盘，螺杆跟着转动，从动力转向泵出来的压力油进入转向器中。平衡位置时，活塞两边均进油，使活塞处于稳定位置。当汽车直线行驶时，活塞两边的油压相等；当转动转向盘时，高压油进入活塞的一侧，另一侧回油，来帮助活塞和循环球螺母总成的移动，从而使驾驶员操纵转向盘轻便。

转向盘操纵转向轴转动实现转向，如图 8－23 所示，转向轴带动扭力杆（扭力弹簧）转动，扭力杆下端带动小齿轮转动。由于小齿轮受到车轮经拉杆和齿条传来的阻力，扭力杆受到阻力时发生弹簧变形，其变形量决定转向控制阀（安装在转向器上）液压油的流通截面积大小，也决定进入液压缸流量的多少及动力的大小。

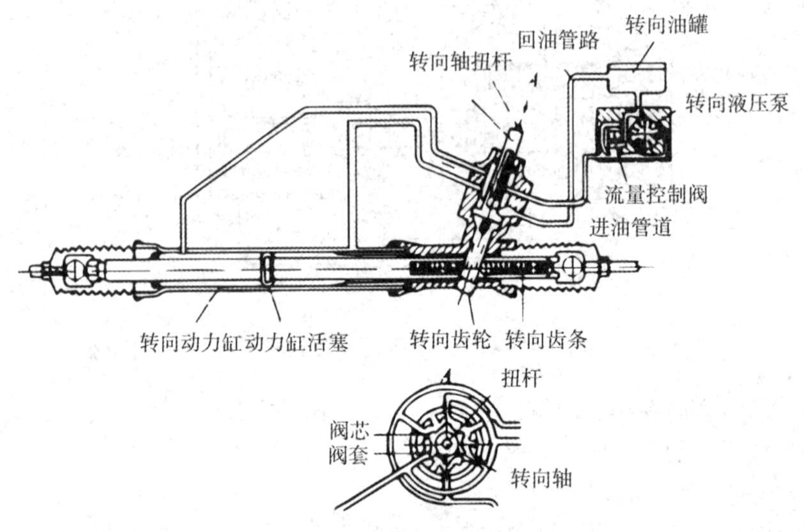

图 8－23　整体式齿轮齿条动力转向器

3. *液压动力转向系统的主要元件*

（1）储油罐

储油罐主要用于储存油液，供应液压泵的需要，储液罐也有滤清和冷却动力转向装置油液的作用。储油罐由油罐盖、罐体、过滤装置、进油口、出油口等组成。有些储油罐安装在液压泵体上，有些储油罐是分开安装的。通常储液室中装有过滤器，防止污物进入该液压系统中。动力转向器的油从储油罐的中心位置回流到储油罐，经过过滤器过滤后，再被液压动力泵吸出。滤芯堵塞后，会引起回流压力大，这时由于弹簧的预紧压力较小，油液可以不通过滤芯而直接进入储油罐，这适用于应急情况。

更换液压动力转向系统油时要注意，有些液压动力转向系统使用自动变速器液压油，有的液压动力转向系统使用专用动力转向油。根据生产厂商要求，有些转向泵使用专用的动力转向油。一般自动变速器油不得在动力转向系统中使用，除非只加入少量，以提高油面高度到加注标志线。如果在紧急情况下，加注了较多的自动变速器油，事后应尽快将转向油排空，冲洗动力转向系统并重新加注动力转向专用油。

（2）动力缸

如图 8－24 所示为齿轮齿条式动力转向器。通常通过把齿条加长件构造成活塞连杆，而将液压转向动力机构集成到转向器壳内。动力缸可以和齿条平行安装，它支持齿条在车轮运动方面的作用。在不转向时，动力缸左、右腔的油压相等，这时无动力作用；在转向时，动力缸一个腔内进油而压力增高，另一个腔内回油而压力降低，油压作用使活塞及活塞连杆移动。

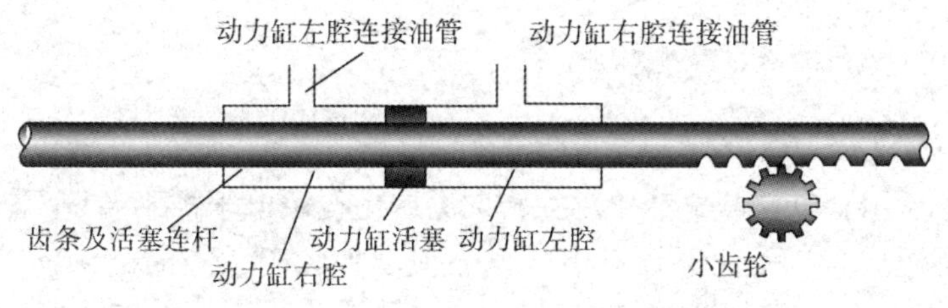

图 8－24 齿轮齿条式动力转向器

（3）液压动力转向泵

液压动力转向泵的类型有定量泵和变量泵。根据汽车的类型和构造不同，动力转向泵产生不同的压力。液压动力转向泵上都会安装控制阀来控制流量、压力等。

如图 8－25 所示，叶片式、滑块式和滚柱式 3 种类型液压泵的工作原理相同，它们都是一种容积式液压泵。在工作中，随着动力转向泵转子的转动，吸油口产生吸力，低压油进入泵里。这个吸力是由于进油腔容积越来越大，产生负压造成的。然后，在转子的另一侧，油腔容积越来越小，就形成了高压。

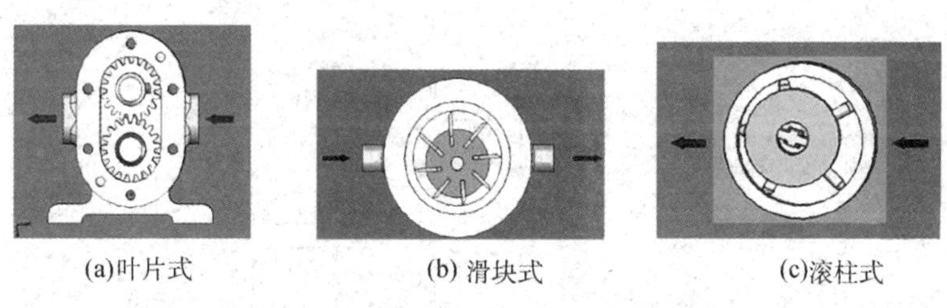

(a)叶片式　(b) 滑块式　(c)滚柱式

图 8－25 3 种类型液压泵的结构

①液压动力泵由曲轴带动的传动带驱动工作，使油压升高，从而保证操控转向器所需的压力油。一般要求液压泵在发动机低速时提供较大流量，高速时提供较小流量。液压泵的类型有叶片式、滑块式、滚柱式和齿轮式等。

②液压动力泵上的流量控制阀用于限定转向泵的最大流量，这样可能避免发动机转速过高时，流量过大，导致系统的功率消耗过多和油温过高。

卸压阀内置在流量控制阀中，它用于限定转向泵的最大压力。液压泵的输出压力取决于液压系统的负荷，为了避免转向阻力过大时，系统内部的压力过高会导致液压泵、动力缸和管路过载而损坏，设置卸压阀限制系统的最高压力；当动力转向泵转速增加时，卸压阀可防止系统压力过高。

4. 转向控制阀

转向控制阀一般直接安置在动力转向器总成里，转向控制阀的功用是引导压力油到活塞和循环球螺母总成的一侧或另一侧。当转动转向盘时，控制阀就打开相应的通道，使压力油输入活塞和循环球螺母总成需要压力油的一侧。液压动力转向系统的转向控制阀可分为滑阀式转向控制阀和转阀式转向控制阀。

三、电控动力转向系统

1. *液压式电控制动力转向系统（EHPS）*

如图 8－26 所示，电控制式液压动力转向系统主要由电子控制系统、转向齿轮箱、液压泵、分流阀等组成。它是通过控制电磁阀，使动力转向系统的油压随车速的变化而改变，在大转角拐弯或低速行驶时，转向轻便；在中、高速时，能获得具有一定手感的转向力。

电子控制器（ECU）根据从轮速传感器输送来的信号，判断汽车的行驶状态。据此，对电磁阀线圈的电流进行控制，从而达到控制转向动力的目的。当汽车低速行驶或大转角拐弯时，由于流经电磁线圈的电流较大，经分流阀分流后的油液通过电磁阀返回储油罐。这时，作用在分流阀柱塞上的油压较小，作用在控制阀轴上的压力也小，在转向盘转向力的作用下，扭杆就可能产生较大的扭转变化。控制阀就会随扭杆相对于与驱动小齿轮固定在一起的旋转阀转过一个角度，使两阀的通道口相互连通，动力缸的右腔（左腔）就受到液压泵油压的作用，驱动动力缸内的活塞向左（右）移动，产生一个较大的辅动力，从而增大了转向力。

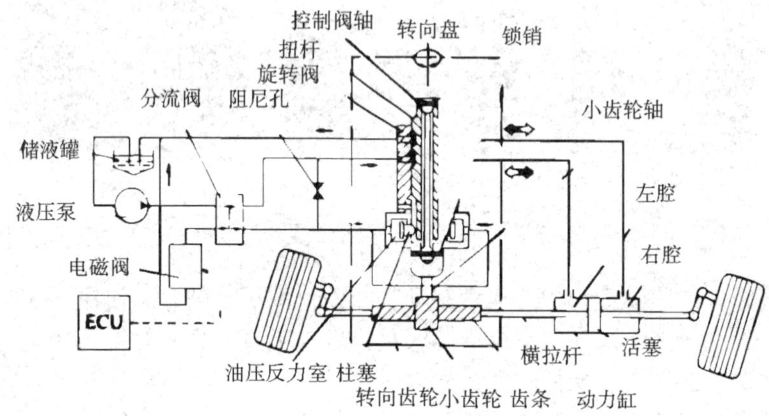

图 8－26　电子控制式液压动力转向系统

当汽车以中、高速直行时，扭杆产生的扭转变形也很小，旋转阀与控制阀相互连通的通道口开度也减小，使旋转阀一侧的油压上升。由于分流阀的作用，此时电磁阀一侧的油量会增加。同时，伴随着车速的提高，电磁线圈内的电流会减小，电磁阀的节流开度也会缩小，使作用在油压反力室中的反力油压增加，柱塞作用到控制阀轴上的压力也随之增大。因此增加了转向操纵力，使驾驶员的手感增强，从而获得良好的路感。开始转向时，扭杆的扭转角会进一步减小，旋转阀与控制阀相连的阀口开度也减小，使旋转阀一侧的油压进一步升高。伴随着旋转阀油压的升高，通过固定阻尼孔的油液也供给到油压反力室。

通过分流阀向油压反力室供给的一定量的油液与通过固定阻尼孔的油液相加，进一步加强了柱塞的压紧力，使得此时的转向力相应于转向角呈线性增加，从而获得在高速行驶时的转向操纵感。

2. 电动动力转向系统（EPS）

电动动力转向系统（EPS）主要由转矩传感器、车速传感器、电子控制单元（ECU）、电动机、离合器、减速机构、转向轴及齿轮齿条式转向器等组成，其结构示意如图 8－27 所示。

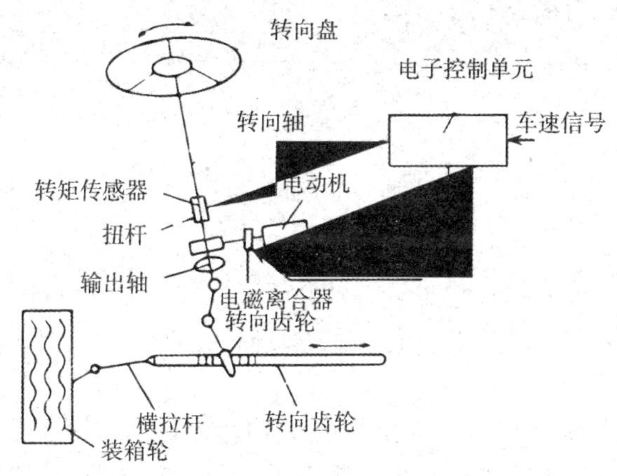

图 8－27　电动助力转向系统

转矩传感器用于检测作用于转向盘上的转矩信号的大小与方向。目前采用较多的转矩传感器是扭杆式电位计传感器。它是在转向轴位置加一扭杆，通过扭杆检测转向轴（输入轴）和输出轴的相对扭转位移得到转矩。

车速传感器常采用电磁感应式传感器，安装在变速器上。该传感器可根据车速的变化，把主、副 2 个系统的脉冲信号传送给 ECU。

EPS 的动力源是电动机，通常采用无刷永磁式直流电动机，其功能是根据 ECU 的指令产生相应的输出转矩。转向动力用的电动机需要正反转控制。

离合器采用干式电磁离合器，其功能是保证 EPS 在预先设定的车速范围内闭合。当车速超出设定车速范围时，离合器断开，电动机不再提供动力，转入手动控制转向状态。另外，当电动机发生故障时，离合器可自动断开，恢复手动控制转向。

减速机构用来增大电动机的输出转矩，主要有蜗杆减速机构和双行星齿轮减速机构两种形式。前者主要用于转向柱动力式转向系统，后者主要用于齿轮动力式和齿条动力式转向系统。为了抑制噪声和提高耐久性，减速机构中的齿轮有的采用树脂材料制成，有的采用特殊齿形。

EPS 的电子控制单元（ECU）通常是一个 8 位单片机系统。其工作过程：当转矩信号和车速信号输入单片机后，根据这些信号计算出最优动力转矩，然后输出电流指令信号给电动机控制电路，由控制电路决定电动机作用的大小和方向。

电动动力转向系统的工作原理：不转向时，动力电动机不工作；当转向盘转动时，与转向轴相连的转矩传感器不断地测出作用于转向轴上的转矩，并由此产生一个电压信号；同时，由车速传感器测出的汽车车速，也产生一个电压信号。这两路信号均被传输到电子控制单元（ECU），由 ECU 向电动机和离合器发出控制指令，在离合器接合的同时使电动机转动产生一个转矩，该转矩经与电动机连在一起的离合器、减速机构减速增矩后，被施加在输出轴上，输出轴的下端与齿轮齿条式转向器总成中的小齿轮相连，最后通过齿轮齿条式转向器施加到汽车的转向机构上，使之得到一个与工况相适应的转向动力。

任务三　转向系统的拆装、调整和检修

一、机械转向系统的拆装、调整和检修

1. 机械转向系统的失效形式

机械转向系统的失效形式有转向盘的自由行程过大，即转向系统中某个传动件之间存在安装间隙；转向器配合间隙过大；横、直拉杆球头磨损；防尘罩损坏等。

2. 机械转向系统的维护

二级维护或某些汽车到了12个月或行驶了15 000 km（以先出现者为准）时，需要检查转向系统是否损坏、松动或零件缺失、磨损或润滑不足。

具体检修项目有：检查前轮定位角；检查转向盘自由转动量和游隙；检查调整转向器；检查转向器是否需要加注或更换润滑油；检查转向横拉杆、直拉杆等接头的连接和紧固情况，客、载货车大多需要调整球头松紧度，并加注润滑脂；试车检查操纵稳定性，有无跑偏、发抖、摆头等。

3. 齿轮齿条式转向器的拆装、检修和装配

（1）拆卸

如图8－28所示，拆卸分解中，应先在转向齿条端头与横拉杆连接处打上安装标记；然后，拆卸转向齿条端头，但不能碰伤转向齿条的外表面；拆下转向齿条导块组件后，拉住转向齿条，使齿对准转向齿轮，再拆卸转向齿轮；最后抽出转向齿条。抽出时，注意不能让转向齿条转动，防止碰伤齿面。

（2）主要零件的检修

①零件出现裂纹应更换，横拉杆、齿条在总成修理时应进行隐伤检验。

②转向齿条的直线度误差不得大于0.30 mm。

③齿面上无疲劳剥蚀及严重磨损，若出现左右大转角时转向沉重且又无法调整时，应更换。

④更换转向齿轮轴承。

（3）齿轮齿条式转向器的装配与调整

①安装转向齿轮。

a. 将上轴承和下轴承压在转向齿轮轴颈上，轴承内坐圈与齿端之间应装好隔圈。

b. 把油封压入调整螺塞。

c. 将转向齿轮及轴承一块压入壳体。

d. 装上调整螺塞及油封，并调整转向齿轮轴承紧度。手感应无轴向窜动，转动自如，转向齿轮的转向力矩符合原厂规定，一般约为0.5 N·m。

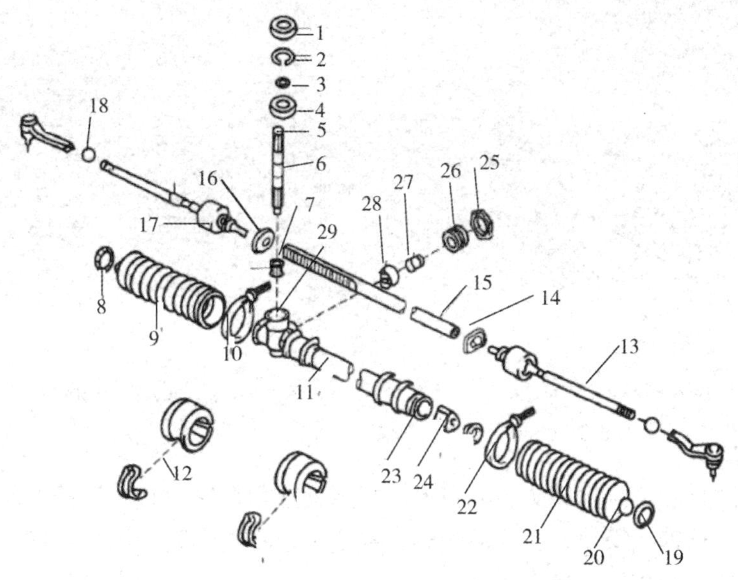

1—防尘罩；2—锁紧螺母；3—油封；4—调整螺塞；5—上轴承；6—转向齿轮；
7—下轴承；8，18—夹子；9—齿条防尘罩；10，22—箍带；11—齿条壳体；
12—横拉杆；13—转向齿条；14—垫圈；15—齿条端头；16—固定环；17—防尘罩；
19—减振器支架；20—防尘罩护圈；21－防尘罩；23—齿条衬套；24—转向器减振器；
25—螺母；26—弹簧帽；27—弹簧；28—隔环；29—齿条导块

图 8－28　齿轮齿条式转向器分解图

e. 按原厂规定转矩紧固锁紧螺母，并装好防尘罩。

②装入转向齿条。

③安装齿条衬套。转向齿条与衬套的配合间隙不得大于0. 15 mm。

④装入转向齿条导块、隔环、导块压紧弹簧、调整螺塞（弹簧帽）及锁紧螺母。

⑤调整转向齿条与转向齿轮的啮合间隙。

转向齿条与转向齿轮的啮合间隙也称为转向齿条的预紧力。因结构的差异，调整方法也有所不同。常见的调整方法有两类：一种是改变转向齿条导块与盖之间的垫片厚度来调整转向齿条与转向齿轮轮齿的啮合深度，完成预紧力的调整，如图 8－29 所示；另一种方法是用盖上的调整螺塞改变转向齿条导块与弹簧座之间的间隙值，完成啮合深度，即预紧力的调整，如图 8－30 所示。

对于第一种结构形式，其预紧力的调整步骤是，先不装弹簧与盖之间的垫片，进行 x 值的调整，使转向齿轮轴上的转动力矩为 1～2 N · m；然后用厚薄规测量 x 值；最后在 x 值上加 0. 05～0. 13 mm，此值就是应加垫片的厚度，也就是转向齿条和转向齿轮合格的啮合间隙所要求的垫片厚度。

对于第二种结构形式，其预紧力的调整步骤是，先旋转盖上的调整螺塞，使弹簧座与导块接触，再将调整螺塞旋出 30°～60°之后，检查转向齿轮的转动力矩，如此重复操作，直至转向齿轮的转动力矩符合原厂规定，最后紧固锁紧螺母。

⑥安装垫圈和转向齿条端头。安装时应注意转向齿条端头和齿条的连接必须紧固，锁

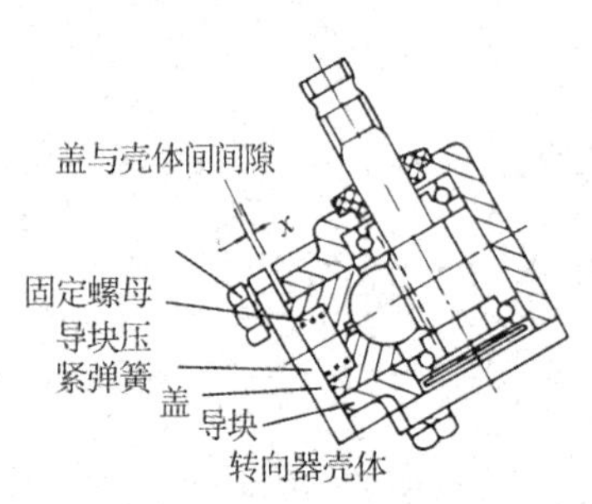

图 8－29　预紧力调整机构（一）

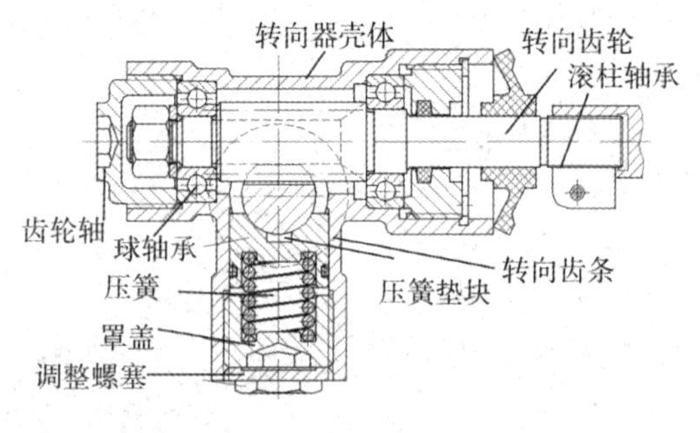

图 8－30　预紧力调整机构（二）

止可靠。

⑦安装横拉杆和横拉杆端头，并按原厂规定检查调整左、右横拉杆的长度，以保证转向轮前束正确。另外，横拉杆端头球销的夹角应符合原厂规定；调整合格后，必须按原厂规定的转矩紧固并锁止横拉杆夹子。

4. 循环球式转向器的拆装、检修和装配

（1）拆卸

循环球式转向器除因故障、发卡或零件有损坏需解体外，一般不需要解体。当汽车行驶一定里程后，需要正常维修保养或因故拆检时，应按下列程序进行。

①在车上拆下循环球式转向器的转向垂臂、万向节叉的锁紧螺母；将转向器总成从车上拆下并卸下通气塞，放出转向器内的润滑油。

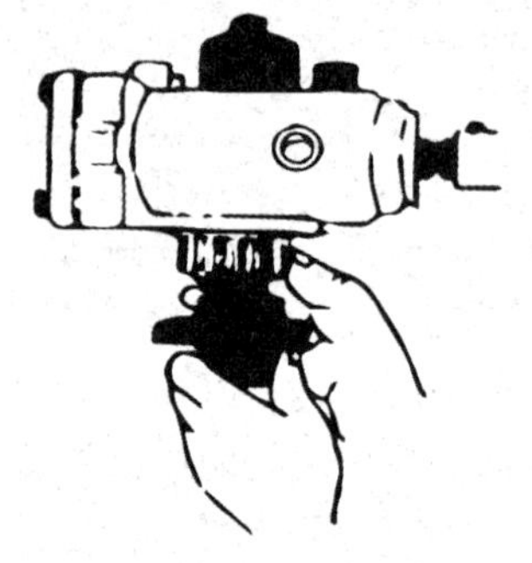

图 8－31　取下侧盖和转向臂轴总成

②将转向臂轴转到中间位置（即将转向螺杆拧到底后，再拧回 3.5 圈）。再拧下侧盖的 4 个紧固螺栓，用软质锤或铜棒轻轻敲打转向臂端头，取出侧盖和转向臂轴总成，如图 8－31 所示。

注意：取转向臂轴时别碰伤油封。

③拧下转向器底盖 4 个紧固螺栓，用铜棒轻轻敲转向螺杆的一侧，取下底盖。

④从壳体中取出转向螺杆及转向螺母总成。

注意：取出时别碰伤油封。

⑤螺杆及螺母总成如无异常情况，尽量不要解体。必须解体时，先拧下 3 个固定导管夹的螺钉，拆下导管，如图 8－32 所示。握紧螺母，慢慢转动螺杆，排出全部钢球，如图 8－33 所示。

注意：2 个循环道夹中的钢球最好不要混在一起，不要丢失。每个循环道有 48 个钢球。如果螺母里留 1 个钢球，螺母也不能拆下。

（2）主要零件的检修

对解体后的转向器零件进行清洗，并用压缩空气吹干，进行下列检查。

①转向器壳体的检修。

a. 壳体、侧盖产生裂纹更换，两者结合平面的平面度公差为0. 10 mm。

图 8－32　拆下导管

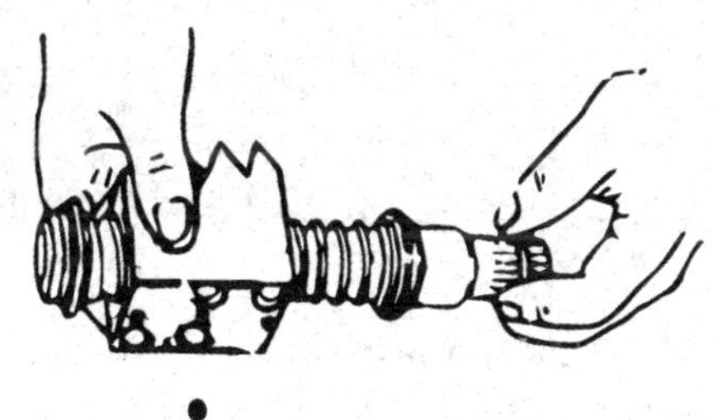

图 8－33　排出钢球

b. 修整壳体变形。壳体变形的特点是摇臂轴承孔的公共轴线对于转向螺杆两轴承孔公共轴线的垂直度误差逾限（公差为 0.04～0.06 mm）。两轴线的轴心距增大（公差为 0.01 mm），不但会引起转向沉重的故障，同时减少了转向器传动副传动间隙可调整的次数，缩短了转向器的寿命。修整变形时，先修整结合平面；然后更换摇臂轴衬套，摇臂轴衬套镗削后与摇臂的配合间隙较原厂规定其增大量不得大于0.005 mm，使用滚针轴承其配合间隙不得大于0.10 mm。汽车二级维护时应检查摇臂轴与衬套的配合间隙。使用限度，轿车为0.15 mm，载货汽车为0.20 mm。配合间隙逾限后更换衬套，衬套与轴承的配合过盈为 0.110～0.051 mm。

②转动螺杆与转向螺母的维修。

a. 转向螺杆与转向螺母的钢球滚道无疲劳磨损、划痕等耗损，钢球与滚道的配合间隙不得大于0.10 mm。检验钢球与滚道配合间隙的方法有两种：一种方法是把转向螺母夹持固定后，把转向螺杆旋转到一端止点，然后检验转向螺杆另一端的摆动量，具摆动量不得大于0.10 mm，转向螺杆的轴向窜动量也不得大于0.10 mm；另一种方法是将转向螺杆和转向螺母配合副清洗干净后，把转向螺杆垂直提起，转向螺母在重力的作用下，应能平稳地旋转下落，说明配合副的传动间隙合格。若无其他耗损，传动副组件一般不进行拆检。

b. 总成修理时，应检查转向螺杆的隐伤，若产生隐伤、滚道疲劳剥落、三角键有台阶形损伤或扭曲，应更换。

c. 转向螺杆的支承轴颈若产生疲劳磨损，会引起明显的转向盘沉重、转向迟钝，可按原厂规定的锥角磨削修整轴颈，然后刷镀修复或直接更换。实践证明，其耐久性可达100000 km以上。

③摇臂轴的检修

a. 总成修理时，必须进行隐伤检验，产生裂纹后更换，不许焊修。

b. 轴端花键出现台阶形磨损、扭曲变形，应更换。

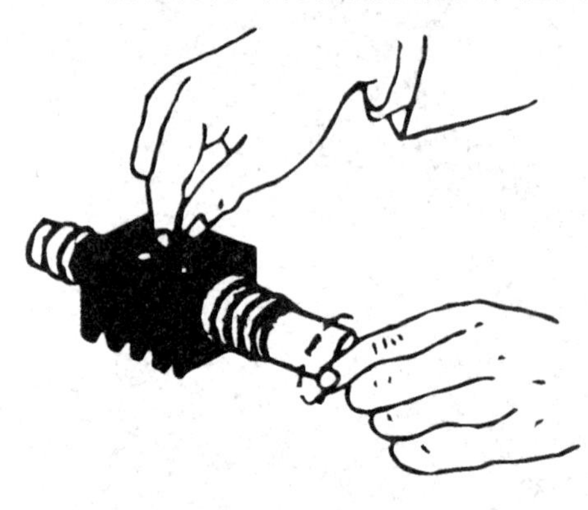
图 8－34　装入钢球

c. 支承轴颈磨损逾限，应更换。

（3）装配与调整

①安装转向螺杆组件。转向螺杆螺母组件在维修时一般不拆散。若拆散重新组装时，先平稳地逐个装入钢球，装钢球的过程中，转向螺杆和转向螺母不要相对运动，必要时，只能稍许转动转向螺杆（见图 8－34）或用塑料棒将钢球轻轻冲进滚道内；然后给装满钢球的导管口涂压润滑脂防止钢球脱出，用导管卡将导管固定在转向螺母上。所装钢球的直径和数量必须符合原厂规定。

②装入钢球后，转动螺母的轴向窜动量不得大于0. 10 mm。

③将轴承内圈压在转向螺杆的轴颈上。

④组装摇臂轴。

a. 检查用于转向螺母与齿扇啮合间隙的调整螺钉的轴向间隙，间隙若大于0. 12 mm，在调整螺钉与摇臂上的轴孔端面间加推力垫片调整。

b. 摇臂轴承预润滑之后，将摇臂装入壳体内，并按顺序装入推力垫片、调整螺钉、垫圈、弹性挡圈。

⑤安装转向器上盖、下盖。

a. 把轴承装入下盖轴承孔中。

b. 安装调整垫片和下盖，从壳体孔中放入转向螺杆组件，安装下盖。装下盖之前在结合平面上涂以密封胶。

c. 把轴承外圈和转向螺杆油封压入上盖，并装入上盖调整垫片和上盖。

d. 通过增减下盖调整垫片或用下盖上的调整螺塞调整转向螺杆的轴承紧度，然后检查转向盘的转向力矩，一般为 0. 6 ~0. 9 N · m。

⑥安装转向器侧盖。

a. 给油封涂密封胶后，油封唇口向内，均匀地压入壳体上轴承孔内。

b. 将转向螺母移至中间位置（转向器总圈数的 1/2），使扇形齿的中间齿与转向螺母的中间齿相啮合，装入摇臂轴组件。

c. 侧盖密封垫涂以密封胶，安装、紧固。

⑦调整转向器啮合间隙。

a. 使转向器的传动副处于中间位置（直行位置）。

b. 通过调整螺钉，调整转向器传动副的啮合间隙，在直线位置上应呈无间隙啮合。

c. 中间位置上，转向器转动力矩应为 1. 5 ~2. 0 N · m。转向器转动力矩调整合格后，按规定转矩锁紧调整螺钉。

⑧安装摇臂时，应注意摇臂与摇臂轴两者的装配记号对正，应特别注意摇臂固定螺母应确实做到紧固、锁止可靠。

⑨按原厂规定加注润滑油。

⑩有条件时，应检查转向器反驱动力矩（转向轴处于空载状态时，使摇臂轴转动的力矩），转向器的反驱动力矩应符合原厂规定。

5. 蜗杆曲柄指销式转向器的拆装、检修和装配

（1）拆卸

①将转向器从车上拆下。用棉纱将转向器外部及转向器蜗杆轴和摇臂轴的轴端及连接件擦干净，卸下转向器蜗杆轴上的万向节叉紧固螺栓、螺母、垫圈；从转向摇臂轴上卸下垂臂；卸下转向器侧盖上与车架连接的4个螺栓、螺母、垫圈；拧出转向器加油及放油螺塞，排空转向器总成内部润滑油，将螺塞仍然拧到转向器壳体上，以免丢失。

②松开摇臂轴调整螺钉的锁紧螺母，把调整螺钉逆时针旋转一周。

③用2个螺母一起拧到转向器侧盖上的双头螺栓上，然后用扳手逆时针拧动压在下面的螺母，卸下双头螺栓，再卸下侧盖上的其余6个螺栓，取下侧盖，如图8－35所示。

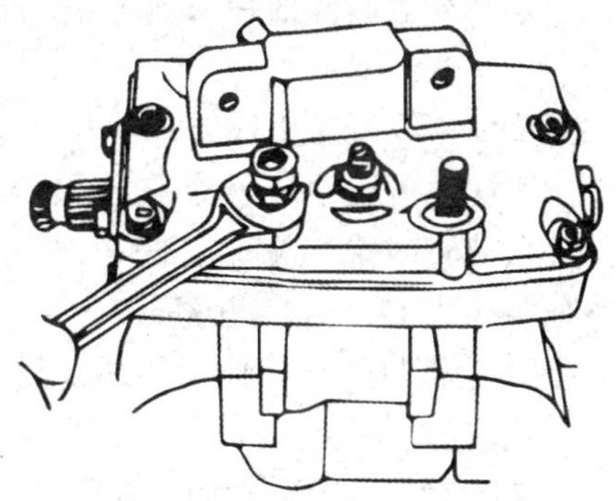

图8－35　双头螺栓的拆卸

④用手抓住摇臂轴扇形块，拔出摇臂轴（可以用木槌敲击摇臂轴输出端的一头，帮助取出摇臂轴）。

⑤卸下转向器下盖的紧固螺栓、垫圈，取下转向器下盖，用铜锤轻轻敲击蜗杆轴花键端部，取出垫块及蜗杆带轴承总成。

注意：敲击蜗杆时，须保持蜗杆垂直于轴承的位置，防止碰伤轴承保持架、油封刃口。

⑥松开转向器上盖的紧固螺栓、垫圈，取出上盖、垫片、油封、平面止推轴承外圈和轴承保持架。

⑦分解转向器后用干净的汽油或煤油清洗零件，经洗净后的零件用压缩空气吹干。

注意：禁止用汽油清洗橡胶类的密封件，如油封和O形密封件等。

（2）主要零件的检修

①转向蜗杆的检修。

a. 传动副已丧失传动间隙调整能力时更换。

b. 滚道表面严重磨损或出现严重压痕、疲劳剥落和裂纹等耗损时更换。

c. 轴承轴颈出现疲劳磨损，磨削后刷镀修复或更换。

②摇臂轴的检修。

a. 扇形块、花键出现明显的扭曲时更换。ϕ42 mm两孔的轴线与ϕ35 mm轴的轴线的平行度误差不得大于0.01：100 mm；ϕ42 mm两孔端面在同一平面里的位置度误差不得大于0.08 mm；花键安装记号（刻线）与扇形块中线之夹角不超过13°，如图8－36所示。

b. 摇臂轴任何部位出现裂纹都应更换，禁止焊修。

c. 支承轴颈磨损逾限，刷镀修理或更换。

③检查指销轴承组件。

a. 指销头部产生疲劳剥落或已经产生偏磨或破裂，更换组件。

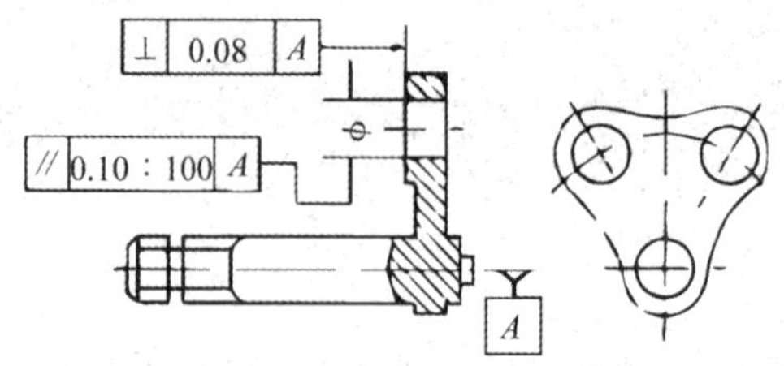

图 8－36 摇臂轴技术条件

b. 用 2 个手指捏住指销头部转动，应转动自如，指销在轴承内若有轴向窜动，应视情况进行调整。

④摇臂轴衬套间隙使用限度。

摇臂轴衬套间隙使用限度为 0.2 mm。

（3）装配与调整

装配前应复查所更换的零件和修复零件，复查合格的零件清洗后用压缩空气吹干。在装配中，应尽可能地使用专用工具，相关螺栓、螺母的紧固转矩应符合原厂规定。

①安装转向器下盖。先把转向蜗杆下轴承的外座圈压入壳体，有滚道的一面沉入壳体下端面距离为 12.5～13.0 mm。

把 O 形密封圈压入轴承垫块的槽内，而且密封圈不得产生扭曲，不得损伤密封圈外缘，防止漏油。

安装下盖，下盖中心的凸台向外。

在下盖上面装好调整螺塞和锁止螺母。下盖紧固螺栓暂勿完全拧紧，待上盖紧固螺栓紧固后再完全紧固下盖紧固螺栓。

②安装转向蜗杆。

a. 将转向蜗杆的上下轴承的内圈压入转向蜗杆的上、下支承轴颈。

b. 把转向蜗杆放入壳体。

c. 放入上轴承保持架。

③安装上盖。

a. 将转向蜗杆放入壳体上端承孔内，外座圈平面沉入承孔与壳体上端面距离为 12.5～13.0 mm。

b. 换装上盖 O 形密封圈和上盖油封。

c. 将原调整垫片按原有的顺序和数量放入转向器上盖。

d. 紧固上盖固定螺栓。

e. 将下盖固定螺栓拧紧。

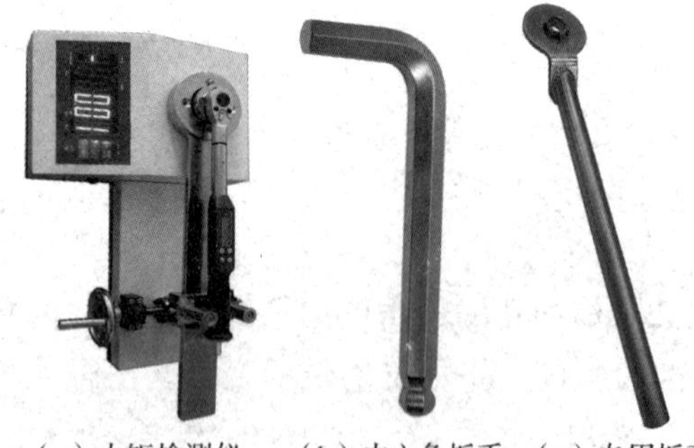

（a）力矩检测仪　（b）内六角扳手　（c）专用扳手

图 8－37 调整蜗杆轴承预紧度专用工具

④检查调整转向蜗杆轴承预紧度。蜗杆轴承预紧度的检查调整，应在摇臂轴未装入壳体之前进行。调整蜗杆轴预紧度使用的专用工具，如图 8－37 所示。

a. 用内六角扳手把调整螺塞拧到底，再退回 1/8 ~ 1/4 圈，使蜗杆轴在输入端具有 1.0 ~ 1.7 N·m 的预紧力矩，如图 8 – 38 所示。

b. 用专用扳手将锁紧螺母拧紧，把调整螺塞锁死，使拧紧力矩为 49 N·m，如图 8 – 39 所示，锁紧调整螺塞时，要保证调整螺塞位置不变。锁紧后应复查输入端转矩是否符合要求，否则应重新调整。

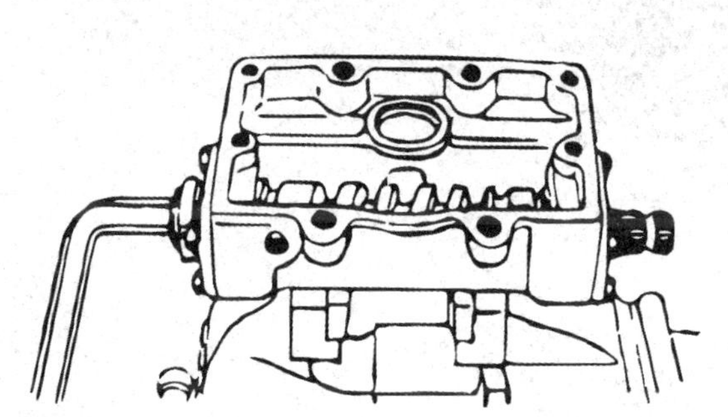

图 8 – 38　蜗杆轴承预紧度的调整（一）

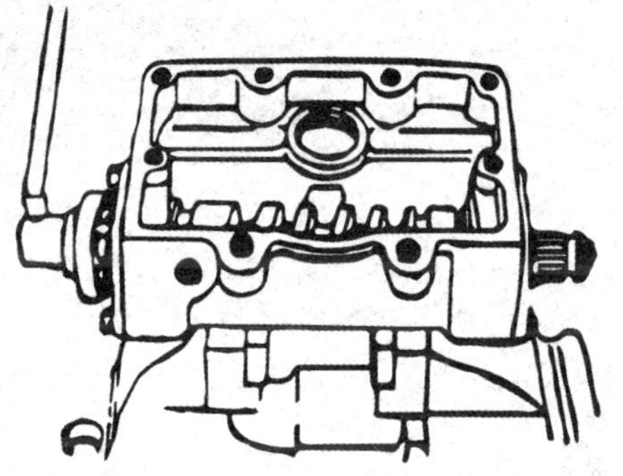

图 8 – 39　蜗杆轴承预紧度的调整（二）

⑤组装指销。

a. 指销必须成对更换，防止造成左、右转向间隙不等，引起转向力不均匀的故障，还应同时更换指销轴承。

b. 按图 8 – 40 所示组装指销与轴承组件，再用专用压套压住轴承外圈将组件压入（压出）轴承孔。

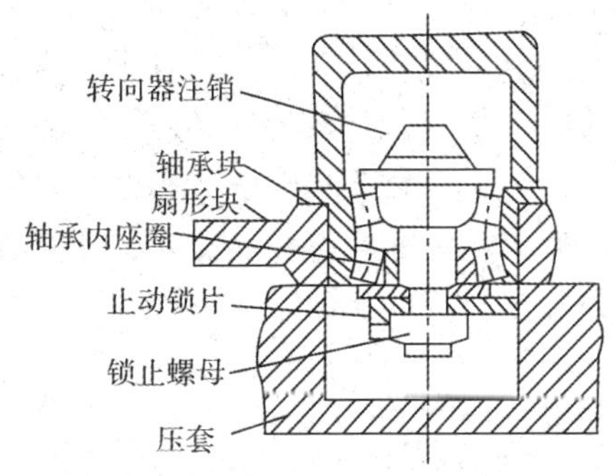

图 8 – 40　指销组件安装

调整指销轴承的紧度，调整时，把指销上的螺母拧紧，使指销能转动自如，并无轴向间隙为合适。调整后，将止动垫片翻起 1 ~ 2 齿，将螺母锁紧，如图 8 – 41 所示。

⑥将摇臂轴装入壳体。将摇臂轴组件预润滑后，装入壳体，使指销与转向蜗杆啮合，啮合后转向蜗杆应转动自如，转动圈数不少于 8 圈。

⑦安装侧盖。注意 2 个双头螺栓要旋入指定的螺孔内。

⑧指销与蜗杆啮合间隙的调整

a. 先松开摇臂轴调整螺钉的锁紧螺母。

b. 将蜗杆轴转到转不动位置后，再退回 3 圈左右，使指销处于蜗杆的中间位置，如图

8－42 所示。

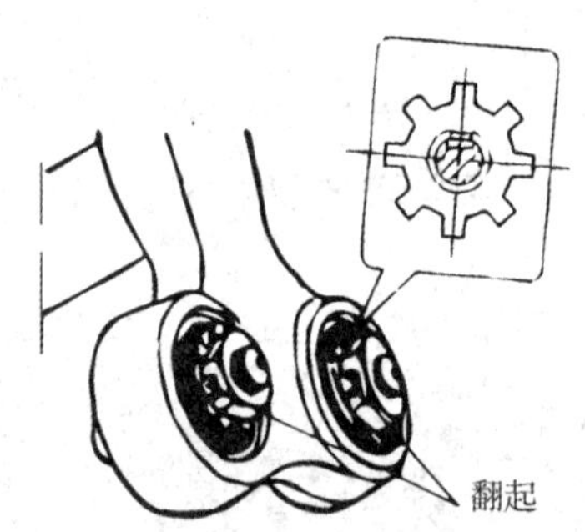

图 8－41 调整指销轴承的预紧度

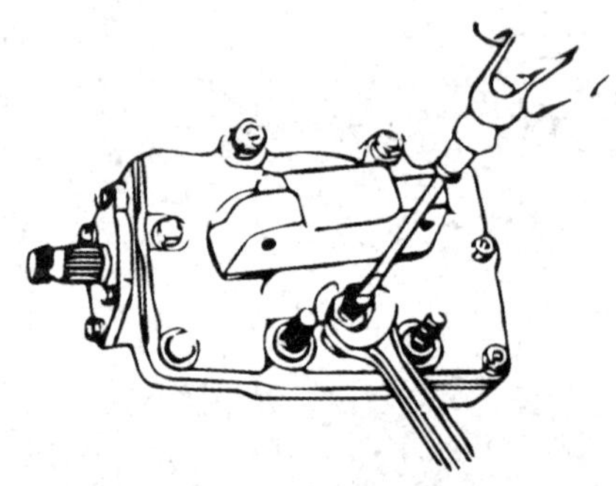

图 8－42 指销与蜗杆啮合间隙的调整

c. 顺时针旋转调整螺钉，同时来回转动蜗杆，直到感觉有阻力为止。

d. 在蜗杆的输入端检查转动力矩，该力矩应不大于 2.7 N · m。

e. 在调整螺钉的周围涂上密封胶，然后拧紧锁紧螺母。拧紧力矩不小于 49 N · m。

f. 复查蜗杆输入端的转动力矩，如有变化应重新调整，直到符合要求为止。

经验方法：指销处于蜗杆的中间位置，用起子将调整螺钉拧到底，再退回 1/8 圈；轴向推、拉摇臂轴，无明显间隙感觉；转动摇臂时，灵活自如、无卡滞现象为合适。

（4）安装摇臂

①摇臂与摇臂轴的安装标记要对正。

②摇臂紧固螺母的紧固力矩应符合原厂规定，而且锁止可靠。

③按原厂规定加注润滑油（EQ1092：1.1LGL－4 或 GL－5 齿轮油）。

二、液压动力转向系统的拆装、调整和检修

1. 液压转向系统的失效形式

液压动力转向系统的常见失效形式有液压传动部分的油液泄漏，渗入空气，动力转向泵失效，转向控制阀损坏和机械传动机构损坏等。

2. 液压转向系统的维护

维护时检查动力液压泵的传动带有无松动；检查整个动力转向系统是否存在泄漏处；检查油罐的油位是否正常，油质是否符合要求；检查油管是否受到磨损；检查转向减振器

是否损坏等。

定期检查、调整动力转向传动带的张紧力。在传动带中部垂直施加100 N的力，传动带最大挠度应小于5 mm，否则调整张紧螺栓调整传动带张紧力至上述要求。

更换动力转向油时，用千斤顶顶起前轮，然后用支架支撑车辆；拆开回油管接头；用塑胶管连接回油管，用容器盛接排放出的动力转向油；拆开点火线圈接头；间断性地起动起动机，同时将转向盘向左、右转到底数次，排放出动力转向油；添加指定的动力转向油到储油罐，直到油位于“max”与“min”之间，然后排放管路中的空气。

3. 液压转向系统的拆装和检查

（1）动力转向泵的拆装和检查。拆卸动力转向泵或转向软管前应排出动力转向油，安装后应加注动力转向油，调整 V 带的张紧力，排出动力转向油路中的空气。

（2）动力转向泵分解后，检查流量控制阀有无阻塞、传动带轮部件有无磨损和损坏、转子槽口和叶片有无磨损，检查凸轮环的接触面和叶片有无磨损及叶片有无损坏。

（3）如图 8－43 所示，测量叶片和转子槽之间的间隙，极限值为0. 1 mm。

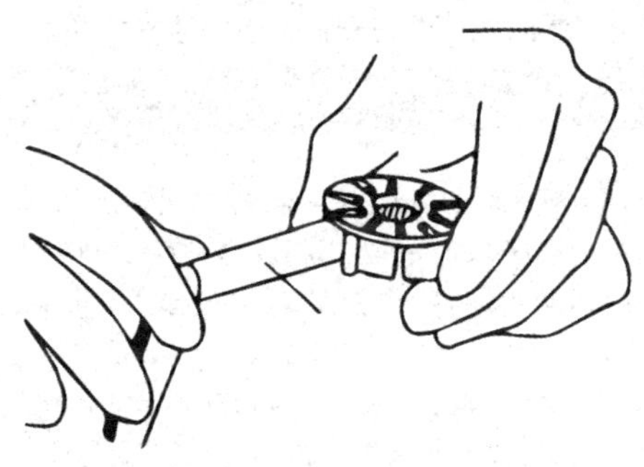

图 8－43　叶片和转子槽间隙

注意事项：软管拆卸后必须堵住安装接口，以防异物进入动力转向系统。污染物会导致转向部件性能下降和转向作用失效。

如果不使用正确的动力转向油，可导致动力转向软管和密封件损坏、转向油泄漏及转向液压泵故障。

拆装及分解注意事项：安装前，要将 O 形环涂抹上润滑油；如图 8－44 箭头所示，将转子识别记号侧面向侧板；将凸轮环的识别记号面向侧板侧安装；安装叶片时，其圆角向外，如图 8－45 所示。

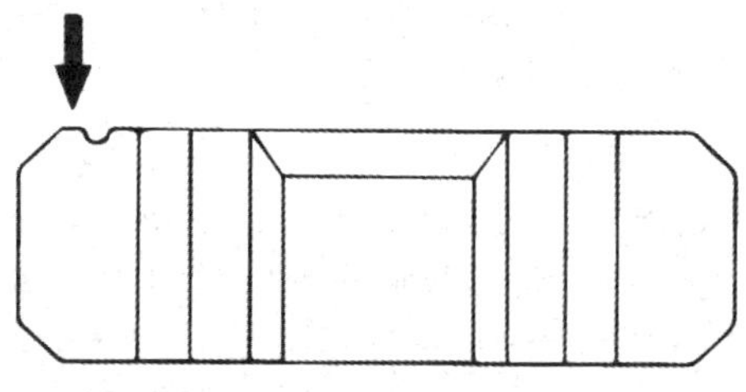

图 8－44　转子的记号

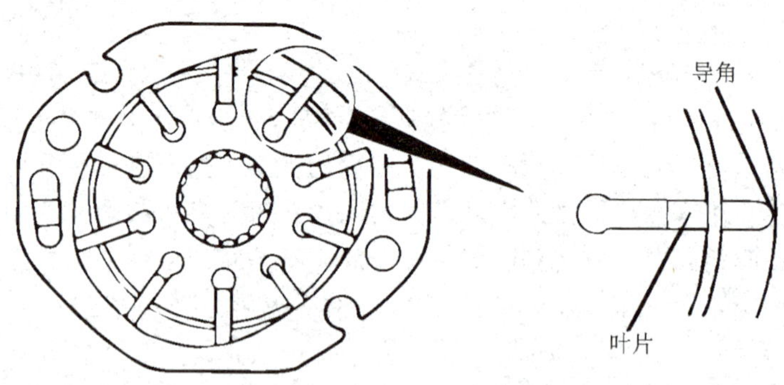

图 8－45　叶片安装方向

4. 液压转向系统的检修

动力转向系统的检测诊断，除对转向操纵机构、转向器、转向传动机构进行常规的检查以外，还要对转向动力部分进行检查，具体检查方法见表 8－2。

表 8－2　液压转向系统的检修方法

项目	检修方法
检查并添加动力转向油	①动力转向油液面可以通过透明储油罐上的标记或储油罐盖上的液位指示器标记来指示。 ②液位指示器上有 3 个标记，分别为“HOT”“COLD”和“ADD”，油罐上有 2 个标记，分别是“MAX”和“MIN”。油面高度与油温有关，当油很热（油温约为 66 ℃）时，液面高度应位于“HOT”与“COLD”标记之间，或者是液面应介于油罐上“MAX（最高）”和“MIN（最低）”标记之间；当油温约为 21 ℃时，液面高度应位于“COLD”与“ADD”标记之间，或者是液面不低于油罐上“MIN（最低）”标记处。 ③当液面高度低于上述液位时，则需添加液压油，注意所加液压油必须与原液压油规格相同，否则，应全部更换。
动力转向系统泄漏的检查	①液压油泄漏会引起转向沉重和发动机冷起动有轰鸣声等现象。动力转向系统泄漏分外部泄漏和内部泄漏 2 种。先检查储油罐是否加注过满，油液中是否有空气，软管接头是否松动，各部件密封面是否损坏等。注意：有时滴液点不一定是系统泄漏点，检查外部泄漏要先将可疑部位、各油管接头及密封处擦干，然后再查看是否有泄漏。这时应起动发动机，左右转动转向盘数次后再察看滴液点。为防止这种外部泄漏的发生，各油管接头必须拧紧，各压板、卡箍和油管支撑必须全都位于应处位置并被正确固定。 ②检查内部泄漏要先将压力表接到动力转向系统中，然后打开压力表阀门，向左和向右将转向盘均转到底，并记录最高油压值。如果在最高油压下，转向盘转到左、右极限位置时油压不同，说明动力转向系统有内部泄漏，应解体维修动力转向系统。
动力转向系统各管路的检查	动力转向系统的管路有软管和硬管之分，两种管路均不能有扭曲、结节或硬弯现象。软管必须有足够的弯曲部分，以便车辆运行时吸收位移并补偿软管的收缩。检查软管时，车轮应先处于正前方位置，然后将车轮向左和向右转到极限位置，同时察看软管的移动情况。如果软管与汽车其他部件有接触，会发生摩擦和磨损，应予以纠正。

续表

<table>
<tr><th>项目</th><th>检修方法</th></tr>
<tr><td>动力转向系统油压的检查</td><td>①动力转向油液面和动力转向泵传动带张紧度；断开泵上的高压管路，用一个小容器接收流出的油液；如图 8-46 所示，先在动力转向液压泵和高压软管之间接入一只油压表；对于配备自动变速驱动桥的汽车，将变速杆置于“P”位置，或者对于配备手动变速驱动桥的汽车，将变速杆置于空挡位置，拉上驻车制动器；完全打开计量表阀门；起动发动机，排放空气后，原地转动转向盘数次，使系统达到正常的工作温度（50～60 ℃）；然后检查液压油油面高度，如有必要，添加液压油至规定高度，接着观察油压表指示的油压，测得的油压应不低于规定值（参考值 0.2～0.7 MPa）；增大发动机转速至 1500 r/min，完全关闭计量表阀门，并读取压力值；在阀门关闭情况下，泵压力值应为 7.1～8.6 MPa，阀门完全关闭时间切勿超过 5 s，否则泵可能产生内部损坏；立即完全打开计量表阀门，如果压力保持在规定值内，则液压泵没有问题；如果油压高于此值，则说明动力转向液压泵出油软管可能堵塞，如果油压低于规定值，应更换流量控制阀，并重新对系统进行检查；如果油压读数仍然低，则应检查动力转向液压泵转子和叶片是否磨损，如有磨损，应更换动力转向液压泵，并冲洗动力转向系统。
②当油压正常时，可拆除油压表，将高压软管接回到动力转向液压泵上。测试完后，恢复原先管路及完成相关作业后，需要排放空气。
③转向动力泵上的转向压力开关，安装位置在转向动力泵的出油管路上，它所起的作用是给发动机微机提供动力系统的压力信号，发动机在怠速状态转动转向盘时，转向动力泵的输出压力会瞬间升高，发动机的负荷也会突然增加，发动机微机会根据压力开关的信号来提高发动机转速以弥补发动机的负荷。需要检查动力液压泵上的油压开关时，将图 8-46 中所示的切断开关逐渐关闭和逐渐打开，在油压逐渐升高和逐渐下降的情况下，油压开关分别在 1.5～2.0 MPa 和 0.7～2.0 MPa 时产生开关动作。
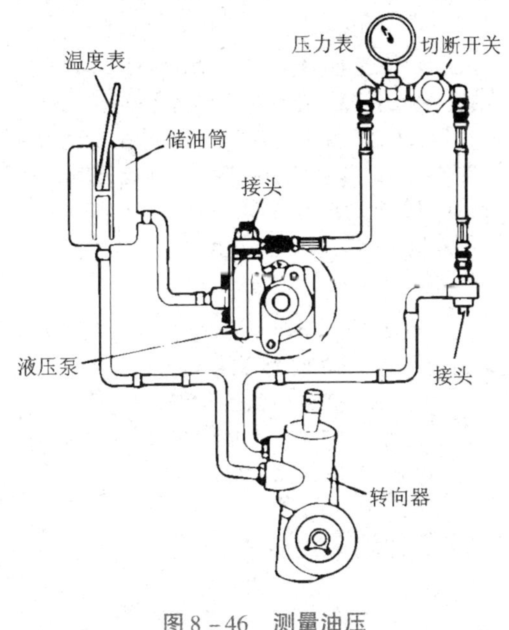

图 8-46　测量油压</td></tr>
</table>

续表

项目	检修方法
动力转向系统液压油流量的检查	①检查时，拆开高压软管，将动力转向系统分析器连接到系统中，并将分析器阀门完全打开。运转发动机直到液压油达到正常工作温度，检查液压油油面高度，必要时，添加液压油，然后记录油压和流量。 ②当关闭部分分析器阀门直到油压达到规定值时，记录液压油流量。如果液压油流量下降超过规定值，应更换动力转向液压泵的环、转子和叶片。如果液压油流量下降不超过规定值，则应将发动机的转速增加到 1500 r/min，记录液压油流量。如果液压油流量差值超过规定值，应拆洗流量控制阀。 ③另外，在 2 个极限位置之间转动转向盘，检查在 2 个极限位置时的流量是否符合要求，如果流量不符合要求，应检查齿条和齿轮总成的泄漏情况。最后，使发动机熄火，拆除动力转向系统分析器，重新将高压软管连接到动力转向液压泵上。
动力转向系统的排气	①如果发动机熄火后油位突然上升，表示转向油内仍有空气存在，因此要重新排放空气；如果系统中空气没有排放干净，流量控制阀及转向液压泵会有异响产生，并且会缩短液压泵寿命。在进行排气前，应先排除系统中泄漏的部位，消除动力转向系统故障。 ②将车停在平坦的路面上，起动发动机，转动转向盘数次，使油温达到 50～60 ℃。将转向盘向左、右转到底数次。确认储油罐内的油是否有气泡或混浊，将发动机熄火，检查油面高度是否与发动机起动时相同，若油面高度变化超过5 mm，必须排放空气。 ③排放动力转向系统中的空气：将转向盘向左转到底，将动力转向油添加至液面指示器上的“min（最低）”标记；起动发动机，使发动机在怠速下运行，重新检查液面，必要时，添加油液，使液面达到“min（最低）”标记；将转向盘从一侧转到另一侧，但在任一侧都不要转到底，放出系统中的空气，将液面保持在“min（最低）”标记；将转向盘对中，使发动机继续运行 2～3 min；路试车辆，确保转向功能正常且没有噪声；将转向盘转到底，起动发动机，重新检查液面，确保系统达到正常工作温度并稳定后，液面达到“max（最高）”标记，必要时添加转向油。
检查原地转向操作力	将车停在平坦的路面上，将转向盘朝正前位置摆放；起动发动机，将转速控制在（1000±100）r/min。如图 8－47 所示，在转向盘外围上安装弹簧秤，测量由正前位置向右及左转动时的作用力，同时并确认操作转向盘的力量比较均匀。操作力一般在30 N以下。 图 8－47　测量原地转向操作力
检查控制阀和液压泵	①检查齿轮齿条式转向器的小齿轮和阀总成是否损坏。 ②检查流量控制阀总成是否阻塞。 ③检查液压泵传动带盘及轴是否磨损或损坏。 ④检查转子及叶片的切槽是否有阶梯状的磨损。 ⑤检查叶片是否损坏。

三、转向系统的故障诊断

1. 机械转向系统常见故障现象、原因及排除方法

机械转向系统在使用过程中由于维护调整不当、磨损、碰撞变形等原因，会出现转向器过紧，转向传动机构和转向操纵机构松旷、变形、发卡等，从而造成转向盘自由转动量过大、转向沉重、行驶跑偏、前轮摆振等故障。这些故障现象通常为综合性故障，除与转

向系统有关外，还可能与轮胎、悬架、车身等有关。

(1) 转向盘自由转动量过大

转向盘自由转动量过大的故障现象、原因及排除方法见表8-3。

表8-3　转向盘自由转动量过大的故障现象、原因及排除方法

故障现象	故障原因	排除方法
汽车转向盘位于直行位置时，转向盘左、右转动的游动角度过大	①转向系统的齿轮啮合间隙调整不当。 ②转向系统齿轮箱安装不良。 ③转向系统齿轮磨损。 ④转向轴万向节磨损。 ⑤左、右横拉杆连接处磨损。	在自由转动量过大的诊断过程中，重点应判明故障是由转向器还是由拉杆轴节磨损造成的。检查故障时，先架起汽车转向轮，再左、右转动转向盘。当用力转动时，拉杆才同步运动，说明拉杆连接处磨损量过大；若拉杆不动，则说明转向器齿轮的磨损过大。

(2) 转向沉重

转向沉重的故障现象、原因及排除方法见表8-4。

表8-4　转向沉重的故障现象、原因及排除方法

故障现象	故障原因	排除方法
①汽车转弯行驶时，转动转向盘很吃力。 ②汽车转向时，转向盘不能自动回位。	①转向器方面的原因。 a. 转向器缺乏润滑油。 b. 转向摇臂与衬套配合间隙过小或无间隙。 c. 转向轴弯曲或转向轴管凹陷碰擦，有时会发出“吱吱”的摩擦声。 d. 转向器输入轴上、下轴承调整过紧，或轴承损坏受阻。 e. 转向器啮合间隙调整过小。 ②转向传动机构的原因。 a. 各处球销缺乏润滑油。 b. 转向直拉杆和横拉杆上球销调整过紧，压紧弹簧过硬或折断。 c. 转向节主销与衬套配合间隙过小，或衬套转动使油道堵塞，润滑油无法进入，使衬套与转向节主销烧蚀。 d. 转向直拉杆或横拉杆弯曲变形。 e. 转向节止推轴承损坏、调整过紧或缺少润滑油。 f. 转向节臂变形。 ③前桥（转向桥）和车轮方面的原因。 a. 前轴变形、扭转，引起前轮定位失准。 b. 轮胎气压不足。 c. 前轮轮毂轴承调整过紧。 d. 转向桥或驱动桥超载。 ④其他部位的原因。 a. 车架弯曲、扭转变形。 b. 前钢板弹簧或前悬架变形。 c. 前轮定位不正确。	①检查汽车是否超载或前部装载过多，前轮胎气压是否过低。若轮胎气压偏低，应充气使之达到规定值。 ②支起前桥，用手转动转向盘试验。 a. 若感到转向盘轻便，说明前轴或车架变形、前轮定位失准等，应检查校准。 b. 若转向仍感沉重，说明故障在转向器或转向传动机械，与前桥和车桥无关。 ③拆下转向摇臂，转动转向盘试验。 a. 若感觉转向轻便，说明故障在转向传动机构；用手左右扳动前轮试验，检查转向节主销与衬套的配合情况，若扳动车轮比较费力，说明转向节主销润滑不良或配合间隙过小，应加注润滑脂或调整配合间隙。 b. 检查转向节止推轴承，若轴承缺油或损坏，应更换。 c. 检查转向拉杆各球头的润滑和松紧度情况。若拉杆球头过紧，应加注润滑脂或调整拉杆球头的松紧度，若转向仍然沉重，说明故障部位为转向器；应检查转向器内润滑油量和质量，若润滑油液面过低，说明转向器内缺少润滑油，应添加至规定位置；若润滑油变质，应更换润滑油；检查转向器自由行程，若自由行程过小，说明转向器啮合转动副啮合间隙过小，应调整；转动转向盘，听转向轴与套管有无碰擦声，若有碰擦声，说明转向轴或套管变形，应校直。 d. 检查转向传动轴万向节，若万向节缺油，应加注润滑脂。若万向节十字轴轴承损坏，应更换新件。 e. 检查转向器蜗杆上下轴承的预紧度，若预紧度过大，应调整。 若上述检查结果均正常，应拆检转向器，检查转向器内部的轴承、衬套、啮合副齿是否有损坏或严重磨损等，根据检视情况，更换相应零部件。

（3）行驶跑偏

行驶跑偏的故障现象、原因及排除方法见表8－5。

表8－5　行驶跑偏的故障现象、原因及排除方法

故障现象	故障原因	排除方法
①汽车直线行驶时，转向盘不居中间位置。 ②必须紧握转向盘，预先校正一角度后，汽车才能保持直线行驶，若稍放松转向盘，汽车会自动向一侧跑偏。	①左、右前轮气压不相等或轮胎直径不等。 ②两前轮的定位角不等。 ③两前轮轮毂轴承的松紧度不等。 ④前束过大或过小。 ⑤前桥（整轴式）弯曲变形或下控制臂（独立悬架式）安装位置不一致。 ⑥前后车轴不平行。 ⑦车架变形或左、右轮距相差太大。 ⑧一边车轮制动拖滞。 ⑨转向轴两侧悬架弹簧弹力不等。	①外观检查。 a. 检查左、右两前轮轮胎气压是否一致，若不一致，应按规定充气，使两前轮轮胎气压保持一致。 b. 检查左、右两前轮轮胎的磨损程度，若磨损程度不一致，应更换磨损严重的轮胎。 c. 检查左、右两前轮轮胎的花纹是否一致，若花纹不一致，应更换轮胎，使花纹一致。 d. 将汽车停放在平坦的地面上，察看汽车前部高度是否一致，若高度不一致，说明悬架弹簧折断或弹力不一致，应更换。 ②用手触摸跑偏一方的车轮制动鼓和轮毂轴承部位，感觉温度情况。 a. 若感觉车轮制动鼓特别热，说明该轮制动器间隙过小或制动回位不彻底，应检查调整。 b. 若感觉轮毂特别热，说明该轮轴承过紧，应重新调整轴承预紧度。 ③测量前后桥左右两端中心的距离是否相等，若不相等，说明轴距短的一边钢板弹簧错位，车轴或半轴套管弯曲等，应检查维修。 ④用前轮定位仪检查前轮定位是否正确，若不正确，应调整。

（4）单边转向不足

单边转向不足的故障现象、原因及排除方法见表8－6。

表8－6　单边转向不足的故障现象、原因及排除方法

故障现象	故障原因	排除方法
汽车左右转向时，某一边转向角过小	①转向摇臂安装位置不对。 ②转向角限位螺钉调整不当。 ③前钢板弹簧、骑马螺栓松动，或中心螺栓松动。 ④直拉杆弯曲变形。 ⑤钢板弹簧安装时位置不正，或是中心不对称的前钢板弹簧装反。	①外观检查。 a. 检查转向拉杆有无变形，若有变形，应校直。 b. 检查悬架弹簧有无变形，钢板弹簧中心螺栓有无折断，若有变形或折断，应更换。 c. 检查前轴有无变形，若有变形，应校直。 ②若汽车在维修后出现单边转向不足，应将汽车停放在平坦的地面上，支起前桥，将转向盘一边转到底，再回转另一边到底，记住转向盘转动的总圈数。再将转向盘由一边转过总圈数的一半，检查前轮是否处于直线行驶位置。若前轮不处于直线行驶位置，说明转向摇臂安装位置不对，应拆下重新安装。若转向盘转不到总圈数的一半时转向角限位螺钉就顶住转向节，说明转向角限位螺钉调整不当，应重新调整。 ③若上述检查结果均正常，应拆检转向器，检查转向器内是否有异物卡住，转向器啮合传动副磨损过甚或变形等，根据检视情况更换相应零部件。

(5) 低速摆头

低速摆头的故障现象、原因及排除方法见表8－7。

表8－7　低速摆头的故障现象、原因及排除方法

故障现象	故障原因	排除方法
汽车在低速行驶时，感到方向不稳，产生前轮摆振	①转向器传动副啮合间隙过大。 ②转向传动机构横、直拉杆各球头销磨损松旷、弹簧折断或调整过松。 ③转向节主销与衬套的配合间隙过大或前轴主销孔与主销配合间隙过大。 ④前轮轮毂轴承装配过松或紧固螺母松动。 ⑤后轮胎气压过低。 ⑥车辆装载货物超长，使前轮承载过小。 ⑦前悬架弹簧错位、折断或固定不良。	①外观检查。 a. 检查车辆是否因装载货物超长而引起前轮承载过小。 b. 检查后轮胎气压是否过低，若轮胎气压过低，应充气使之达到规定值。 c. 检查前悬架弹簧是否错位、折断或固定不良，若错位，应拆卸修复；若折断，应更换新件；若固定不良，应按规定力矩拧紧。 ②检查转向盘自由行程。 a. 由一人握紧转向摇臂，另一人转动转向盘，若自由行程过大，说明转向器啮合传动副间隙过大，应调整。 b. 放开转向摇臂，仍由一人转动转向盘，另一人在车下观察转向拉杆球头销，若有松旷现象，说明球头销或球碗磨损过甚、弹簧折断或调整过松，应先更换损坏的零件，再进行调整。 ③若以上检查结果均正常，可支起前桥，并用手沿转向节轴轴向推拉前轮，凭感觉判断是否松旷，若有松旷感觉，可由另一人观察前轴与转向节连接部位。 a. 若此处松旷，说明转向节主销与衬套的配合间隙过大，或前轴主销孔与主销配合间隙过大，应更换主销及衬套。 b. 若此处不松旷，说明前轮毂轴承松旷，应重新调整轴承的预紧度。 ④若非上述原因所致，应对前轴进行检查，检查前轮定位是否正确。若不正确，应调整；检查前轴是否变形，若有变形，应进行校止。

(6) 高速摆头

高速摆头的故障现象、原因及排除方法见表8－8。

表 8-8　高速摆头的故障现象、原因及排除方法

故障现象	故障原因	排除方法
汽车行驶中出现转向盘发抖，车头在横向平面内左右摆动、行驶不稳等。有下面 2 种情况： ①在高速范围内某一转速时出现。 ②转速越高，摆头现象越严重。	①转向轮动不平衡。 ②前轮定位不正确。 ③车轮偏摆量大。 ④转向传动机构运动干涉。 ⑤车架、车桥变形。 ⑥悬架装置出现故障（左右悬架刚度不等、弹簧折断、减振器失效、导向装置失效等）。	①外观检查。 a. 检查后轮胎气压是否过低，若气压过低，应充气使之达到规定值。 b. 检查前桥、转向器及转向传动机构是否松动，若松动，应紧固。 c. 检查前减振器是否漏油，若漏油或失效，应更换新件。 d. 检查左右悬架弹簧是不是折断或弹力减弱，若有折断或弹力减弱，应更换新件。 e. 检查悬挂弹簧是否固定可靠，若松动，应紧固。 ②支起驱动桥，用三脚架塞住非驱动轮，起动发动机并逐步使汽车换入高速挡，使驱动轮达到车身摆振的车速。 a. 若此时车身和转向盘出现抖动，说明传动轴严重弯曲或松旷，转向轮动不平衡或偏摆量大（前驱动）。 b. 若此时车身和转向盘不抖动，说明故障为车架、车桥变形或前轮定位不正确。 ③检查前轮是否偏摆。 a. 支起前桥，在前轮轮辋边上放一划针，慢慢地转动车轮，察看轮辋是否偏摆过大，若轮辋偏摆量过大，应更换新件。 b. 拆下前轮，在车轮动平衡仪上检查前轮的动平衡情况，若不平衡量过大，应加装平衡块予以平衡。 c. 若上述检查结果均正常，应检查车架、车桥是否变形，并用前轮定位仪检查调整前轮定位。

2. 动力转向系统常见故障现象、原因及排除方法

(1) 动力转向沉重或助力不足

动力转向沉重或助力不足的故障现象、原因及排除方法见表 8-9。

表 8－9　动力转向沉重或助力不足的故障现象、原因及排除方法

故障现象	故障原因	排除方法
汽车转弯行驶时，转向沉重，液压助力作用有短暂的丧失现象	①油泵 V 带松弛。 ②储油罐油面过低。 ③油泵压力不足。 ④压力控制黏结。 ⑤外泄漏过大。 ⑥内泄漏过大。 ⑦转向轴衬套太紧。 ⑧前悬架变形。 ⑨液压系统内有空气。	①检查转向油泵驱动部分的情况。用手压下转向油泵的驱动皮带，若压下量过大，说明驱动皮带过紧，需调整。起动发动机，使发动机处于怠速运转，突然提高发动机的转速，检查转向油泵驱动皮带有无打滑现象，如有打滑现象，说明驱动皮带过松或磨损过甚，应调整或更换。 ②检查转向油液在储液罐中的液面高度，若转向油液液面处于下线或“min”线以下，说明转向油液不足，应添加至规定位置。 ③检查转向油液储液罐内的滤清器。取下滤清器，观察滤网的状况，若发现滤网过脏，说明滤清器堵塞，应清洗；若发现滤网破裂，应更换。 ④检查系统中是否有空气。先起动发动机，并使其处于怠速运转，然后来回转动几次转向盘，观察转向油液的状况，若发现转向油液中有泡沫或油液混浊，说明转向系统中有空气混入，应排除；检查转向油泵的进油管是否破裂，若有破裂，应更换；检查各管路接头是否松动，若松动，应紧固；检查转向油泵轴上的密封环是否损坏，若漏油，应更换新件。 ⑤检查转向系统的油压。用压力表连接在转向油泵和转向助力器之间，使发动机处于怠速运转，关闭压力表阀门，若 10 s 内压力达不到固定值，说明转向油泵压力不足，应拆检维修；将转向盘转到左或右极限位置，打开压力表阀门，若压力达不到规定值，说明转向助力器有故障或阀调整不当，应拆检调整。

（2）动力转向系统有噪声

动力转向系统有噪声的故障现象、原因及排除方法见表 8－10。

表 8－10　动力转向系统有噪声的故障现象、原因及排除方法

故障现象	故障原因	排除方法
汽车转向时，转向油泵处产生响声	①油泵 V 形带松弛。 ②油泵轴承损坏。 ③压力板或转子损伤。 ④油泵环过度磨损。 ⑤储油罐不足。 ⑥液压系统有空气或压力软管连接不牢。 ⑦油泵装配不当。 ⑧溢流阀故障。	①检查储油罐内转向油液面高度，若液面低于下线或“min”线以下，说明转向油液液面过低，应添加转向油至规定位置；若转向油液消耗过快，说明有严重漏油处，应检查排除。 ②检查转向油泵驱动部分的情况。用手下压转向油泵的驱动皮带，若压下量过大，说明驱动皮带过松，应调整。 ③检查转向油压中是否有空气。打开储油罐盖，起动发动机并使其处于怠速运转，来回转动几次转向盘，观察转向油液中是否有气泡，若有气泡，说明转向油液中混入空气，应排除。 ④检查储油罐滤网是否堵塞，油管路布置是否正确。取下储油管滤网，如发现过脏，说明油液循环不畅，应清洗；若油管路弯折、凹瘪，应更换。 ⑤若上述检查结果均正确，应拆检转向油泵，检查叶片是否有划痕和检查泵体是否有划痕，根据拆检情况更换相应的零件。

（3）左、右转向轻重不同

左、右转向轻重不同的故障现象、原因及排除方法见表 8 – 11。

表 8 – 11　左、右转向轻重不同的故障现象、原因及排除方法

故障现象	故障原因	排除方法
汽车行驶时，向左和向右转向操纵力不相等	①转向控制阀阀芯（或滑阀）偏离中间位置，或虽然在中间位置但与阀体槽肩的缝隙大小不一致。 ②控制阀内有污物阻滞，使左、右转动阻力不同。 ③液压系统中动力缸的某一油腔渗入空气。 ④油路漏损。	这种故障多是油液脏污所致，应按规定更换新油后再进行检查。 ①如果油质良好或更换新油后故障没有消除，应对液压系统进行排气并检查系统有无油液泄漏。液压系统中出现泄漏时，应更换泄漏部位的零部件。 ②如果故障仍不能排除，则可能是由于控制阀定中不良造成的。滑阀式转向控制阀可在动力转向器外部进行排除，通过改变转向控制阀阀体的位置来实现。如果滑阀位置调整后仍不见好转，应拆检滑阀测量其尺寸，若偏差较大，应更换滑阀。对于转阀式转向控制阀，必须通过分解检查来排除故障。

思考题

一、填空题

1. 转向系统由__________、__________和__________组成。

2. 按汽车转向系统动力源的不同分为__________转向系统和__________转向系统。

3. 转向传动机构由__________、__________、__________等组成。

4. 动力转向装置由__________、__________、__________和转向动力缸组成。

5. 转向操纵机构由__________、__________、__________和转向万向节等组成。

6. 一般要求汽车高速__________助力，低速__________助力。

7. 有些液压动力转向系统使用__________油，有的液压动力转向系统使用专用动力转向油。

8. 液压助力泵上__________用于限定转向泵的最大流量，这样可以避免发动机转速过高时，流量过大，导致系统的功率消耗过多和油温过高。

二、名词解释

1. 转向盘游隙

2. 转向角度

3. 行驶跑偏

三、简答题

1. 汽车转向系统要实现其功用，必须达到什么要求？
2. 什么是转向盘的自由行程？
3. 转向器的作用是什么？
4. 什么是转向器的传动比？
5. 转向减振器的作用是什么？
6. 怎样检查转向盘的自由行程？
7. 怎样检查动力转向油液位？

项目九　制动系的结构与检修

任务一　制动系统概述

制动系统的概述

汽车制动系统是汽车安全行驶的保障。在宽阔平坦和车流、人流量小的路况中，在保证安全行驶的前提下，汽车可以提高行驶速度，从而提高运输效率和经济效益；在进入弯道、路面不平、两车交会、遇到障碍物时，汽车要能在尽可能短的距离内降低车速或停车；在长下坡时，要求能将车速控制在安全范围内；对停驶的车辆、特别是在坡道上停驶的车辆，要保证驻留原地不动。因此，汽车上设置有驻车系统。

一、制动系统的功用、分类与组成

1. 功用

汽车制动系统的功用是按照需要使汽车减速或在最短距离内停车；下坡行驶时保持车速稳定；使停驶的汽车可靠驻停。

2. 分类

（1）人力制动系统

人力制动系统是以驾驶员的施加于制动踏板或手柄上的力作为唯一制动能源的制动系统。人力制动系统分液压式和机械式两种，机械式仅用于驻车制动。

（2）动力制动系统

动力制动系统是完全靠由发动机的动力转化而成的气压或液压形式的势能进行制动的制动系统。动力制动系统分为气压式、真空液压式、空气液压式。

（3）伺服制动系统

伺服制动系统是兼用人力和发动机动力进行制动的制动系统。

汽车在制动时不希望车轮制动到抱死滑移，而是希望车轮制动到边滚边滑的状态。由试验得知，汽车车轮的滑动率在 15%～20% 时轮胎与路面间有最大的附着系数。近年来，大多数汽车都装有防抱死制动系统（ABS），它是汽车制动系统的部件之一。在汽车制动过程中，ABS 能自动地控制车轮在旋转方向上的滑移程度，维持最佳的制动力，减少交通事故的发生。

3. 组成

(1) 行车制动系统

行车制动系统用于使行驶中的车辆减速或停车，制动器全部安装在车轮上，通常由驾驶员用脚操纵。它一般以液压为主要操作动力，兼有真空助力辅助制动，使驾驶者易于操作。大型卡车、客车则以压缩空气制动为主，也有的采用电气制动。

(2) 驻车制动系统

它一般为机械式，以手动操作为主，但也有部分轿车采用脚操作。驻车制动主要用于使停驶的车驻留原地，防止车辆滑溜。制动器安装在传动轴上的称为中央制动器；制动器安装在后轮上的称为复合式制动器。在行车制动装置失效或在坡道上起步时，可临时用驻车制动装置。

(3) 应急制动、安全制动和辅助制动系统

应急制动装置就是用独立的管路控制车轮制动器作为备用系统，其作用是在行车制动装置失效的情况下保证汽车仍能实现减速或停车。安全制动装置是当制动气压不足时起制动作用的，使车辆无法行驶。辅助制动装置是为了下长坡时减轻行车制动器的磨损而设，其中利用发动机排气制动应用最广。

汽车上设置有彼此独立的制动系统，它们起作用的时刻不同，但它们的组成却是相似的，主要由制动器和传动机构组成。它们一般由以下 4 个部分组成。

①供能装置：包括供给、调节制动所需能量及改善传能介质状态的各种部件，如气压制动系统中的空气压缩机、液压制动系统中的人力脚踏板等。

②控制装置：包括产生制动动作和控制制动效果的各种部件，如制动踏板等。

③传动装置：将驾驶员或其他动力源的作用力传到制动器，同时控制制动器的工作，从而获得所需的制动力矩。它包括将制动能量传输到制动器的各个部件，如制动主缸、制动轮缸等。

④制动器：产生阻碍车辆运动或运动趋势的力的部件。

比较完善的制动系统应具有制动力调节装置、报警装置、压力保护装置或防抱死装置等附加机构。

二、制动装置的基本结构与作用原理

以一定速度行驶的汽车具有一定的动能，要使它按需减速停车，路面必须强制地对汽车车轮产生一个阻止汽车行驶的力——制动力，这个力的方向与汽车行驶的方向相反。实质上，制动就是将汽车的动能强制地转化成其他形式的能量，通常转化为热能，扩散于大气中。

1. 基本结构

如图 9－1 所示的行车制动装置是由车轮制动器和液压传动结构两部分组成的。车轮制动器由旋转部分、固定部分和张开机构所组成。旋转部分是制动鼓，它固定于轮毂上和车轮一起旋转。固定部分是制动蹄和制动底板等。制动蹄上铆有摩擦片，蹄的下端松套在支承销上，支承销固定在制动底板上，上端用回位弹簧拉紧，压靠在轮缸活塞上。制动底板用螺栓与转向节凸缘（前轮）或桥壳凸缘（后轮）固定在一起。制动蹄通过液压轮缸

油压的压力推动轮缸活塞使制动蹄张开，或用凸轮的张开机构来促动。

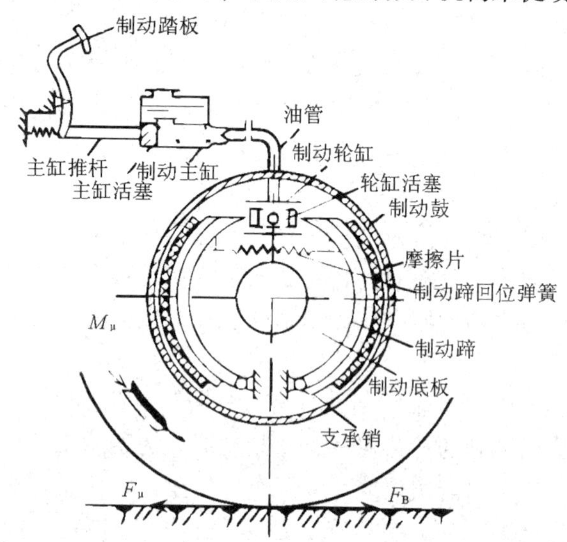

图 9－1　制动装置工作原理示意图

2. 制动作用的产生

不制动时，制动鼓的内圆柱面与摩擦片之间保留一定间隙，制动鼓可以随车轮一起旋转。制动时，踩下制动踏板，推杆便推动主缸活塞，迫使制动油经油管进入制动轮缸，推动轮缸活塞使制动蹄张开，与制动鼓全面贴合压紧。此时，不旋转的摩擦片对旋转的制动鼓将产生一个摩擦力矩，其方向与车轮旋转方向相反，大小决定于轮缸的张力、摩擦系数和制动鼓及制动蹄的尺寸。制动鼓将该力矩传到车轮后，由于车轮与路面间有附着作用，车轮即对路面作用一个向前的圆周力 F_μ。与此相反，路面会给车轮一个向后的反作用力，方向与汽车行驶方向相反，这个力就是车轮受到的制动力 F_B。各轮上制动力的和是汽车受到的总制动力。制动力由车轮经车桥和悬架传给车架及车身，迫使整个汽车产生一定的减速度，甚至停车。

任务二　常规制动系统

一、车轮制动器

车轮制动器由旋转元件和固定元件组成。旋转元件与车轮相连接，固定元件与车桥相连接。利用旋转元件和固定元件之间的摩擦，产生制动器制动力。

图 9－2 所示为常用的鼓式和盘式制动器制动原理示意图。当摩擦蹄片压紧旋转的制动鼓或盘时，两者接触面之间产生摩擦，通过摩擦将汽车的动能转变为热能，并将热量散发到空气中，最终使车辆减速以至停车。

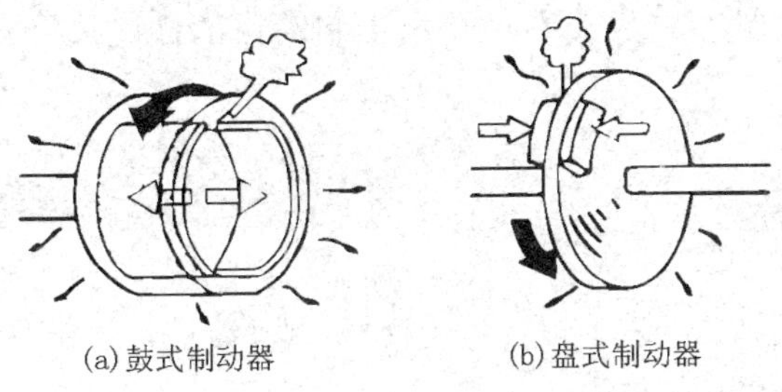

(a) 鼓式制动器　　(b) 盘式制动器

图 9－2　制动器原理示意图

1. 盘式制动器的组成和维修

(1) 结构、工作原理及类型

①结构。如图 9－3 所示，盘式制动器的旋转元件是制动盘，它和车轮固装在一起旋转，以其端面为摩擦工作表面。其固定的摩擦元件是制动块、导向支承销和轮缸及活塞，它们均被安装于制动盘两侧的钳体上，总称为制动钳。制动钳用螺栓与转向节或桥壳上的凸缘固装，并用调整垫片来调整钳与盘之间的相对位置。

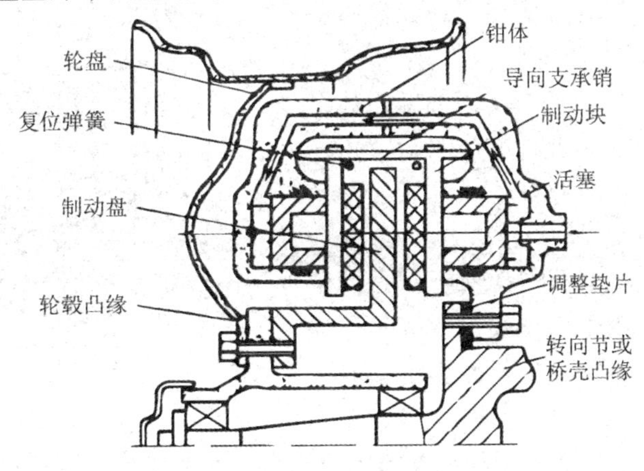

图 9－3　盘式制动器基本结构图

②工作原理。制动时，制动液被压入内、外两轮缸中，受液压作用的活塞朝制动盘方向移动，推动制动块紧压制动盘，产生摩擦力矩而制动。在此过程中，轮缸槽内的矩形橡胶密封圈的刃边在摩擦力的作用下产生微量的弹性变形。

放松制动踏板时，制动管路中液压系统压力消除，密封圈恢复到其初始位置，活塞和制动块依靠密封圈的弹力和弹簧的弹力回位。由于矩形密封圈刃边的变形量很微小，在不制动时，摩擦片与盘的间隙每边只有0.1 mm左右，它足以保证制动的解除。

③类型。盘式制动器根据固定元件的结构形式可分为钳盘式制动器和全盘式制动器。

钳盘式制动器的固定元件为制动钳，制动钳中制动块由工作面积不大的摩擦块与其金属背板组成，每个制动器中有 2 ~4 块。钳盘式制动器按制动钳固定在支架上的结构形式可分为固定式制动钳和浮动式制动钳两大类；按浮动式制动钳在其支架上滑动支撑面的形式又分为滑销式制动钳和滑面式制动钳两种。

全盘式制动器的固定元件的金属背板和摩擦片都做成圆盘形，因而其制动盘的全部工作面可同时与摩擦片接触。全盘式制动器由于制动钳的横向尺寸较大，主要应用于重型车上。

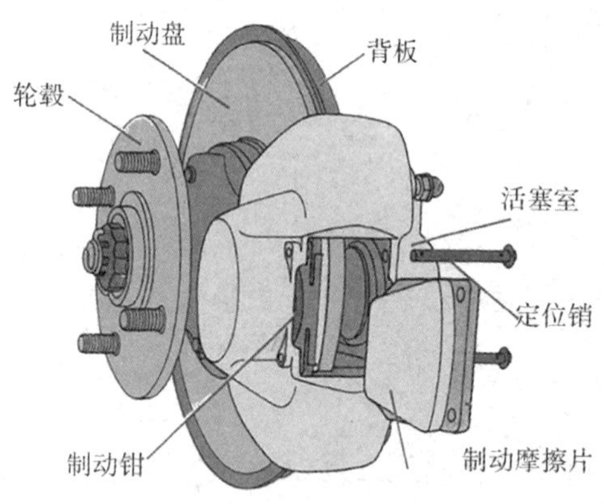

图 9－4　汽车的盘式制动器

（2）典型盘式制动器的维修

图 9－4 所示为汽车的盘式制动器，该制动器为浮钳盘式制动器。它由制轮毂、制动钳、制动摩擦片、定位销、活塞室等组成。

制动盘固定在轮毂上，夹在内、外制动片中间，与车轮一起转动。制动钳通过螺栓与制动钳支架相连，支架固定于转向节凸缘上，钳体可沿螺栓做轴向移动。轮缸布置在制动钳的内侧。固定支架上有导轨，通过两根特制弹簧安装内、外制动片，内、外制动片可沿导轨做轴向移动。

浮钳盘式制动器的工作情况如图 9－5 所示。制动时，来自制动主缸的液压油通过油道进入制动轮缸，推动活塞及其制动片向右移动，并压到制动盘上，于是制动盘给活塞一个向右的反作用力 F_2，使得活塞连同制动钳体沿螺栓向左移动，直到制动盘右侧的制动片也压到制动盘上。此时，两侧的制动片都压在制动盘上，夹住制动盘使其制动。

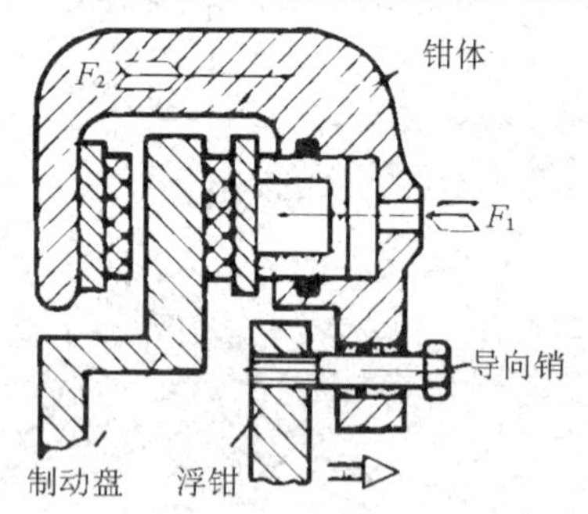

图 9－5　浮钳盘式制动器工作原理示意图

①制动器的拆卸。如图 9－6 所示，拆下制动片的防振弹簧；用内六角扳手拆下对称的导销螺栓，从下向上摆动取下制动钳，取下内、外制动片，再从制动钳体上取下对称的内衬套、橡胶套、外衬套；旋下制动盘上的固定螺钉，从前轮毂上取下制动盘。

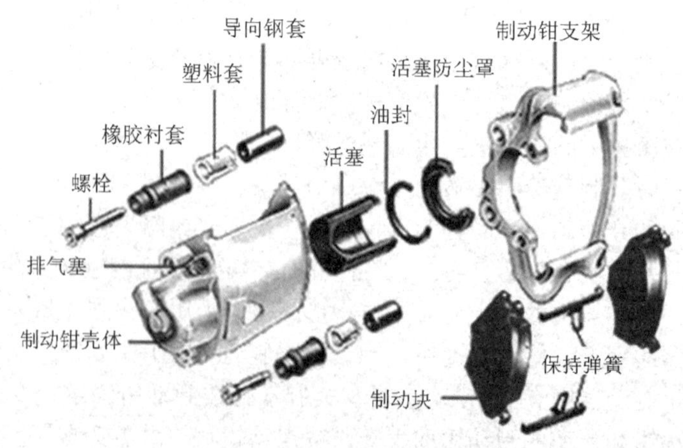

图 9－6　浮钳盘式制动器分解图

②制动器的检修。

a. 制动盘厚度的检查。制动盘因使用而磨损使其厚度变小，厚度过小会引起制动踏板的振动、制动噪声及颤动，导致制动性能下降。检查制动盘厚度时，可用卡尺直接测量。轿车前制动盘标准厚度为10 mm，使用极限为8 mm，超过极限尺寸时应予更换。

b. 制动盘轴向圆跳动的检查。制动盘过度的轴向圆跳动会使制动踏板抖动或使制动片磨损不均匀。通常用百分表来检查制动盘的轴向圆跳动量，如图 9－7 所示，轴向圆跳动量应不大于0. 06 mm。不符合要求可进行加工修复（俗称光盘）或更换，加工后制动盘的厚度不得小于8 mm。

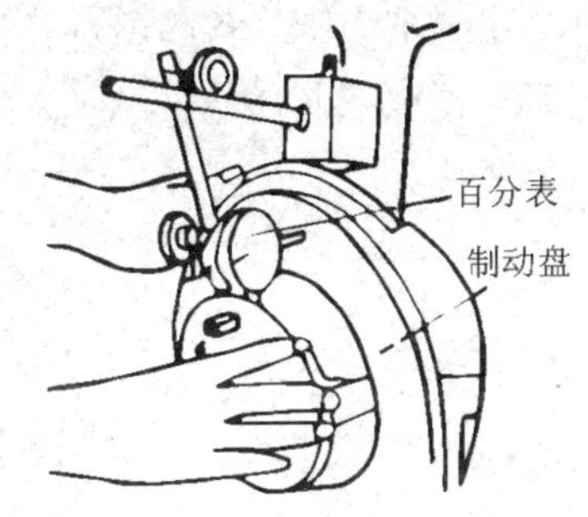

图 9－7　制动盘轴向圆跳动的检查

c. 制动片厚度的检查。若制动片已拆下，可直接用游标卡尺测量其厚度。若车轮未拆下，对外侧的摩擦片，可通过轮辐上的检视孔进行目测检查。内侧摩擦片，则利用反光镜进行目测。

③制动器的装配。将制动盘安装到前轮轮毂上，并拧紧固定螺钉。将内、外侧制动片安装到制动盘的两侧，装好弹簧片。按拆卸的相反顺序装好制动钳体的上内衬套、上橡胶套、上外衬套和下内衬套、下橡胶套、下外衬套；将制动钳体装到制动片的外侧，压入制动钳体，使之恰好能安装固定螺栓；在导向螺栓上涂抹润滑脂后，用内六角扳手将其拧入并拧紧。

④制动器间隙的调整。轿车的前轮盘式制动器制动间隙采用自动调整方式，工作过程如图 9－8 所示。矩形密封圈嵌在制动钳液压缸的矩形槽内，密封圈内圆与活塞外圆配合较紧，制动时活塞被压向制动盘，密封圈发生了弹性变形；解除制动时，密封圈要恢复原状，于是将活塞拉回原位。当制动盘与制动块磨损后，制动器的制动间隙增大，若间隙大于活塞的设置行程时，活塞在制动液压力的作用下，克服密封圈的摩擦阻力而继续前移，直到实现完全制动为止。解除制动时，由于密封圈弹性变形量的限制，密封圈将活塞拉回的距离小于活塞前移的距离，则活塞与密封圈之间这一不可恢复的相对位移便补偿了过量的间隙。

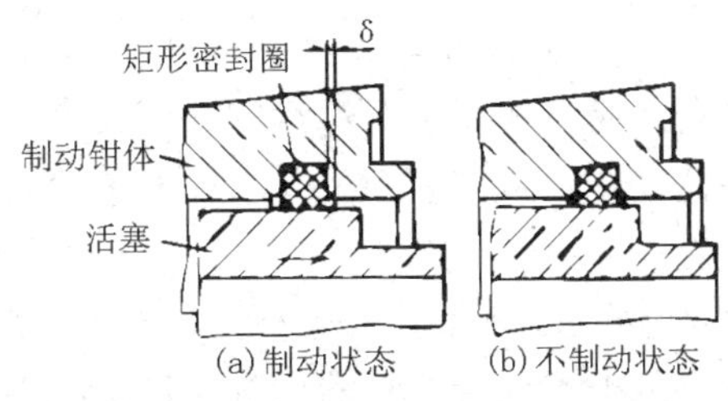

图 9－8　轿车前轮盘式制动器的制动间隙自动调整

2. 鼓式制动器的组成和维修

(1) 组成

简单的鼓式车轮制动器由旋转部分、固定部分、张开装置和定位调整机构组成。

(2) 典型鼓式制动器的维修

以轿车后轮制动器为例介绍典型鼓式制动器拆装调整。

①制动器的拆卸。后轮制动器为鼓式非平衡式车轮制动器。如图 9 – 9 所示，制动器的制动鼓通过轴承支承在后桥支承短轴上，与车轮一起旋转。拆卸车轮制动器时，应先拆下制动鼓。其拆卸方法：撬下轮毂盖，取下开口销和锁止环，旋下螺母，取下止推垫圈和外圆锥滚子轴承内圈。将螺钉旋具插入制动鼓上的小孔，向上压楔形调节板，使制动蹄外径缩小后，再取下制动鼓。

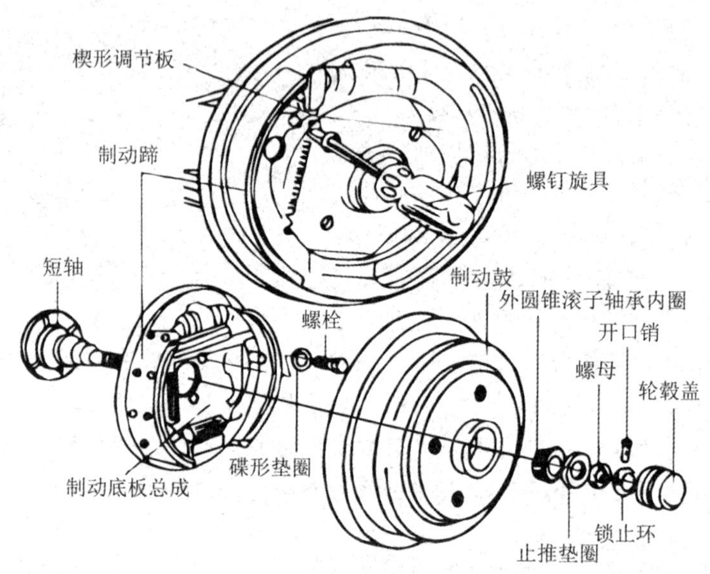

图 9 – 9　后轮制动器的拆卸

若要进一步的分解，可按以下步骤进行，如图 9 – 10 所示。

先从驻车制动拉杆上摘下驻车制动器钢索，再用钳子压下弹簧座，并转动 90°后，取下定位销、弹簧座和弹簧。从制动底板上取下制动蹄摩擦片总成，并将其夹紧在台虎钳上。依次拆下复位弹簧、楔形调节板拉簧，从前制动蹄上摘下定位弹簧，取下推杆和楔形调节板。最后旋下螺栓，从制动底板上取下制动轮缸。

②制动器的检修。

a. 制动蹄摩擦片厚度的检查。如图 9 – 11 所示，用游标卡尺测量制动蹄摩擦片的厚度，对照维修手册来判定是否满足工作要求。注意制动蹄摩擦片上铆钉进入摩擦片的表面深度不得过小，以免铆钉头刮伤制动鼓内表面。在未拆下车轮时，后制动蹄摩擦片的厚度可从制动底板的观察孔中检查。

b. 后制动蹄摩擦片与后制动鼓接触面积的检查。如图 9 – 12 所示，将后制动蹄摩擦片表面打磨干净后，靠在后制动鼓上，检查两者的接触面积，应不小于 60%，否则应继续打磨摩擦片的表面。

c. 后制动器定位弹簧及复位弹簧的检查。若后制动器定位弹簧、上复位弹簧、下复位弹簧和楔形调节板拉簧的自由长度增长率达到 5%，则应更换新弹簧。

③制动器的装配。经过检修合格的车轮制动器可按以下步骤进行组装。

后制动蹄的组装如图 9 – 13 所示。在推杆两端涂上润滑脂，并将其夹在台虎钳上，装

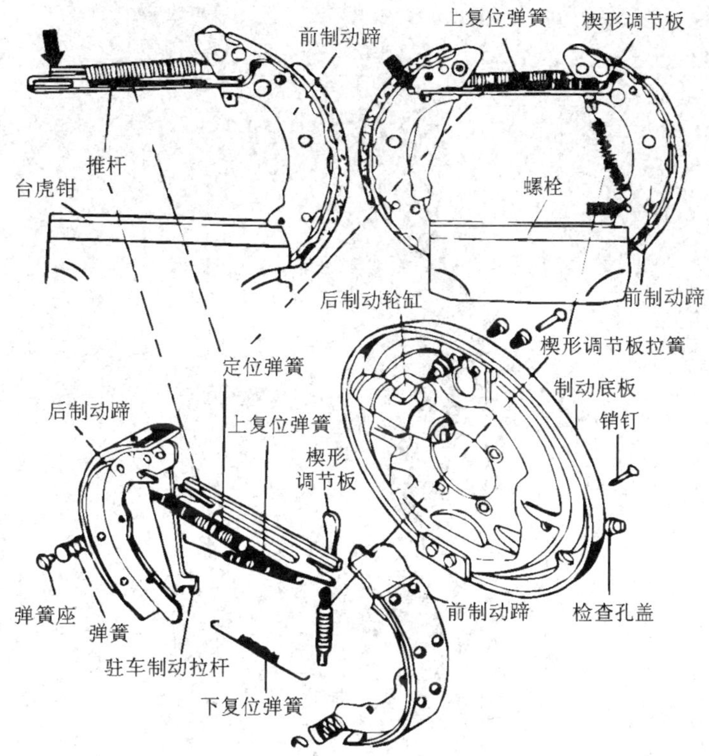

图 9－10　后轮制动器的分解

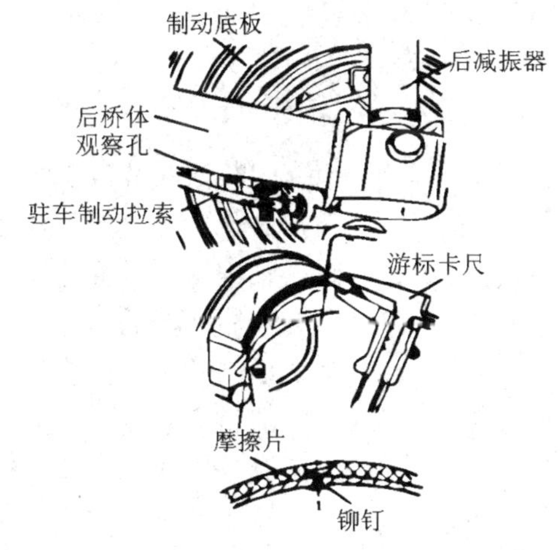

图 9－11　后制动蹄摩擦片厚度的检查

上定位弹簧和前制动蹄摩擦片，将楔形调节板插进推杆与前制动蹄之间。在驻车制动器的制动拉杆和后制动蹄之间涂上润滑脂后，将其装到推杆的另一端，再装上复位弹簧。

把驻车制动拉索连接到驻车制动拉杆上后，将组装好的制动蹄总成装入制动轮缸活塞的切槽中。

使制动蹄总成的另一端落在下支承座上，安装好下复位弹簧。在前制动蹄与楔形调节

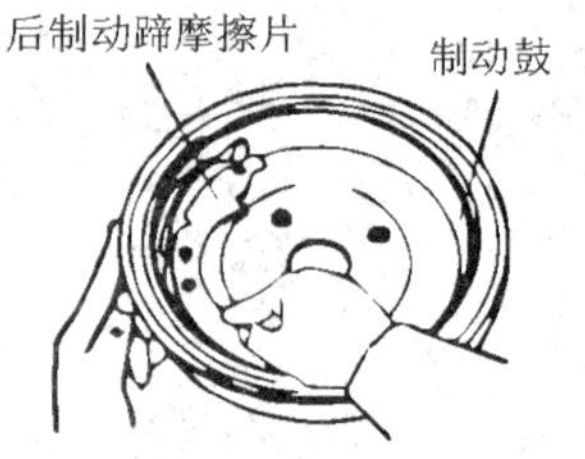

图 9－12　后制动蹄摩擦片与后制动鼓接触面积的检查

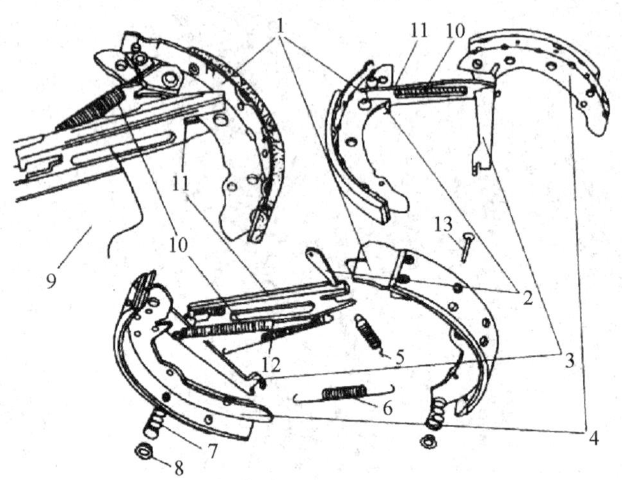

1—后制动器前制动蹄；2—楔形调节板；3—驻车制动拉杆；4—后制动器后制动蹄；
5—楔形调节板拉簧；6—下复位弹簧；7—弹簧；8—弹簧座；9—台虎钳；
10—定位弹簧；11—推杆；12—上复位弹簧；13—销钉

图 9－13　后制动蹄的组装

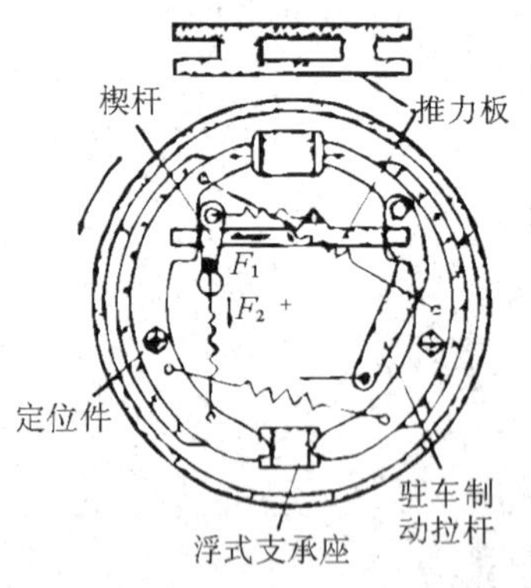

图 9－14　在推力板上加装楔杆的自调装置

板之间装上调节板拉簧。安装制动蹄定位销及其弹簧和弹簧座。安装好制动鼓及其支承轴承，调整好轴承的预紧度并锁止。

④制动器的调整。车轮制动器装配完毕后，为保证制动蹄摩擦片与制动鼓之间具有合适的工作间隙，应对其进行必要的调整，调整的方法有人工调整法和自动调整法。

轿车后轮制动器的制动蹄摩擦片与制动鼓间隙调整装置为在推力板上加装楔杆的自调装置，其结构和工作情况如下。

如图 9－14 所示，楔杆的水平拉簧使楔杆与推力板间产生摩擦，以防止楔杆下移，垂直拉簧随时拉动楔杆下移。当蹄鼓间隙正常时，楔杆静止于相对应位置；当蹄鼓间隙大于规定值时，制动蹄摩擦片张开的行程被加大，垂直拉簧的力 F_2 增大，$F_2 > F_1$，楔杆下移，使得水平拉簧的力也被加大，摩擦力 F_1 相应加大，则楔杆静止在新的位置上。

放松制动踏板后，制动蹄在复位弹簧的作用下收拢。由于推力板已变长，只能被顶靠在新的位置，从而保持规定的制动蹄鼓间隙值。

此类蹄鼓间隙自调装置属于一次性调准的结构，前进或倒车时进行制动均能使该机构自调。

二、驻车制动器

1. 驻车制动器的功用

驻车制动器的功用是车辆停驶后防止滑溜；坡道上顺利起步；行车制动效能失效后临时使用或配合行车制动器进行紧急制动。

2. 驻车制动器的分类

驻车制动器按其安装位置可分为中央制动式和车轮制动式两种。中央制动式通常安装在变速器的后面，其制动力矩作用在传动轴上；车轮制动式通常与车轮制动器共用一个制动器总成，只是传动机构是相互独立的。

驻车制动器按其结构形式可分为鼓式、盘式、带式和弹簧作用式。

三、液压式制动传动装置

液压式制动传动装置是利用制动油液，将制动踏板力转换为油液压力，通过液压管路传至车轮制动器，再将油液压力转变为制动蹄张开的机械推力。

1. 液压式制动传动装置的基本组成和类型

（1）基本组成

液压式制动传动装置的基本组成如图 9－15 所示，液压式制动传动装置由油管、自动平衡系统、调节阀、制动压力调节器、制动助力系统、液压泵、动力转向系统和警告灯等组成。

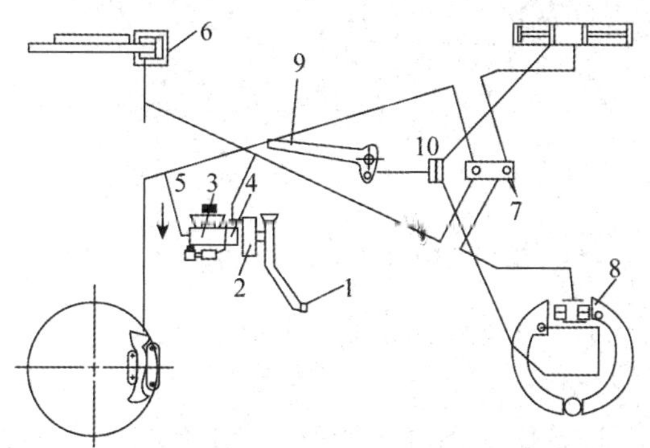

1—制动踏板；2—真空助力器；3—主缸；4—通右前轮和左后轮的制动回路；5—通左前轮和右后轮的制动回路；6—前轮盘式制动器；7—感载比例阀；8—后轮鼓式制动器；9—驻车制动操纵杆；10—驻车制动操纵拉索

图 9－15　液压式制动系统示意图

（2）类型

双管路液压制动传动装置是利用彼此独立的双腔制动主缸，通过 2 套独立管路，分别

控制车轮制动器。其特点是当其中一套管路发生故障而失效时，另一套管路仍能继续施以制动作用，从而提高了汽车制动的可靠性和行车安全性。

双管路的布置方案在各型汽车上各有不同，可归纳为以下几种。

①两桥制动器彼此独立，其管路布置方案如图 9－16 所示。

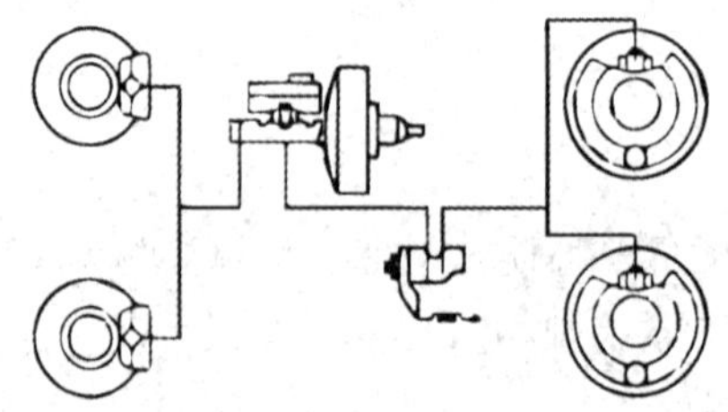

图 9－16　前后桥制动器独立双管路布置方案

②一个制动器的 2 个轮缸彼此独立，其管路布置方案如图 9－17 所示。

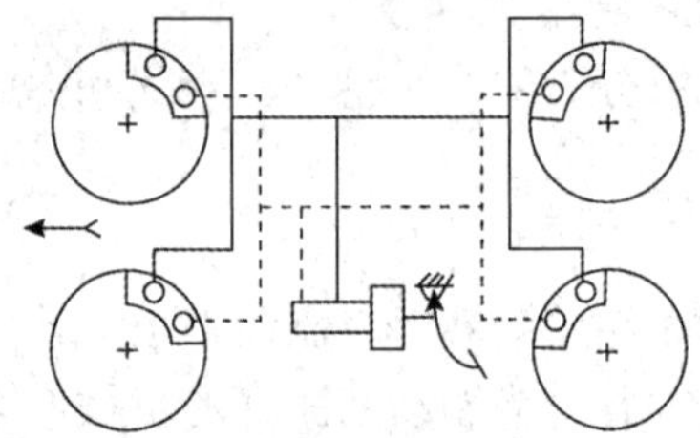

图 9－17　1 个制动器的 2 个轮缸彼此独立双管路布置方案

③前后轮制动器对角彼此独立，如图 9－18 所示。

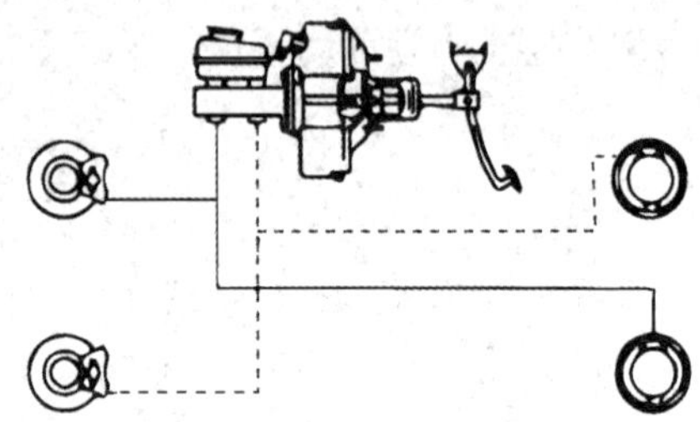

图 9－18　前后轮制动器对角彼此独立双管路布置方案

2. 液压式制动传动装置主要部件的结构、拆装与检修

（1）制动主缸

制动主缸的作用是将制动踏板输入的机械力转换成液压力。

①组成和结构。如图 9－19 所示，串联式双腔制动主缸主要由储油罐、制动主缸外壳、前活塞、后活塞及活塞弹簧、推杆、皮碗等组成，是利用 1 个缸体装入 2 个活塞，形成 2 个彼此独立的压力室，分别与各自的控制管路连接。每个管路都有单独的储油室，以免一管路漏油，影响另一管路的正常工作。

②工作过程。正常制动时，推杆推动后活塞左移，在其皮碗遮盖住补偿孔之后，后压力室即建立液压。油液一方面经出油阀流入后制动管路，又推动前活塞左移，前压力室也

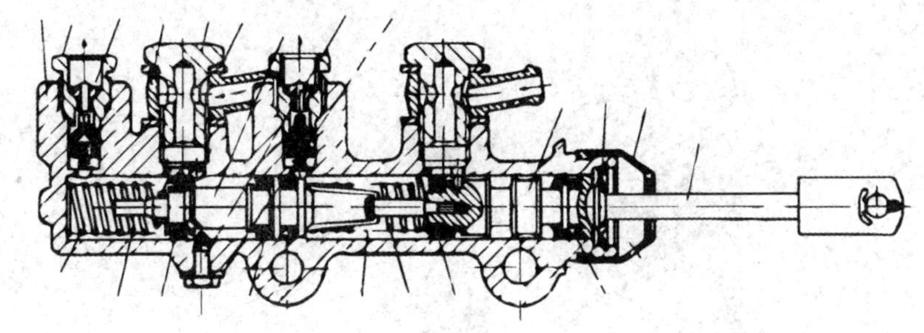

1—缸体；2—出油管接头；3—嘴式出油阀；4—进油管接头；5—空心螺栓；6，9—密封垫；
7—前活塞；8—限位螺钉；10—后活塞；11—挡板；12—护罩；13—推杆；14—后活塞密封圈；
15—后活塞皮碗；16—后活塞复位弹簧；17—前活塞密封圈；18—前活塞皮碗；19—前活塞复位弹簧；
A—后压力室；B—前压力室

图9－19　串联式双腔制动主缸

产生液压，推开前出油阀流入前制动管路，于是两制动管路在等压下对汽车制动。

若前桥管路损坏漏油时，只能使后腔建立一定液压，而前腔无液压。此时，在液压差的作用下，前活塞被迅速地推到底，接触到前腔缸体为止，后压力室中的液压方能升高到所需的数值。

若后桥管路损坏漏油时，后活塞前移，后压力室不能建立油压，不能推动前活塞。但在后活塞的顶杆顶触到前活塞时，推杆的作用力便推动前活塞，使前压力室油压升高而制动。

因此，双管路液压系统中任何一套管路漏油时，另一套管路仍能正常工作，只是所需的制动踏板行程加大了，制动效能降低了。

③拆解。图9－20所示为串联式双腔制动主缸的分解图，拆解制动主缸的步骤如下。

a. 打开储油罐放出制动液。

b. 拆下制动灯控制开关等附件。

c. 将制动主缸夹在台虎钳上，用螺钉旋具顶住后活塞，拆下弹簧挡圈，然后缓慢放松螺钉旋具，依次取出后活塞、皮碗及后活塞弹簧等零件。

d. 旋下定位螺钉，用压缩空气吹出前活塞后，依次取出前皮碗及弹簧。

e. 用清洗液将解体后的制动主缸内孔及活塞等零件清洗干净。

④检修。

a. 检查储液罐是否破损，出现破损应予以更换。

b. 检查泵体内孔和活塞表面，其表面不得有划伤和腐蚀；用内径量表检查泵体内孔的直径，用千分尺检查活塞的外径，并计算出内孔与活塞之间的间隙值，超过使用极限应更换。

c. 检查制动主缸皮碗、密封圈是否老化、损坏与磨损，如有问题应予以更换。

⑤装配。在制动主缸泵体内孔和活塞、密封圈及皮碗上涂上制动液，使前腔活塞的复位弹簧小端朝向活塞，各皮碗的刃口方向按图9－20中所示，将前活塞装入制动主缸的内孔，并旋入定位螺钉。装入后活塞组件时，最后安装上止推垫圈、挡圈和防尘罩。

将制动主缸安装到车上之前，要去除检修安装后制动主缸内部的空气，避免主缸内的

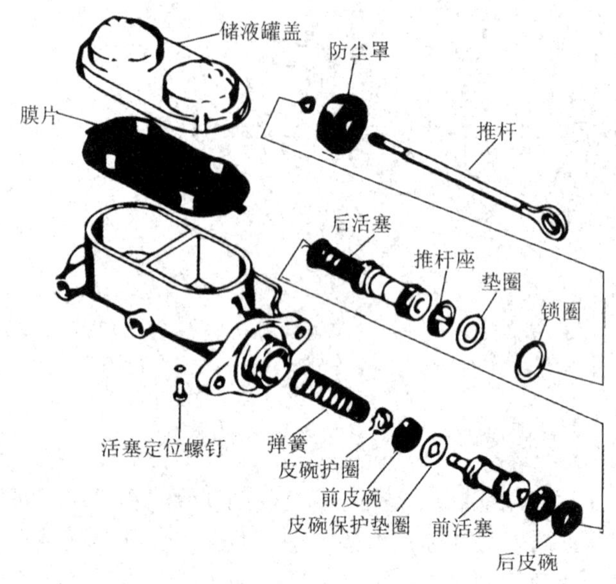

图 9－20　串联式双腔制动主缸的分解图

空气进入车上的制动管路里。放气的方法：将制动主缸固定于工作台上，用软管接主缸制动液出口，软管的另一端放入储液罐，将制动液加入储液罐；用钝杆顶动活塞到达缸筒的底部，观察储液罐内的制动液中是否有气泡；缓慢放松活塞，使其回到开始位置，如果是快速回退，则要等 15 s 后再顶动活塞，重复进行此项工作，直到制动液中不再有气泡为止；拆下软管，用塞子封堵制动主缸出口。

（2）制动轮缸

制动轮缸的作用是将制动主缸所传来的液压力转变成为使制动蹄张开的机械推力。

①组成和结构。如图 9－21 所示，制动轮缸主要由缸体、活塞、皮碗、弹簧、放气螺钉等组成。

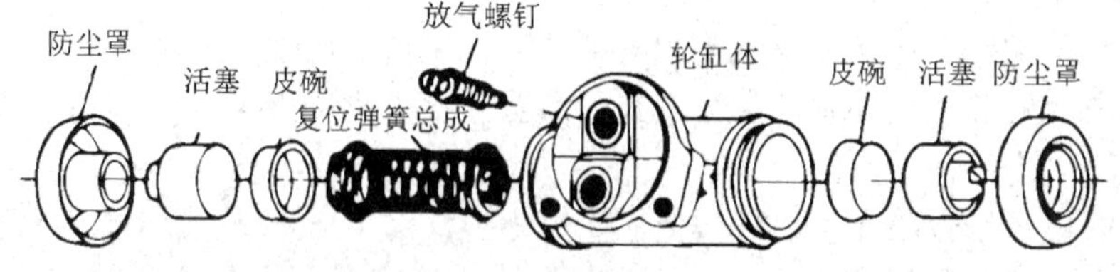

图 9－21　双活塞式制动轮缸的分解图

制动轮缸的缸体通常用螺钉固装在制动底板上，位于两制动蹄之间。内装铝合金活塞，密封皮碗的刃口方向朝内，并由弹簧压靠在活塞上与其同步运动。活塞外端压有顶块并与制动蹄的上端相抵触。在缸体的另一端装有防尘罩，可防止尘土的侵入。缸体上方装有放气螺钉，以便放出制动管路中的空气。

②类型。常见的制动轮缸类型有双活塞式、单活塞式等。

③工作过程。制动轮缸受到油液压力作用后，顶出活塞，使制动蹄扩张。松开制动踏

板，油液压力消失，靠制动蹄复位弹簧的拉力，使活塞复位。

④拆装、检修。从轮缸体上的固定槽中拉下轮缸防尘罩，拆下活塞，然后从缸筒中取出橡胶皮碗和弹簧。

分解的制动轮缸，应使用清洗液对零件进行清洗。清洗后，检查制动轮缸缸体与制动轮缸活塞外圆表面的烧蚀、刮伤和磨损情况。如果轮缸内孔有轻微刮伤或腐蚀，可用细砂布磨光。磨光后的缸内孔应用清洗液清洗后，用压缩空气吹干。然后测出轮缸缸体内孔直径 B 与活塞外圆直径 C，并计算出缸体与活塞的间隙值 A，如图 9－22 所示。

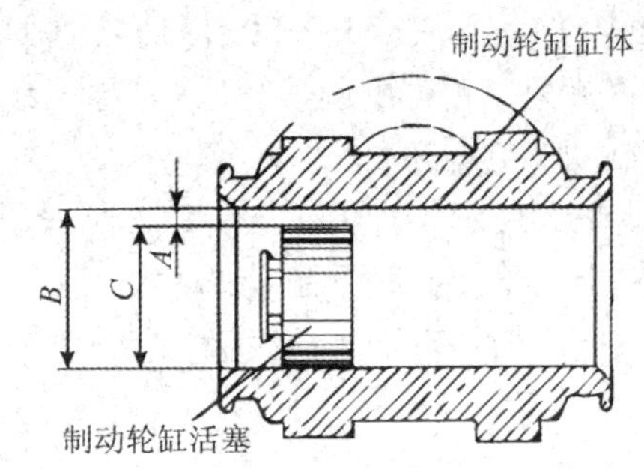

A—缸体与活塞的间隙；B—缸体内孔的直径；C—活塞的外径

图 9－22　制动轮缸缸体与活塞的检查

重新安装制动轮缸元件时，先用干净的制动液润滑密封件及所有内部元件。将轮缸的放气螺钉拧回到轮缸上，安装复位弹簧总成，将活塞放进缸筒内，安装好防尘罩。

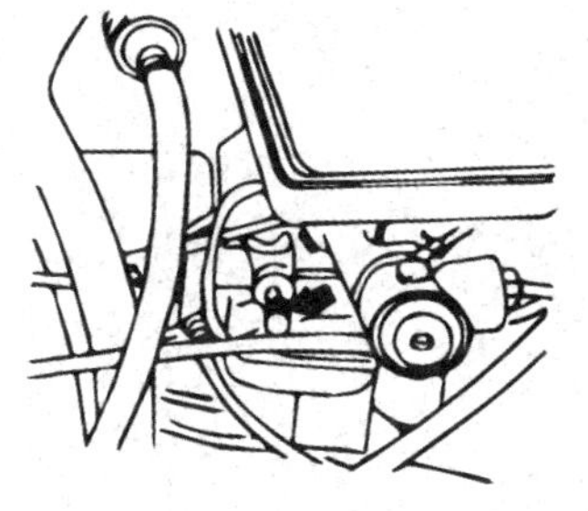

图 9－23　制动系统排气

⑤液压制动管路的排气。以轿车制动系统的排气为例，如图 9－23 所示，其排气的步骤如下。

a. 按规定顺序拧开各轮缸的放气螺钉。

b. 排出制动钳和制动轮缸中的气体。

c. 用专用排液瓶盛放排出的制动液。

排气的原则为先远后近，具体顺序为车轮制动轮缸/右后制动器→车轮制动轮缸/左后制动器→右前制动钳→左前制动钳。

四、气压制动系统

1. 凸轮式车轮制动器

采用气压制动系统的车辆车轮制动器通常为凸轮式车轮制动器。

（1）凸轮式车轮制动器的结构

凸轮式车轮制动器的结构如图 9－24 所示。制动底板固定在转向节凸缘（前轮）或后桥壳凸缘上（后轮），在制动底板的下端固定有制动蹄支承销座孔，两制动蹄下端用偏心的支承销支承，上端用复位弹簧拉紧并紧压在制动凸轮上，制动凸轮与制动凸轮轴制成一体。

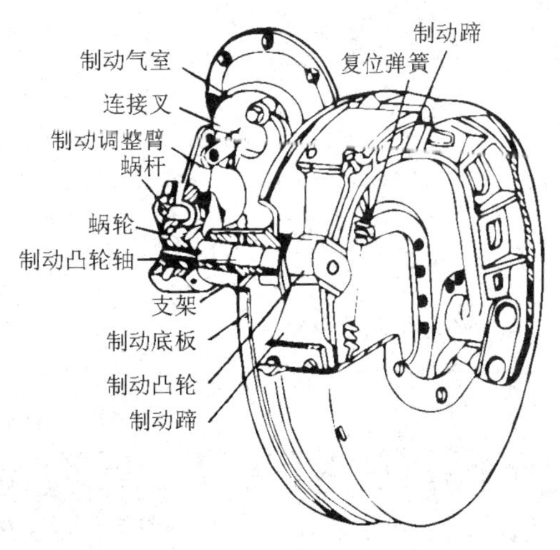

图 9－24　凸轮式车轮制动器

制动凸轮轴由制动底板内侧穿出，安装

在制动底板上端的凸轮轴支承于座孔中，凸轮轴外端加工有花键齿，花键装在制动调整臂内的蜗轮中。为防止凸轮轴的轴向窜动，在支承垫片与调整臂之间装有调整垫片，可调整凸轮轴的轴向间隙。

制动鼓与轮毂总成通过一对圆锥滚子轴承支承在转向节轴颈（前轮）或后桥半轴套管轴颈（后轮）上，并可由调整螺母调整轴承预紧度。

（2）制动器的拆卸

如图 9－25 所示。将轮毂与制动鼓从车桥上拆下后，用拉簧钩拆下制动蹄复位弹簧，取下支承销上的垫板；取下制动蹄总成，拆下支承销、制动凸轮、调整臂总成及制动气室、制动气室支架；拆下制动底板。

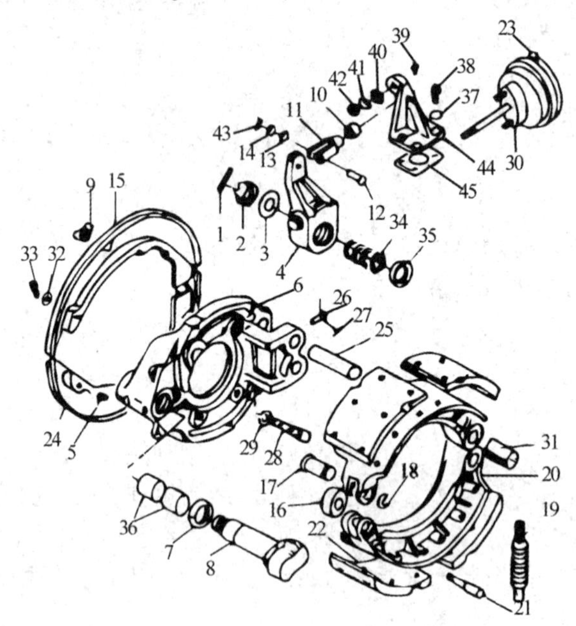

1，43—开口销；2—冠形螺母；3—平垫；4—间隙调整装置；5，39—黄油嘴；6—制动器托架；7—油封；8—凸轮轴；9—橡胶塞；10—锁紧螺母；11—连接叉；12—销；13—垫；14，40—平垫圈；15，24—防尘罩；16—辊子；17—辊销；18—卡簧；19—复位弹簧；20—制动蹄；21—复位弹簧销；22—制动蹄摩擦片；23，28，33，38—螺栓；25—支承销；26—定位螺钉；27—钢丝；29，42—螺母；30—制动气室；31—制动蹄衬套；32，41 弹簧垫圈；34—垫；35—凸轮轴隔垫；36—衬套；37—弹簧垫圈；44—制动气室托架；45—密封垫

图 9－25　凸轮式车轮制动器分解图

（3）制动器的检修

制动器的检修项目见表 9－1。

表 9－1　制动器的检修项目

项目	检修方法
制动鼓的检查	①检查制动鼓是否有裂纹及变形，内表面是否起槽，必要时应镗削维修或更换。 ②测量制动鼓圆度及圆柱度，其圆度、圆柱度误差过大时，须进行镗削维修或更换。 ③制动鼓外边缘不得高出工作表面，制动鼓检视孔完整。

续表

项目	检修方法
制动蹄及支承销的检查	①制动蹄应无裂纹及明显变形，摩擦片不破裂、无异常磨损、铆接可靠。 ②铆钉头离弧面应有一定距离，摩擦片厚度不低于使用要求。 ③支承销应无过度磨损，相关结构应完好，制动蹄支承孔与支承轴要保证一定配合间隙，且转动灵活无卡滞。 ④制动蹄摩擦片与制动鼓的接触面积应在75%以上，并保证两端先接触。
制动底板、制动凸轮轴	①制动底板不应有变形，连接螺栓符合规定紧固力矩，铆钉应无松动。 ②凸轮轴无裂纹和弯曲变形且转动灵活无卡滞，凸轮轴轴向间隙、径向间隙符合要求。 ③凸轮轴支座固定螺栓、保险钢丝齐全有效。
制动蹄复位弹簧的检查	①制动蹄复位弹簧无明显变形、锈蚀等异常现象。 ②用弹簧拉压试验仪检查制动蹄复位弹簧的弹性。

（4）制动器的装配

制动器的装配可按以下步骤进行：

在制动底板上装上防尘罩，并将其安装到转向节（前轮）上，按规定力矩紧固制动底板紧固螺栓；在凸轮轴内表面涂抹上润滑脂，并将其安装到相应的轴承孔上；连接推杆连接叉和调整臂；在偏心支承销上涂抹润滑脂并将其安装到相应轴承孔中，安装时应使两支承销内端的装配标记相对；在制动蹄衬套内表面涂抹润滑脂，将制动蹄安装到相应的支承销上。安装过程中注意两制动蹄的位置不可互换；利用弹簧装配工具安装制动蹄复位弹簧；安装轮毂和制动鼓，注意不要损伤到转向节上的螺纹；安装轮毂轴承并调整好轴承的预紧力，将锁紧螺母拧入，按规定力矩拧紧后将其锁止。

（5）制动器的调整

①制动器的局部调整。支撑起所需调整的车轮；拆下制动鼓上的检视孔盖；取下调整臂上的防尘罩，拧动调整臂蜗杆轴上的调整螺杆，使制动气室推杆向外推，直至拧不动为止；回退 1/3～1/2 转，车轮转动应灵活无相应的摩擦声。

注意：对前轮顺时针拧动蜗杆，制动器蹄鼓间隙减小，反之则增大；而对后轮逆时针拧动蜗杆，制动器蹄鼓间隙减小，反之则增大。

②制动器的全面调整。松开制动蹄支承销的紧固螺母和制动凸轮轴支架紧固螺栓的螺母，转动制动蹄轴，使其偏心标记相互靠近；反复拧动制动蹄轴和调整臂蜗杆轴，使制动蹄摩擦片和制动鼓完全贴合，同时将凸轮轴支架和制动蹄支承销的紧固螺母拧紧；将调整臂蜗杆拧松（1/3～1/2 转）即可。注意用塞尺检查制动器间隙。

2. 气压式制动传动装置

气压式制动传动装置是利用压缩空气作为动力源的制动装置。制动时，驾驶员通过控制制动踏板的行程，便可控制制动气压的大小，得到不同强度的制动力。其特点是制动操纵省力、制动强度大、踏板行程小；但需要消耗发动机一定的动力；制动过程粗暴而且结构比较复杂。因此，一般在重型和部分中型车上采用。

（1）气压式制动传动装置的组成和管路布置

以解放 CA1092 型汽车双管路制动传动装置的组成和管路布置为例。如图 9－26 所示

为解放 CA1092 型汽车双管路制动系统示意图，它由气源和控制装置两部分组成。气源部分包括空气压缩机、调压装置、储气筒、气压表、低压报警开关和安全阀等；控制装置包括制动踏板、制动控制阀等。

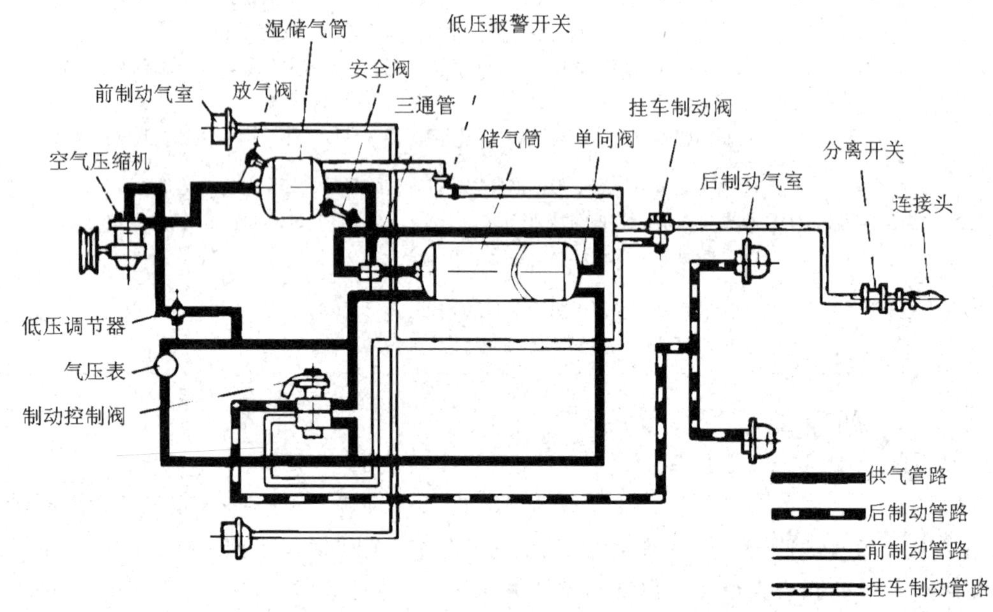

图 9－26　CA1092 型汽车双管路制动系统示意图

气压传动装置的工作过程是，当驾驶员踩下制动踏板时，拉杆带动制动控制阀拉臂摆动，使制动控制阀工作。储气筒前腔的压缩空气经控制阀的上腔进入后制动气室，使后轮制动；同时储气筒后腔的压缩空气经控制阀的下腔进入前制动气室，使前轮制动。当放松制动踏板时，制动控制阀使各制动气室通大气，以解除制动。

（2）气压式制动传动装置主要部件

气压式制动传动装置主要由空气压缩机、调压器、多管路保险阀、制动控制阀及制动气室等零部件组成。

①空气压缩机。空气压缩机的作用是产生压缩空气，提供制动动力源。其结构、拆卸及检修方法见表 9－2。

表 9－2　气压式制动传动装置主要部件的结构、拆卸及检修方法

类别	说明
结构	空气压缩机主要由缸体、曲轴箱、曲轴、活塞、连杆、气缸盖总成、空气滤清器等零部件组成。 缸体由铸铁制成，下端用螺栓与发动机连接，缸筒外圆铸有散热片。气缸盖用螺栓紧固于缸体的上端面，其间装有密封垫。缸盖上的进、排气室分别装有进、排气阀，排气阀经管路与储气筒相通，进气阀经进气道与独立的空气滤清器相通，其上方装有卸荷装置。 压缩机的曲轴用轴承支承于曲轴箱前、后座孔内，前端与驱动带轮相连，由发动机的曲轴带轮通过传动带驱动。

续表

类别	说明
分解	图 9－27 为东风 EQ1090E 型汽车单缸空气压缩机的分解图，其拆卸步骤如下。 ①先拆下空气压缩机的进回油管接头及气管接头，再拆下固定支架上的紧固螺栓，将空气压缩机从发动机上取下。 ②将空气压缩机固定好，拆下缸盖总成和底板，解体活塞连杆组合件。 ③拆下带轮及曲轴。 ④拆下活塞销挡圈，压出活塞销。 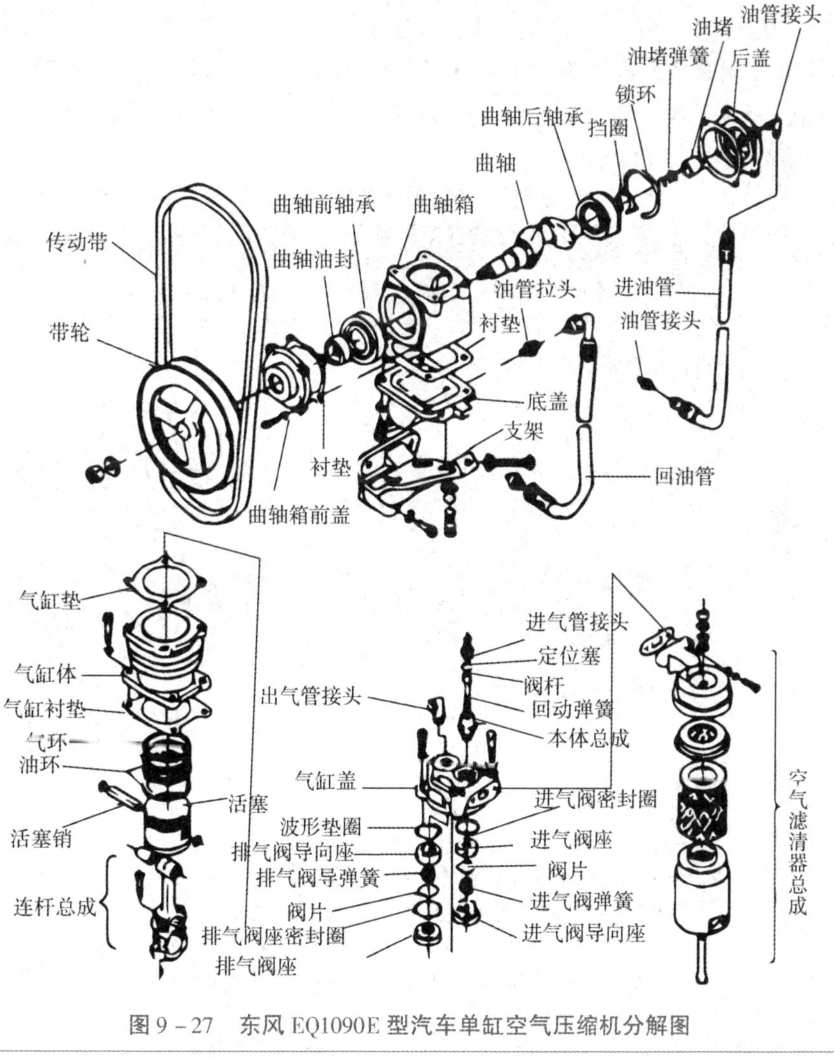 图 9－27　东风 EQ1090E 型汽车单缸空气压缩机分解图
检修	空气压缩机工作时，不应有过量的润滑油窜入储气筒。检查空气压缩机时应详细检查活塞与活塞环的磨损程度、后盖与油堵的密封状态、回油管是否畅通及连杆大端与曲轴的轴向间隙等，根据存在的问题进行维修。

续表

类别	说明
装配	空气压缩机的装配按上述相反的顺序操作，并注意下列事项。 ①装配前必须清洗拆开的零件。 ②活塞环的开口方向应相互错开。 ③连杆活塞组的安装应注意方向。 ④各螺栓的拧紧力矩必须符合要求。

②调压器。调压器的作用是使储气筒保持在规定的气压范围内，并在超过规定气压后，实现空气压缩机的卸荷空转，以减小发动机的功率消耗。与储气筒并联的膜片式调压器主要由调压弹簧、膜片、调压螺钉等零件组成。

③多管路保险阀。在多储气筒、多管路制动系统中，并联的某一管路损坏时，可保证其他管路仍有效工作，使汽车能维持低速安全行驶。多管路保险阀的结构、拆卸及装配方法见表9－3。

表9－3　多管路保险阀的作用、结构、拆卸及装配方法

类别	说明
结构	如图9－28所示，阀体中部的孔与充气管路相通，周围4孔分别通向前、后储气筒和驾驶室及挂车分离开关。阀门总成、膜片、上下弹簧、调节螺钉、阀盖等零件形成一个阀单元，而阀体通常由4个相同的阀单元组成。 图9－28　东风EQ1141G汽车四通保护阀
拆卸	在拆卸前应将各零件的相应位置做好标记，以便于装复。 ①将保护阀本体置于垫有铜皮或铝制品保护的台虎钳上夹紧。 ②拆下阀盖上的防护塞，取出阀盖上的调节螺钉总成。 ③旋出阀盖上的十字槽螺钉。 ④依次取下阀体上的零件（阀盖、调节螺钉座、上弹簧、弹簧座、膜片、阀门总成、下弹簧）。其余各阀单元的拆卸同上。
装配	按拆卸时的相反顺序进行装配

④制动控制阀。制动控制阀的功用是控制储气筒进入制动气室的压缩空气量，并随进气量的多少起渐进变化的随动作用，以保证作用在制动器上的力与制动踏板的行程成正比，制动控制阀的结构、拆卸及装配方法见表9－4。

表 9－4　制动控制阀的结构、拆卸及装配方法

类别	说明
结构和工作过程	制动控制阀的类型有单管路单腔式、双管路双腔式和多管路三腔式。现通常采用双管路双腔式制动控制阀，而双管路双腔式制动控制阀又有双腔串联式和双腔并联式两种，双腔串联式制动控制阀工作的协调性和稳定性相对可靠。
拆卸	以 CA1092 型汽车双腔膜片式制动控制阀为例说明其拆卸方法。 从车上拆下制动控制阀时，可先拆下制动控制阀与制动气管连接的紧固螺母，拆掉拉臂与踏板拉杆的连接销，拆下制动控制阀与车架的紧固螺栓、螺母及制动开关上的导线，将制动控制阀从车体上拆下。 解体制动控制阀时，可先拆下上体、下体的连接螺栓，卸掉拉臂与上体连接的拉臂轴，整个阀体即可解体。 拧下柱塞座，松开螺母，拧下调整螺栓，即可解体下体。 用卡簧钳卸掉挡圈，可将膜片总成分解。
检修	制动控制阀在使用过程中较常见的故障是密封不良、零件运动不灵活或调整不当等。拆检制动控制阀时可重点检查阀门与阀体间的工作面是否有损伤痕迹；腔体内大小活塞上下运动是否灵活；制动阀上部挺杆运动是否灵活；橡胶零件是否有老化和裂纹。
装配	制动控制阀的装配按拆卸的相反顺序操作，并注意，装复前将各零件进行清洗；装复时，在相互运动的工作表面均匀涂上润滑脂；在制动控制阀的装配过程中，应进行必要的调整。

⑤制动气室。制动气室的结构、拆卸及装配方法见表 9－5。

表 9－5　制动气室的结构、拆卸及装配方法

类别	说明
结构与工作过程	图 9－29 所示为东风 EQ1090E 型汽车采用的膜片式制动气室。夹布层橡胶膜片的周缘用卡箍夹紧在壳体和盖的凸缘之间。盖与膜片之间为工作腔，借橡胶软管与制动控制阀接出的气管相通，膜片的右方与大气相通。弹簧通过焊接在推杆上的支承盘将膜片推到左极限位置。推杆的外端借连接叉与制动器的调节臂相连。 (a)结构图　(b)轴侧图 图 9－29　东风 EQ1090E 型汽车采用的膜片式制动气室 膜片式制动气室的工作过程如下。 踩下制动踏板时，压缩空气自制动阀进入制动气室工作腔，使膜片向右推，将推杆推出，使制动调节臂和制动凸轮转动而实现制动。放开制动踏板时，工作腔则经由制动阀的排气口通大气，膜片与推杆都在弹簧的作用下复位而解除制动。

续表

类别	说明
拆卸	图 9－30 所示为膜片式制动气室的拆解图，其分解步骤如下。 ①旋下推杆连接叉。 ②卸下制动气室外壳与外壳盖连接螺栓，将盖与壳分开。 ③逐一顺序取出橡胶膜片、推杆总成及复位弹簧。 图 9－30　膜片式制动气室分解图
检修	①膜片如有裂纹、变形或老化等情况，应予以更换。 ②弹簧发现明显的变形或锈蚀，应予以更换。 ③左、右制动气室的弹簧张力应一致，不符合规定时，应予以调整。
装配	膜片式制动气室的装配按拆卸相反的顺序操作，装配完成后，不得有漏气泄压的现象。

任务三　制动系统常见故障分析与排除

一、液压式制动传动系统常见故障现象、原因与排除方法

液压式制动传动系统常见的制动系统故障包括制动失效、制动不灵、制动跑偏、制动拖滞等。

1. 制动失效

制动失效的故障现象、原因及排除方法见表 9－6。

表 9－6　制动失效的故障现象、原因及排除方法

故障现象	故障原因	排除方法
踩下制动踏板，车辆不减速，即使连续制动也无明显减速作用。	①制动踏板至制动主缸的连接松脱。 ②制动储液室无液或严重缺液。 ③制动管路断裂漏油。 ④制动主缸皮碗破裂。	首先踩动制动踏板试验，根据踩制动踏板时的感觉检查有关部位。若制动踏板与制动主缸无连接感，说明制动踏板至制动主缸的连接松脱，应检查修复。 ①踩下制动踏板时，若感到很轻或稍有阻力感，则应检查主缸储液室内制动液是否充足。若主缸储液室内无液或严重缺液，应添加制动液至规定位置。再次踩下制动踏板时，若仍没有阻力感，则应检查制动主缸至制动轮缸的制动软管或金属管有无断裂漏油。 ②踩下制动踏板时，虽然感到有一定的阻力，但踏板位置保持不住，明显下沉，则应检查制动主缸的推杆防尘套处是否有制动液泄漏。若有制动液泄漏，说明制动主缸皮碗破裂；若车轮制动鼓边缘有大量制动液，则应检查制动轮缸皮碗是否压翻、磨损是否严重。

2. 制动不灵

制动不灵的故障现象、原因及排除方法见表9－7。

表9－7　制动不灵的故障现象、原因及排除方法

故障现象	故障原因	排除方法
①汽车制动时，踩1次制动踏板不能减速或停车，连续踩几次制动踏板的效果也不好。 ②汽车紧急制动时，制动距离太长。	①制动踏板自由行程太大。 ②制动主缸储液室内存油不足或无油。 ③制动液变质（变稀或变稠）或管路内壁积垢太厚。 ④制动管路内进入空气或制动液气化产生了气阻。 ⑤制动主缸、轮缸、管路或管接头漏油。 ⑥制动主缸、轮缸的活塞及缸筒磨损过度。 ⑦制动主缸、轮缸的皮碗老化或磨损引起密封不良。 ⑧制动主缸的进油孔、储液室的通气孔堵塞。 ⑨制动主缸的出油阀、回油阀不密封；活塞复位弹簧预紧力太小；活塞前端贯通小孔堵塞。 ⑩制动器的制动鼓与制动蹄片间隙不当；制动鼓与制动蹄片接触面积太小；制动蹄片质量不佳或沾有油污，制动蹄片铆钉松动；制动鼓产生沟槽磨损或失圆，制动时变形。 ⑪真空增压器或助力器的各真空管路接头松动、脱落，管路有破裂处；膜片破裂或者密封圈密封不良；单向阀、控制阀密封不良；辅助缸活塞、皮碗磨损过甚；单向球阀不密封。	踩动制动踏板做制动试验，根据踩制动踏板时的感觉检查相应的部位。 ①若一脚踩下制动踏板，踏板到底且无反力；连续几次踩制动踏板都能踩到底，且感觉阻力很小，则应检查储液室中制动液液面高度是否符合要求，若液面低于下线或在“MIN”线以下，说明制动液液面太低；检查制动踏板连动机构有无松脱。 ②连续几脚踩制动踏板时，踏板高度仍过低，并且在第一脚制动后，感到总泵活塞未回位，踩下制动踏板即有制动主缸与活塞碰击响声，则应检查主缸的活塞回位弹簧是否过软；主缸的皮碗是否破裂。 ③连续踩几次制动踏板时，踏板高度低而软，则应检查制动主缸的进油孔或储液室的通气孔是否堵塞。 ④一脚踩下制动踏板时，踏板高度过低；连续几脚踩下制动踏板时，踏板高度稍有增高并有弹性感，则应检查系统内是否存有气体。 ⑤一脚踩下制动踏板时，踏板高度较低；连续几脚踩下制动踏板时，踏板高度随之增高且制动效能好转，则应检查制动踏板的自由行程及制动器的间隙。 ⑥维持制动踏板高度时，若缓慢或迅速下降，则应检查制动管路是否破裂、管接头是否密封不良；主缸、轮缸皮碗或皮圈密封是否良好。 ⑦安装真空增压器或助力器的车辆，踩下制动踏板时，若踏板高度适当，但太硬且制动不灵，则应检查增压器或助力器的工作情况；检查制动系统油管是否有老化、凹瘪、制动液黏度太大等现象。 ⑧踩制动踏板时，若踏板有向上反弹、顶脚的感觉，且制动力不足，则应检查增压器的辅助缸活塞磨损是否过度；辅助缸活塞、皮碗是否密封不良；辅助缸单向球阀是否密封不良。 ⑨路试车辆时，观察各车轮的制动情况。若个别车轮制动不良，则应检查该车轮的制动软管是否老化；摩擦片与制动鼓间的间隙是否不当；摩擦片是否有硬化、油污、钉外露现象；制动鼓内臂是否磨损成沟槽；摩擦片与制动鼓的接触面积是否过小。

3. 制动跑偏

制动跑偏的故障现象、原因及排除方法见表9－8。

表9-8　制动跑偏的故障现象、原因及排除方法

故障现象	故障原因	排除方法
①汽车行驶制动时，行驶方向发生偏斜。 ②紧急制动时，方向急转或车辆甩尾。	①左右车轮轮胎气压、花纹或磨损程度不一致。 ②左右车轮轮毂轴承松紧不一，个别轴承破损。 ③左右车轮的制动蹄摩擦衬片材料不一或新旧程度不一。 ④左右车轮制动蹄摩擦片与制动鼓的接触面积、位置不一样或制动间隙不等。 ⑤左右车轮轮缸的技术状况不一，造成起作用时间或张力大小不相等。 ⑥左右车轮制动鼓的厚度、直径、工作中的变形程度和工作面的粗糙度不一。 ⑦单边制动管路凹瘪、阻塞或漏油；单边制动管路或轮缸内有气阻。 ⑧单边制动蹄与支承销配合过紧或锈蚀。 ⑨一侧悬架弹簧折断或弹力过低。 ⑩一侧减振器漏油或失效。 ⑪前轮定位失准。 ⑫转向传动机构松旷。 ⑬车架、车桥在水平平面内弯曲、车架两边的轴距不等。 ⑭感载比例阀故障。 制动跑偏的根本原因是左右车轮的制动力不等。一些不属于制动系统的零件，其技术状况不良时，既影响到车辆正常行驶时的跑偏，也影响到了制动时的跑偏。	①若车辆正常行驶时亦有跑偏现象，则首先做外观检查，即检查左右车轮轮胎气压、花纹和磨损程度是否一致；检查各减振器是否漏油或失效；检查悬架弹簧是否折断或弹力是否一致。 ②支起车轮，用手转动和轴向推拉车轮轮胎，若一侧车轮有松旷或过紧感觉，应重新调整轴承的预紧度；若转动车轮有发卡或异响，应检查该轮轮毂轴承是否破损或毁坏。 ③对汽车进行路试。制动后，若汽车向一侧跑偏，则为另一侧的车轮制动不良。 首先对该车轮制动器进行放气，若无制动液喷出，说明该轮制动管路堵塞，应予以更换。 若放出的制动液中有空气，说明该轮制动管路中混入空气，应予以排放。 观察该轮制动器间隙，若制动器间隙过大，说明制动蹄摩擦片磨损严重或制动自调装置失效，应更换新件。 上述检查结果如都正常，应拆检该轮制动器。检查制动盘或制动鼓是否磨损过甚或有沟槽，若磨损过甚，应更换；若有严重沟槽，应车削或镗削。检查制动蹄摩擦片（摩擦衬块）是否有油污或水湿及磨损过甚，若摩擦片（衬片）有油污或水湿，应查明原因并清理；若摩擦片磨损过甚，应更换。检查制动轮缸或制动钳活塞，若有漏油或发卡现象，应更换新件。 ④若制动时，汽车出现忽左忽右跑偏现象，则应检查前轮定位是否符合要求，若前轮定位不正确，应调整；检查转向传动机构是否松旷，若松旷，应紧固、调整或更换新件。 ⑤若制动时，车辆出现甩尾现象，应检查感载比例阀是否有故障。

4. 制动拖滞

制动拖滞的故障现象、原因及排除方法见表9-9。

表 9－9　制动拖滞的故障现象、原因及排除方法

故障现象	故障原因	排除方法
抬起制动踏板后，全部或个别车轮的制动作用不能立即完全解除，以致影响车辆重新起步、加速行驶或滑行。	①制动踏板无自由行程，制动踏板拉杆系统不能回位。 ②制动总泵回位弹簧折断或失效。 ③制动总泵回油孔被污物堵塞，密封圈发胀或发黏与泵体卡死。 ④通往分泵的油管凹瘪或堵塞。 ⑤制动盘摆差过大。 ⑥前制动器密封圈损坏，造成活塞不能正常复位。 ⑦前、后制动器分泵密封圈发胀或发黏与泵体卡死。 ⑧鼓式制动器制动蹄回位弹簧折断或过软。 ⑨鼓式制动器制动蹄摩擦片破裂或铆钉松动。 ⑩鼓式制动器制动鼓严重失圆。	①将汽车支起，在未踩制动踏板的情况下，用手转动车轮，若某一车轮转不动，说明该轮制动器拖滞；若全部车轮转不动，说明全部车轮制动器拖滞。 ②若为个别车轮制动器拖滞，应首先旋松该轮制动轮缸的放气螺钉，若制动液急速喷出，随即车轮能旋转自如，说明该轮制动管路堵塞，轮缸未能回油，应更换新件；若车轮仍转不动，则拆下车轮，解体检查制动器。 ③若全部车轮制动器拖滞，则首先检查制动踏板自由行程是否符合要求，若自由行程过小，应调整。然后检查制动踏板的回位情况，用力将制动踏板踩到底并迅速抬起，若踏板回位缓慢，说明制动踏板回位弹簧失效或踏板轴发卡，应更换或修复。再检查制动主缸的工作情况，打开制动液储液室盖，由一人连续踩制动踏板，另一人观察制动主缸的回油情况，若不回油，说明制动主缸回油孔堵塞，应清洗、疏通；若回油缓慢，说明制动液过脏或变质，应更换新制动液。

5. 驻车制动不良

驻车制动不良的故障现象、原因及排除方法见表 9－10。

表 9－10　驻车制动不良的故障现象、原因及排除方法

故障现象	故障原因	排除方法
①拉紧驻车制动器，汽车很容易起步。 ②在坡道上停车时，拉紧驻车制动器，汽车不能停止而发生溜车现象。	①驻车操纵杆的自由行程过大。 ②驻车操纵杆系或绳索断裂或松脱、发卡等。 ③驻车制动器间隙过大。 ④驻车制动器摩擦片磨损过甚或有油污。 ⑤驻车制动鼓磨损过甚、失圆或有沟槽。 ⑥驻车制动蹄运动发卡。 ⑦驻车制动蹄摩擦片与制动鼓的接触面积太小。	①将汽车停放在平坦的地面上，拉紧驻车制动器操纵杆，挂入低速挡起步。若汽车很容易起步而发动机不熄火，说明驻车制动不良。 ②从驻车制动器操纵杆放松位置往上拉，直至拉不动为止。检查操纵杆的行程，若行程过大，说明操纵杆的自由行程过大，应调整。检查拉动操纵杆的阻力，若感觉没有阻力或阻力很小，说明操纵杆或绳索断裂或松脱，应更换或修复；若感觉很沉，说明操纵杆或绳索及制动器发卡，应拆检修复。 ③从检视孔检查中央驻车制动器（东风 EQ1092、解放 CA1092 汽车）或后轮制动器（奥迪、桑塔纳等轿车）的间隙是否符合要求，若制动器间隙过大，应调整。 ④若上述检查结果均正常，应拆检驻车制动器。检查制动蹄摩擦片是否磨损过甚或有无油污；检查制动鼓是否磨损过甚、失圆或有沟槽；检查制动蹄运动是否发卡，若有发卡现象，应修复或润滑；检查制动蹄摩擦片与制动鼓的接触面积是否符合要求，若接触面积过小，应更换或修整。

二、气压式制动传动系统常见故障现象、原因与排除方法

气压式制动系统常见的制动系统故障包括制动不灵或失效、制动发咬、制动跑偏等。

气压式制动传动系统常见故障现象、原因及排除方法见表9－11。

表9－11　气压式制动传动系统的常见故障现象、原因及排除方法

故障现象	故障原因	排除方法
(1) 制动不灵或失效：制动时，各车轮的制动作用不好或不起制动作用。	①空气压缩机工作不良而使储气筒内气压低或无气，可能是由于空气压缩机皮带过松或折断，空气压缩机排气阀漏气，空气压缩机排气阀弹簧过软或折断，活塞或活塞环漏气所致。 ②气管破裂或接头松动。 ③制动阀膜或制动气室膜片破裂。 ④制动踏板自由行程过大。 ⑤制动臂蜗杆调整不当，使制动气室推杆伸出过多。 ⑥摩擦片与制动鼓间隙过大或摩擦片有油污。	①如气压表指示数为“0”，可踏下制动踏板，松起时如有放气声，即说明气压表有故障，应更换气压表。如无放气声，则检查空气压缩机皮带和由空气压缩机至储气筒一段气管的情况。 ②经上述检查，情况良好，如气压表指示数很低，则故障在空气压缩机，应检查排气阀或汽缸内部技术状况并予以修复。 ③如气压表指示压力数值合乎标准，可踏下踏板，检查由制动阀至各车轮间有无漏气之处。如无漏气处，则检查踏板自由行程和调整制动蹄摩擦片与制动鼓的间隙。
(2) 制动发咬：抬起制动踏板后，制动阀排气缓慢或不排气，不能立即解除制动；或排气虽快，但仍有制动作用，致使汽车起步困难或行车无力。	①制动踏板无自由行程。 ②制动阀的排气阀调整垫片过薄，其回位弹簧过软、折断或橡胶阀座老化发胀。 ③制动阀挺杆锈蚀。 ④制动踏板至制动阀位臂之间传动件发卡。 ⑤制动凸轮轴与支架衬套锈蚀发卡。 ⑥制动鼓与摩擦蹄片间隙过小。 ⑦制动蹄支销锈污或回位弹簧过软、折断。 ⑧半轴套管与其后桥壳或轮毂轴承配合处磨损造成松动。 ⑨制动气室膜片老化变形，单层胶膜破裂鼓起或制动软管老化，气流不畅。	抬起制动踏板时制动阀排气缓慢或不排气，多属制动阀故障，表现为各轮制动鼓均发热。若排气声怯或继续排气而制动发咬，一般为个别轮制动发咬，摸试各轮制动鼓，温度高者即为有故障之轮。 ①若确定制动阀有故障，应先检查制动踏板自由行程。若自由行程太小或没有，应予以调整。若自由行程正常，可旋松排气阀试验。如有好转，则为排气阀调整垫片过薄。若仍无好转，可检查排气阀回位弹簧及胶座以上是否均正常，则应检查制动挺杆是否锈污及制动传递杆件是否活动灵活。 ②个别轮发咬时，可抬起制动踏板，观察制动气室推杆回位情况。若其回位缓慢或不回位，应检查制动凸轮轴与其支架套是否失去润滑或不同轴度过大而发卡。若架起车轮检查该间隙正常，而落下车轮后间隙在变化，则系轮毂轴承松旷或半轴套管与后桥壳配合松动。若间隙正常，可检查制动气室膜片及回位弹簧是否有问题。
(3) 制动跑偏：制动时，同轴两车轮不能同时制动，汽车不能沿立脚点直行方向停车而偏向一侧。	①左右车轮摩擦片与制动鼓的间隙大小不均。 ②个别车轮摩擦片有油污、硬化或铆钉头露出。 ③左右车轮摩擦片材料不一致或接触不良。 ④个别车轮凸轮轴发卡或制动气室有问题。 ⑤个别轮制动鼓失圆度过大或鼓壁磨出沟槽。 ⑥两前轮钢板弹簧的弹力不等。 ⑦有负前束。 ⑧横、直接杆球头销或垂臂松旷。	首先进行路试。制动时，汽车向左偏斜即为右边车轮制动不灵，向右边偏斜则为左边车轮制动不灵。停车后察看左右两边车轮在地面上的拖痕，拖痕短而轻的一边车轮制动不灵。参照上述原因进行排除，如是摩擦片有问题，可进行修复、更换、调整、紧固等。气压制动跑偏与液压制动跑偏有许多相同之处，可以互相参考。

任务四　防抱死制动系统（ABS）

一、防抱死制动系统为何成为标配

防抱死制动系统（ABS）

当汽车在潮湿的路面上或是有积雪的道路上进行紧急制动时，车辆尾部多会翘起，严重时车辆会打转。在积雪的路面上，由于出现行驶轮迹，以及部分路面从积雪中露出，这时如果车辆的左右车轮中有一个车轮在无雪的道路上，而另一个车轮在积雪的道路上，就极有可能发生车辆打转的现象。如果在这样的道路上进行紧急制动，就很难掌握转向盘。如果在弯曲的道路上，车辆会从路肩越出去，也极有可能闯入对向车道中。

由上述可知，在汽车制动时，应防止车轮抱死在路面上滑拖，以提高汽车制动过程中的方向稳定性、转向控制能力和缩短制动距离，使汽车制动更为安全有效。因此，现代轿车广泛采用了主动安全装置——ABS。它能防止车轮制动时抱死，通过在制动过程中自动控制和调节制动压力的大小，消除制动过程中的跑偏、侧滑、丧失转向能力等非稳定状态，它已经成为现代轿车的标配。

二、防抱死制动系统的理论基础

1. 地面制动力

当汽车使用制动器制动时，由于制动鼓（制动盘）与摩擦片之间的摩擦作用，形成了摩擦力矩 M_{μ}，此力矩与车轮转动方向相反。车轮在 M_{μ} 的作用下给地面一个向前的作用力，与此同时，地面给车轮一个与行驶方向相反的反作用力 F_{b}，这个力就是地面制动力，它是迫使汽车减速或停车的外力。

2. 制动器制动力

由于地面制动力是由地面提供的外力，若将汽车架离地面，地面制动力就不存在了。这时阻止车轮转动的是制动器摩擦力矩 M_{μ}。将力矩 M_{μ} 传至车轮后，由于车轮与地面的附着作用，车轮即对地面作用一个向前的周缘力，并将其称为制动器制动力 F_{μ}。

3. 附着力

附着力是指由地面提供的切向反作用力的最大值。其大小取决于轮胎与地面的附着系数和轮胎所受的载荷。影响附着力大小的因素有轮胎气压、花纹、运动状态、道路质量、载荷大小等。通常轮胎的气压越低、车速越慢、越野花纹、干燥水泥或柏油路面及增加载质量等都能使附着力增大。

4. 地面制动力、制动器制动力和附着力的关系

在制动过程中，车轮的运动只有减速滚动和抱死滑移两种状态。当驾驶人踩制动踏板的力较小、制动摩擦力矩较小时，车轮只进行减速滚动，并且随着摩擦力矩的增加，制动器制动力和地面制动力也随之增长，且在车轮未抱死前地面制动力始终等于制动器制动力。此时，制动器制动力可全部转化为地面制动力，但地面制动力不可能超过附着力。

当制动系统压力（制动踏板力）增大到某一值，地面制动力达到轮胎与道路的附着力值，即地面制动力达到最大值。此时，车轮即开始抱死不转而出现拖滑的现象。当再加大制动系统压力时，制动器制动力随着制动器摩擦力矩的增长仍按直线关系继续上升。但是，地面制动力已达到轮胎与地面的附着力值，因此，地面制动力不再随制动器制动力的增加而增加。

要想获得好的制动效果，必须同时具备2个条件：汽车具有足够的制动器制动力，同时又要有附着系数较高的地面提供足够的地面制动力。

注意：

（1）地面制动力的大小取决于制动器制动力的大小和轮胎与地面之间的附着力。

（2）制动器制动力是由制动器的结构参数决定的，并与制动踏板力成正比。

5. 滑移率

汽车正常行驶时，车速 v（即车轮中心的纵向速度）与车轮速度 v_w（即车轮圆周速度）相同，可以认为车轮在路面上做纯滚动。当驾驶人踩下制动踏板时，由于地面制动力的作用，使车轮速度减小，车轮处在既滚动又滑动的状态，实际车速与车轮速度不再相等，人们将车速和车轮速度之间出现的差异称为滑移。随着制动系统压力的增加，车轮滚动成分越来越小，滑移成分越来越大。当车轮制动器抱死时，很明显地看出，车轮已不滚动，而在地面上做完全滑动。

为了表述滑移成分所占比例的多少，常用滑移率 S_b 表示，其定义表达式为

$$S_b = (v - v_w)/v \times 100\% = (v - r\omega)/v \times 100\%$$

式中：S_b——滑移率；

v——车轮中心的纵向速度；

v_w——车轮圆周速度；

r——车轮的滚动半径；

ω——车轮转动角速度。

由上式可知：当车轮在地面上纯滚动时，$v = v_w$，车轮滑移率 $S_b = 0$；车轮抱死时即在地面上纯滑动时，$\omega = 0$，车轮滑移率 $S_b = 100\%$；车轮在地面上边滚动边滑动时，$v > v_w$，则车轮滑移率 $0 < S_b < 100\%$。车轮滑移率越大，说明车轮在运动中滑移成分所占的比例越大。

6. 附着系数和滑移率的关系

车轮滑移率的大小对车辆与地面间附着系数有很大影响。

附着系数随地面性质不同呈大幅度变化。一般来说，干燥地面附着系数大，潮湿地面附着系数小，冰雪地面附着系数更小。

在各种地面上，附着系数都随滑移率的变化而变化。

大量的实验证明，在汽车的制动过程中，附着系数的大小随着滑移率的变化而变化。图9-31所示为附着系数与滑移率的关系曲线。在干地面或湿地面上，当滑移率在15%~30%范围内时，车轮具有最大的纵向附着系数，此时可产生的车轮制动力最大，制动距离最短，制动效果最佳。在雪路或冰路面上时，最佳滑移率在20%~50%的范围内。当滑移率为0，即车轮处于纯滚动状态时，其侧向附着系数最大，此时，汽车保持转向和防止侧

滑的能力最强。随着滑移率的增加，侧向附着系数下降。当滑移率为100%，即车轮抱死滑动时，侧向附着系数变得极小，轮胎与路面之间的侧向附着力接近于0，车轮将完全丧失抵抗外界侧向力作用的能力。稍有侧向力干扰（如路面不平产生的侧向力、汽车重力的侧向分力、侧向风力等），汽车就会产生侧滑而失去稳定性。

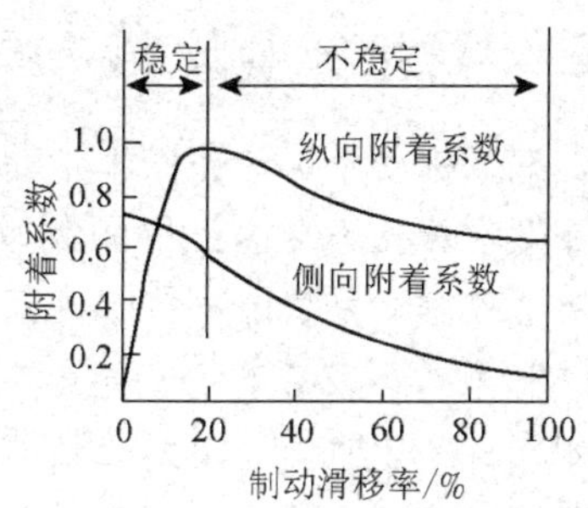

图9－31 附着系数与滑移率的关系曲线

在汽车的制动过程中，若能将滑移率控制在最大附着系数所对应的滑移率范围，汽车将处于最佳制动状态。但如何才能控制滑移率呢？

要控制滑移率就要对作用于车轮上的力矩进行瞬时的自适应调节。防抱死制动系统（ABS）就是通过电控单元、车轮转速传感器和制动压力调节器对作用于制动轮缸内的制动液压力进行瞬时的自动控制（每秒约10次），从而控制制动车轮上的制动器压力，使制动车轮尽可能保持在最佳的滑移率范围内运动，从而使汽车的实际制动过程接近于最佳制动状态成为可能。

三、防抱死制动系统的优点

采用传统的制动系统进行制动时，尽管驾驶人也知道间歇性地踩、放制动踏板以防止车轮抱死，但再有经验的驾驶人也无法做到精确地判断和控制，特别是在紧急制动时，都不可能将车轮滑移率控制在理想范围之内，往往会使车轮抱死，尤其是汽车在结冰、下雨打滑的路面上制动时，很容易产生侧滑、甩尾和失去转向控制能力，此时，驾驶人往往产生一种紧张情绪，缺乏安全感。

概括起来ABS的优点是：

（1）缩短制动距离

在同样紧急制动条件下，ABS可以将滑移率控制在最大附着系数范围内，从而可获得最大的纵向制动力。

（2）改善轮胎的磨损状况

ABS可以防止车轮抱死，从而避免了因制动车轮抱死造成的轮胎局部异常磨损，延长了轮胎的使用寿命。

（3）提高了汽车制动时的稳定性

ABS可防止车轮在制动时完全抱死，能将车轮侧向附着系数控制在较大的范围内，使车轮具有较强的侧向支承力，以保证汽车制动时的稳定性。

（4）使用方便、工作可靠

ABS的运用与常规制动装置的运用几乎没有区别，制动时驾驶人踩下制动踏板，ABS就根据车轮的实际转速自动进入工作状态，使车轮保持在最佳工作状态。

资料表明，装有ABS的车辆可使因车轮侧滑引起的事故比例下降8%左右。当汽车在积雪或沙石路面制动时，装ABS的汽车的制动距离可能会更长，这是因为若车轮抱死，则车轮前的楔状堆积会阻止汽车前进，制动距离反而变短。

四、防抱死制动系统的组成、控制方式和分类

防抱死制动系统是在汽车制动时，自动调节制动力的大小，从而保证车轮与地面之间有最好的附着状态，达到缩短制动距离、提高汽车制动过程中的方向稳定性的目的。那么，防抱死制动系统由哪些部件组成呢？

1. 防抱死制动系统的组成

如图 9－32 所示，防抱死制动系统通常由车轮转速传感器、液压控制单元（制动压力调节器）和电子控制单元（ECU）等组成。

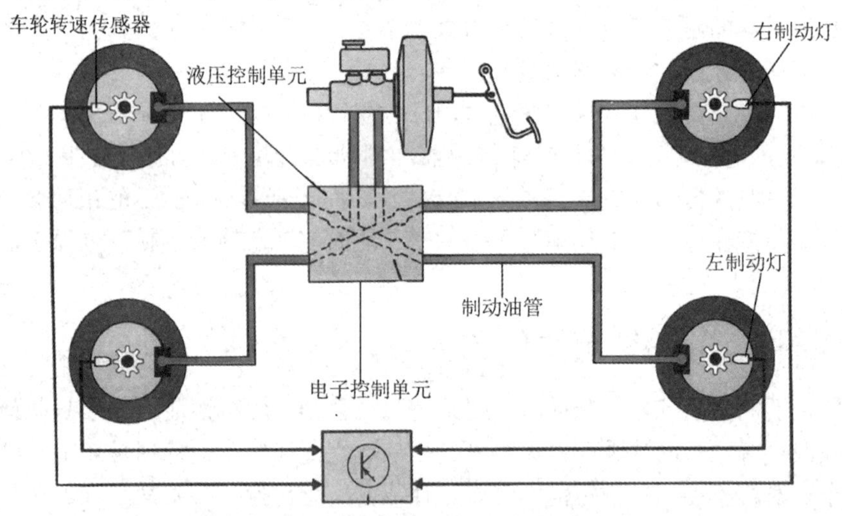

图 9－32　防抱死制动系统的组成

每个车轮上安装一个转速传感器，它们将各车轮的转速信号及时地输入电子控制单元（ECU）。电子控制单元（ECU）是防抱死制动系统的控制中心，它根据各个车轮转速传感器输入的信号对各个车轮的运动状态进行监测和判定，并形成响应的控制指令，再适时发出控制指令给液压控制单元（制动压力调节器）。液压控制单元（制动压力调节器）是防抱死制动系统中的执行控制装置，它主要由调压电磁阀总成、电动泵总成和储液器等组成一个独立的整体，通过制动油管与制动主缸和各制动轮缸相连，液压控制单元（制动压力调节器）受电子控制单元（ECU）的控制，对各制动轮缸的制动压力进行调节。警示装置包括仪表板内的制动警告灯和 ABS 警告灯。制动警告灯为红色，通常用“BRAKE”作为标识，由制动液面开关、驻车制动开关及制动液压力开关并联控制；ABS 警告灯为黄色，由 ABS 电子控制单元控制，通常用“ABS”“ALB”或“ANTI－LOCK”作为标识。防抱死制动系统具有失效保护和自诊断功能，当电子控制单元（ECU）监测到系统出现故障时，将自动关闭防抱死制动系统，恢复常规制动；存储故障码，并将仪表板内的 ABS 警告灯点亮，提示驾驶人尽快进行修理。

2. 防抱死制动系统的控制形式

（1）按控制参数不同进行分类

①以车轮滑移率 S_b 为控制参数的 ABS。电子控制单元根据车速和轮速传感器的信号计

算车轮的滑移率作为控制制动压力的依据。当计算的滑移率 S_b超过设定值时，电子控制单元就会输出减小制动力的信号，通过液压控制单元减小制动压力，使车轮不被完全抱死；当滑移率 S_b低于设定值时，电子控制单元输出增大制动力的信号，液压控制单元使制动压力增大。通过这样不断地调节制动压力，控制车轮的滑移率 S_b在设定的最佳范围。

通过直接以滑移率 S_b为控制参数的 ABS，需要得到准确的车速信号和轮速信号。轮速信号容易得到，但取得车速信号则较难。已有用多普勒（Doppler）雷达测量车速的 ABS。但到目前为止，此类 ABS 应用还是很少。

②以车轮转动角速度为控制参数的 ABS。控制单元根据轮速传感器信号计算车轮转动角速度作为控制制动压力的依据。制动时，当车轮减速度达到限定值时，电子控制单元输出减小制动力的信号；当车轮转速升至加速度限定值时，电子控制单元输出增加制动力的信号。通过液压控制单元不断地调整制动压力，使车轮不被抱死，处于纯滚动状态。目前，汽车上使用的 ABS 基本上都是此种形式。

（2）按控制方式不同进行分类

①预测控制方式。预测控制方式是预先规定控制参数和设定值等条件，然后根据检测的实际参数与设定值进行比较，对制动过程进行控制。

②模仿控制方式。模仿控制是在控制过程中，记录前一控制周期（从制动减压到增压中）的各种参数，再按照这些参数值规定出下一个控制周期的控制条件。此类控制方式在控制时需要准确和实时测定汽车瞬时速度，其成本较高，技术复杂，已较少使用。

3. 防抱死制动系统的分类

过去人们常将 ABS 分为两大类：机械式 ABS 和电子式 ABS。目前机械式 ABS 已经淘汰，因此，本书提到的现代 ABS 一般都是机电一体化的电子控制式 ABS。

ABS 的种类很多，分类方法各异，主要有以下几种分类。

（1）按生产厂家分类

①博世（Bosch）ABS。由德国博世公司生产。

②德福斯（Teves）ABS。由德国德福斯公司生产。

上述两种是欧、美、日、韩轿车上采用最多的 ABS。

③德尔科（Delco）ABS。由美国德尔科公司生产。在美国通用等轿车上采用。

④本迪克斯（Bendix）ABS。由美国本迪克斯公司生产。在美国克莱斯勒公司生产的汽车上采用最多。

以上 4 种 ABS 在轿车上应用最为广泛，而且每种 ABS 都在不断发展、更新和换代，因此，即使同一厂家，生产年代不同，装用车型不同，ABS 的形式也可能不一样。还有一些国家的生产厂家也生产其他形式的 ABS，其中，有的则是从上述厂家技术引进并在此基础上进行单独开发或合作开发生产，有相当部分 ABS 属于上述 4 种的某一变形。另外，还有德国伟布科（Wabco）公司，英国卢卡斯·格林（Lucas Girling）公司、日本本田·住友（Honda Sumitomo）公司和美国凯尔塞·海斯（Kelsey Hayes）公司生产的 ABS 数量也较大，它们当中有相当部分在载货汽车或大型客车上广泛采用。

中国上海汽车制动系统有限公司生产的 ABS 是从德福斯公司引进并合资生产的。

（2）按控制通道和传感器数目分类

目前，汽车上应用较多的为三通道三传感器式、三通道四传感器式和四通道四传感器式。

①三通道三传感器式。如图 9－33 所示，三通道三传感器式包括 3 个轮速传感器、3 个制动压力调节器，对两前轮进行独立控制，两后轮按低选控制。现在已经基本淘汰。

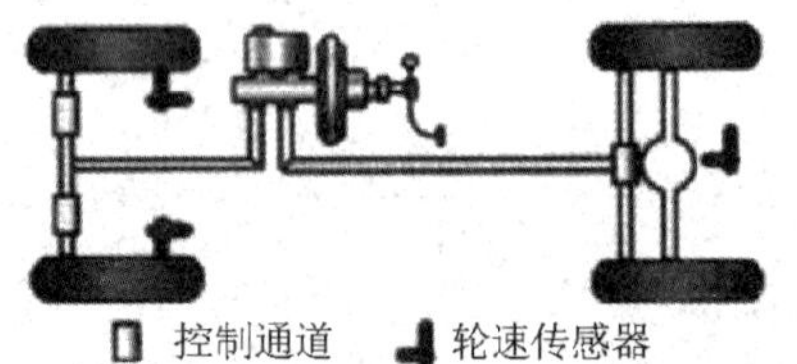

图 9－33　三通道三传感器式

②三通道四传感器式。图 9－34 a 所示为在对角布置的双管路制动系统中，虽然在通往 4 个车轮制动轮缸的制动管路中各设置一个制动压力调节器，但 2 个后轮制动压力调节器却是由电子控制单元按低选控制的，两前轮进行独立控制。因此，实际上仍然是三通道四传感器式的，国产桑塔纳 2000GSi 等轿车即采用这种形式。

图 9－34 b 是标准的三通道四传感器式的，对两前轮进行独立控制，两后轮按低选控制。

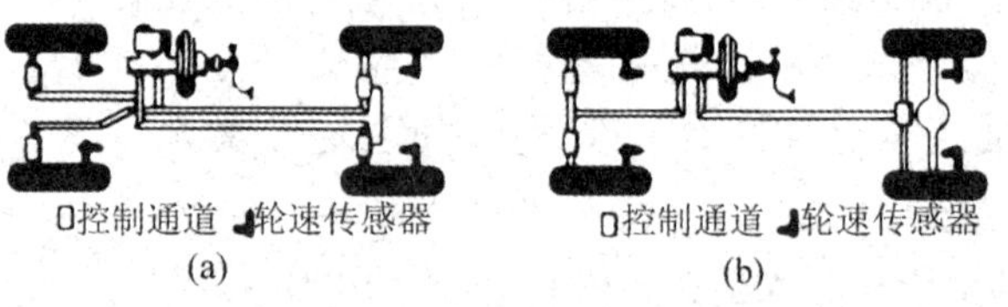

图 9－34　三通道四传感器式

两后轮按低选控制时，可以保证汽车在各种条件下左右两后轮的制动力相等，即使两侧车轮的附着力相差较大，2 个车轮的制动力都限制在附着力较小的水平，使 2 个后轮的制动力始终保持平衡，保证汽车在各种条件下制动时都具有良好的方向稳定性。当然，在两后轮按低选控制时，可能出现附着系数大的一侧后轮的附着力不能充分利用的问题，使汽车的总制动力有所减小。但应该看到，在紧急制动时，由于发生轴荷前移，在汽车的总制动力中，后轮的制动力所占的比重较小，尤其是小轿车，使前轮的附着力比后轮的附着力大得多，通常后轮制动力只占总制动力的 30% 左右。因此，后轮附着力未能充分利用的损失对汽车的总制动力影响不大。

对两前轮进行独立控制，主要考虑到轿车，特别是前轮驱动的轿车，前轮的制动力在汽车总制动力中所占的比例较大（可达 70% 左右），可以充分利用两前轮的附着力。一方面使汽车获得尽可能大的总制动力，利于缩短制动距离；另一方面可使制动中两前轮始终保持较大的横向附着力，使汽车保持良好的转向控制能力。尽管两前轮独立控制可能导致制动力不平衡，但由于两前轮制动力不平衡对汽车行驶方向稳定性影响相对较小，而且可以通过驾驶人的转向操纵对由此造成的影响进行修正。因此，三通道四传感器式 ABS 在轿车上被普遍采用。

③四通道四传感器式。如图 9－35 所示，有 4 个轮速传感器，在通往 4 个车轮制动轮

缸的管路中，各设一个制动压力调节器（如电磁阀）进行独立控制即为四通道四传感器式。

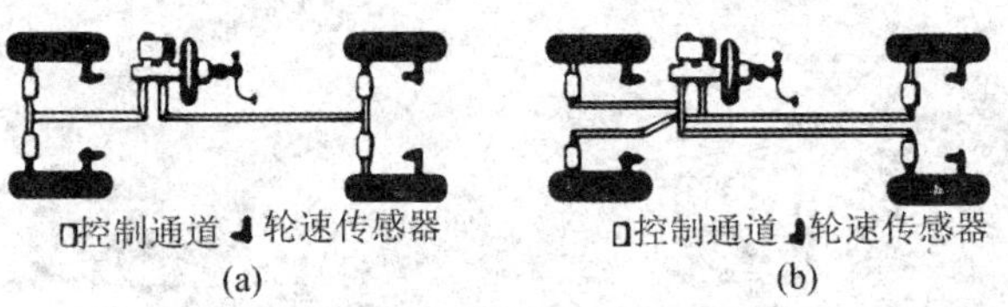

图 9－35　四通道四传感器式

由于四通道四传感器式 ABS 是根据各个轮速传感器输入的信号，分别对各个车轮进行独立控制的。因此，附着系数利用率高，制动时可以最大限度地利用每个车轮的最大附着力。四通道四传感器式特别适用汽车左右两侧车轮附着系数相近的路面，不仅可以获得良好的方向稳定性和方向控制能力，而且可以得到最短的制动距离。但是，如果汽车左右轮附着力相差较大，如行驶在附着系数对分的路面上或汽车两侧垂直载荷相差较大时，制动时 2 个车轮的地面制动力就相差较大。因此，会产生横摆力矩，使车身向制动力较大的一侧跑偏，不能保持汽车按预定方向行驶，会影响汽车的方向稳定性，加之成本价格高，所以实际中的 ABS 采用这种方式的并不多。

注意：

（1）控制通道：在 ABS 中能够独立进行制动压力调节的制动管路称为控制通道。

（2）独立控制和同时控制：如果一个车轮的制动压力占用一个控制通道，可以进行单独调节，称为独立控制；如果 2 个车轮的制动压力是一同调节的，称为同时控制。如果同时控制的 2 个车轮在同一轴上，常称为同轴控制。

（3）低选控制和高选控制：在两车轮同时控制时，如果以保证附着系数较小的车轮不发生抱死为原则进行制动压力调节，则两车轮为低选控制；如果以保证附着系数较大的车轮不发生抱死为原则进行制动压力调节，则两车轮为高选控制。

五、防抱死制动系统的主要部件结构和工作原理

1. 轮速传感器

防抱死制动系统的工作需要根据制动时轮速传感器进行控制。因此，及时地向电子控制单元输送轮速信号就成为 ABS 正常工作的前提。轮速传感器的作用就是检测车轮的速度，并将速度信号输入电子控制单元。目前，常用的轮速传感器主要有电磁式和霍尔式 2 种。

（1）电磁式轮速传感器

①传感器的结构如图 9－36 所示，电磁式轮速传感器主要由传感器和齿圈两部分组成。

齿圈一般安装在轮毂或轴座上。齿圈随车轮一起转动，通常用磁阻很小的铁磁材料制成。

如图 9－37 所示，传感器通常由永久磁铁、电磁线圈和磁极等组成。它对应安装在靠近齿圈而又不随齿圈转动的部件上，如转向节、传感器支架等固定件上。传感器头与齿圈

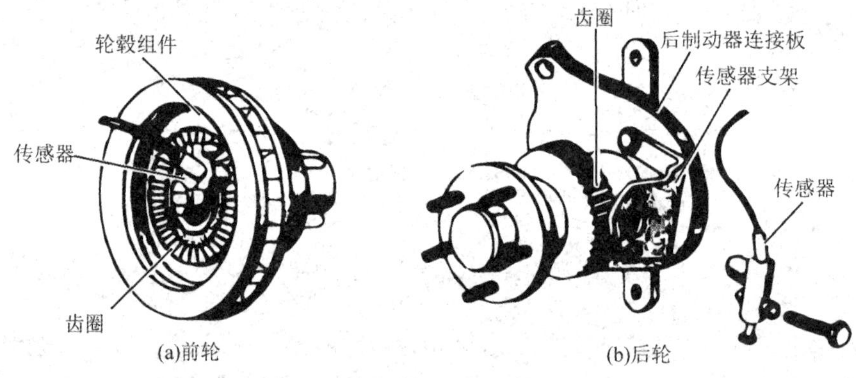

图 9-36　电磁式轮速传感器

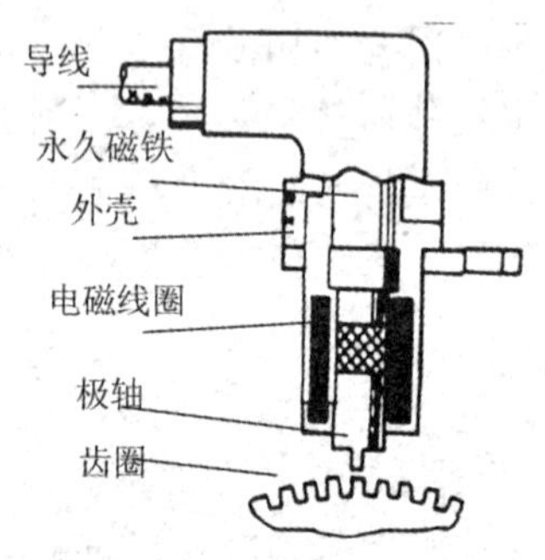

图 9-37　传感器结构图

的端面有一空气间隙，此间隙一般为 1mm，通常可移动传感器的位置来调整间隙。另外，传感器要求安装牢固，只有这样才能确保汽车在制动过程中的振动不会干扰或影响传感信号正确无误地输出。为了避免灰尘与飞溅的水、泥土等对传感器工作的影响，应保证传感器与齿圈之间的间隙处无异物。

②传感器的工作原理。电磁式轮速传感器的工作原理如图 9-38 所示。传感器齿圈随车轮旋转的同时，即与传感器极轴做相对运动。当传感器极轴端部与齿圈的齿隙相对时，极轴端部距齿圈之间的空气间隙最大，即磁阻最大。传感器极轴的磁力线只有少量通过齿圈而构成回路，在电磁线圈周围的磁场较弱。当传感器极轴端部与齿圈的齿顶相对时，两者之间的空隙较小，即磁阻最小。传感器极轴的磁力线通过齿圈的数量增多，在电磁线圈周围的磁场较强。齿圈随车轮不停地旋转，就使电磁线圈周围的磁场以强—弱—强—弱……的形式呈周期性地变化。因此，电磁线圈就感应出交变电压信号，即车轮转速信号，如图 9-38 所示。

交变电压信号的频率与齿圈的齿数和车轮的转速成正比，因齿圈的齿数一定，因而轮速传感器输出的交流电压信号频率只与相应的车轮转速成正比，根据传感器感应出的交流电压的频率，电子控制单元就能计算出车轮的转速。

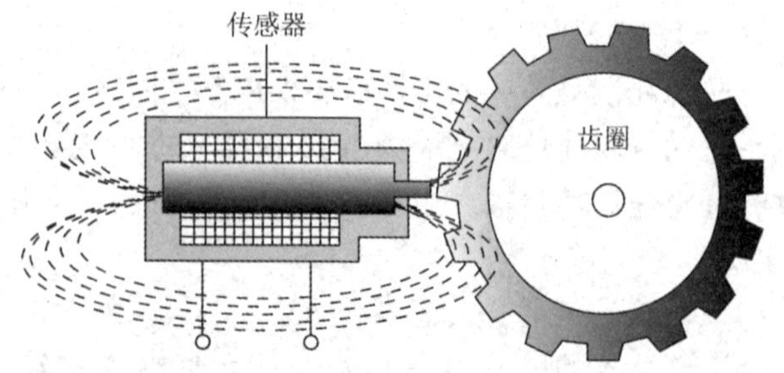

图 9-38　传感器工作原理图

图 9-39 a 所示为车轮高速旋转时感应出高频率的交流电压信号；图 9-39 b 所示为车轮低速旋转时感应出低频率的交流电压信号。

轮速传感器由线圈引出两根导线，将其速度变化产生的交流电压信号送至 ABS 的电子控制单元（ECU）。为防止外部电磁波对速度信号的干扰，传感器的引出线采用屏蔽线，

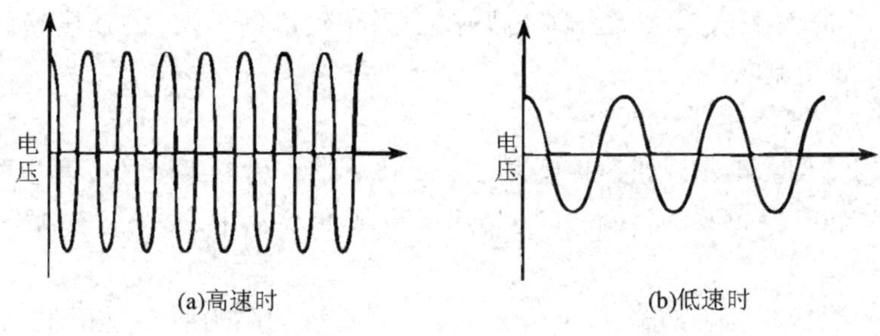

图 9－39　电磁式轮速传感器输出电压信号

以保证反映车轮速度变化的交流电压信号准确地送至 ABS 的电子控制单元（ECU）。

电磁式轮速传感器结构简单，成本低，但存在以下缺点。

a. 其输出信号的幅值是随转速变化而变化的。当车速很低时，传感器输出的电压信号较弱，传感器频率响应较低；当车速过高时，传感器的频率响应跟不上，容易产生错误信号。

b. 传感器的抗电磁干扰能力较差。

③传感器的检测。

传感器的检测方法如下。

a. 传感器的外观检查。外观检查传感器时，应注意以下内容：传感器安装有无松动；传感器和齿圈是否吸有磁性物质和污垢；传感器导线是否破损、老化；插头是否连接牢固和接触良好，如有锈蚀、脏污，应清除，并涂少量防护剂，然后重新将导线插好，再进行检测。

b. 传感器与齿圈齿顶端面之间间隙的检查。传感器与齿圈齿顶端面之间间隙可用无磁性塞尺或合适的硬纸片检查。检查时，将齿圈上的一个齿正对着传感器，选择规定厚度的塞尺片或合适的硬纸片，将其放入轮齿与传感器的头部之间，来回拉动，其阻力应合适。若阻力较小，说明间隙过大；若阻力较大，说明间隙过小。

c. 传感器电磁线圈及其电路检测。使点火开关处于“OFF”位置，将 ABS 电子控制单元插接器插头拆下，查出各传感器与电子控制单元连接的相应端子，在相应端子上用万用表电阻挡检测传感器线圈与其连接电路的电阻值是否正常。如桑塔纳 2000 俊杰轿车 ABS 轮速传感器电磁线圈的电阻正常值应为 1. 0 ~ 1. 2 kΩ。

若阻值无穷大，表明传感器线圈或连接电路有断路故障；若电阻值很小，表明有短路故障。为了区分故障是在电磁线圈或在连接电路，应拆下传感器插接器插头，用万用表电阻挡直接测试电磁线圈的阻值。若所测阻值正常，表明传感器连接电路或插接器有故障，应修复或更换。

d. 模拟检查。为进一步证实传感器是否能产生正常的转速信号，可用示波器检测传感器的信号电压及其波形。检测方法：使车轮离开地面，将示波器测试线接于 ABS 电子控制单元（ECU）插接器插头的被测传感器对应端子上，用手转动被测车轮，观察信号电压及其波形是否与车轮转速相当，以及波形是否残缺变形，以判定传感器或齿圈是否脏污或损坏。

如桑塔纳2000 俊杰轿车 ABS 轮速传感器，当车轮以约 1 r/s 的速度转动时，应输出 190 ~ 1 140 mV 的交流电压。

（2）霍尔式轮速传感器

①传感器的结构。霍尔式轮速传感器也是由传感器和齿圈组成的。其齿圈的结构及安装方式与电磁式轮速传感器的齿圈相同。霍尔式轮速传感器由永久磁铁、霍尔元件、齿圈等组成。

②传感器的工作原理。如图 9 – 40 所示，永久磁铁的磁力线穿过霍尔元件通向齿圈，齿圈相当于一个集磁器。当齿圈位于图 9 – 40 a 所示位置时，穿过霍尔元件的磁力线分散，磁场相对较弱；而当齿圈位于图 9 – 40 b 所示位置时，穿过霍尔元件的磁力线集中，磁场相对较强。

齿圈转动时，使得穿过霍尔元件的磁力线密度发生变化，因而，引起霍尔元件电压的变化，霍尔元件将输出一毫伏级的准正弦波电压。此信号由电子电路转化成标准的脉冲电压。

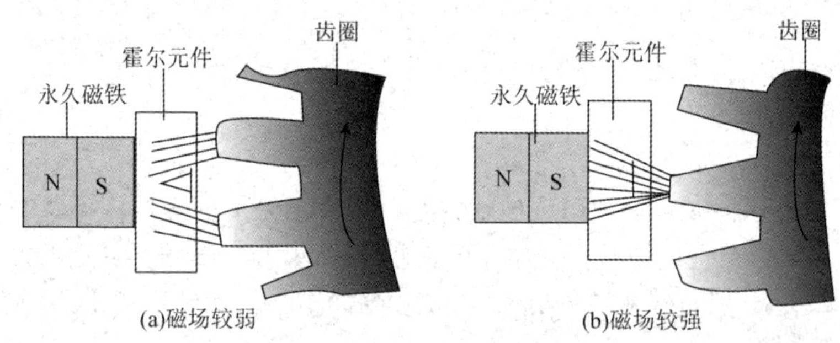

图 9 – 40　霍尔式轮速传感器

霍尔式轮速传感器克服了电磁式轮速传感器的缺点，其输出信号电压幅值不受转速的影响，频率响应高，抗电磁波干扰能力强。因而，霍尔式轮速传感器在 ABS 中的应用越来越广泛。

2. 电子控制单元

ABS 是由传感器、电子控制单元和制动压力调节器等组成的。就像人一样，传感器相当于人的五官，检测车轮的转速信号等；而电子控制单元相当于人的大脑，接收传感器信息并将其处理后，将执行命令传给制动压力调节器（肌体）以指挥 ABS 工作。

（1）电子控制单元的作用

如图 9 – 41 所示，电子控制单元（ECU）是 ABS 的控制中枢。其作用是接收轮速传感器及其他传感器输入的信号，对这些输入信号进行测量、比较、分析、放大和判别处理，通过精确计算，得出制动时车轮的加速度和减速度，以判断车轮是否有抱死趋势；由其输出级发出控制指令，控制制动压力调节器去执行压力调节任务。

电子控制单元（ECU）还具有监控和保护功能。当系统出现故障时，关闭继动阀门，停止 ABS 的工作，及时转换成常规制动，同时，点亮仪表板上的 ABS 警告灯，提示驾驶人 ABS 出现故障，并将故障信息以故障码的形式储存在存储器中，以便诊断时调取。

（2）电子控制单元的基本构造

电子控制单元从开始研制至今，发展变化很大。硬件由安装在印制电路板上的一系列

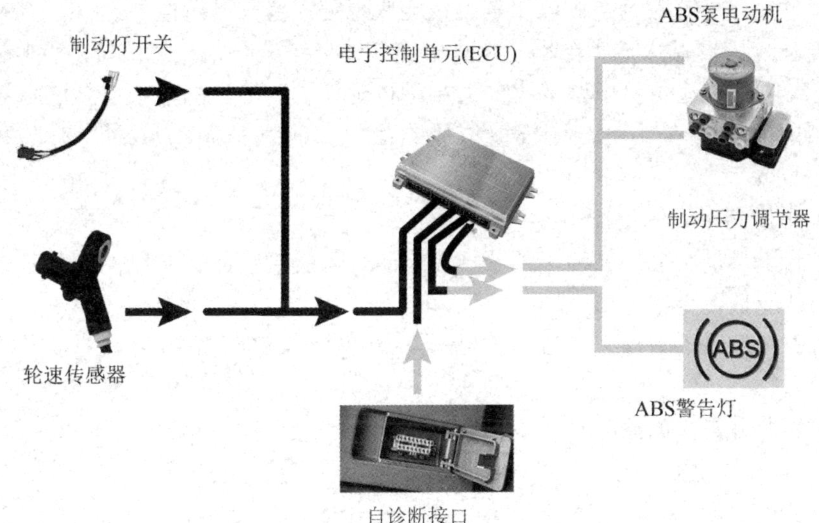

图 9－41　ABS 系统总览图

电子元器件构成，目前，大多数是由集成度高、运算速度快的数字电路组成的，它们封装在金属壳体内，形成一个独立的整体。软件则是固存在只读存储器（ROM）中的一系列控制程序和参数。目前，各种 ABS 电子控制单元的内部电路及控制程序并不相同，但大都由输入级电路、运算电路、电磁阀控制电路和安全保护电路等基本电路组成。

①输入级电路。输入级电路是由低通滤波、整形和放大等组成的输入放大电路，其功用是将轮速传感器输入的正弦波信号转换成脉冲方波信号，经整形放大后输入运算电路。

输入级电路还接收点火开关、制动开关、液位开关等外部信号。输入级电路除传送轮速传感器监测信号外，还接收电磁阀继电器、泵电动机继电器等工作电路的监测信号，并将这些信号处理后送入运算电路。

不同的 ABS 中轮速传感器的数量不同，输入级放大电路的个数也不同。

②运算电路。运算电路是 ECU 的核心，主要由微处理器构成。其功用是根据轮速传感器等输入的信号，按照软件特定的逻辑程序进行计算、分析、处理，形成相应的控制指令。

经转换放大后的轮速传感器信号输入车轮线速度运算电路，由电路计算出车轮的瞬时速度。初始速度、滑移率及加、减速度运算电路根据车轮瞬时线速度加以积分，计算出初速度，再把初速度和车轮瞬时线速度进行比较运算，最后得到滑移率和加速度、减速度。电磁阀控制参数运算电路根据计算出的滑移率和加、减速度信号，计算出电磁阀控制参数输入到输出级。

电子控制单元中一般设有两套运算电路，同时进行运算和传递数据，利用各自的运算结果相互比较、相互监视，确保可靠性。

③电磁阀控制电路。电磁阀控制电路的功用是接受运算电路输入的电磁阀控制参数信号，控制大功率晶体管向电磁阀提供控制电流。

④安全保护电路

a. 将汽车电源（蓄电池、发电机）提供的 12 V 的电压变为 ECU 内部所需的 5 V 标准

稳定电压，同时，对电源电路的电压是否稳定在规定的范围进行监控。

b. 对轮速传感器输入放大电路、运算电路和输出级电路的故障信号进行监视。

⑤输出级电路。输出级电路的主要功用是将运算电路输出的数字控制信号（如控制压力减小、保持、增大信号）转换成模拟控制信号，通过控制功率放大器，驱动执行器工作。

（3）电子控制单元的检测

电子控制单元是一个不易损坏的部件，检测时可通过检测其控制的部件工作是否正常来判断它的性能是否良好。

检测时应满足以下条件：

①熔丝完好。

②关闭用电设备，如前照灯、空调和风扇等。

3. 制动压力调节器

制动压力调节器是ABS的执行机构，它一般设置在制动主缸与车轮制动器轮缸之间，它接收电子控制单元的指令后工作。

（1）制动压力调节器的作用

在制动时根据ABS的电子控制单元（ECU）的控制指令，自动调节制动轮缸的制动压力的大小，使车轮不被抱死，并处于理想滑移率的状态。

（2）制动压力调节器的类型

制动压力调节器的分类方法有以下几种：

①根据压力调节器的动力源不同分为液压式和气压式两种。液压式主要用于轿车和一些轻型载货汽车上；气压式主要用在大型客车和载货汽车上。

②根据压力调节器与制动主缸的结构关系不同可分为整体式和分离式两种。整体式制动压力调节器与制动主缸制成一体；分离式制动压力调节器与制动主缸分开，通过制动管路与制动主缸相连。

③根据压力调节器的调压方式不同可分为流通式和变容式两种。流通式也叫循环式，它是在制动主缸与制动轮缸之间串联一个电磁阀，直接控制轮缸的制动压力。变容式也叫容积变化式，它是在汽车原有制动管路上增加一套液压控制装置，用以控制制动管路中制动液容积的增减，从而控制制动压力的变化。

注意：现代轿车广泛采用液压分离流通式制动压力调节器。

4. 储能器

储能器可分为高压储能器与低压储能器。高压储能器的作用是向车轮制动轮缸、制动助力装置供给高压制动液，作为制动能源。

低压储能器的结构形式多种多样，但一般位于电磁阀和ABS泵之间，由制动轮缸里的制动液进入储能器，进而压缩弹簧使储能器液压腔容积变大，以暂时储存制动液。在常规制动和防抱死制动系统工作时，高压储能器均可提供较大压力的制动液。

5. ABS泵

ABS泵的作用是提高液压制动系统内的制动液压力，为ABS正常工作提供基础压力。

ABS泵通常是直流电动机和柱塞泵的组合体。其中，直流电动机的工作由安装在柱塞

泵出液口处的压力控制开关控制。当出液口处的压力低于设定的控制压力（14 MPa）时，压力开关触点闭合，电动机即通电转动带动柱塞泵运转，将制动液泵送到高压储能器中；当出液口处的压力高于设定的控制压力时，开关触点断开，电动机及柱塞泵因断电而停止工作。如此往复，将柱塞泵出液口和高压储能器处的制动液压力控制在设定的标准值之内。

6. 电磁阀

常用的电磁阀有三位三通阀和二位二通阀等多种形式。其作用是自动调节制动轮缸的制动压力的大小。

7. 压力控制开关和压力警告开关

压力控制开关和压力警告开关安装在制动压力调节器的 ABS 泵一侧。

压力控制开关的作用是监视高压储能器下腔的压力。它由一组触点组成，且独立于 ABS 电子控制单元（ECU）而工作。当液压压力下降到约 14 MPa 时，开关闭合，使 ABS 泵继电器通电，触点闭合，电源通过继电器触点向 ABS 泵直流电动机供电使其工作。

压力警告开关的作用是当压力下降到一定值（14 MPa 以下）时，先点亮红色制动系统故障指示灯，紧接着点亮琥珀色或黄色 ABS 故障灯。同时，电子控制单元停止防抱死制动工作。

注意：现代轿车采用的 ABS 防抱死制动系统将制动压力调节器、储能器和电磁阀三者组合在一起构成液压控制单元。将电子控制单元、液压控制单元和 ABS 泵三者组合到一起构成一个总成，安装在发动机舱，其上一般有 6 根制动油管，2 根用于和制动主缸相连，其余 4 根分别和 4 个车轮制动轮缸相连。

六、防抱死制动系统的工作原理

由于现代轿车广泛采用液压分离流通式制动压力调节器，所以，防抱死制动系统的工作原理可分为建压阶段、保压阶段、降压阶段和增压阶段 4 个过程。现仅对一个车轮的压力调节回路来讲解防抱死制动系统的工作原理。

注意：如采用变容式制动压力调节器，其工作原理可分为建压阶段、降压阶段、保压阶段和增压阶段 4 个过程。

1. 建压阶段

如图 9－42 所示，制动时，通过主缸/助力器建立制动压力，此时，常开阀和常闭阀均处于断电状态，则常开阀打开，常闭阀关闭。此时，制动主缸与制动轮缸相通，制动主缸的高压制动液进入制动轮缸，车轮速度迅速减小，直到 ABS 电子控制单元通过轮速传感器的信号识别出车轮有抱死的倾向时为止。

2. 保压阶段

如图 9－43 所示，ABS 电子控制单元通过轮速传感器得到的信号识别出车轮有抱死倾向时，ABS 电子控制单元控制常开阀处于通电状态，则常开阀处于关闭状态；常闭阀仍处于断电状态，则常闭阀此时仍关闭。此时，制动主缸、制动轮缸和回油孔相互隔离，轮缸中的制动压力保持一定。

3. 降压阶段

如图 9－44 所示，如果在保压阶段，车轮抱死倾向进一步加大，则进入降压阶段。此

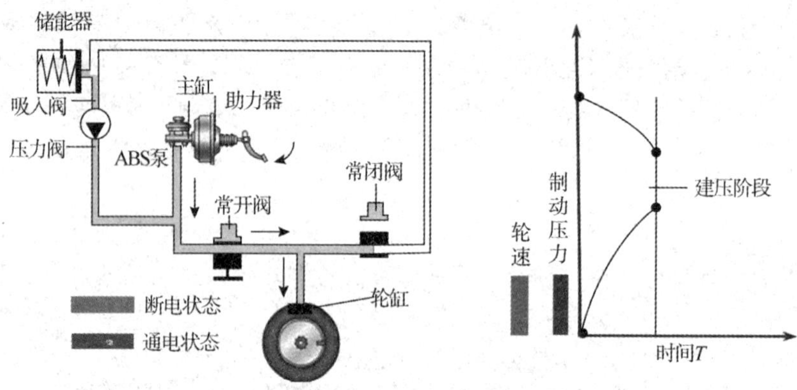

图 9－42　建压阶段原理图

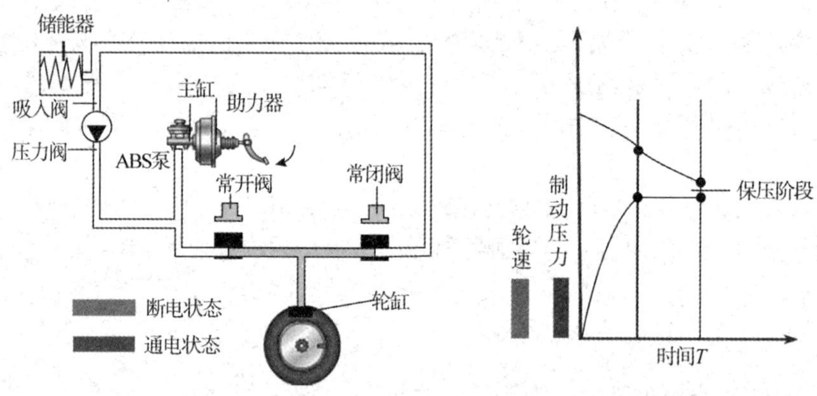

图 9－43　保压阶段原理图

时，ABS 电子控制单元控制常开阀和常闭阀均处于通电状态，则常开阀关闭，常闭阀打开，ABS 泵开始工作，制动液经储能器被送回制动主缸和储液罐，为下一个制动周期做好准备。此时，制动压力减小，制动踏板出现抖动，车轮抱死程度降低，车轮转速增大。

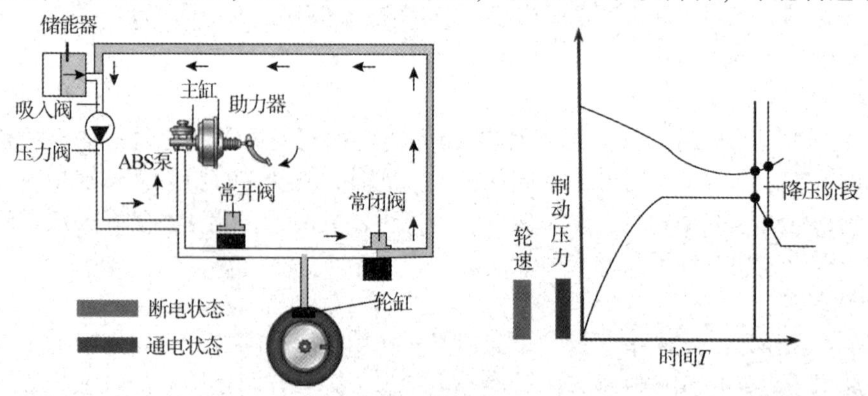

图 9－44　降压阶段原理图

4. 增压阶段

如图 9－45 所示，当制动压力减小后，车轮的转速增加，当 ABS 电子控制单元检测到

轮速增加太快时，ABS电子控制单元控制常开阀和常闭阀均处于断电状态，则常开阀打开，常闭阀关闭。此时，制动主缸与制动轮缸再次相通，制动主缸的高压制动液再次进入制动轮缸，制动压力增加。随着制动压力的增大，车轮再次被制动和减速。

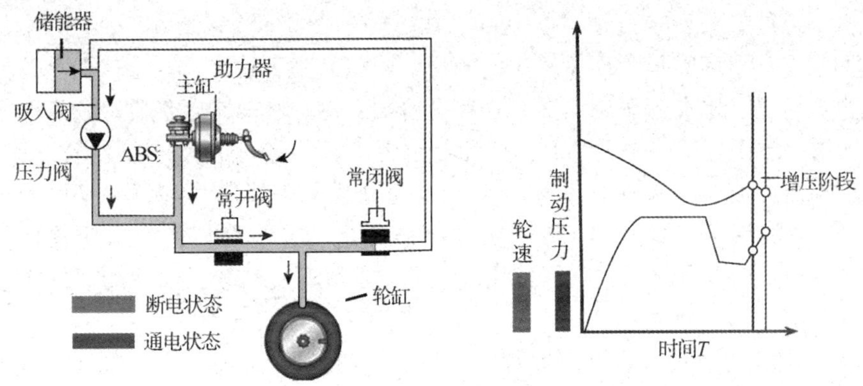

图9－45　增压阶段原理图

制动时，上述过程反复进行，直到解除制动为止。

七、防抱死制动系统的故障诊断

大多数ABS都具有较高的工作可靠性，但在使用过程中仍免不了出现工作不良，对此应及时进行检修，以确保制动系统的正常工作。ABS与普通的制动系统相比，有其自身的特点，在检修过程中应在以下几个方面特别注意：

（1）在点火开关处于“ON”位置时，不要拆装系统中的电器元件和线束插头，以免损坏电子控制单元。

（2）在车上用外接电源给蓄电池充电时，要先断开蓄电池正、负极柱上的电缆线，然后对蓄电池充电，以免损坏电子控制单元。

（3）电子控制单元对高温环境和静电都很敏感，为防止其损坏，在对汽车进行烤漆作业时，应将电子控制单元从车上拆下；在对车体进行电焊之前，应拔下电子控制单元的插接器，并戴好防静电器。

（4）在拆卸制动管路或与其关联的部件之前，应首先释放ABS高压储能器内的压力，防止高压制动液喷射伤人。

（5）在更换ABS的制动管路或橡胶件时，应按规定使用标准件（高压耐腐蚀件），以免管路破损而引起制动突然失灵。

（6）为保证维修质量，应保持维修场地和拆卸器件的清洁干净，防止尘埃物进入压力调节器或制动管路中。

（7）制动液侵蚀油漆能力较强，因此，在维修液压部件和加注制动液时，应防止制动液溅到油漆表面而使油漆失去光泽和变色。

（8）在维修轮速传感器时，应防止碰伤齿圈的轮齿和传感器头，也不可将齿圈作为支点撬动。否则，将造成轮齿变形，致使轮速传感器信号不正常，影响ABS的正常工作。

1. 方法与步骤

不同车型，甚至不同年份生产的同一系列的汽车，由于装用的 ABS 型号不一样，其具体诊断方法与步骤均不尽相同。

（1）汽车进厂。

（2）询问客户。询问故障现象发生的条件、时机；是否检修过，检修的部位。

（3）直观检查。检查驻车制动器能否完全释放；制动液位是否正常；各管路接头是否有渗漏；导线、插接器连接是否可靠；熔断器是否可靠；蓄电池电压是否正常。

（4）读取故障码。如果有故障码，使 ABS 工作后，先清码再读码，其目的是排除历史性故障码，若故障码仍然存在，则根据故障码的提示进行检修；如果无故障码，根据 ABS 的基本原理，结合电路图，利用万用表、示波器等逐一对各元件性能进行检查。

2. 常规检查

做好常规检查，发现比较明显的故障，可以节省时间，提高效率。常规检查主要包括以下几个方面。

（1）检查制动液面是否在规定范围内。

（2）检查所有继电器、熔丝是否完好，插接是否牢固。

（3）检查电子控制单元导线插头、插座是否连接良好，有无损坏，接地是否良好。

（4）检查下列各部件导线插头、插座和导线的连接是否良好：ABS 泵、液压控制单元、4 个轮速传感器、制动液面指示灯开关。

（5）检查传感器头与齿圈间隙是否符合规定，传感器头有无脏污。

（6）检查蓄电池电压是否在规定范围内。

（7）检查驻车制动器是否完全释放。

（8）检查轮胎花纹高度是否符合要求。

注意：传统制动系统的元件出了故障，可能使 ABS 工作不正常。因而不要轻易地判定 ABS 电子控制单元等元器件损坏。

3. 制动液的更换与补充

制动液具有较强的吸湿性，当制动液中含有水分后，其沸点降低，制动时容易产生“气阻”，使制动性能下降。因此，一般要求每 2 年或 1 年更换制动液。

很多 ABS 具有液压助力，由于储能器可能蓄积有制动液。因此，在更换或补充制动液时应按一定的程序进行。

更换或补充制动液的程序如下。

（1）先将新制动液加至储液罐的最高液位标记处。

（2）如果需要对制动系统进行排气，应按规定的程序进行排气操作。

（3）将点火开关置于“ON”位置，反复踩下和放松制动踏板，直到 ABS 泵开始运转为止。

（4）待 ABS 泵停止运转后，再对储液罐中的液位进行检查。

（5）如果储液罐中的制动液液位在最高液位标记以上，先不要泄放过多的制动液，而应重复以上的（3）和（4）过程。

（6）如果储液罐中的制动液液位在最高液位标记以下，应向储液罐再次补充新的制动

液，使储液罐中的制动液液位达到最高标记处，但切不可将制动液加注到超过储液罐的最高标记，否则，当储能器中的制动液排出时，制动液可能会溢出储液罐。

4. ABS 系统的排气

液压式制动系统有空气渗入时，就会感到制动踏板无力，制动踏板行程过长，致使制动力不足，甚至制动失灵。当 ABS 的液压回路内混入空气后，同样会引起制动效能不良。因此，在空气渗入液压系统中后，必须对制动液压系统进行排气操作。

ABS 的排气方法有仪器排气和手动排气等。应根据不同的车型和条件进行选择。

（1）仪器排气

①将车辆停放在水平地面上，抵住车轮前后，将变速器置于空挡位置。

②松开驻车制动器。

③安装 ABS 检测仪（具有排气的控制功能）或专用放气试验器的接线端子。用 ABS 检测仪器或专用放气试验器代替 ABS 电子控制单元对 ABS 泵等进行控制。

④向储液罐加注制动液到最高液面高度。

⑤起动发动机并以怠速运转几分钟。

⑥稳稳地踩下制动踏板，使检测仪器进入排气程序，并且感到制动踏板有反冲力。

⑦按规定顺序打开排气螺钉。

（2）手动排气

①排气前的准备。

a. 准备必要的工具、制动液容器、抹布和软管等，仔细阅读对应车型维修手册中的相关内容。

b. 清洗储液罐盖及周围区域。

c. 拆下储液罐盖，检查储液罐中的液面高度，必要时，加注到正确液面高度。

d. 安装储液罐盖。

②制动主缸及制动轮缸的排气。

a. 将排气软管一端装到后排气螺钉上，另一端放在装有一些制动液的清洁容器中；踩下制动踏板并保持一定的踏板力，缓慢拧开后排气螺钉 1/2 ~ 3/4 圈，直到制动液开始流出；关闭该排气螺钉后松开制动踏板。重复进行以上步骤，直到流出的制动液内没有气泡为止。

b. 拆下储液罐盖，检查储液罐中的液面高度，必要时，加注到正确液面高度。

c. 按规定的排气顺序，在其他车轮上进行排气操作。

注意：排气顺序通常为右后轮→左后轮→右前轮→左前轮。

5. 警告灯诊断

装有 ABS 的汽车在仪表板上设有制动警告灯（红色）和 ABS 故障警告灯（黄色）。正常情况下，点火开关打开，ABS 故障警告灯和制动警告灯应闪亮一下（约 2 s），一旦发动机运转起来，驻车制动操纵杆在释放位置，2 个警告灯应熄灭，否则，说明 ABS 有故障。可利用两灯的闪亮规律，粗略地判断出系统发生的故障的部位。警告灯诊断见表 9－12。

表 9－12　警告灯诊断

警告灯	故障现象	可能原因
ABS 警告灯亮	ABS 不起作用	①轮速传感器不起作用。 ②液压控制单元不良。 ③ABS 电子控制单元不良。
ABS 警告灯不亮	踩制动踏板时，踏板振动强烈	①制动灯开关失效或调整不当。 ②制动灯开关线路或插接件脱落。 ③制动鼓（盘）变形。 ④轮速传感器信号不良。 ⑤液压控制单元不良。
ABS 警告灯偶尔或间歇点亮	ABS 作用正常，只要点火开关关闭后再打开，ABS 故障警告灯即会熄灭	①ABS 电子控制单元插接器松动。 ②轮速传感器导线受干扰。 ③轮速传感器内部工作不良。 ④车轮轮毂轴承松旷。 ⑤制动管路中有空气。 ⑥制动轮缸工作不良。 ⑦制动蹄不良。
制动警告灯亮	制动液缺乏或驻车制动拖滞	①驻车制动器调整不当。 ②制动油管或制动轮缸漏油。 ③制动警告灯接地。
ABS 警告灯和制动警告灯均亮	ABS 不起作用	①2 个以上轮速传感器故障。 ②ABS 电子控制单元故障。 ③液压控制单元工作不良。

6. 故障码诊断

电动式 ABS 系统具有自诊断和故障保险功能，当点火开关开始处于点火位置时，电子控制单元将会自动地对自身、轮速传感器、液压控制单元中的电器元件进行静态测试。在此期间，如果 ABS 电子控制单元发现系统中存在故障，则电子控制单元会以故障码的形式储存记忆故障情况，持续点亮 ABS 警告灯。当汽车的速度达到一定值时，ABS 电子控制单元还要对系统中的一些电器元件进行动态测试，如果发现系统中有故障存在，电子控制单元会以故障码的形式存储记忆故障情况。

诊断 ABS 故障时，按照设定的程序和方法可读取故障码。维修人员可根据故障码的含义确定故障的范围。

(1) 故障码的读取与清除

故障码的读取方法有人工和仪器两种，而人工读码已经淘汰，现只对仪器读码进行讲解。

故障诊断仪可以从 ABS 电子控制单元存储器中读取故障码，同时还具有故障码翻译、检测步骤指导和基本判断参数提供等功能。

用VAG1552车辆系统测试仪读取轿车ABS的故障码程序如下：

①检查车辆是否符合检测条件。检测条件包括所有车轮必须安装规定的且尺寸相同的轮胎，轮胎气压符合要求；常规制动系统正常；所有熔丝完好；蓄电池的电压正常。

②关闭点火开关，打开诊断接口盖板（位于变速杆前端的防尘罩下），将故障诊断仪VAG1552用诊断连接线连接在诊断接口上。

（2）根据故障码诊断故障

故障码能够显示故障的性质和范围，维修人员可根据故障码的提示迅速、准确地确定故障的性质和部位，有针对性地检查有关部位、元件和线路，将故障排除。

7. 无故障码时的故障诊断

电子控制单元的故障诊断系统是检测它的输入、输出信号是否在规定的范围内变化，若信号超出了规定的范围，则判定为故障。但有时输入、输出信号虽然在规定范围内，却不能正确地反应系统的工况，造成ABS工作不良。此时，应借助测试仪读取系统各传感器的数据并与标准数据比较，进一步检查各传感器或开关信号是否正常，以确认故障原因和部位。而且，系统中的机械故障也不能通过电子回路反映出来。因此，应根据其表现出来的现象进行分析，以确认故障原因和部位。

（1）ABS工作异常

可能原因如下。

①传感器安装不当。

②传感器线束有问题。

③传感器损坏。

④传感器上有异物。

⑤车轮轴承损坏。

⑥液压控制单元损坏。

⑦电子控制单元损坏。

（2）制动踏板行程过长

可能原因如下。

①制动液渗漏。

②出油阀泄漏。

③系统中有空气。

④制动盘严重磨损。

⑤驻车制动器调整不当。

8. 偶发性故障

在电子控制系统中，在电器线路和输入、输出信号的地方，可能出现瞬时接触不良问题，从而导致偶发性故障或在ABS电子控制单元自检时留下故障码。如果故障原因持续存在，那么，只要按照故障码诊断步骤就可以发现不正常的部位，不过有时候故障发生的原因会自行消失，所以，不容易找出问题的原因。在这种情况下，可按下列方式模拟故障，检查故障是否再现。

（1）当振动可能是主要原因时

①将接头轻轻地上下左右摇动。

②将线束轻轻地上下左右摇动。

③将传感器轻轻地上下左右摇动。

注意：传感器在车辆上运动时因悬架系统的上下移动，可能造成短暂的断路或短路。因此，检查传感器信号时必须进行实车行驶试验。

（2）当过热或过冷可能是主要原因时

①用吹风机加热被怀疑有故障的部件。

②用冷喷雾剂检查是否有冷焊现象。

（3）当电源回路接触电阻过大可能是主要原因时

打开所有电器开关，包括前照灯和后窗除霜开关。如果此时故障没有出现，则应等到下次故障再次出现时才能诊断。

任务五　驱动防滑控制系统（ASR）

一、为什么会出现滑转现象

有经验的驾驶人都有这样的体会，当驾驶汽车在低附着系数的路面（例如泥泞或有冰雪的路面）上快速起步或加速行驶时，驱动车轮会发生滑转（俗称车轮“打滑”）。这种现象是什么原因造成的呢？

汽车在制动过程中，制动器制动力与地面制动力之间的不和谐关系造成了制动车轮的抱死滑移。而在车轮的驱动过程中，车轮的驱动力与地面所提供的最大附着力之间是否也存在这种不和谐的关系？正是由于存在这种不和谐，使发动机传递给车轮的驱动力大于驱动车轮与地面的附着力时，车轮就会出现滑转的现象。

二、驱动防滑控制系统的理论基础

驱动防滑控制系统（Acceleration Slip Regulation，ASR），也称为牵引力控制系统（Traction Control System，TCS 或 TRC），是继防抱死制动系统（ABS）之后应用于轿车的主动安全装置。

1. 驱动防滑控制系统的作用

驱动防滑控制系统能在车轮开始滑转时，减小发动机的输出转矩，同时控制制动系统，以减小传递给驱动车轮的转矩，使之达到合适的驱动力，使汽车的起步和加速达到快速而稳定的效果。

2. 滑转率及其与路面附着系数的关系

汽车在驱动过程中，驱动车轮可能相对于路面发生滑转。滑转成分在车轮纵向运动中所占的比例称为驱动车轮的滑转率，通常用 S_d 表示，其定义表达式为

$$S_d = (r\omega - v) / r\omega \times 100\%$$

式中：S_d——滑转率；

r——车轮的滚动半径；

ω——车轮转动角速度；

v——车轮中心的纵向速度。

由上式可知，当车轮在路面上自由滚动时，车轮中心的纵向速度完全是由车轮滚动产生的。此时 $v = r\omega$，其滑转率 $S_d = 0$；当车轮在路面上完全滑转（即汽车原地不动，而驱动轮的圆周速度不为0）时，车轮中心的纵向速度 $v = 0$，其滑转率 $S_d = 100\%$；当车轮在路面上一边滚动一边滑转时，$0 < S_d < 100\%$。

与汽车在制动过程中的滑移率相同，在汽车的驱动过程中，车轮与路面间的附着系数的大小随着滑转率的变化而变化。在干路面或湿路面上，当滑转率在15%~30%范围内时，车轮具有最大的纵向附着系数，此时，可产生的地面驱动力最大；在雪路或冰路面上时，最佳滑移率在20%~50%的范围内；当滑转率为0，即车轮处于纯滚动状态时，其侧向附着系数也最大，此时，汽车保持转向和防止侧滑的能力最强。随着滑转率的增加，侧向附着系数下降，当滑转率为100%时，侧向附着系数变得极小，轮胎与路面之间的侧向附着力接近于0，车轮将完全丧失抵抗外界侧向力作用的能力。

上述趋势无论是制动还是驱动几乎一样。因此，ASR也可以通过控制驱动车轮与路面之间的滑转率来控制其与路面间的附着系数，来实现汽车在行驶过程中的防滑控制，以保持汽车行驶过程中的操纵稳定性和最佳的驱动性能。

三、驱动防滑控制系统的组成

ASR系统的基本组成及工作原理如图9-46所示。

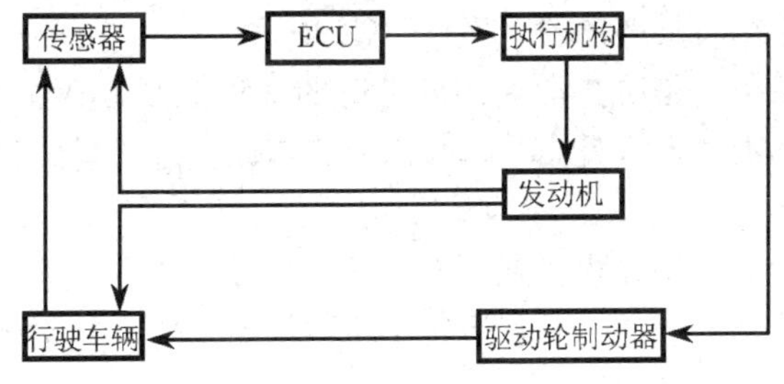

图9-46　ASR系统的基本组成及工作原理

ASR系统主要由输入装置（传感器和开关信号等）、电子控制单元（ECU）和执行机构（制动压力调节器和节气门驱动装置等）组成。ASR系统的传感器主要是轮速传感器和节气门位置传感器，轮速传感器与ABS系统共享，而节气门位置传感器则与EFI系统共享。ASR的开关信号主要是ASR选择开关和转向开关，将ASR选择开关关闭，ASR就不起作用。由于ASR和ABS的一些信号输入和处理都是相同的，因此，ASR电子控制单元与ABS电子控制单元通常组合在一起。

当驱动防滑系统处于工作状态时，电子控制单元根据各轮速传感器检测到的转速信号，确定驱动车轮的滑转率和汽车的参考速度。当电子控制单元判定驱动车轮的滑转率超过设定的限值，电子控制单元再综合参考节气门开度信号、发动机转速信号、转向信号等因素确定控制方式，输出控制信号，使相应的执行机构工作，将驱动轮的滑转率控制在限定值内。

四、驱动防滑控制系统的控制方式

驱动防滑控制系统的控制参数是滑转率 S_d，ECU 根据各车轮轮速传感器计算 S_d，当 S_d值超过某一限定值时，ECU 就输出控制信号，控制车轮的滑转，将车轮的滑转率控制在理想的范围内。

汽车驱动防滑控制系统常用的控制方式有以下几种。

1. 发动机输出功率控制

在汽车起步或加速时，若加速踏板踩得过猛，会因为驱动力过大而出现两侧驱动轮都滑转的情况，这时，ASR 电子控制单元输出控制信号，控制发动机的输出功率，以抑制驱动轮的滑转。

发动机输出功率控制通常有以下几种方法。

（1）调整进气量。如调整节气门的开度和辅助空气装置。

（2）调整点火时间。如减小点火提前角或停止点火。

（3）调整喷油量。如减少供油或中断供油。

在上述 3 种方法中，调整进气量最好，但调整节气门反应速度较慢；调整点火时间和喷油量反应速度较快，可以补偿调整节气门开度的不足，但推迟点火时间控制不好容易造成失火，燃烧不完全，增加三元催化转换器的负担；如果只减少喷油量，因受燃烧室内废气的影响，又会使燃烧过程延迟。

2. 驱动轮制动控制

这种方法是对发生滑转的驱动轮直接加以控制。

该方式响应时间最短，是防止滑转的最迅速的一种控制方式，但为了制动过程平稳，并考虑舒适性，其制动力应缓慢升高。该控制方式与调整进气量的控制模式组合，能达到较好的效果。

在单侧驱动轮打滑时，ASR 电子控制单元将发出控制指令，通过制动系统的压力调节器，对产生滑转的车轮施加制动。随着滑转车轮被制动减速，其滑转率会逐渐减小。当滑转率减小到限定值之后，电子控制单元立即发出指令，减少或停止这种制动。其后，若车轮又开始滑转，则继续下一轮的控制，直至将驱动轮的滑转率控制在理想范围内。与此同时，另一侧的非滑转车轮仍然保持着正常的驱动力。

采用驱动轮制动控制方式的 ASR 的液压系统可分为两大类：一类是 ASR 与 ABS 的组合结构，在 ABS 中增加电磁阀和调节器，从而增加了驱动控制功能；另一类是在 ABS 的液压装置和轮缸之间增加一个单独的 ASR 液压装置。

3. 发动机输出功率和驱动轮制动同时控制

控制信号同时起动 ASR 制动压力调节器和辅助节气门调节器，在对驱动轮施以制动的同时，减小发动机的输出功率，以达到理想的控制效果。

4. 差速器锁止程度控制

这是一种防滑差速器（Limited Slip Differential，LSD）控制，这种差速器锁止范围可从0变化到100%。当驱动轮单边滑转时，控制器输出控制信号，使差速器锁止装置动作，控制驱动轮的滑转率。

五、ASR与ABS的异同

1. ABS和ASR的相同之处

（1）ASR和ABS采用相同的控制技术，都是通过控制车轮和路面的滑移率或滑转率来实现各自的控制功能。

（2）ASR和ABS密切相关，通常结合在一起使用，共享许多系统部件来控制车轮的转动，以更好地保证汽车的行驶安全。

2. ABS和ASR的不同之处

（1）ABS是防止制动时车轮抱死滑移，主要是用来提高制动效果，确保制动安全；ASR则是防止驱动轮的滑转，主要是用来提高汽车在起步、加速及滑溜路面行驶时的驱动力，提高行驶性能，确保行驶稳定性。

（2）ABS对前后车轮都起控制作用，而ASR只对驱动轮起控制作用。

（3）ABS在制动时工作，在车轮出现抱死趋势时起作用，在车速很小（小于8 km/h）时不起作用，所以，装有ABS的车辆在制动时有可能在路面上留下一条黑色的拖印；ASR则是在整个行驶过程中都工作，在车轮出现滑转时起作用，当车速大（80～120 km/h）时不起作用。

思考题

一、填空题

1. 汽车的制动系统由__________和__________两部分组成。

2. 车轮制动器分为__________式车轮制动器和鼓式车轮制动器。

3. 制动盘安装在轮毂上，它有两种形式：一种是实心式制动盘；另一种是__________式制动盘。

4. 普通制动系统有__________制动和驻车制动两套制动系统。

5. __________安装在制动踏板和制动主缸之间。

6. __________的作用是将液压能转变为制动蹄的机械促动力。

二、名词解释

1. 制动踏板自由行程

2. 限压阀

3. 驻车制动

三、简答题

1. 制动系统的功用是什么？
2. 汽车制动系统由哪几部分组成？
3. 盘式车轮制动器有什么特点？
4. 真空助力器的功能是什么？怎样检查其功能是否正常？
5. 怎样排出液压制动系统中的空气？
6. 驻车制动器的功用是什么？

参考文献

[1] 王盛良. 汽车底盘构造与检修技术 [M]. 3 版. 北京：机械工业出版社，2016.

[2] 张能武. 汽车底盘构造·检测·拆装·维修 [M]. 北京：化学工业出版社，2016.

[3] 薛国祥. 汽车维修工入门与技巧 [M]. 北京：化学工业出版社. 2015.

[4] 刘汉涛. 汽车底盘构造与原理精解 [M]. 北京：机械工业出版社，2014.

[5] 李昌凤. 看图自学汽车维修（底盘和车身电气系统分册）[M]. 北京：机械工业出版社，2013.